21世纪全国高等院校财经管理系列实用规划教材

人力资源管理原理与实务
(第2版)

主　编　邹　华　修桂华
副主编　冯　静

北京大学出版社
PEKING UNIVERSITY PRESS

内容简介

作为人力资源管理专业的基础课教材，本书对人力资源管理的基本理论和基础知识进行了较为全面的总结和阐述。同时，根据人力资源管理专业实践性和应用性强的特点，结合人力资源管理实践领域中的有效经验和新鲜实践，对人力资源管理的基本技能和方法进行了较为充分的介绍。各章后面都附有思考题和案例思考题，以帮助读者总结和进一步思考。

本书可作为相关管理专业本科、专科人力资源管理课程的教材，还可作为各种行业从事人力资源管理工作人员的自学参考书。

图书在版编目(CIP)数据

人力资源管理原理与实务/邹华，修桂华主编．—2版．—北京：北京大学出版社，2015.3

（21世纪全国高等院校财经管理系列实用规划教材）

ISBN 978-7-301-25511-7

Ⅰ．①人…　Ⅱ．①邹…②修…　Ⅲ．①人力资源管理—高等学校—教材　Ⅳ．①F241

中国版本图书馆CIP数据核字（2015）第032042号

书　　名	人力资源管理原理与实务（第2版）
著作责任者	邹　华　修桂华　主编
策划编辑	李　虎　王显超
责任编辑	王显超
标准书号	ISBN 978-7-301-25511-7
出版发行	北京大学出版社
地　　址	北京市海淀区成府路205号　100871
网　　址	http://www.pup.cn　　新浪微博：@北京大学出版社
电子信箱	pup_6@163.com
电　　话	邮购部62752015　发行部62750672　编辑部62750667
印 刷 者	北京鑫海金澳胶印有限公司
经 销 者	新华书店
	787毫米×1092毫米　16开本　19.75印张　452千字
	2008年8月第1版
	2015年3月第2版　2015年3月第1次印刷
定　　价	39.00元

21世纪全国高等院校财经管理系列实用规划教材

专家编审委员会

丛 书 序

我国越来越多的高等院校设置了经济管理类学科专业，这是一个包括理论经济学、应用经济学、管理科学与工程、工商管理、公共管理、农林经济管理、图书馆、情报与档案管理 7 个一级学科门类和 31 个专业的庞大学科体系。2006 年教育部的数据表明，在全国普通高校中，经济类专业布点 1518 个，管理类专业布点 4328 个。其中除少量院校设置的经济管理专业偏重理论教学外，绝大部分属于应用型专业。经济管理类应用型专业主要着眼于培养社会主义国民经济发展所需要的德智体全面发展的高素质专门人才，要求既具有比较扎实的理论功底和良好的发展后劲，又具有较强的职业技能，并且又要求具有较好的创新精神和实践能力。

在当前开拓新型工业化道路，推进全面小康社会建设的新时期，进一步加强经济管理人才的培养，注重经济理论的系统化学习，特别是现代财经管理理论的学习，提高学生的专业理论素质和应用实践能力，培养出一大批高水平、高素质的经济管理人才，越来越成为提升我国经济竞争力、保证国民经济持续健康发展的重要前提。这就要求高等财经教育要更加注重依据国内外社会经济条件的变化，适时变革和调整教育目标和教学内容；要求经济管理学科专业更加注重应用、注重实践、注重规范、注重国际交流；要求经济管理学科专业与其他学科专业相互交融与协调发展；要求高等财经教育培养的人才具有更加丰富的社会知识和较强的人文素质及创新精神。要完成上述任务，各所高等院校需要进行深入的教学改革和创新，特别是要搞好有较高质量的教材的编写和创新工作。

出版社的领导和编辑通过对国内大学经济管理学科教材实际情况的调研，在与众多专家学者讨论的基础上，决定编写和出版一套面向经济管理学科专业的应用型系列教材，这是一项有利于促进高校教学改革发展的重要措施。

本系列教材是按照高等学校经济类和管理类学科本科专业规范、培养方案，以及课程教学大纲的要求，合理定位，由长期在教学第一线从事教学工作的教师编写，立足于 21 世纪经济管理类学科发展的需要，深入分析经济管理类专业本科学生现状及存在的问题，探索经济管理类专业本科学生综合素质培养的途径，以科学性、先进性、系统性和实用性为目标，其编写的特色主要体现在以下几个方面：

（1）关注经济管理学科发展的大背景，拓宽理论基础和专业知识，着眼于增强教学内容与实际的联系和应用性，突出创造能力和创新意识。

（2）体系完整、严密。系列涵盖经济类、管理类相关专业以及与经管相关的部分法律类课程，并把握相关课程之间的关系，整个系列丛书形成一套完整、严密的知识结构体系。

（3）内容新颖。借鉴国外最新的教材，融会当前有关经济管理学科的最新理论和实践经验，用最新知识充实教材内容。

（4）合作交流的成果。本系列教材是由全国上百所高校教师共同编写而成，在相互进行学术交流、经验借鉴、取长补短、集思广益的基础上，形成编写大纲。最终融合了各地特点，具有较强的适应性。

（5）案例教学。教材融入了大量案例研究分析内容，让学生在学习过程中理论联系实际，特别列举了我国经济管理工作中的大量实际案例，这可大大增强学生的实际操作能力。

（6）注重能力培养。力求做到不断强化自我学习能力、思维能力、创造性解决问题的能力以及不断自我更新知识的能力，促进学生向着富有鲜明个性的方向发展。

作为高要求，经济管理类教材应在基本理论上做到以马克思主义为指导，结合我国财经工作的新实践，充分汲取中华民族优秀文化和西方科学管理思想，形成具有中国特色的创新教材。这一目标不可能一蹴而就，需要作者通过长期艰苦的学术劳动和不断地进行教材内容的更新才能达成。我希望这一系列教材的编写，将是我国拥有较高质量的高校财经管理学科应用型教材建设工程的新尝试和新起点。

我要感谢参加本系列教材编写和审稿的各位老师所付出的大量卓有成效的辛勤劳动。由于编写时间紧、相互协调难度大等原因，本系列教材肯定还存在一些不足和错漏。我相信，在各位老师的关心和帮助下，本系列教材一定能不断地改进和完善，并在我国大学经济管理类学科专业的教学改革和课程体系建设中起到应有的促进作用。

刘诗白

2007年8月

刘诗白　现任西南财经大学名誉校长、教授，博士生导师，四川省社会科学联合会主席，《经济学家》杂志主编，全国高等财经院校《资本论》研究会会长，学术团体“新知研究院”院长。

前　　言

有关人力资源管理的著作和教材并不少见，但是如何把人力资源管理的内容精华汇编成一部具有前沿性、实用性的书是目前迫切需要解决的问题。本书在众多前人的研究基础上，用简洁、明快的方式，结合图例与表格，将不同风格的人力资源管理学体系奉献给广大读者。本书注重观点的系统性和开放性，突出内容的实用性，其主导思想在于关注人力资源管理理论的总体构架和运行方式，突破了以往仅局限于部分内容的集中研究。

本书建议学时为40学时，具体学时建议安排如下：

章　节	章　名	建议学时数
第1章	人力资源导论	4学时
第2章	工作分析与工作设计	2学时
第3章	人力资源战略与规划	4学时
第4章	人力资源招聘与选拔	6学时
第5章	人力资源培训与开发	2学时
第6章	绩效管理	4学时
第7章	薪酬管理	4学时
第8章	员工激励	2学时
第9章	劳动关系与社会保障管理	2学时
第10章	职业管理	4学时
第11章	人力资源流动管理	2学时
第12章	跨国公司的人力资源管理	4学时

参与本书编写的有沈阳工业大学邹华(第1章、第10章)、沈阳化工学院修桂华(第2章、第3章)、辽宁工学院冯静(第4章、第6章)、北华大学何继新(第8章、第9章)、沈阳工业大学刘雷(第5章、第7章)、沈阳理工大学孙莹(第11章、第12章)。

本书主要读者对象包括：高等院校以及科学研究机构中从事管理科学与工程、工商管理等相关专业的教学人员，科研人员，本科生和研究生，企业相关管理人员以及政府相关部门管理人员等。

在本书的编写过程中，沈阳工业大学管理学院院长张青山教授、副院长徐剑教授以及崔东红教授给予了大力支持。此外，我们拜读了国内外大量专家和作者的著作，并参阅和借鉴了其中部分内容，在此一并表示感谢。

限于编者的理论水平和实践经验，书中难免存在一些有待商榷和疏漏之处，恳请读者批评指教，以期今后修改、订正。

编　者

2014年11月

目　　录

第1章

人力资源导论

教学目标

通过本章的学习，对人力资源管理有一定的了解和认识。

教学要求

了解人力资源的含义、一般特征及其意义；掌握人力资源管理的概念、主要职能活动以及人力资源管理的产生与发展过程。

1.1 人力资源的概述

1.1.1 人力资源的概念与特点

1. 资源

资源是一个经济学术语，它泛指社会财富的源泉，指给人们带来新的使用价值和价值的客观存在物。在经济学意义上，人们一般把资源看作是用来进行价值增值的物质实体，是为了创造物质财富而投入生产活动中的一切要素。

对资源的分类有多种，常见的是分为两大类：一类是来自自然界的物质资源，可称之为自然资源，例如森林、矿藏、河流、草地等；另一类是来自人类自身的知识、技能、智力和体力，可以称之为人力资源。

2. 人力资源

人力资源可以说是当代颇为时尚的管理术语。目前所理解的人力资源概念，是由管理大师彼德·德鲁克(Peter Drucker)于1954年在其《管理实践》一书中首先正式提出的。他认为，与其他资源相比，人力资源是一种特殊的资源，必须通过有效的激励机制才能开发利用，并为企业带来可观的经济价值。德鲁克虽然提出了人力资源的概念，并指出了其重要性，但却未对人力资源这一概念给出详细的定义，后来的学者从不同角度给出了不同的定义。根据研究角度的不同，可以将这些定义分为以下两大类。

第一类主要是从能力的角度来解释人力资源的含义，持这种观点的人占了较大的比例，主要包括：

(1) 人力资源是指能够推动整个经济和社会发展的劳动者的能力，即处在劳动年龄的已直接投入建设和尚未投入建设的人口的能力。

(2) 人力资源是指包含在人体内的一种生产能力，它是表现在劳动者的身上、以劳动者的数量和质量来表示的资源，对经济起着生产性的作用，并且是企业经营中最活跃、最积极的生产要素。

(3) 人力资源是指社会组织内部全部劳动人口中蕴涵的劳动能力的总和。

(4) 人力资源是指劳动过程中可以直接投入的体力、智力、心力的总和及其形成的基础素质，包括知识、技能、经验、品性与态度等身心素质。

(5) 人力资源是指组织中拥有的成员的技能、能力、知识及他们的潜力和协作力。

第二类主要是从人的角度来解释人力资源的含义，主要包括：

(1) 人力资源是指一定社会区域内所有具有劳动能力的适龄劳动人口和超过劳动年龄的人口的总和。

(2) 人力资源是指能够推动社会和经济发展的具有智力和体力劳动能力的人的总称。

(3) 企业组织内外具有劳动能力的人的总和。

(4) 智力正常的人都是人力资源。这是最一般的人力资源的含义。

本书倾向于接受从能力的角度对人力资源的定义。一方面，从能力的角度来理解人力资源的含义更接近它的本质。前面已经指出，资源是指财富形成的来源，而人对财富形成能起贡献作用的不是别的方面，是人所具有的知识、经验、技能、体能等能力，在这个意义上，人力资源的本质就是能力，人只不过是一个载体。另一方面，从能力的角度定义和理解人力资源，使其更能反映我国在今后相当一段时间里劳动力资源总量过剩，但结构性短缺的人力现实，使这一概念更能符合我国的国情，具有存在和使用的现实意义。

此外，在不同的领域中，人力资源的内涵与外延是有区别的。如在人口学领域内，人力资源是一个广义范畴的概念，一般是指一个国家或地区的一切能够从事体力劳动和脑力劳动的人的总称(包括有潜在劳动能力的16周岁以下的未成年人与男60周岁、女55岁以上的超过劳动年龄的人)。而在“管理”领域内，人力资源是就社会活动、政治活动、经济活动(包括生产流通)中投入的要素而言的，其内涵更丰富而外延较小。人力资源的内涵是指在社会活动、政治活动、经济活动中正从事体力劳动和脑力劳动的人的一切能力，包括体力、知识、技能、经验这些先天与后天培养的能力；而其外延缩小为处于劳动(或就业)年龄内的范围。在本书中所论及的领域主要是指从事经济活动的企业(以及有关的公司、工厂等经济实体)，并不专门论及其他社会活动(如医院、学校、农村的各种活动)以及政治活动(如政府机关、社会团体等的活动)。因此，在本书的“管理”领域中所指的人力资源，其内涵是指在从事经济活动的实体中的一些从业人员，包括普通工人、职员、专业技术人员及高层领导者等；其外延相对缩小到“经济管理”范围。

最后，对人力资源的概念还可以有宏观意义和微观意义上的理解。人力资源在宏观意义上的概念是以国家或地区为单位进行划分和计量的；在微观意义上的概念则是以部门和企、事业单位进行划分和计量的。

总而言之，人力资源是指人所具有的对价值创造起贡献作用，并且能够被组织所利用的体力和脑力的总和。此定义包括以下几个要点：

(1) 人力资源的本质是人所具有的脑力和体力的总和，可以统称为劳动能力。

(2) 这一能力要能对财富的创造起贡献作用，成为财富形成的来源。

(3) 这一能力还要能够被组织所利用，这里的“组织”既可以大到一个国家或地区，也可以小到一个企业或单位。这里的“能够”既含有社会现实条件允许组织利用这一能力的意思，又含有这一能力“愿意”被利用和值得被利用的意思。

3. 人力资源的特征

为了研究人力资源，并科学有效地对其进行管理，必须认识和把握人力资源的特征。人力资源是一种进行社会生产特殊又重要的资源。这种资源与其他资源相比较，具有自己鲜明的个性特征。

1) 人力资源具有生成过程的时代性与社会性

一个国家或地区的人力资源，在其形成过程中要受到时代条件的制约。同时在社会上发挥作用的几代人，生下来就置身于既定的生产力和生产关系之中，当时的社会发展水平从整体上制约着这批人力资源的素质。他们只能在时代为他们提供的条件下努力发挥其作用。时代条件制约着人力资源的数量和质量以及人力资源的素质。也就是说，任何人力资源的成长与成熟，都是在一个特定的时代背景条件下进行的。一个时代的社会状况，包括政治的、经济的、教育的、文化的因素，都会影响和制约在这个时代中发展起来的人力资源，培养出一代或几代人力资源特定的价值观、道德观和认知方式等，并会体现在他们的工作行为和劳动态度上。人力资源生成的时代特征，意味着人力资源管理不能脱离其管理对象的时代性。明确时代留给他们的长处和不足，这样才能在人力资源的不断开发过程中确立目标和方向。

2）人力资源开发过程的能动性

能动性是人力资源的一个根本特征，是人力资源区别于其他资源的本质所在。其他资源在其开发过程中，完全出于被动的地位，而人力资源则不同，在被开发过程中，人是有目的的，能有意识地进行活动，有自己的思想、情感和思维，能对自身行为做出抉择，能主动调节与外部的关系，并利用其他资源去推动社会经济的发展。所谓能动性就是说，当人力资源作为生产要素的一部分进入生产过程后，便会在一切活动中居于中心位置，起着主导的作用，能够发挥引导、操纵、控制其他资源的功能。衡量人力资源开发的程度如何，就要看它对人的能动性、积极性调动得如何、发挥得如何。更为重要的是，由于人具有创造性思维的潜能，能够在人类各项活动中发挥创造性的作用，不仅能适应社会历史条件和环境的变化，而且能革新旧的思维方式，创新观念，提出新方法，赋予社会发展以新的活力。正是人力资源具有能动性，才使人类社会不断地前进，才加速了社会和经济的发展。人力资源管理的目的旨在运用有效的激励和开发机制，拓展人力资源的创新能力。另外，人力资源的能动性，还表现在对其积极性、能动性调动的程度，直接决定着其开发的程度和达到的水平。人力资源的开发，要靠政策、制度、感情、信任、待遇等各种因素去激发和调动其能动性。

3）人力资源具有使用过程的时效性

人力资源使用过程的时效性是指人力资源的形成与作用效率要受其生命周期的限制。在人的少年儿童时期，人力资源的投资始终存在但却不能提供现实的产出；在青壮年时期，人力资源开始产出，并不断增大产出的质与量；而到了老年时期，人力资源的产出量又由于人的体力与精力的下降而在总体上有所下降，直至丧失劳动能力，退出人力资源范围。也就是说，人力资源存在于人的生命之中，它是一种具有生命的资源，它的形成、开发、配置和使用都要受到时间的限制。作为生物有机体的人有其生命的周期，每个人都要经历幼年、少年期、青年期、中年期、老年期，由于每个时期人的体能和智力不同，其各个时期的劳动能力各不相同，因而这种资源在各个时期的可利用程度也不相同。特别应当注意的是，每个人的一生要经历一些特定的生理和心理发展阶段，每个发展阶段都有成长的特性，而其中有一段时期，不仅年龄适当，体力充沛，同时随着工作经验和素质的培养，各方面的工作能力也渐入佳境。在这个时期，应要求被组织及时地开发和使用，即组织应委以重任。如果组织对这一时期的人力资源储而不用，或没有充分使用，一方面按照素质衰退理论，其才能会逐渐退化，甚至消失；另一方面，过了最佳的生理、心理时期，人力资源的综合素质能力就开始从顶峰下降。因此，如果组织不注意这一点的话，不仅会导致人力资源的浪费，而且甚至会影响到组织工作的绩效以及发展目标。这就要求人力资源部门对人力资源必须做到适时开发、及时利用、讲究时效，并有效地调整人力资源的投入与产出，最大限度地保证人力资源的产出，延长人力资源发挥作用的时间。

4）人力资源的开发过程具有持续性

一般的物质资源只有一次开发或二次开发，形成产品使用之后，就不存在继续开发的问题。人力资源则不同，开发使用之后仍可以继续开发，使用过程的同时也是开发过程，而且这种开发过程具有持续性。传统的观念和做法认为，人们毕业后就进入工作阶段，开发与使用界限分明。这种“干电池”理论目前已经被“蓄电池”理论所代替。人力资源“蓄电池”理论认为，人力资源身上具有多种潜在的素质，他们在工作中表现出来的往往只是冰山的一角，更多的能力由于缺乏适当的使用环境而被压抑。因此，组织可以通过各种渠道和方式，促使人力资源在使用中被不断地开发出来。当人力资源经过每一次新的开发后，其素质能够不断地积蓄起来，以往开发出来的素质会在新的开发中附加地发挥作用。因此，人们在得到一次开发、二次开发并工作之后，还必须继续不断地学习，不断地充实和提高自己，尤其是在当代新技术革命的推动使知识更新周期不断缩短的情况下。作为人力资源的管理者，应把自己管理的对象视为不断开发的对象，运用培训的方式，不断更新和提高其知识结构和水平，从而不断地增强人力资源自身的能力。

5）人力资源具有特殊资本性

一方面，人力资源作为一种经济性的资源，具有资本的属性，这在前面已有介绍。另一方面，人力资源又不同于一般的资本。虽然人力资源与一般资本一样具有投入产出规律，但一般的实物资本普遍存在着收益递减的规律；而来自实践的研究结果证明，人力资本在现代社会经济发展中呈现出收益递增的规律，它的收益份额大大超过了自然资源和资本资源。也就是说，对人力资源的投资无论对社会还是对个人，所带来的收益要远远大于对其他资源投资所产生的收益。这是由人力资源的高增值性决定的。

6）人力资源具有增值性

这一特征体现在人力资源的经济价值呈不断上升的趋势上。劳动力的市场价格在上升，人力资源的投资收益率在上升，劳动者自己可支配的收入也在上升。高质量人力资源与低质量人力资源的收入差距明显地拉大。

7）人力资源具有生成、利用和闲置过程的消耗性

人力资源与一般物质资源的另外一个明显区别是，人力资源若不加以利用，处于闲置状态时，具有消耗性。这是因为人力资源在其闲置过程中，为了维持其本身的生存，必须消耗一定数量的物质性资源，比如粮食、水、能源等，这是人力资源用以维持生命所必不可少的消耗。这种消耗性意味着，即使一部分人力资源处于闲置状态(如未得到使用或暂时失业)，其组织或社会也必须付出必要的经济性补偿和物质保障。此外，人力资源在生长和利用的同时也具有消耗性，各个国家为雇佣规定的最低工作标准就含有对人力资源消耗性的承认意义。

8）人力资源具有再生性

人力资源是一种再生资源、“活”的资源。其再生性主要体现在以下几个方面：

(1) 人口的再生产。人口的再生产遵守一般的生物规律，老一代人逝去，新一代人又陆续出生，而且素质会提高。当然，人口再生产还受人类意识的支配。这种人力资源时序上的再生性，与耕地、矿藏等资源的不可再生性且数量的递减形成明显反差。

(2) 劳动力的再生产。通过人口总体和劳动力总体内各个个体的不断更换、更新和恢

复的过程得以实现，即劳动力消耗—生产—再消耗—再生产的过程。

(3) 劳动能力的再生产。一是指人的劳动能力不断使用，不断产生；二是指人的体能在一个生产过程中消耗之后，又可以通过休息和补充能量而得到恢复；三是能力不断培养，不断提高。

(4) 知识的再生性。如果人的知识陈旧、过时了，也可以通过培训和学习等手段得到更新。

因此，人本身、人的体能与知识技能都是可以再生的。当然，人力资源的再生性不同于一般生物资源的再生性，除了遵守一般生物学规律之外，它还受到人类自身意识、意志的支配和人类文明发展活动的影响，受新技术革命的制约。保证这种再生过程的顺利进行，将有利于人力资源的开发和利用。

9) 人力资源的流动性

自然资源有的可以流动，如水资源、风力资源等，但这种流动是一种纯自然流动。人力资源的流动则不然，它有以下两个特点：

(1) 人力资源的流动，首先表现在跨岗位、跨单位、跨地区甚至跨国家的流动上，而且多表现为“人往高处走”的特点。

(2) 人力资源的流动，还表现在人力的派生资源即科技成果在不同空间的流动上。随着科技成果的逐渐商品化，人力资源在空间上的流动越来越频繁与活跃。

4. 人力资源的数量和质量构成

作为一种资源，人力资源也同样具有质的规定性和量的规定性。作为“能力”来理解的人力资源在组织中的总量应该由这种能力的数量和质量来决定，亦即由具有一定能力水平的人力资源的数量来决定。

1) 人力资源的数量

对于企业而言，人力资源的数量一般来说就是其员工的数量。对于国家而言，人力资源的数量可以从现实人力资源的数量和潜在人力资源的数量两个方面来计量。

就宏观而言，潜在人力资源的数量可依据一个国家具有劳动能力的人口量加以计量。但是实际允许成为劳动力的是满足法律规定条件的人。为此，各国都根据其国情(经济和社会的发展状况、人口状况、教育制度、劳动力自身的生理特点等)对人口进行劳动年龄的划分。就业年龄的下限指的是最低就业年龄，国际劳动组织通过的第 138 号《准予就业最低年龄公约》规定：最低就业年龄为 14 周岁，而世界上大多数国家都以 16 周岁作为劳动年龄的下限。例如，美国规定为 16 岁；日本、英国规定为 15 岁；一些热带地区的国家规定的年龄下限还要小些，如菲律宾规定从 10 岁起就算劳动年龄了。一般来说，大多数国家只规定劳动年龄的下限而无上限。我国现行的劳动年龄规定为：男性 16～60 岁，女性 16～55 岁。位于劳动年龄上下限之间的人口称为劳动适龄人口。小于劳动年龄下限的人口称为未成年人口，大于劳动年龄上限的人口称为老年人口。

但是在现实中，劳动适龄人口内部存在一些丧失劳动能力的病残人口；此外，还存在一些因为各种原因暂时不能参加社会劳动的人口，如在校就读的学生。在劳动适龄人口之外，也存在一些具有劳动能力且正在从事社会劳动的人口，如退休返聘人员、个体劳动者。在计量人力资源时，上述两种情况都应当加以考虑，这也是划分现实人力资源与潜在人力资源的依据。按照上述思路，对我国的人口构成可以做如下的划分：①处在劳动年龄之内，正在从事社会劳动的人口，亦可称为“劳动适龄就业人口”；②尚未达到劳动年龄、已从事社会劳动的人口，即“未成年就业人口”；③已经超过劳动年龄，继续从事社会劳动的人口，即“老年就业人口”；④处在劳动年龄之内，具有劳动能力并要求参加社会劳动的人口，即“求业人口”或“待业人口”；⑤处在劳动年龄之内，正在从事学习的人口，即“就学人口”；⑥处于劳动年龄之内，正在从事家务劳动的人口；⑦处于劳动年龄之内，正在军队服役的人口；⑧处在劳动年龄之内的其他人口。

2）人力资源的质量

人力资源的质量与构成人力资源的单个劳动力的素质相关，它是一个国家(或地区)可利用的劳动力素质的综合反映。

劳动力的素质由体能素质、智能素质、知识和技能素质、非智力心理素质等构成，如图 1.1 所示。

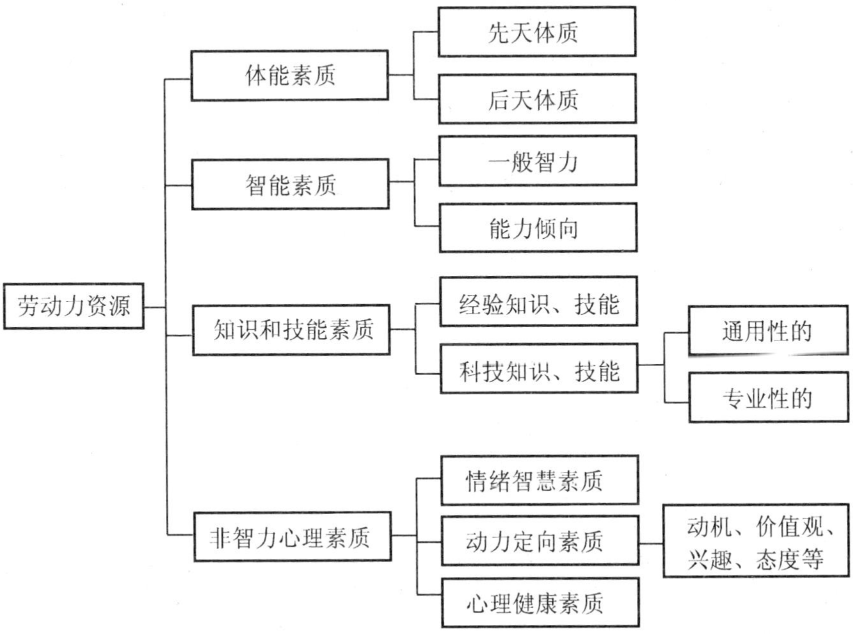

图 1.1　劳动力素质的构成

就体能素质而言，又有先天的体质(遗传与非遗传)和后天的体质之分。智能素质包括一般智力(IQ)素质和能力倾向素质。智力是人们认识事物、运用知识以及改造客观世界的能力，包括思维力、记忆力、观察力、想象力和判断力等；而能力倾向则是指个体潜在的优势能力领域或能力组合特点，是将一般能力中的相对独立的能力因素，如言语理解、言语流畅、数字、空间能力、知觉和推理等与特定实践活动的效果建立联系，根据各能力因素在特定实践领域中的功能效果组合而成。知识技能素质包括经验知识、技能和科技知识、技能两个方面，而科技知识、技能又可以分为通用和专业两个部分。知识是人对客观事物的认识与经验的总结，它以思想内容的形式为人所掌握。技能指的是在通过练习和实践而获得的有意识活动中接近自动化的动作体系和心智活动方式。非智力心理素质包括情绪智慧素质(亦即情商、动机、价值观、兴趣、态度等)、动力定向素质和心理健康素质等。

人类社会发展的历史表明，在人力资源对经济发展的贡献中，智能因素和知识技能因素的作用越来越大，体能因素的作用相对逐渐降低；在知识技能因素中，科技知识和技能的作用不断上升，经验知识和技能的作用相对下降。在当今的人力资源管理实践中，非智力心理素质越来越受到重视。

人力资源的质量综合体现在劳动者个体和人力资源整体的健康情况、知识水平、技能水平、智能水平、动机方向和水平、劳动态度、心理健康等重要方面，它们往往可以用健康卫生指标(如平均寿命、婴儿死亡率、每万人口拥有的医务人员数、人均摄入热量等)、教育状况(如劳动者的人均受教育年限、每万人中大学生拥有量、大中小学入学比例等)、劳动者的技术等级状况(如劳动者技术职称等级的现实比例、每万人中高职称人员所占比例等)、智商、情商、成就动机和劳动态度(如对工作的满意度、工作的努力程度、工作的负责程度、与他人的合作性等)等指标来衡量。与人力资源数量相比，人力资源的质量对于国家和社会经济发展的作用更为重要。随着社会的发展，现代的科学技术对人力资源的质量提出更高的要求，尤其是在以信息、知识和技术密集为特征的当代知识经济时代，提高一国或地区人力资源的质量是国家和地方政府的人力资源发展的重要目标和方向，提高企业人力资源的质量更是企业人力资源开发工作的目标和方向。影响人力资源质量的因素有：人类体质与智能遗传；营养状况；教育状况(国民教育发展水平、成人教育、早期教育)；文化观念；经济和社会环境等。

1.1.2　相关概念

1. 人口资源、劳动力资源和人才资源

分析人口资源、人力资源、劳动力资源和人才资源的关系有助于准确地理解人力资源的实质、内涵，理解其现实意义及重要性。

人口资源是指一个国家或地区的人口总体，即全部的自然人。任何一个国家和地区都存在一定数量的人口，它是人力资源的自然基础，其主要表现是数量概念。在上述四个概念中它是一个最基本的底数，与之相关的人力资源、劳动力资源、人才资源皆以此为基础。

劳动力资源是指一个国家或地区有劳动能力并在“劳动年龄”范围之内的人口的总和。它是就人口资源中有劳动能力并且进入法定劳动年龄的那一部分而言，它偏重于劳动者的数量。劳动力资源是人力资源的一部分，人力资源还包括尚未成为法定劳动力的人口。在劳动力资源中还有由一些在某个工作领域中已经或未来有很大的可能做出较大贡献的人群所组成的人才资源。劳动力资源不等于劳动适龄人口，后者的划分标准只有一条，即劳动年龄的上下限，凡处于劳动年龄上下限之间的人口均属于劳动适龄人口；而劳动力资源除了法定劳动年龄这一标准之外，还有是否具有劳动能力这条标准。虽然在劳动年龄的界限之内，但不具备劳动能力的人口，不包括在劳动力资源的范围之内。

人才资源则是指一个国家或地区中具有较多科学知识、较强劳动技能，在价值创造过程中起关键或重要作用的那部分人。人才资源是人力资源的一部分，即优质的人力资源。值得强调的是，人才本身是一个相对的概念。如在劳动者群体中，劳动模范相对于一般工人可以说是人才；在高级知识分子群体中，院士相对于其他教授是人才，教授相对于一般知识分子也可以说是人才。但把劳动模范与教授放在一起就不能比较。所以在某一特定群体中，有时为统计方便，需要界定“人才”的范围，比如，1982 年我国确立的“具有中专以上学历和初级以上职称的人员”这一定义作为人才标准。这种以学历和职称为界限的人才划分标准在我国人才资源管理上产生了重要影响。人才也是一个发展的概念，其内涵在不断丰富，人才标准也需要与时俱进，及时校正。形势的发展要求我国必须重建人才标准，否则会影响人才筛选、评价、激励等各个环节，进而影响人才强国这一重大战略的实施。

人口资源突出了自然存在的人的数量，而劳动力资源则突出了劳动法律规定的劳动者的数量。这两方面的资源在我国近期现实中都表现出了总量过剩的特征。人才资源侧重了人的质量，相对于我国现今人力资源处于结构性短缺状态，即高质量的人力资源或人才资源相对不足的情况，这一资源概念具有比上述其他资源概念更好的现实针对性和更为重要的现实指导意义。我国人口众多，从数量上看，人口资源和劳动力资源居世界首位，人力资源数量也名列前茅，可以称为人力资源大国。但从质量上看，人力资源和人才资源却是比较落后的，这反映了我国人力、人才资源素质不高。然而挑战与机遇并存，人口和劳动力数量最多也说明中国的人力资源潜力很大。如果开发得好，利用有方，管理得力，中国人力资源、人才资源质量将有希望接近和达到世界先进水平，成为人力资源和人才资源强国。

以上四个资源的相互关系如图 1.2 所示。

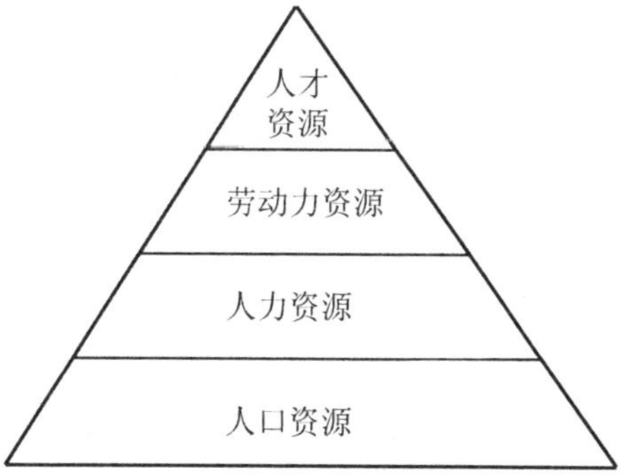

图 1.2 人口资源、人力资源、劳动力资源、人才资源的关系

2. 人力资源和人力资本

“人力资源”和“人力资本”在实际使用中是容易混淆的两个概念，很多人甚至将它们通用，其实这两个概念是有一定区别的。

1）资源与资本

“资本”一词，语义上有三种解释：一是指掌握在资本家手里的生产资料和用来雇佣工人的货币；二是指经营工商业的本钱；三是指谋取利益的凭借。马克思则认为，“资本不是物”，“资本是能够带来剩余价值的价值”。同时，他还认为资本只有在不停地运动中才能增值价值。资本与资源相比，差异不在于物的本身，而在于资本体现了一种社会关系。水、土地、矿山、机器等本身是一种资源，而不是资本，只有在一定条件下才能转换为资本，即只有明确了资源的产权关系，资源的所有者利用这些资源来进行增加价值的活动时，资源才成为资本。因此，资源成为资本的两个重要前提是：该资源必须有明确的所有权；该资源必须投入到增值的运动中。

2）人力资源与人力资本

人力资源和人力资本是既有联系又有区别的两个概念。

人力资本是对人力资源进行开发性投资所形成的可以带来财富增值的资本形式，它是指人们以某种代价获得并能在劳动力市场上具有一种价格的能力或技能。

人力资源是指人所具有的对价值创造起贡献作用并且能够被组织所利用的体力和脑力的总和。从定义上看似乎二者没有明显的区别。从二者的联系方面说，人力资源和人力资本都是以人为基础而产生的概念，研究的对象都是人所具有的脑力和体力，从这点看两者是一致的。而且，现代人力资源理论大都是以人力资本理论为根据的；人力资本理论是人力资源理论的重点内容和基础部分；人力资源经济活动及其收益的核算是基于人力资本理论进行的；两者都是在研究人力作为生产要素在经济增长和经济发展中的重要作用时产生的。此外，如同上述资源与资本的关系一样，只要具备了上述两个重要前提，人力资源就可以成为人力资本。人力资源是资本性资源，是人力投资的结果。一般认为，人的能力的形成是先天遗传素质和后天社会教化交互作用的结果。从先天遗传素质看，天才和愚笨都是极少数，绝大多数人都处于正常水平。因此，人力资源质量的提高取决于后天的社会和个人投资的程度。从最低限度讲，每一个掌握劳动技能的人和他出生时相比已有很大的不同。这些不同并非是自动地或毫无代价地发生的，相反，它们是父母、教师、本人或其他许多人精心努力培育的结果。所以，人力资源不是原生劳动力，是一种包含在人体内被投资、被生产出来的生产手段。

虽然这两个概念有着紧密的联系，但它们之间还是存在着一定的区别。

首先，在与社会财富和社会价值的关系上两者是不同的。人力资本是由投资而形成的，因此劳动者要将自己拥有的脑力和体力投入到生产过程中参与价值创造，就要据此来获取相应的劳动报酬和经济利益，它与社会价值的关系应当说是一种因果关系。而人力资源则不同，作为一种资源，劳动者拥有的脑力和体力对价值的创造起着重要的贡献作用，它与社会价值的关系应当说是一种由果溯因的关系。

其次，两者研究问题的角度和关注的重点也不同。人力资本是通过投资形成的存在于人体中的资本形式，是形成人的脑力和体力的物质资本在人身上的价值凝结，是从成本收益的角度来研究人在经济增长中的作用，关注的重点是收益问题，即投资能否带来收益以及带来多少收益的问题。人力资源则不同，它将人作为财富的来源来看待，是从生产要素和投入产出的角度来研究人对经济发展的作用，关注的重点是作用、意义问题，即人力资源对经济发展的贡献有多大，对经济发展的推动力有多强。人力资源的概念具有战略性、开发性和储备性。巴尼(Barney)列举了资源作为竞争优势来源应当具备的五个条件：价值性、稀缺性、不可仿制性、不可替代性和以低于价值的价格被企业所获得，人力资源显然具备这些特点。

最后，人力资源在不具备前述转化条件时不能成为人力资本而享受投资收益回报。在目前的社会条件下，人力资源所有者显然是人本身，因此人力资源成为资本的第一个条件已经满足。而第二个条件却受到诸多因素的影响故而在很多情况下难以满足。例如，广义地说，身心健康的人们都可视为人力资源，但当他们处于失业或休息中时，即使具有知识、技能、健康和体能，也不能形成资本，只有当这些知识、技能、健康和体能能够被组织(企业)所认可(被市场所认可)并且愿意投入到特定的组织、岗位的生产和创造活动中时，才产生了新的价值，人力资源才具有人力资本的意义。

1.1.3　人力资源是企业的宝贵资源

1. 人力资源与企业经济效益

在传统的企业管理中，人们认为企业效益主要来自资金、劳动力和土地这三方面的投入。后来大量的实践证明，劳动力多、土地大、资金充裕的企业并不一定效益好。这时，人们开始认识到管理也是一种资源，是一种能把土地、资金和劳动力有机结合起来而形成现实生产力的特殊资源。20 世纪初至中叶，一些管理学家通过对管理职能的实效分析与研究，认为一个厂商可用来创造股东利润和员工福利的资源有五种，即人力、资金、原材料、机器设备、产销方法或技术。随着现代科学技术的发展和市场竞争的日渐激烈，又先后出现过企业资源的六分说和七分说，即除了上面五种资源外再加上时间和情报。直到现代，人们普遍认定，企业资源无论如何划分和深化，人才资源是最重要的资源。现代许多管理学家都认为，早期的传统产品属于“集成资源”，而未来的产品属于“集成知识”。现代企业的成功，经济效益的提高，不只是靠技术精、设备好、资金多、信息快等资源，而关键是靠那些能有效地掌握资源、并能很好地利用这些资源、具有高智慧的人们。高素质的人力资源和人才，不仅可以掌握好这些资源，而且可以在很大程度上弥补这些资源的不足，为企业创造更高的效益。

2. 人力资源与企业管理

长期以来，在企业管理中，人们一向很困惑的问题是：是人管事、事管人，还是以人为中心进行管理。只有到了 20 世纪 60 年代，人本管理受到企业普遍重视之后，大家才取得比较一致的共识，这就是要把对人、对事、对物的管理有机结合起来，并以人的管理为中心，企业管理的实质就是要发动人去工作。人的潜力能得到充分发挥，人力资源不虚耗和浪费，企业的生存成长就有了取之不尽、用之不竭的源泉。日本索尼公司原董事长盛田昭夫说：“如果说日本式经营真的有什么秘密的话，那么我觉得‘人’就是一切秘诀最根本的出发点”。被人们誉为“经营之神”的松下幸之助也曾说，松下公司的口号是“企业即人”，并多次宣称，“要造松下产品，先造松下人”。美国的李·亚科卡以自己在美国福特和克莱斯勒两大公司长期管理的实践经验，总结出“管理就是发动其他人去工作”，他认为“企业的成功在于人”。因此，开发和管理好人力资源是企业管理的主旋律，是搞好企业管理的关键。

1.2 人力资源管理的职能、内容和意义

1.2.1 人力资源管理的含义和职能

1. 人力资源管理的含义

人力资源管理是指企业对人力资源的取得、开发、保持和利用等方面进行的计划、组织、指挥和控制，以有效地开发人力资源，提高劳动生产率，实现企业目标的活动。人力资源管理贯穿于企业生产经营的全过程，是企业管理的重要组成部分。理解人力资源管理的含义，主要应把握以下几个要点。

(1) 人力资源管理是企业管理的一部分。在企业的经营活动中，人、财、物、信息共同构成了决定企业兴衰的四大要素，这四大要素也是企业管理的内容。而人力资源是企业管理的主体，失去了人的能动作用，财、物、信息都不能发挥应有的作用。随着知识经济的到来，人力资源作为社会和经济发展的战略性资源，作为企业最重要的资产和一种最富活力与创造力的资本，其功能与作用愈益显著。可以说，在未来的企业管理中，人力资源管理将会扮演更重要的角色。

(2) 人力资源管理贯穿于企业生产经营的全过程，是服务于企业的总体目标的。人力资源管理主要是全面、系统地研究和分析在劳动过程中的“人”与“事”及“人”与“事”的合理匹配，寻求最佳结合，来保证企业总体目标的实现。因此，围绕着企业的总体目标来研究“事”，即岗位或工作，包括工作流程、工作方法、工作时间及职位和岗位分析；围绕着企业的总体目标来研究对人采用什么样的劳动人事制度，对人采用什么样的相应的开发管理措施和方法，当然也就是企业人力资源管理部门的重要职责。

(3) 人力资源管理的最终目的，是提高企业的经济效益。在市场经济下，追求经济效益是企业开展经营活动的主要目的。要达到这个目的，取决于企业中人与人、人与事、人与组织之间配合的效率。因此，按质按量为企业提供人力资源，合理安排人力资源，协调人事行为，不断提高劳动者的劳动技能和工作积极性，从而不断提高劳动生产率是企业人力资源部门重要的任务。

2. 人力资源管理的一般特点

与其他资源相比，人力资源有着诸多独特的特点，因此可以认为对人力资源的管理有着不同于对其他资源管理的独特性。

(1) 人力资源管理作为一门学科知识体系，具有综合性、交叉性、边缘性的特点，无论是进行学术研究还是进行实际的管理实践活动都要涉及社会学、经济学、管理学、系统学、心理学和环境工程学等多种学科的知识。

(2) 人力资源管理具有很强的政策性。由于人力资源的社会性、能动性和资本性等特点，决定了人们之间在共同的有目的的活动中不仅具有市场经济关系和社会心理关系，也具有法律和道德关系，这些关系不仅是以社会心理为基础，更是以经济和社会利益、责任、权利为纽带而联系起来的，因此，在共同劳动过程中的人作为社会的一分子，必须遵

守社会与组织的公约(包括法律上的、道义上的)，以保证这些关系的稳定并促进其改善。一些人力资源管理规定的制定不仅要考虑经济利益的因素，还应考虑法律、道德甚至政治的因素。

(3) 人力资源管理具有很强的实践性。人力资源管理不像对一般自然资源的开发与对物的管理那样，往往一个原理、一个定律或一个公式可以在不同的地方套用。人力资源管理的对象随组织性质、企业文化、历史背景、市场环境的不同而不同，人力资源管理的主体也在不同的组织中有不同的特点。因此，没有一成不变、到处可以套用的人力资源管理的所谓的最有效的“模式”。成功的人力资源开发与管理只能根据其基本原理与方法在实践中不断完善与创新，尽力找到适合于自己组织特点的模式，结果是否有成效只能通过实践得到检验。所以不要期望在案例分析中看来十分有效的成功经验可以被到处套用，而只能在分析的过程中“悟”出适合于自己企业特点的道理来。

3. 人力资源管理的职能

人力资源管理的职能主要体现在以下 7 个方面。

(1) 人力资源规划。这一职能包括的活动有：对组织在一定时期内的人力资源需求和供给做出预测，根据预测的结果制订出平衡供需的计划。通过制定人力资源规划，一方面，保证人力资源管理活动与组织的战略方向和目标相一致；另一方面，保证人力资源管理活动的各个环节互相协调，避免冲突。同时，在实施此规划时还必须要在法律和道德观念方面创造一种公平的就业机会。

(2) 人员吸收与保持。吸收职能包括招募与选拔两部分：招募是指通过各种途径发布招聘信息，将应聘者吸引过来；选拔是指从应聘者中挑选出符合要求的人选。当人力资源规划表明有新的员工需求时，组织就需要启动招聘和选择程序以找到合格的劳动者，来弥补职位的空缺。保持主要是通过激励、劳动保护等措施调动和维持员工的积极性和责任心，保证员工的身体健康。

(3) 培训与开发。培训与开发职能包括建立培训体系，确定培训的需求和计划，组织实施培训过程及对培训效果进行反馈总结等活动。通过培训和开发提高员工个人、群体和整个组织的知识、能力、工作态度和工作绩效，进一步挖掘出员工的智力潜能。

(4) 绩效管理。绩效管理是通过双向沟通确定目标并根据所确定的目标对员工的工作结果做出评价，发现其工作中存在的问题并通过绩效反馈(面谈)加以改进，奖优罚劣，进一步提高和改善员工的工作效率和质量。绩效管理包括制订绩效计划、进行绩效考核及实施绩效沟通等活动。

(5) 薪酬与福利管理。薪酬与福利管理包括确定薪酬的结构和水平，实施工作(岗位)评价，制定福利和其他待遇的标准以及进行薪酬的测算和发放等。

(6) 安全与健康。组织为保障员工的安全与健康，必须在减少事故、职业毒害，预防职业病等方面采取有力的措施。员工在安全的环境中工作并享受良好的保健，能够使其更有效地工作，从而给组织带来长期的利益。

(7) 劳动关系和员工关系管理。管理者与组织内有组织的员工群体就工资、福利及工作条件等问题进行谈判，协调劳企关系。有的学者还在这一职能中加入了进行企业文化建设，营造融洽的人际关系和良好的工作氛围，甚至还包括了对员工的职业生涯进行设计的管理(这一活动有时归入开发职能中)等。

在以上管理职能中，规划是整个人力资源管理活动的前提基础。在制定人力资源规划时，要坚持人力资源规划服从服务于组织总目标、总计划的原则。同时，要注意分析各职能间的相互关系和相互作用，从人力资源管理的整体和全局上看问题，处理好各职能之间的关系。

还需指出的是，人力资源管理的所有职能都是相互联系和相互作用的，只要改变其中的任何一部分，都会引起其他部分的反应。如在处理员工录用、晋升时就要考虑到报酬、培训及劳动关系方面的问题，如果处理不当就会引起离职、缺勤、浪费等现象的出现，从而导致生产力水平，乃至劳动生产率和员工对工作满意程度的下降这样严重的后果。

人力资源管理的诸个职能的相互关系如图 1.3 所示。

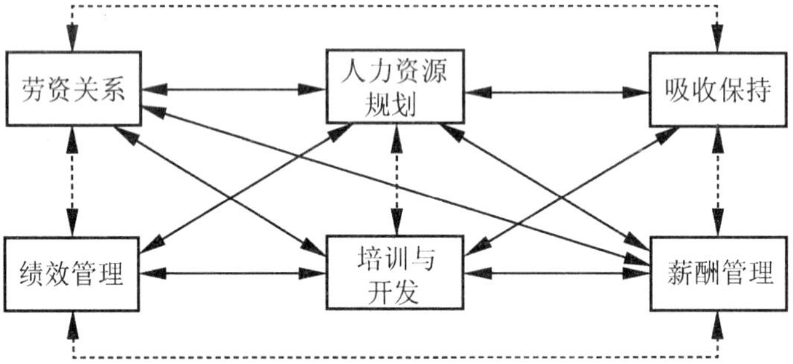

图 1.3　人力资源管理的主要职能和相互关系

现代人力资源管理是一项专业性很强的管理工作。一般在大中型企业都设立人力资源管理部门(或称人事处、人事科)。这个部门的主要职责是建立人力资源的有关制度并提供咨询，完成有关管理任务。该部门主管在最高层领导授权之下，具有职能上的权威，为各直线部门提供服务，但无权命令直线人员接受其服务。例如，在员工聘用方面，可以甄选合乎条件的候选人，但最后是否聘用的决定要经过聘用单位的同意和上级的批准，人力资源管理部门没有决定权。在企业里，人力资源管理是通过高、中、低三个直线管理层发挥作用的。其中，最高管理层拥有最高的权力，负责制定有关人力资源的目标、计划与政策；中层管理层负责解释说明及推行目标、计划和政策；低层管理层负责目标、计划与政策的具体执行。因此，人力资源管理活动不仅是人力资源管理部门的活动，而且是企业各个组成部门的整体活动。直线权威与职能权威应相辅相成，从而达到有效地管理人力资源的目的。

1.2.2　人力资源管理的内容

人力资源管理的内容有以下几个方面。

(1) 制定人力资源规划。通过制定这一规划，一方面，保证人力资源管理活动与企业的战略方向和目标相一致；另一方面，保证人力资源管理活动的各个环节互相协调，以及为人力资源管理提供所需要的信息。

(2) 编制人力资源计划。编制人力资源计划就是编制年度内人力资源的计划，如人员数量和质量计划、招聘计划、裁员计划和劳动生产率计划等。

(3) 工作分析与职务设计。这是人力资源管理中的一项重要的工作。通过对工作任务的分解，根据不同的工作内容，设计不同的职务，并编制每个岗位的职务说明书，这样可以使企业吸引和保留合格的员工。

(4) 招聘。企业根据需要挑选最合适的人员，并将其录用安排在一定的职位上。

(5) 绩效评估与激励。根据一定的考核指标对员工的工作表现与工作效果进行评价，并及时做出信息反馈，同时运用一定的激励方法与手段，奖优罚劣，进一步提高员工的工作绩效。

(6) 培训与开发。通过各种培训手段对员工的智力、技能与工作态度进行培养训练，旨在提高员工的素质。同时结合员工的自身素质与组织的需要，为员工制定一个职业生涯发展计划，不断开发员工的潜能。

(7) 工资福利。根据员工工作绩效的大小和优劣，给予适当的报酬和奖励。

(8) 劳企关系。企业管理者与企业内有组织的群体就工资、福利及工作条件等问题进行谈判，协调劳企关系。

(9) 安全与保障。为保障员工的健康，减少污染，减少事故的发生所必须采取的措施。

1.2.3　人力资源管理的意义

人力资源管理的意义主要体现在以下几个方面。

(1) 人力资源管理有利于促进企业生产经营活动的顺利进行。企业中人与人、人与事、人与组织的配合与效率，直接影响企业生产经营活动的顺利进行。只有合理组织了劳动力，不断协调劳动力之间及劳动力与劳动资料和劳动对象之间的关系，并在空间和时间上使劳动力、劳动资料和劳动对象形成最优的配置，才能保证企业生产经营活动有条不紊地进行。

(2) 人力资源管理有利于调动企业员工的积极性，提高劳动生产率。美国学者通过调查发现，按时计酬的职工每天只需发挥自己 20%～30%的能力，就可以保住自己的饭碗，但若充分调动其积极性、创造性，其潜力可发挥出 80%～90%。企业人力资源管理的重要任务就是要设法为劳动者创造一个适合他们的劳动环境，如人适其职，充分发挥每个人的专长；根据每个人的需要进行有效的激励；正确地评价每个员工的效绩等，使他们安于工作，乐于工作，忠于工作，积极主动地奉献自己的全部能力与智慧，从而达到提高劳动生产率的目的。

(3) 人力资源管理有利于开发人力资源，树立企业长期的竞争优势。企业人力资源管理的一个主要任务就是对企业员工的教育与培训，提高企业员工的素质，使员工有效地掌握和运用第一流的现代化技术，创造出一流的产品，使管理者掌握现代化的管理理论与方法，提高企业管理的能力与水平，从而树立企业长期竞争的优势，促进企业的发展。

(4) 人力资源管理有利于减少劳动消耗，提高企业的经济效益。企业的经济效益是指企业在进行生产经营活动中所费和所得的比较。减少劳动消耗的过程，就是提高经济效益的过程。所以，合理组织劳动力，科学配置人力资源，可以促使企业以最小的劳动消耗，取得最大的经济成果。

1.3 人力资源管理的发展与模式比较

1.3.1 国外人力资源管理的发展阶段

1. 档案管理阶段(20世纪60年代中期)

这一阶段的特点是：雇主对雇员关心的程度增加了。“人事”在那个时候已具有了特殊的使命，比如，人事档案管理(有关员工出生日期、参加工作时间、受教育程度等的记录)。组织员工旅游计划等工作都由人事部门来完成，但对人事部门工作的性质、任务还缺乏明确的认识。

2. 政府职责(20世纪70年代前后)

这一阶段的特点是：政府介入和法律规定开始在各个方面影响就业，迫使企业规范人力资源管理工作。但企业的高层领导人仍认为人力资源管理不过是为了应付政府不得已而为之的事情。以美国为例，继1964年通过《民权法》之后，政府相继通过了《反种族歧视法》、《退休法》、《保健安全法》等涉及公民就业的多项法规。企业如果违反这些法规就会造成巨大的经济损失。这就迫使企业各层领导对劳动人事管理工作的要求日趋严格，不允许任何一个环节出现疏漏，力求避免和缓解劳资纠纷，力求在出现劳资纠纷时，企业在法律面前争取主动。1973年，美国电报电话公司与联邦政府达成一项协议，同意将晋升到管理职位上的女雇员的起点工资，与晋升到同样职位的男雇员的工资水平拉齐。这本属于纠正性别歧视的合理之举，但在当时的企业中却被认为是“错误的人事管理”，该公司为此损失了3亿美元之多。正是在这样的背景下，企业人力资源管理的职能被提到政府议事日程上来，人力资源管理逐步规范化、系统化和科学化。员工的吸收、录用、发展、评价、调整和维持逐渐成了管理的主要工作内容。同时，为了完成上述工作内容，各类人事管理专家也纷纷进入企业，但为此而支出的一切费用，许多高层管理人员都将其视为整个组织的非生产性消耗，是企业为了应付政府不得已而为之的事情。

3. 组织职责阶段(20世纪80年代后)

进入20世纪80年代，企业界领导人不再认为人事管理只是“政府的职责”，而是把它真正视为本企业“组织的职责”，人力资源开发就是企业劳动人事部门的职责。将人事管理作为组织的一项主要职责，这种变化与当时的社会、经济、文化等因素的影响是分不开的。以美国为例，1972—1982年间，美国的生产率平均每年增长率仅为0.6%，而同期的日本、联邦德国和法国分别为3.4%、2.1%和3%。员工懒散，劳资关系日益紧张。要解决这些问题，真正调动员工的积极性，许多企业的高层领导人员认为，主要在于掌握处理人际关系的技能，这也是未来保证企业成功经营的关键要素。通过对一些大企业高级经理的调查得知，40%的经理说，他们一周要花5～20小时来处理人事问题。这些经理迫切需要人事部门协助他们的工作，因为人力资源管理工作的复杂性正在日益增加，做好人力资源管理远比做好财务管理更加重要。美国人力资源问题专家韦恩·卡肖认为：“它不仅是个战术问题，而且是个战略问题。”为此，他们开始吸收企业人事经理进入企业的高层领导集团，共同参与企业的经营决策。在 20 世纪 80 年代初期，美国和欧洲纷纷出现了人力资源开发和管理的组织机构。在美国，除了中央政府和地方政府设立了人力资源开发的组织外，许多企业也纷纷将人事部门称为“人力资源开发部”或“人力资源管理部”。西方企业从强调对物的管理转向重视对人的管理，这是管理领域中一个划时代的进步。把人当作特殊的资源加以开发和利用，已成为西方先进管理思想的一个重要组成部分。于是，人力资源管理冲破了传统人事管理的旧模式，作为管理学的一个新的分支应运而生，并在实践中不断丰富、发展和完善。

1.3.2　中国人力资源管理学的产生与发展

我国从人事管理向人力资源管理的发展经过了三个阶段。

1. 第一阶段(20 世纪 80 年代～90 年代中期)为初步认识阶段

王通讯、彭剑锋等人在以《中外管理》为代表的一些管理杂志上发表了一系列关于人力资源管理的文章，也出版了一些人力资源管理的著作，但企业的应用还未起步。

2. 第二阶段(20 世纪 90 年代中期～90 年代末)为起步发展阶段

在这期间，人力资源管理理论的研究和实践有所发展，企业界学习人力资源管理的热情大大提高。1995 年 9 月《中外管理》与《光明日报》等单位发起了“人才与企业战略研讨会”，有 40 多家企业参加。在此后的几年里，有关人力资源管理的文章和书籍大量出现，相关的培训也层出不穷。这一时期，我国人力资源管理不仅在理论上取得了重大突破，而且在实践上也取得了丰硕的成果。

3. 第三阶段(21 世纪初期至今)为蓬勃发展阶段

进入 21 世纪后，我国人力资源管理在度过试探摸索阶段之后，进入了发展的黄金时期。在这一时期，理论和技术、经验和实践齐头并进。每当一个理念趋于成熟，便会有企业通过实践加以验证。遍布各地的人力资源管理培训、测评、咨询机构在实际操作的技术上水平更高，在项目内容上也更为丰富。当然我国人力资源管理现状也存在着诸多问题。

1.3.3　人力资源管理和传统劳动人事管理的区别

1. 管理的思想发生了变化

现代企业的人力资源管理是以企业的人力资源为中心，以经营观念和市场意识研究如何实现企业人力资源的优化配置。这种优化配置包括两方面的含义：一是因事配人，即根据企业发展的需要，选配合适的人才；二是因人拓事，即根据企业人力资源的优势和潜力拓展企业的工作。这种人力资源的管理思想冲破了传统劳动人事管理的约束，不再把人看成是一种“技术因素”“生财工具”，而是把人看成是具有内在潜力的、构成生产力的经济因素；不再简单地把人看作被动地接受管理的对象，而是把人看作是能动的本源的要素。因此，要为他们提供和创造各种条件，使其主观的能动性和自身的劳动潜力充分地发挥出来。这种管理不再是单纯执行型的管理，而是开发型的管理。

2. 管理的内容发生了变化

现代企业的人力资源管理不再是简单地对员工进行“进、管、出”的管理，而是有预见性地管理各类人员的配置、使用、劳动报酬、资格鉴定、业务培训和工作条件，时刻考虑如何满足人力资源开发的需要与要求。这种管理从根本上提高了员工的劳动积极性，改善了员工的素质。

3. 管理的方式发生了变化

传统的劳动人事管理对人进行消极的防范与监督，是一种专制式的管理。这种管理的结果必然引起员工的不满、不合作甚至反抗，其后果是使企业无法在激烈的市场竞争中获胜。而现代企业的人力资源管理是一种参与式的管理、民主式的管理。随着科学技术的发展和社会的进步，人在企业中的作用越来越重要，同时人们的价值观念、需求结构和行为方式等诸多方面也都发生了重大的变化。因此，管理的方式也应与之相适应，一些新的管理原则和方法正被采用。美国心理学博士韦恩·卡肖(Wayne F. Cascio)认为，在研究生产率问题时，还必须注意职业生活质量的提高。职业生活质量是指员工在工作中所产生的心理和生理健康的感觉。参与管理是改善职业生活质量的重要措施。参与管理的形式多种多样，最有效的形式是：①通过实施奖励提高生产率；②通过工作改革增强员工的责任心和自觉性；③通过教育、培养和鼓励使更多的员工参与管理。

4. 现代企业的人力资源管理更加科学化

现代企业人力资源管理的科学化主要表现在：人力资源管理工作的各个方面要做到标准化、规范化、现代化。标准化与规范化是指在员工的招募、录用、培训、考核、晋升、奖惩和报酬等各个方面都应当有标准，有章可循，企业不因人员的变动而受到影响。现代化是指人力资源管理手段的现代化，要运用电子计算机来储存和处理人力资源管理的信息。

人力资源管理和人事管理的区别见表1-1。

表1-1 人力资源管理和人事管理的区别

比较项目	人力资源管理	人事管理
管理理念	视员工为第一资源	视员工为负担、成本
管理目的	和员工利益的共同实现	组织短期目标的实现
管理活动	重视培训开发	重使用、轻开发
管理内容	非常丰富	简单的事务管理
管理地位	战略层	执行层
部门性质	生产效益部门	单纯的成本中心
管理模式	以人为中心	以事为中心
管理方式	强调民主、参与	命令式、控制式
管理性质	战略性、整体性	战术性、分散性
管理角色	挑战、变化	例行、记载

1.3.4 美、日人力资源管理模式的比较

1. 美国人力资源管理模式的特点

1）注重市场调节

美国的劳动力市场非常发达，这对社会上劳动力资源的分配起着极为重要的作用。因此，美国企业的人力资源管理对市场的依赖性很强。对于雇主来说，无论需要什么人，只要到市场上登广告或通过有目标的市场竞争，就可以雇到自己所需要的人。对于劳动者一方来说，从在校学习、选择专业开始就将市场的需要和将来的就业结合起来，就业以后，如果发现自己的兴趣发生了变化或发现了更理想的就业机会，就会毫不犹豫地另谋高就。市场对这种变换工作的雇员，不但不歧视，反而认为是“市场价值”很高的优秀雇员。雇主与雇员之间是直截了当的短期市场买卖关系。雇主付给雇员合理的报酬，除此之外没有更多的义务。反过来，雇员对企业也没有太多的忠诚可言。在这种以短期市场买卖关系为核心的就业关系下，员工的流动性很大，企业职工队伍的稳定性相对较差。

2）人力资源管理的制度化

美国企业管理制度化的程度很高。这个特点在人力资源管理上体现为分工明确、责任清楚，对常规问题处理的程序和政策都有明文规定。比如，对从事每一个工种的工人的个人素质、技术要求和工作责任，都有明文规定，不同工种的人不能随便交叉使用。由于工作内容都用文字明确地写下来了，新工人可以“照章办事”，很快就能掌握生产的内容和程序，大大地减少了工人对企业的威胁。由于工人对生产过程的了解只是集中到一点，因此，在生产中的应变能力和协调能力较差，管理人员的专业化和素质在美国企业中就显得非常重要。

3）注重个人能力的晋升制度

在美国受过较高教育的人，可以直接进入管理阶层。新员工只要能在工作中做出成绩，证明自己的能力，就可以很快地得到提拔，而不必论资排辈。

4）对抗性的劳资关系

美国企业中的劳资关系是对抗性的。这种对抗性的关系表现为：管理者一方认为管理是自己的事情，工人的劳动贡献已经用工资补偿了，工人不应该再有别的要求，不应该参加管理，也无权过问企业的经营情况；工人则认为自己的劳动成果，大部分都被企业拿去了，因为不参加管理，对自己的命运无法控制，企业需要时自己才能就业，企业不景气时，自己就会被企业一脚踢开。由于这些原因，工人对企业完全不信任，对管理者们怀着敌对的情绪，认为只有组织工会，通过斗争才能保障自己的权利，只有通过罢工或用罢工作为威胁，给企业造成足够的损失，才能使企业让步，给自己增加工资和提供就业的保障。

5）刚性工资

在美国企业中，工人收入的95％～99％以上都是按小时计算的固定工资，即使在遇到危机的时候，美国企业也很难说服工人减少工资，帮助企业渡过难关。因为美国工人工资的增加，都是通过斗争辛辛苦苦得来的，如果经济不景气时减下去，很难相信在经济繁荣时企业会自动再把它提上来。

2. 日本人力资源管理模式的特点

1）终身雇佣制

第二次世界大战后，日本社会生活极度穷困和混乱，人们渴望过上安定的日子，终身雇佣制则恰恰能满足人们的这一需求，因而使这一制度得以形成。与此同时，日本的儒家文化传统也保护了这一制度。日本的大中型企业基本上都实行终身雇佣制。工人就业非常稳定，更换工作的人数很少，这也使得日本已经就业的职工更换工作的二次劳动力市场显得很不发达，同时，市场对更换工作者有相当的歧视。中途更换工作者，工资平均要损失一半左右，至退休时，其收入只相当于同类职工未更换工作者的2/3，所以职工一般不愿意更换工作。从企业一方来看，在对职工进行大量的培训以后，一般也不愿意职工离开企业，因此，即使是经济不景气时，日本企业也不会轻易解雇工人。

职工在企业终身就业，对企业的经营情况非常了解，也对企业产生依赖，使职工更加愿意同企业合作，这就形成了日本企业中合作性的劳资关系。在日本企业中的重要问题一般都要经过全体职工反复讨论，“形成一致意见”后，方能最后决策并付诸实施。在日本企业中，工人也组织工会，但工会在代表职工发表意见时，并不对企业采取对抗性的态度。

2）年功序列制

根据年功序列制，应届毕业生作为新员工进入企业后，在相当长的一段时间内(一般5～10年)，工资待遇只按照资质逐年平稳上升，没有明显的个人差异。在以后的职业生涯中，工资待遇也是随着年龄的增加而持续上升，而且在管理人员的使用和晋升制度中都规定了必需的资历条件。因此，日本企业中各级管理人员的地位高低与年龄长幼之间呈现较为整齐的对应关系。由于有了年功序列制，员工明显感到在同一企业中长期工作的好处。而一旦转入新企业，往往得从较低的岗位做起，经济上损失惨重。所以，年功序列制是终身雇佣制的真正支柱。

作为日本人力资源开发管理主要特点的终身雇佣制，产生了一系列积极的影响。第一，企业与职工之间建立了长期稳定的关系，形成了“利益共同体”，这是“团队精神”产生的基础，而“团队精神”正是日本企业在竞争中取胜的法宝。第二，由于员工队伍的超稳定性，便于日本企业从长远需要对员工进行教育与培训，大大提高了员工队伍的整体素质。第三，终身雇佣制有利于培育家族式的企业文化，造成“内和外争”的良好气氛。因此，虽然日本企业内部也存在着激烈的竞争，但由于“团队精神”的作用，这种竞争不是你死我活的恶性竞争，而是以不影响员工之间的协作和友情为前提的良性竞争。

美国、日本企业人力资源开发与管理的比较见表1-2。

表1-2　美、日人力资源管理的比较

美　国	日　本
强调个人	强调集团
以任务为中心	以从业人员为中心
强调个人竞争	提倡内部合作
注重短期业绩考核	注重长期业绩考核

续表

美　国	日　本
重视显露的专长能力	注重潜在的基础能力
职务规定明确	职务规定暧昧
优先使用权限	优先使用协调
明确的控制	储蓄的控制
依赖契约、规章	重视互相依赖

从以上美国、日本两个国家人力资源开发与管理实践的分析中可以清楚地看到，任何企业要想获得成功，必须选择适合自己生存环境和特定历史条件的管理模式。美国的人力资源管理模式，是以对抗性的劳资关系、高度集权式的管理为特征的，它适应了美国在高度发达的技术和市场条件下产生的企业制度。而日本的人力资源管理模式是在第二次世界大战以后，日本经济恢复和高速发展时期形成的。因此，日本的人力资源管理模式注重劳资之间的合作关系，加之独到的人事管理制度，为日本经济的成功做出了突出的贡献。但是，即使是成功的模式也不是一成不变的。这也正是美、日两国的人力资源管理模式在“各领风骚”一段时间以后，开始瓦解的原因所在。那么，未来企业人力资源管理的模式应该是什么样呢？随着科学技术的不断进步，生产力水平不断提高，国际市场已经进入了一个前所未有的高度国际化和空前激烈竞争的新阶段。在这样的市场环境里，市场对资源分配的调节、企业员工良好的知识和技术素质以及高度的责任心和自觉性都显得越来越重要。因此，在人力资源管理上，实行参与式管理、充分发挥员工的能动性和创造性，保障员工在企业中的基本利益以及加强对人力资本的投资是人力资源管理发展的新趋势。

思　考　题

1. 和其他资源相比，人力资源的特点有哪些？
2. 劳动力素质有哪些要素构成？
3. 人力资源与人力资本是什么关系？
4. 人力资源管理的基本职能包括哪些？
5. 人力资源管理和传统劳动人事管理有何区别？
6. 我国从美国、日本的人力资源管理模式中可以得到什么启示？

案例思考题 1-1

辽宁盼盼集团的人才发展战略

确定企业人才发展战略是企业生存和发展的基础，特别是在企业超速发展的时候，人才更成为制约企业发展的关键。

党的“十五大”的召开，为我国民营企业的发展插上了腾飞的翅膀。企业要发展，首先想到的是怎样引进人才，引进什么样的人才。面对世纪之交的国际经济新格局和新的历史机遇和挑战，各类企业都求贤若渴，纷纷出奇招，招贤纳士，壮大队伍。

辽宁盼盼集团董事长韩召善，为了招纳天下有才之士，出人意料地以一种全新的思维方式招募天下英才。他通过体育竞技赛中的打擂形式，在《中国青年报》上开展了一场人才擂台赛。题目是“面向21世纪、盼盼1998大动作”、“施展抱负的机遇、成就大业的摇篮——欢迎您参加人才‘擂台赛’!”。

盼盼集团“1998人才擂台赛”从12个方面向社会展示了企业所取得的成就、所要解决的问题和未来发展的方向，更阐明了企业所需的人才及结构。内容是：

(1) 产品开发：盼盼集团经过几年的努力，已开发出四大系列28个品种的系列防撬门，您认为防撬门的种类、选型和性能还需向哪些具体方面突破？怎样操作？永葆产品畅销不衰的条件是什么？

(2) 企业转型：盼盼集团正处在由资产经营型的企业集团向资本经营型的跨国财团的过渡时期，尽管盼盼集团已经在门业开发和其他产业开发上取得了一些成绩，但还是愿意拜读您的高论。您认为盼盼集团该如何以门业为主，兼营其他产业或开发其他新产品？并辅以怎样的手段和措施？

(3) 市场开发：几年来，盼盼集团在门业市场的开发上得益于两个方面。一是营销市场的广泛拓展，二是各类新开发产品科技含量的不断增加。依您的高见，门业市场深层次开发的有效途径及操作步骤还有哪些？

(4) 企业决策：盼盼集团发展壮大的成功因素之一就是决策层能看准市场，敢于投资，珍惜人才。拥有一技之长的您是否有市场前景看好、投入见效快，或正在开发的项目或产品，并且愿与本公司合作共创辉煌？

(5) 经营管理：盼盼集团从创业之初到飞速发展的今天，努力走着一条内耗少、活力强、效率好的企业经营管理之路。然而，欲成就一番大业，须吸收百家之长，您对于像盼盼集团这种企业在生产管理、市场管理、营销方面还有哪些独到的见解或全新的理念？

(6) 运作机制：盼盼集团从小到大一直面对着市场竞争，完全按照市场机制运行。您觉得在市场经济条件下，企业应借助哪些有利因素，采用哪些良性运作机制才能获得成功？

(7) 名牌产品：企业名牌产品对于经营者来说是有喜有忧的。喜的是消费者是名牌产品的享用者；忧的是名牌产品时常被社会上的不法之徒仿冒，企业的权益常常受到损害，企业因此常常被迫诉诸法律。您认为保护“盼盼”牌防撬门不受侵犯、企业权益不受损害所采取的最佳途径和措施还有哪些？

(8) 品牌和企业形象：盼盼集团能在商界角逐中立于不败之地，不仅得益于良好的产品质量和信誉，更得益于在市场营销的同时注意树立产品和企业的形象。您认为盼盼集团还应在品牌形象和企业形象等方面如何进一步搞好包装？您可否提出更具有独到见解的创意方案或提出一种全新的创意理念。

(9) 人才架构：盼盼集团在发展中已形成了从管理到营销、从科研到开发等方面的开放性人才网络系统，您愿意成为盼盼集团人才网络中的一员么？您具备哪些特长？

(10) 企业发展：盼盼集团在新产品开发和市场营销上已走上了良性循环的轨道，为了使集团公司再上新台阶，您认为应借助哪些内力和外力条件才能高速发展？有哪些有效的途径？如何操作？

(11) 发展目标：盼盼集团的发展目标是成为资本经营型的跨国集团。盼盼集团处于向财团过渡的阶段，应具备或凭借哪些有利条件？通过哪些无风险或风险小的途径与措施可以顺利实现？

(12) 发展规划：盼盼集团已为自己制定了长远的发展规划，您认为要实现集团恒久繁荣、长足发展应具备哪些条件？如何实践这些条件？请展示您设计的有独到见解的方案。

问题：

1. 你从盼盼集团擂台赛的内容中得到了哪些启示？
2. 在人才招募上，怎样才能挑选到符合企业发展总目标的急需的人才？

案例思考题 1-2

邱家水产集团总公司的人力资源管理

1. 领导体制

邱家水产集团采用由党委会、村委会和总公司分工负责、协调配合的党政企一体化的领导体制。村民委员会和水产集团总公司是在党委领导下的“行政”和“经济”两套机构。

村民委员会负责村里的行政管理工作，包括村镇建设、民政、教育和政法工作。村委会由 6 人组成：其中村主任 1 人(兼公司保卫科长)，副主任 1 人，专职保卫科副科长 1 人，保卫科干事 2 人，民兵营长 1 人。村委会的任务是为经济建设创造良好的社会环境。

邱家水产集团总公司实行集体领导下的经理分工负责制，设有办公室、政工科、财务科、供应科、捕捞科、基建科、保卫科等行政科室。总公司设总经理 1 人，由党委书记兼任，副总经理 4 人(其中 2 人由党委副书记兼任)。总经理负责集团公司的全面工作，并主管全公司的财务工作，实行财务“一支笔”审批制度；副总经理按分工分别负责一个方面的主要工作，其中 1 人负责海洋捕捞，1 人负责海水养殖，1 人负责非渔产业(包括主管中外合资企业)，1 人作为总经理助理分管后勤工作。集团公司专心致力于经济发展。

党委下设 17 个党支部，分布在总公司、村委会相应的下属单位和职能部门。成员由全体党员民主选举产生，实行委员分工负责制。党委会的工作主要是加强党在农村经济工作中的领导作用。

2. 管理方式

总公司依据“统一经营，分级管理”的原则，设立了 33 个承包单位，由总公司直接领导。总公司对下属分公司的管理权限、工作职能有明确的规定，实行目标责任制。各成员企业作为分包单位对总公司实行经济承包，根据企业的性质及特点确定承包合同。各分公司之间是一种有偿服务的经济协作关系。

总公司的年度计划指标确定后，召开经理办公会，研究落实计划，并逐一分解到各下属单位。然后召开各单位负责人会议，公布本年度各单位的生产计划指标，并分析各项指标确定的科学依据，再由各单位负责人发表意见，答复能否完成下达的生产计划。若认为无法完成，总公司则另选承包人，直到确认能完成计划为止，并真正实行统分结合，责权利结合。总公司只管企业的发展方向、财务管理和对各企业主要领导人的任免，其余权力全部下放到企业，相应地对有关领导实行责权利挂钩，调动其积极性。从总公司到各企业主要领导的分配都与自己分管的部门效益挂钩。集团总公司只保留总经理和分管行政的副总经理随公司平均效益分配，对总公司的其余领导和各企业主要领导的分配，根据企业规模的大小及生产经营性质等，分别享受本单位职工收入 1～2 倍的待遇；对于完不成计划的领导，分配按比例削减，对于超额完成计划任务的领导，将予以嘉奖。

3. “六带头”和“四比四赛”

邱家水产集团总公司现有党员 180 人，占公司总人数的 5.29%。为了充分调动广大党员的积极性、主动性和创造性，带头遵守国家的法律法规和企业的规章制度，执行党的路线、方针政策，发挥先锋作用，邱家水产集团总公司党委从企业的实际出发，在党员中广泛开展了“六带头”和“四比四赛”活动。

“六带头”的内容包括：每个党员都要带头执行党的路线方针和政策；自觉带头学习、钻研业务技术，努力完成生产任务；带头遵纪守法，维护社会公德，做群众的表率；带头文明生产经营和安全生产；带头发扬主人翁精神，敬岗敬业，艰苦奋斗，充分发挥积极性、主动性和创造性；带头实行计划生育。

“四比四赛”的内容包括：党员与党员之间要比党性，赛谁执行党的政策好；比理想，赛谁为人民服务的党性高；比奉献，赛谁为社会做的贡献大；比标准，赛谁的先锋模范作用发挥得好。

公司党委对涌现出来的模范人物和先进事迹，用多种形式大张旗鼓地进行宣传，并给予表彰奖励。

4. 党员联系职工制度

为了使党员切实贯彻党的路线，不脱离群众，并能用自己的模范行动去影响群众，公司党委结合企业的实际制定了党员联系职工制度。

党员联系职工制度的基本要求是：共产党员要和广大群众打成一片，倾听群众呼声，关心群众疾苦；每个党员都要有自己的联系对象，经常和群众谈心交朋友，并用自己的模范行动去带动和影响他们，在群众中树立起党的威信；处处以身作则，模范地执行党的各项方针政策，把党的方针政策同广大群众的行动密切结合起来。

党员联系职工制度的具体要求是：从事捕捞生产的党员，至少包、帮、带一名船员；从事养殖、加工、后勤服务及行政管理的党员，至少包、帮、带一名职工。在包、帮、带的过程中，每个党员要用自己良好的言行去教育、影响、帮助和带动周围的职工群众，诸如在生活方面帮助职工解决困难，在工作上帮助职工提高业务能力，在思想上帮助职工提高道德水平。

5. 廉洁制度

邱家水产集团总公司建立廉洁制度，是从端正党风入手的，要求党员干部做到：严格遵守党章党纪，处处按党的方针政策办事；要密切联系群众，有事同群众商量，不搞官僚主义；要树立全心全意为人民服务的观念，做人民的公仆；要正确处理好国家、集体和个人三者利益的关系；以身作则，带头实干，发挥艰苦奋斗、勤俭节约的精神，为集体多创造财富，为社会多做贡献。

为了做到廉洁有章可循，违章必究，邱家水产集团总公司制定了一整套廉洁奉公制度，其内容包括：领导成员分工明确，责任清楚；大事讲原则，小事讲风格，不互相扯皮；要大公无私，光明磊落，不搞阳奉阴违小动作；不乱用职权、假公济私，生活应勤俭；办事公道，不乱批条子或做一些违背厂规厂法和各项制度的事；率先垂范，模范执行各项制度，厂规厂办招待不能超标准，超额部分由负责人个人承担。

6. 培训制度

邱家水产集团总公司制定了生产经营三个转变的发展思路，即养殖业要由高产低效型向优质高效创汇型转变；远洋渔业在继续扩大队伍的基础上，向边捕捞边加工边销售方式转变；走多元化发展的路子，向多角度跨国经营转变。

实现上述转变面临很多困难，其中主要是企业的现代科技力量与管理经验不足。要解决这个问题，仅靠现有的能工巧匠、土专家是不够的，还必须造就一批高科技人才和熟悉国际经济贸易知识的经营管理人才。为此，邱家水产集团总公司实施人才战略，多渠道培养、引进人才。具体做法是：

(1) 举办各类技术短训班，对现有生产骨干人员进行技术培训和专业知识培训。公司邀请全国各地养殖专家讲解实用性技术，平均每年举办各类短训班都在10期以上，使300多名队长、船长、技术员每人每年接受培训一次。

(2) 采取长期委培方式，选拔有培养前途的职工出去深造，培养科技带头人。公司先后与山东大学、山东师范大学、青岛海洋大学、山东省水产专科学校等院校和科研单位挂钩，定期定向输送、委托培养了一批捕捞、养殖加工及经营管理型人才。几年来，公司派到国内外大专院校、企业代培的人员达300多人次。

(3) 自己办学，建立正规化的教育体系，为邱家水产集团总公司的长远发展输送、储备人才。1992年，经山东省教委批准，该公司投资400万元建立了一所中专学校——“邱家渔业公司成人中专”，纳入了国家招生计划，学生毕业后国家承认学历。该校设有企业管理、养殖、宾馆服务等专业，学制为3年，以培养实用型人才为主，现有在校生150名。

7. 医疗保健制

1983年以前，公司只有一个卫生员，谁有了病取点药，不收费；对医治不了的病，让病人去医院就诊，医疗费由公司结算。1983年，公司成立了职工医院，当时仅有50平方米的3间平房和1个医生。此后，公司每年向医院拨款 20 万元，使医院的医疗条件迅速得到改善。1993 年，职工医院已拥有一幢面积达 1500 平方米的门诊楼，内设 10 张病床，现有医生 8 人，其中主治医师 1 人。现在能够做到小病不出院，一般的疾病都能治疗，遇到医治不了的病症送往其他医院治疗。公司职工(包括临时工)年人均医疗费达到 70 元，需到外地就诊的经批准后可在医院报销医疗费用。为了进一步改善职工的医疗条件，公司准备投资建立一个医疗条件基本现代化的医院。

8. 福利保障制度

在邱家水产集团总公司，职工福利的享受对象为公司的正式职工，退休人员则按“劳动保险管理规定”享受待遇，临时工不享受福利待遇。

福利保障的开支范围包括：职工生活困难补助；职工医药费；家属区住户水、电、暖、煤气补贴；职工食堂的午餐费；经批准到外地就医人员的旅费；医务人员、食堂职工、托儿所职工和家属区锅炉工的工资等。

福利支出标准为：医药费标准规定，职工不论工伤或疾病，凡经批准就医的，其费用全部报销；家属区住户用水每立方米个人负担 0.5 元，其余在福利基金中列支；其他各项均据实列支。

总公司建立了福利基金的审批制度，其内容包括：因伤病就医的由医院批准；其他各项开支由总经理审批；各项开支除批准人签字外，还须有经办人或报销人签字。

问题：

1. 邱家水产集团总公司的人力资源管理具有哪些特点？
2. 邱家水产集团总公司的人力资源管理是否具有普遍性？为什么？
3. 邱家水产集团总公司的人力资源管理有哪些值得借鉴的地方？

第2章

工作分析与工作设计

教学目标

通过本章的学习，了解工作分析在人力资源管理中的重要性，并能够运用信息技术对工作分析中的信息进行收集、分析、综合及应用，掌握工作分析的一系列过程和活动，将结果表达成工作说明书的形式。掌握工作分析的主要程序、工作设计的主要内容、工作职能、工作关系、工作结果及工作结果反馈。还要了解工作设计方法等。

教学要求

学会和掌握对工作信息进行收集的方法；了解工作分析活动，能够掌握获取工作分析信息的方法并获取信息；学会工作设计方法，掌握工作设计内容；掌握工作设计程序。

2.1　工作分析的概述

2.1.1　工作分析的含义

工作分析又称职务分析，是指完整地确认工作整体，对组织中某一特定工作或职务的目的、任务或职责、权利、隶属关系、工作条件、任职资格等相关信息进行收集和分析，做出明确的规定，并确定完成工作所需的能力和资质的过程或活动。

简言之，工作分析是进行工作信息收集、分析、综合以及做出明确规定的过程或一系列活动。

工作分析包括的主要信息有以下几点。

(1) 某特定工作职务设置的主要目的。

(2) 该工作职务主要的职责、任务和权利。

(3) 该工作职务的隶属关系。

(4) 该工作职务的工作条件。

(5) 该工作职务所需的知识、技能和能力等。

工作分析的结果通过工作说明书来进行描述。工作说明书包括两方面的内容：工作描述和工作规范。工作描述主要针对工作任务本身的任务、性质、职责及工作环境等内容。工作规范则针对从事某岗位工作的员工应具备的知识、技能和能力等内容。工作分析是人力资源管理的一项基础工作，它可以为各项人力资源决策提供客观、科学的决策依据，通过工作描述和工作规范的制定，为人力资源管理的其他职能提供指导和建议。它可以保证合理的组织设计、工作设计和人力资源规划，保证在组织人力资源招聘甄选过程中人职相配，保证员工培训、绩效评价、薪酬系统、职业生涯规划和劳动关系的规范化、科学化。工作分析可以最大限度地提高人力资源的使用效率，降低人力资源的使用成本。

2.1.2　工作分析的意义

工作分析是对组织中某个特定职务的设置目的、任务或职责、权利和隶属关系、工作条件和环境以及任职资格等相关信息进行收集与分析，并对该职务的工作做出明确的规定，且确定完成该工作所需的行为、条件和人员的过程。工作分析结果是形成工作说明书和工作规范。简单地说，工作分析就是确定某一工作的任务和性质是什么，以及哪些类型的人(从技能和经验的角度来说)适合于被雇佣来从事这一工作。工作说明书主要指明了工作的内容是什么，工作规范则明确了雇佣什么样的人来从事这一工作。工作分析是人力资源开发与管理中必不可少的环节，是人力资源开发与管理的基础，与人力资源的确保、开发、报酬、整合及其调控等工作密切相关。

2.1.3　工作分析的目的

工作分析的目的是为了了解工作的性质、内容和方法，以及确定从事该项工作所需要具备的条件和任职资格。工作分析可以为解决以下问题提供答案。

(1) 员工需要完成什么样的工作。

(2) 此项工作将在什么时候完成。

(3) 此项工作将在什么地方完成。

(4) 如何完成此项工作。

(5) 为什么要完成此项工作。

(6) 完成此项工作需要具备哪些条件。

2.1.4 工作分析的任务

工作分析是人力资源管理与开发工作的基础。它的任务就是为人力资源开发与管理的各个方面提供基础、标准和依据。具体包括以下几个方面的内容。

1. 为工作设计提供基础信息

企业内的任何工作职务都是根据组织的需要设置的。工作分析要根据组织的需要，将影响工作的因素逐一列举分析，决定组织中原有工作哪些需要保留，哪些需要去除，需要新设置哪些工作等。为了达到工作设计和再设计的目的，工作分析要进行工作目标、活动内容、工作责任、工作复杂性、工作时间、劳动强度以及工作危险性等项目的调查，提供关于工作设计最基础的信息。

2. 为人力资源规划提供前提保证

组织内每项工作的责任大小、任务轻重、时间的约束以及工作条件的限制等因素决定了所需的人员。通过对部门内各项工作的分析，确定各部门的人员编制，制订人力资源需求计划，并可以将接近的职务归类，为人力资源规划的科学化提供前提保证。

3. 为招聘、选拔和考核工作提供客观尺度

在人员招聘中，判断求职者是否合格的依据是什么？主管人员怎样才能将“恰当的人”安排到“恰当的岗位“上？在员工考核工作中，如何才能减少主观随意性，做到相对公正？这些都要求工作分析来提供客观尺度。工作分析能够明确地规定各项工作的近期和远期目标，规定各项工作的要求和责任，掌握工作任务的静态和动态特点，提出任职人员的心理、生理、技能、知识和品格要求，在此意义上就形成了具有广泛用途的客观尺度，使招聘、选拔和任用符合工作需要和工作要求的合格人员成为可能，使员工的绩效评估有据可依。

4. 为报酬管理提供有力的帮助

通过工作分析得到的工作评价、工作分类和工作可比价值，可以判断每个职务的“相对价值”，以此为依据制定薪资水平，实现组织内及组织间报酬的相对公平。

5. 为员工的培训开发提供指导

工作分析明确规定了从事某项工作所应具备的技能、知识和其他各种素质条件，并作为参照物，将从事该项工作员工的各种素质条件与之对比，可以进行培训必要性分析，二者之间的差距也为培训内容的确定指出了方向。因此，可以按照工作分析的结果，设计和

制定培训方案，根据实际工作需要和参加人员的不同情况有区别、有针对性地选择培训内容和方法，实施积极的员工开发计划。工作分析还可以使员工明确工作责任，发展目标和努力方向，为员工职业生涯发展提供指南。

6. 促进组织激励机制的形成

工作分析对工作关系、职业资格、工作相对价值和员工职业生涯流动路线做出了明确规定。因此，从公平管理的角度看，工作分析有利于促进组织激励机制的形成。工作分析还可以在训练、职业开发、安全、报酬、人际关系以及员工咨询等方面提供建设性的意见，组织可以在此基础上了解到员工工作的各种信息，以便全方位地、有效地激励员工。

2.1.5　工作分析的内容

一般来说，工作分析包括两个方面的基本内容：第一，确定工作岗位的具体特征，如工作内容、任务、职责和环境等；第二，找出工作岗位对任职人员的各种要求，如技能、学历、训练、经验和体能等。前者的结果表现为工作描述，后者的结果表现为任职者说明，它们的文本形式就是工作说明书或职务说明书。

1. 工作描述

工作描述具体说明工作的物质特点和环境特点，主要解决工作内容、任务、责任、权限、标准、工作流程和环境等问题。工作描述没有统一的严格标准，在内容上一般包括以下几个方面。

(1) 工作基本资料。包括工作名称、直接上级职位、所属部门、对应岗位等级、薪资水平、所辖人员、定员人数和工作性质等。

(2) 工作详细说明。它是工作描述的主体部分，包括工作概述、工作职责、工作权限、所使用的原材料和设备、工作流程、工作结果及与其他工作的关系等。

(3) 组织提供的聘用条件。主要描述工作人员在组织中的有关工作安置情况。它包括工作时数、工资结构、支付工资的方法、福利待遇、该工作在组织中的正式位置、晋升的机会以及培训和进修的机会等。

(4) 工作环境说明。包括工作条件、物理环境和安全性等说明。

2. 任职者说明

任职者说明要求说明从事某项工作的人员必须具备的生理要求和心理要求，主要包括以下几个方面。

(1) 资历要求。它主要是指任职所需的最低学历，职位所需的性质、年龄规定、培训的内容和时间以及从事与本职相关工作的年限和经验等。

(2) 生理要求。它主要包括健康状况、体能要求、运动的灵活性和感觉器官的灵敏度等。

(3) 心理要求。它主要包括观察能力、集中能力、记忆能力、理解能力、学习能力、解决问题能力、创造性、数学计算能力、语言表达能力、决策能力、性格、气质、兴趣爱好、态度、事业心、合作性及领导能力等。

组织可根据工作分析的目的选择编制适合的职务说明书，内容可简可繁，可以用表格形式表示，也可以采用叙述形式，但格式运用要统一，以达到整体的协调性。职务说明书范例见表2-1。

表2-1 实验车间技术员职务说明书

职务：实验车间技术员　职务编号：10001 部门：技术开发部 职务等级：8 日期：2006年1月1日
工作范围 从事实验工作，包括零部件的设计、加工、装配和改造 工作职责 (1) 根据图纸或工程师的口头指示，运用各种机械工具或安装设备加工、改造产品 (2) 与工程师及车间主任一道，改造生产工艺 (3) 操作机床 (4) 阅读有关图纸及说明 (5) 指导本车间工人操作机器 仪器、设备及工具 普通车床、成型机、钻孔机、磨削机、电锯、冲压机、测量仪及其他手工工具 任职条件 具有高中以上学历或同等学历，具备3～4年操作各种机械设备的经验，有较高的理解力和判断力，会看图纸，能熟练完成实验操作，且身体健康

2.2 工作分析的信息获取

要进行完整的工作分析，必须收集到足够的有关工作的信息，获取这些信息的方法很多，常用的方法有问卷调查法、资料分析法、面谈法、观察法、参与法和实验法等。

2.2.1 问卷调查法

问卷调查法是通过结构化的问卷来收集信息的一种方法。通过在岗人员填写工作信息调查表来获取有关的信息，是一种快速而有效的方法，其使用范围较广。

问卷调查法的优点是不必亲临工作现场，手续简便，便于全面地开展调查，节省时间，费用低，速度快，而且容易获得广泛、丰富的资料，加之调查表是一种标准化、指示化、格式化的表格形式，便于资料整理工作的进行。

问卷调查法的缺点在于被调查者的主观态度对调查结果的干扰性较大，由于填表人的原因造成所填内容与事实不符，使调查所获信息的真实性降低；如果调查表设计得不完备或与工作分析的目的不相符，还可能造成有些工作信息的遗漏。因此，采用问卷调查法时，要注意两个方面：一是问卷设计力求与工作分析的目的相符，工作信息要素应尽量完备；二是对调查者进行事前培训，将主观干扰降低到较低程度。

进行工作分析的目的不同，编制问卷设定的信息要素也不同，通常有一般工作分析问卷和特定工作分析问卷法。一般工作分析问卷编制的调查内容具有普遍性，适合于各种工作。特定工作分析问卷法适用于某一特定工作，问卷内容具有特定性，一张问卷只适用于一种工作。例如，客户服务代表工作分析问卷(部分)见表 2-2。

表 2-2　客户服务代表工作分析问卷表

说明以下职责在你工作中的重要性(最重要的答 10 分，最不重要的答 0 分)	
工作职责重要性	工作职责重要性
(1) 和客户保持联系	(11) 准备好各种推销工具
(2) 接待好每一个顾客	(12) 每天拜访预定的客户
(3) 详细介绍产品的性能	(13) 在各种场合推销本企业的产品
(4) 正确记住各种产品的价格	(14) 口齿清楚
(5) 拒绝客户的送礼	(15) 思路清晰
(6) 掌握全面的销售知识	(16) 向经理汇报工作
(7) 微笑送货	(17) 每天总结自己的工作
(8) 送产品上门	(18) 每天锻炼身体
(9) 参加在职培训	(19) 和同事保持良好的关系
(10) 把客户提出的质量问题反馈给有关部门	(20) 自己设计一些小型的促销活动

2.2.2　资料分析法

资料分析法是指利用企业现有的一些书面材料获取工作分析信息的方法。资料包括现有岗位规范或责任制文书、员工关键事件的记录和工作日记等。

岗位规范说明或相关责任制文书，可以获得很多工作分析的信息，可以避免不少重复的劳动，应该充分地加以利用。在收集信息时，要谨慎分析这些书面材料的时效性、适用性和客观性。

关键事件记录是要求工作执行者对其在一定期间内(一般为半年到一年)能观察到并对工作的有效性或无效性造成显著影响(如成功与失败、盈利与亏损、高效与低产等)的事件所做的记录。对关键事件记录进行收集分析，类似个案研究中的案例收集。从关键事件记录中可以获取的信息有：导致该事件发生的背景和原因；员工有效的或多余的行为；关键行为的后果以及员工控制上述后果的能力等。

工作日记是由员工按照规定的格式和要求，定期汇总的工作记录。认真记录的工作日记可提供大量的信息，如员工的实际工作内容、责任、权利、人际关系、工作负荷及工作效率等。

资料分析法是一种间接分析方法。对第二手资料进行分析时，需要耗费大量的时间从中甄别主观性因素和无效信息，然后进行分类汇总，以获取有用的信息。

2.2.3　面谈法

面谈法是通过工作分析者和工作执行者面对面地谈话来收集资料的方法。采用面谈法时，应使面谈者的总体构成具有代表性，并注意选择参加座谈的工作执行人员。

在应用面谈法时，一般是以标准的格式记录，目的是使问题和回答都限制在与工作直接有关的范围内，而且标准格式也便于比较不同员工的反应。面谈法的种类包括个别员工面谈法、集体员工面谈法和主管面谈法。个别员工面谈法适用于各个员工的工作有明显的差别，且工作分析的时间又比较充分的情况。集体员工面谈法适用于多个员工从事同样工作的情况，使用该法时应请主管出席，或者事后向主管征求对收集到的材料的看法。主管面谈法是指与同一个或多个主管面谈，因为主管对工作内容相当了解，主管面谈法能够减少工作分析的时间。

在面谈过程中，工作分析人员应该只是被动地接受信息，而不能流露出对工作的评价、建议或任何主观判断色彩，否则会产生误导，使员工夸大自己的职责，或招致员工对组织的不满等。

面谈法的优点是能够迅速而简单地收集工作分析资料，适用面广，由任职者亲口讲出工作内容，具体而相对准确。缺点是员工容易把工作分析当成绩效考核，而夸大其承担的责任和工作难度，会引起工作分析信息的失真和扭曲。因此，面谈法不适合作为工作分析收集的唯一方法，而应与其他方法结合使用。

2.2.4 观察法

观察法是指分析人员从旁观察员工的工作活动，并用文字或图表的形式记录下工作过程、行为、内容、特点、工具和环境等，然后进行分析与归纳总结，并通过对特定对象的观察，把有关工作的内容、原因、方法、程序和目的等信息记录并收集的一种方法。

观察法适用于大量标准化的、周期短的以及以体力活为主的工作，被观察的工作应相对稳定，即在一段时间内，工作内容、工作程序和对工作执行者的要求不会发生明显的变化。

观察法的优点是工作分析人员能够比较全面和深入地了解工作要求。其缺点是不适用于以脑力劳动为主的活动和处理紧急情况的间歇性工作，而且不易得到有关任职者要求的信息。

观察法经常和面谈法结合使用。

1. 观察法的使用原则

(1) 被视察者的工作应相对稳定，即在一定的时间内，工作内容、程序和对工作人员的要求不会发生明显的变化。

(2) 适用于大量标准化的、周期较短的以及以体力劳动为主的工作。不适用于以脑力劳动为主的工作。

(3) 要注意工作行为样本的代表性，有些行为在活动为主的工作过程中可能未表现出来。

(4) 观察人员应尽可能不要引起被观察者的注意，不应干扰被观察者的工作。

(5) 观察前要有详细的观察提纲和行为标准。

2. 现场观察法的观察提纲

在运用现场观察法时，一定要有一份详细的观察提纲，这样观察才能及时准确。下面给出了一个观察提纲的例子，见表 2－3。

表 2-3　工作分析的观察提纲(部分)

被观察者的姓名：____________________日　　期：____________________
观察者的姓名：____________________观察时间：____________________
工作类型：____________________工作部门：____________________
观察内容：____
(1) 什么时候开始正式工作？____________________
(2) 上午工作多少个小时？____________________
(3) 上午休息几次？____________________
(4) 第一次休息时间从____________________到____________________
(5) 第二次休息时间从____________________到____________________
(6) 上午完成产品多少件？____________________
(7) 平均多长时间完成第一件产品？____________________
(8) 与同事交谈几次？____________________
(9) 每次交谈约多长时间？____________________
(10) 室内温度____________________度
(11) 上午吸了几支烟？____________________
(12) 上午喝了几次水？____________________
(13) 什么时候开始午休？____________________
(14) 出了多少次品？____________________
(15) 搬了多少次原材料？____________________
(16) 工作地噪声分贝是多少？____________________

2.2.5　参与法

参与法是指工作分析人员通过直接参与某项工作，细致深入地体验和了解工作分析的特点和要求的一种信息收集方法。

参与法可以克服一些有经验的员工并不总是很了解自己完成任务的方式等缺点。工作分析人员通过实践掌握第一手资料，可以补充了解一些观察不到的内容。

参与法的缺点也很明显，对于现代企业中的很多高度专业化的工作，工作分析人员往往不易参与其中；同时，这种方法适用于短期内可以掌握的工作，对那些需要大量训练方能胜任或有害的工作不适用。

2.2.6　实验法

实验法是指工作分析人员通过控制一些变量，引起其他相应变量的变化，来收集工作信息的一种方法。根据实验地点的不同，实验法可以分为两种：实验室实验法和现场实验法。企业中常用的是现场实验法。

1. 采用实验法时应遵循的原则

(1) 尽可能获得被试者的配合。
(2) 严格控制各种变量。

(3) 实验设计要严格。

(4) 变量变化要符合工作的实际情况。

(5) 不能对被试者造成伤害。

2. 实验法的具体操作举例

装卸工在装卸车上的货物时，一般是四个人合作，30分钟可以装满一辆10吨的货车。采用实验法时，将合作的人数作为自变量，将装货所用的时间作为因变量。先由两个人合作，再由三个人合作，最后由五个人合作，任务都是装满一辆10吨的货车，记录实验结果各用了多少分钟，比较哪一个组合效率最高。

上述获取工作分析信息的方法，在应用时可以分析具体情况，选择一种或几种方法结合使用。无论采用哪种方法，目的是使收集到的工作信息真实可靠，准确完备。

2.3 工作分析过程

在人力资源管理中，工作分析是一项技术性极强的工作，也是系统的分析评价过程。一般来说，工作分析的整个程序可分为四个阶段：准备阶段、调查阶段、分析阶段和完成阶段，如图2.1所示。

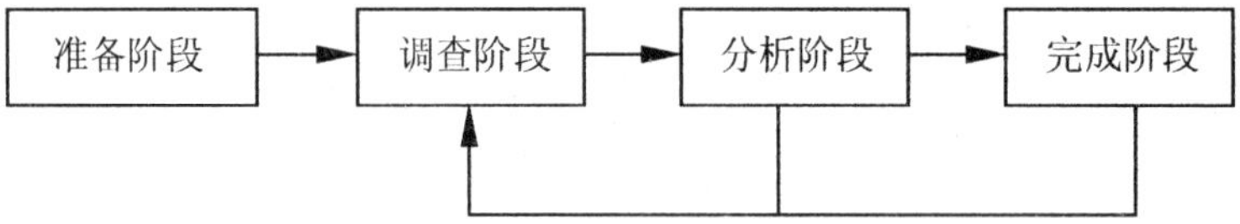

图2.1 工作分析过程

2.3.1 准备阶段

准备阶段主要解决"为什么进行工作分析"和"怎样进行工作分析"两个方面的问题。

1. 明确工作分析的范围

(1) 确定工作分析的目的。

(2) 根据目的可以确定工作分析的目标工作。

2. 选择工作分析的方法

(1) 确定所需信息的内容。

(2) 识别工作信息的来源。信息来源于工作执行者、管理监督者、顾客以及工作分析人员等，据此确定调查和分析对象的样本，并考虑样本的代表性。

(3) 选择工作分析人员，并组成工作小组。工作分析人员应具有一定的经验和相关专业知识，同时应保持分析人员进行活动的独立性。

(4) 选择收集信息的方法和系统。信息收集分析的方法及适用系统是由工作分析的目的决定的。

3. 启动准备

（1）把各项工作分解成若干个工作元素和环节，确定工作的基本难度。

（2）向有关人员进行宣传和解释。

（3）与参与工作分析的员工建立良好的人际关系，使他们做好充分的心理准备。

2.3.2 调查阶段

该阶段是按选定的方法、系统和程序收集信息，对所分析工作的工作过程、工作环境、工作内容和工作人员等主要方面进行相关调查。具体包括以下几个方面的工作。

1. 编制、拟定收集信息所需的各种文本

工作人员需编制、拟定的文本如观察提纲、访谈记录表和调查问卷等。

2. 设计被选定方法的实施方案

工作人员按选定的方法、系统和程序收集信息，如采用问卷调查法、资料分析法、面谈法、观察法、参与法和实验法等。

3. 工作数据收集

广泛地收集有关工作的特征及所需要的各种数据。在收集的背景材料中，企业的组织结构图、工作流程图、设备维护记录、工作区的设计图纸和培训手册等信息对工作分析都有重要的参考价值，应该让任职者和监督管理者确认这些资料。

4. 任职者信息的收集

工作人员重点收集工作执行人员必需的特征信息。

5. 信息确认

工作人员要求工作执行者对各种工作特征和工作人员特征的重要性和发生频率等做出等级评定。

2.3.3 分析阶段

分析阶段是对上一阶段所获取信息的有关工作特征和工作人员特征进行深入全面地分析，主要包括信息描述、信息分类、信息评价和信息综合等。分析阶段的具体工作如下所述。

（1）对已收集到的信息进行审核。

（2）对工作分析信息进行分类，分析核定有关工作人员和工作执行人员的关键成分。

（3）归纳、总结工作分析的必需材料和关键要素。功能性工作分析法是常用的一种以工作为中心的分析方法。它是美国培训与职业服务中心的研究成果，通过对人、事和信息三者之间关系的确定来进行工作分析研究，以员工应发挥的功能与应尽的责任为核心，列举员工要从事的工作活动，确定工作活动的程度或结果的测量方法，并对以上信息进行归纳。

功能性分析方法有几个基本假设。

① 完成什么事件与员工应完成什么事件需有明确的界限。

② 各项工作均在一定程度上与人、事和信息相关。

③ 事件需要用体能完成，信息需要思考才能处理，而对于人则需运用人际关系方法。

④ 不管员工的行为或他们所执行的任务多种多样，但员工所要完成的职责是非常有限的。例如，员工与机器有关的职责是进料、机器维护、机器操作和制造产品等；员工与公共汽车有关的职责是驾驶与控制车辆。这些职责在难度和内容上有较大差异，但每一种职责都只在相对较窄的范围内或特定的范围内依赖于员工的特性与资格来达到预期的绩效。

⑤ 与人、事和信息相关的职能，根据从复杂到简单的顺序排列，复杂的职能包含了简单的职能。例如，编辑数据包括了比较、复制和计算，但不包括分析等。

按照这套方法，可进行工作特点信息的分析和员工特点信息的分析。

工作特点包括员工的职责，工作的种类及材料、产品、知识范畴三大类。员工的职责是指工作执行者在工作过程中，与人、事和信息打交道的过程。任何工作都离不开人、事和信息这三个基本要素，而每一要素所包含的各种基本活动又可按复杂程度分为不同的等级。工作的种类是指工作所属的工种，如焊接、钳工等工作分析人员要对工种的特点及所涉及的设备与工具加以描述。材料、产品及知识范畴是指在该工作中，用于加工等的原材料、最终产品及涉及的自然科学或社会科学知识范畴。

员工的特点包括正确地完成工作所必备的培训、能力、个性和身体状况等方面。其中培训包括所受到的常规教育及职业培训；能力包括员工的智力、工作协调性以及手的灵活性等；个性包括员工的适应性、果断性和对压力的承受能力等；身体状况包括视力、身高、体重、握力和血压等。

2.3.4 完成阶段

这是整个工作分析过程的最后一个阶段，任务如下。

(1) 编写工作说明书。就是用书面文件的形式表达工作分析的结果。分析结果的主要表达形式是工作说明书，根据规定和信息编制“工作描述”和“任职者说明书”。

(2) 对整个工作分析构成进行总结，找出其中成功的经验和存在的问题，以利于以后更好地进行工作分析。

(3) 把工作分析过程的结果运用于人力资源管理及企业管理的相关方面，真正发挥工作分析的作用。

需要说明的是，作为人力资源管理的这一活动，工作分析是一个连续不断的动态过程。企业应根据发展变化随时进行这项工作，要使工作说明书能及时地反映职位的变化情况。

2.3.5 评价与控制

1. 结果运用

在工作分析结果表达之后，为促进工作分析结果的最大利用，必须有下列两个方面的具体活动。

(1) 制作各种具体应用的文件，如考核标准和培训内容。

(2) 培训工作说明书的使用者，增强管理活动的科学性和规范性。

2. 工作分析评价

工作分析评价是以成本、收益、灵活性、可靠性及有效性为标准评价工作分析。

对工作分析的评价可以通过工作分析的灵活性与成本和收益的权衡来说明。工作分析越细致，所花费的成本就越高。因此在工作的细致程度方面就存在着一个最优化的问题。有许多公司都在减少工作类别的划分，并愿意进行比较灵活的工作描述。当组织的任务需要变化、需要在相同的一类工作中对员工的工作进行调整时，组织具有很强的灵活性。一般而言，工作分析中所收集的资料越详尽，越容易对工作之间的类别进行区分，当然成本也越高。

工作分析的可靠性包括两方面：其一，不同的工作分析人员对同一工作的分析结果的一致性；其二，同一个工作分析人员在不同的时间对同一个工作的分析结果的一致性。工作分析的有效性是指工作分析结果的精确性，这实际上是将工作分析结果与实际工作进行比较。通常检验工作分析有效性的方法是通过多个工作执行者和管理者进行信息收集，并在工作分析的不同阶段请他们核实，在分析结果上签字表示同意。

3. 工作分析控制

工作分析控制活动贯穿于全部过程。在组织的生产经营活动中，一些原有的工作会消失，一些新的工作会产生。因此，及时地对职务分析进行调整和修订就会成为必然。工作分析文件的适用性只有通过反馈才能得到确认，并加以完善。控制是工作分析的一项长期活动。

4. 工作分析的结果

工作分析的结果与应用的关系如图 2.2 所示。

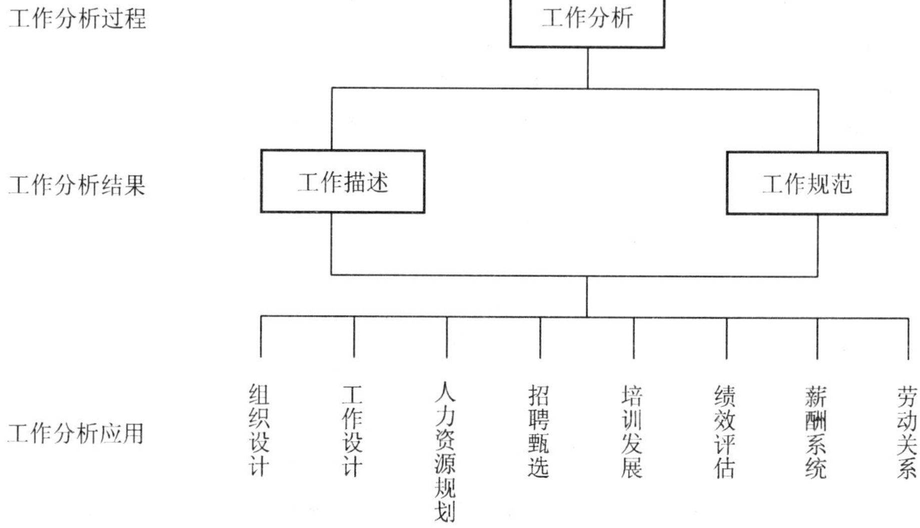

图 2.2 工作分析的结果和应用

2.3.6 工作说明书与规范书

工作分析只是人力资源管理活动的起点，为了便于应用在工作分析中得到的数据，需要把这些数据综合整理并制成表格，形成书面文件，即工作说明书(职位说明书)。它指明了任职者实际在做什么、如何做及在什么样的条件下做该种工作。工作规范说明了任职者为了圆满地完成工作所必须具备的知识、技术、能力及经验等。工作说明书和工作规范是工作分析的最终成果，工作规范可以单独编写，也可以包括在工作说明书中。

1. 工作说明书的内容

工作说明书的编写并没有标准模式，根据应用需要的不同，工作说明书的侧重点也不同，大多数工作说明书可以包括以下内容。

(1) 工作标识。它包括工作名称、工作地位、工作部门、工作地点和工作分析时间等。

(2) 工作概述。这部分应当描述工作的总体性质，列出工作的主要功能或活动。如：数据处理主管人员的工作概述可描述为“指导所有的数据处理操作、对数据进行控制以及满足数据准备方面的要求”。应力图避免在工作概述中出现模糊的语句，如“执行需要完成的其他任务”，因为这可能会成为员工逃避责任的一种托词。

(3) 工作关系。这部分说明任职者与组织内以及组织外的其他人之间的联系情况。下面以某公司人力资源部经理为例来加以说明。

报告工作对象：人事副总裁。

监督对象：人力资源部工作人员、行政助理、劳工关系主管和一名秘书。

工作合作对象：所有部门的经理和行政主管。

外部关系：职业介绍所、猎头公司、工会代表、政府劳动管理机构和各种职位应征者。

(4) 工作职责。这部分要把每一种工作的详细职责列举出来，并用一到两句话分别对每一项任务加以描述。如：人力资源部经理的任务之一包括“为填补空缺职位而进行员工招募、面谈与甄选”。这一任务可进一步定义为“仔细阅读应聘者简历并进行初步筛选”，“组织符合条件的应聘者面试并进行再次筛选”，“考核新员工在试用期内的业绩并决定最终的录用人员”。

(5) 工作绩效标准。这部分内容说明员工在执行每一项任务时被期望达到的标准。工作的绩效标准应具体而明确，例如：

任务：完成每日生产计划。

标准：① 生产群体在每一工作日内所生产的产品不低于426的单位。

② 在下一工作程序被拒绝的产品平均不得超过2%。

③ 每周延时完成工作的时间平均不得超过5%。

(6) 工作条件。它包括噪声水平、危害条件、湿度或热度等。

(7) 工作规范。这部分是以上述几部分的内容为依据的，它指明了要完成该项工作，承担者需要具备什么样的特点、知识和技术等。工作规范可以单独编写，但通常把它编写为工作说明书的一部分。表 2－4 列出了一个工作说明书(包括工作说明书和工作规范)。

表 2－4　某医院护士的工作说明书(部分)

工作职称　注册护士
工作概述 负责病人从入院到转院或出院的全部护理，包括病情评估、治疗计划的实施以及治疗效果的评价；对值班期间的护理和可以预见的患者和家庭将来的需要负责；在保证专业护理标准的前提下指导助手
工作职责与绩效标准 (1) 评估患者的体力、感情和心理与社会方面 标准：在患者入院 1 小时之内或至少每次值班时出具一份书面诊断。按照医院规定把这份诊断交给患者的其他医护人员 (2) 撰写患者从入院到出院的护理书面计划 标准：在患者入院 24 小时之内设计短期和长期的目标，然后每次值班时根据新的诊断检查和修改护理计划 (3) 实施护理计划 标准：在日常护理中，按照但不局限于书面的《注册护士技能手册》在指定的护理区域内应用这些技能，以一种系统的和及时的方式完成患者的护理活动，并恰当地重新评判轻重缓急
工作联系 报告工作对象：护士长 监督对象：注册见习护士、助理护士和勤杂工 工作合作对象：协助护理部 外部关系：医生、患者和患者家属
任职资格 教育：授权护士学校毕业生 工作经历：关键护理要求有一年的医疗/外科护理经验(有特殊护理经验者优先)，应届毕业生可以考虑非重要职位 证书要求：持有注册护士证书或被州政府许可
身体要求 能够屈体、运动或帮助转运 50 磅以上的重物；能够在 8 小时值班中站立或行走 80%以上的时间；视力和听力敏锐

2. 工作规范的编写

工作规范要说明一项工作对承担这项工作的员工在教育、经验和其他特征方面的最低要求，而不应该是对最理想的工作者的要求。在建立工作规范时要综合考虑以下三方面：第一，某些工作面临着法律上的资格要求。例如，在美国，飞行员必须具备空中运输资格，这就要求具备 1500 个小时的飞行经历，在书面和飞行测试中表现出很高的分析水平、良好的道德品质和 23 岁的最低年龄限制。第二，职业传统。例如，员工在进入某些行业以前必须经过学徒阶段。第三，被认为是胜任某一工作应该达到的标准和具体的特征。这在很大程度上取决于组织管理人员的主观判断。这通常是通过综合工作说明中的信息，对现在承担该工作的员工和其主管人员的特征进行概括之后总结出来的。例如，申请秘书工作的人经常被要求录入速度在100字/分钟以上。

根据实际情况的不同，工作规范的侧重点也有所不同。例如：当正在寻找一名熟练的汽车修理工时，工作规范可能会集中在任职者以前的工作经历和相关培训的质量方面。而当寻找一名未受过训练的修理工时，就需要明确哪些特点能够说明求职者具备完成此项工作的潜力或具备接受训练的潜力，如身体特点、个性和兴趣等。确定每一种工作对人员的要求既可以使用主观判断性的方法，即主管人员和人力资源管理人员依据自己的经验来编写工作规范，也可以使用统计分析的方法，即把工作绩效和人员特点联系起来编写工作规范。

案例

南方电脑公司工作分析的实施方案

1. 背景

南方电脑公司是一家较大型的电子电脑产品公司，最近某大学经济管理学院专家组为该公司进行了组织诊断与组织再设计工作。通过该项工作，该公司形成了新的组织机构职能权限体系和业务工作流程。为使该公司实现有效的组织运行，需实施工作分析。

2. 目的

通过工作分析，使公司组织设计的结果进一步深入和细化，使各部门的工作职能分解到各个职位，明确界定各个职位的职责与权限，确定各个职位主要的工作绩效指标和任职者的基本要求，为各项人力资源管理工作提供基础。

3. 工作分析的内容与结果

工作分析的内容：

(1) 了解各个职位的主要职责与任务。

(2) 根据新的组织机构的运行要求，合理清晰地界定职位的职责权限以及职位在组织内外的关联关系。

(3) 确定各个职位的关键绩效指标。

(4) 确定工作职责的基本要求。

工作分析的最终成果将形成每个职位的职务说明书。

4. 需要的资料

组织机构图：

- 各部门的职能说明书
- 工作流程图
- 职权体系表
- 岗位责任制
- 人员名单

5. 工作分析的方法

工作分析涉及的方法有：

- 资料调研
- 工作日志
- 访谈

- 职位调查表
- 现场观察表

6. 工作分析的实施者

本次工作分析由某大学专家组和该公司的有关人员共同组成工作分析实施小组。该实施小组的组成为：某大学专家组负责该项目的总体策划与实施；该公司人力资源部的人员作为该项目的协调与联络人；该公司的高层领导提出总体的原则并对工作结果进行验收。

7. 工作分析的实施程序

本次工作分析主要分三个阶段进行，即准备阶段、实施阶段和结果整合阶段。

阶段一：准备阶段(2 月 1 日～2 月 10 日)

- 对现有资料进行研究
- 选定待分析的职位
- 设计调研用的工具

阶段二：实施阶段(2 月 11 日～3 月 30 日)

- 召开员工会议，进行宣传动员
- 指定具体的调研计划
- 记录工作日志
- 实施访谈和现场观察
- 发放调查表

阶段三：结果整合阶段(4 月 1 日～4 月 30 日)

- 对收集来的信息进行整理
- 与有关人员确认信息，并做适当的调整
- 编写职务说明书

2.4　工 作 设 计

工作设计又称职务设计，是以工作为核心进行的一系列创造性的组织设计工作。工作设计的前提是对工作要求、人员要求和个人能力的了解。工作设计的目的是如何最大限度地提高组织效率和工作效率，提高员工工作的满意度和绩效。只有明确了工作任务的性质和对员工的技能要求，才能做好工作设计，因此，工作分析是工作设计的前提和基础。

2.4.1　工作设计概述

1. 工作设计的定义

工作设计是指为了有效地达到组织目标与满足个人需要而进行的关于工作内容、工作职能和工作关系的设计。工作设计是根据组织的需要并兼顾个人需要，规定某特定工作的任务、责任、权利以及在组织中与其他工作关系的过程。工作设计与工作分析不同，工作分析是对现有工作的客观描述，而工作设计是对现有工作规范的认定、修改或对新增工作的完整描述。二者又有联系，即工作设计要利用工作分析的信息。工作分析的中心任务是为企业人力资源管理提供依据，事得其人，人尽其才，人事相宜。工作说明书必须以良好的工作设计为基础，才能发挥其应有的作用，实现上述目标。在工作信息调查后，如果发现工作设计不合理、存在严重缺陷时，应加以改进，使工作说明书等文件建立在科学的工作设计基础上。

除了建立新组织时需要进行工作设计以外，原有工作的改进也需要进行工作设计，通常由以下情况产生：

(1) 由于组织的变革，原有设计已不适应组织的目标、任务和体制的要求。

(2) 现有人力资源在一定时期内难以达到工作规范的要求。

(3) 员工的精神需求与按组织效率拟定的工作规范发生冲突，对工作绩效产生影响。

2. 工作设计的内容

工作设计的主要内容包括五个部分。

(1) 工作内容：即确定工作的一般性问题。

(2) 工作职责：是指导每件工作的基本要求和方法，包括工作责任、权限、信息沟通、工作方法和协作要求。

(3) 工作关系：是指个人在工作中所发生的人与人的关系，包括与他人交往的关系、建立友谊的机会和集体工作的要求等。

(4) 工作结果：是指工作的成绩与效率的高低，包括工作绩效和工作者的反应。前者是完成工作任务所达到的数量、质量和效率等具体指标；后者是指工作执行者对工作的满意程度、出勤率和离职率等。

(5) 工作结果的反馈：主要指工作方面的反馈。

好的工作设计可以减少单调重复工作的不良效应，有利于建立整体性的工作系统，还可以为充分发挥劳动者的主动性和创造性提供更多的机会和条件。

2.4.2 工作设计的要求

(1) 全部工作的综合能够覆盖组织的总任务，即组织运行所需的每一件工作能通过工作设计得到落实。如为了完成临时性的任务，在工作规范中往往加上“完成部门总经理交办的其他事宜”条款。

(2) 全部职务所构成的责任体系应能保证组织总目标的实现，即组织运行所要达到的每一个工作结果，组织内每一项资产的安全及有效运行都必须明确由哪个职务负责，不能出现责任空档的情况。

(3) 工作与人相适应。工作分工应有助于发挥个人的能力，提高组织效率。这就要求工作设计者要全面地权衡经济原则和社会原则，找到一个最佳的平衡点，保证员工有效地工作。如果工作负荷过低，会导致人、财、物的浪费，超负荷又会影响员工的身心健康，并给设备带来不必要的损害。

(4) 工作设计应考虑到现实的可能性。每个工作规定的任务、责任可以由当时的资源条件决定适当的人选，不能脱离资源约束来单独考虑组织的需要。

2.4.3 工作设计的作用

(1) 工作设计改变了员工和职务之间的基本关系，使工作由高度专一化向多样化和丰富性发展。

(2) 工作设计推进了员工工作的积极态度。工作设计不是试图首先改变态度，而是假定在工作得到适当的设计后，积极的工作态度就会随之而来。

(3) 工作设计重新赋予员工工作的乐趣，在一定程度上避免了员工对单一工作的厌倦感。

(4) 工作设计有利于改善人际关系，扩大员工的人际交往范围。

2.4.4 工作设计的相关因素

在工作设计中必须充分重视三类影响因素。

1. 组织因素

工作设计中需要考虑的组织因素包括专业化、工作流程及工作习惯。

(1) 专业化。就是按照所需工作时间最短以及所需努力最少的原则分解工作，结果是形成很小的工作循环。

(2) 工作流程。主要是考虑在相互协作的工作团体中，需要考虑每个岗位负荷的均衡性问题，以保证不出现某工序的等待停留问题，确保工作的连续性。

(3) 工作习惯。它是在长期工作实践中形成的传统的工作方式，它反映工作集体的愿望，是工作设计过程中不可忽视的制约因素。

2. 环境因素

环境因素主要指组织外部的环境因素，包括经济技术环境和社会心理环境等。

(1) 经济技术环境。在一定的经济技术环境中，工作设计要考虑有足够的、合格的人力资源供给。在经济技术发展的不同阶段，对工作设计的要求是有差别的。在互联网时代，信息的获取和传递具有惊人的速度，工作设计会减少多余的信息传递环节，而采取更快捷的方式建立工作信息接口。

(2) 社会心理环境。社会心理环境反映出人们的期望，即通过工作满足些什么。在人们对工作和生活质量有较高要求的情况下，单纯从工作效率和工作流程考虑，组织效率往往“欲速则不达”。在工作设计时，要考虑到“人性”的要求和特点。

3. 行为因素

工作设计不能只考虑效率因素，还应当考虑满足工作人员的个人需要，集中表现在自主性、多样性、整体性、任务一体化、任务意义和反馈等方面。

(1) 自主性。是指应给予员工以自主参与和决策的权利，提供附加责任可增强员工受重视的感觉。如果缺乏自主权会使员工感到受冷落，导致绩效低。

(2) 多样性。是指工作时需要使用不同的技巧和能力，通过工作设计考虑工作的多样性特征，能减少疲劳厌烦引起的失误，从而减少低效率的诱因。

(3) 整体性。是指工作设计时要尽量保证设计的整体性。

(4) 任务一体化。是指员工如果不能参与完整的工作任务，就毫无责任感，并缺少对成果的骄傲和成就感，任务一体化就是要增强员工的成就感和工作满意感。

(5) 任务意义。它和任务一体化密切相关。任务意义就是使工作人员知道该项工作对于组织中或外部的其他人是重要的。

(6) 反馈。能够使工作执行者了解自己工作做得如何，产生一定的引导和记录作用。

以上三大因素之间往往是有矛盾的，行为因素要求工作设计增加自主权、多样性、任务的完整性、意义及反馈，从而提高员工的满意度，但往往导致组织效率降低，劳务成本上升；环境因素要求充足的人力资源和人性化管理，但这往往导致劳务成本的上升，组织的统一性降低；组织因素要求提高专业化程度，指挥的统一性，分工的细化，但又可能引起员工不满而导致怠工、缺勤、离职，因此必须在两者之间权衡好，才能确保工作设计的有效性。

2.4.5 工作设计的方法

一般来说，工作设计的方法有：工作专业化、工作扩大化、工作轮换和工作丰富化等。工作轮换和工作扩大化是横向工作扩展，而工作丰富化是纵向工作扩展。

1. 工作专业化

当员工的素质和精力难以适应复杂而综合的工作时，就应通过提高专业化程度将工作简化。工作专业化是一种传统的工作设计方法，它通过对工作和时间的研究，把工作分配为许多很小的、单一化、标准化和专业化的操作内容及操作程序，并对工人进行培训和激励，使之保持高效率。专业化工作设计的优点如下所述。

(1) 专业化和单一化最紧密地结合在一起，从而可以最大限度地提高工人的操作效率。

(2) 对工作执行者的技术要求低，可以节省大量的培训费用。

(3) 可以大大降低生产成本。

(4) 标准化的工序和操作方法，加强了管理者对产品数量和质量的控制，以保证生产的平衡。

专业化工作设计的不足是只强调工作任务的完成，而不考虑工作执行者的反应，因而，专业化带来的高效率往往会被工人对重复单一工作的不满与厌恶所造成的缺勤和离职所抵消。

2. 工作扩大化

工作扩大化是对工作进行横向扩展，增加员工的工作内容，使工作本身更加多样化，使员工有更多的工作可做，增加员工的工作类型和数量，丰富工作内容。通常情况下，新工作与员工原先所做的工作有时间上和工序上的连贯性。这种工作设计导致高效率的原因是不必把产品从一个人手中传给另一个人，从而节约了时间。由于完成的是整个产品，而不是在一个大项目上只从事某一件工作，就要求员工掌握更多的知识和技能，从而提高员工的工作兴趣。例如，销售职员通过工作设计之后，需要负责客户服务、签订合同、协助信用证申请和安排货物运输等工作，相对从前单一的客户服务任务而言，他的工作扩大化了。工作扩大化包括横向扩大工作和纵向扩大工作。

横向扩大工作的方法很多。例如，将属于分工很细的作业单位合并，由一人负责一道工序改为几个人共同负责几道工序；在单调的作业中增加一些变动因素，如从事一部分维修保养和清洗滑润的辅助工作；采用包干负责制，由一个人或一个小组负责一件完整的工作，降低流水线的传动速度，延长加工周期，用多项操作代替单项操作等。

纵向扩大工作是将经营人员的部分职能转由生产者承担，工作范围沿组织形式的方向垂直扩大化。例如，生产工人参与计划制定，自行决定生产目标、作业程序、操作方法、检验衡量工作质量和数量，并进行经济核算。

工作扩大化的实质内容是增加每个员工应掌握的技术种类和扩大操作工作的数目，目的在于降低对原有工作的单调感和厌恶情绪，从而提高员工的工作满意程度。工作扩大化在实际应用中的作用非常有限，赫兹伯格曾批评工作扩大化是“用零加上零”。

研究报告表明，工作扩大化的主要好处是增加了员工工作的多样性和挑战性，使员工感到工作更加有意义，从而增加了员工的工作满意度，提高了工作质量。

3. 工作轮换

工作轮调法是为减轻对单一工种的厌烦感，让员工先后承担不同的但内容很相似的工作，定期从一个岗位转到另一个岗位。这样做使员工有更强的适应能力，感受到工作的挑战性以及在一个新岗位上产生的新鲜感。例如，在一家快餐店，同一名员工的一周工作安排如下：周一、周二负责净菜；周三、周四负责配菜；周五、周六负责炒菜；周日当服务生。这样做的优势是：

（1）比员工日复一日地重复做同样的工作更能激发他们对工作的兴趣。员工从事一项新的工作，往往具有新鲜感，能激励员工做出更大的努力。提高了员工对每项工作的敏感性，失误降低，工作绩效提高，离职率降低。

（2）扩大员工所掌握的技能范围，使员工从原先只能做一项工作的专业人员转变为能做许多工作的多面手。

（3）这种方法并不改变工作设计本身，而只是使员工定期地从一个工作转到另一个工作。这样，使得员工具有更强的适应能力，为工作提升打下良好的基础。日本企业广泛地实行工作轮换，对培养管理人员发挥了很大作用。

（4）在很大程度上，工作轮换只是一种解决员工对过分专业化的单一重复性工作所产生的厌烦感的权宜之计。因此，它只能在短期内解决员工工作的厌烦感，最终每一个工作任务都会变得和其他专一化任务一样枯燥无味。

工作轮换的缺点是：

（1）员工实际从事的工作并没有真正得到重大改变，轮换后的员工长期在几种常规的简单工作之间重复交替地工作，最终还会感到单调与厌烦，并且容易产生报酬上的不公平感。

（2）提高了组织的培训费用。岗位轮换的前提是员工能胜任每一个轮换的岗位，因此需要加强培训，从而会提高组织培训成本。

（3）增加了管理的复杂性。员工和岗位之间处于一种动态变化之中，这样会带来一系列的协调、组织和控制方面的管理问题。

4. 工作丰富化

工作丰富化是指使员工工作任务向纵深方向扩展，可以增强员工对工作计划、执行、控制和评估的参与程度。工作丰富化与工作扩大化的根本区别在于，后者是扩大工作的范围和数量，而前者是工作责任的深化，使员工承担更多的职责和义务。工作丰富化的理论基础是赫茨伯格的双因素理论。即为了激励员工，其所从事的工作必须围绕提供成就感、责任感和职业发展机会为目的而进行设计。它鼓励员工参加对其工作的再设计，这对组织和员工都有益。在工作设计中，员工可以提出对工作进行某种改变的建议，以提高他们的工作满意度，当然他们还必须说明这些改变是如何更有利于实现整体目标的。运用这一方法，可以使每个员工的贡献都得到认可，与此同时，也强调了组织使命的有效完成。工作丰富化的核心是体现激励因素的作用。

实现工作丰富化的条件包括：

(1) 增加员工的责任。比如，对于制造业企业来说，不仅要增加员工生产的责任，还要增加其控制产品质量和保证生产的计划性、连续性及节奏性的责任，使员工感到自己有责任对一个完整的工作项目负责。工作丰富化赋予员工更多的责任、自主权和控制权，以满足员工的心理需求，达到激励的目的。工作丰富化思想对工作设计的影响很大，并在此基础上形成了一个著名的工作特征模型方法。

工作特征模型方法的理论依据是赫兹伯格的双因素理论。根据保健-激励理论，赫兹伯格设计了一种工作丰富化方法，即在工作中添加一些可以使员工有机会获得成就感的激励因子，以使工作更有趣、更富挑战性。这一般要给员工更多的自主权，允许员工做更多的有关规划和监督的工作。

(2) 赋予员工一定的工作自主权和自由度，给员工充分表现自己的机会。当员工感到所做的工作主要是依靠自身的努力和控制，从而认识到成败与其个人职责息息相关时，工作对员工就有了重要意义。实现这一良好工作心理状态的主要方法是给予员工工作自主权。工作自主权的大小也是人们选择职业的一个重要考虑因素。

(3) 反馈。将有关员工工作绩效的数据及时地反馈给员工。了解个人工作绩效是形成工作满意感的重要因素，如果一个员工看不到自己的劳动成果，就很难得到被认可的满足感。反馈来自于工作本身、管理者、同事或顾客等方面。例如：销售人员可以从设备的正常运转及生产管理人员和设备操作人员那里得到反馈。

(4) 考核。报酬与奖励系统要与员工实现工作目标的程度相联系。

(5) 培训。要为员工提供学习的机会，以满足员工成长和发展的需要。

(6) 成就感。通过提高员工的责任心和决策的自主权来提高其工作的成就感。

工作丰富化可采取以下措施：

(1) 组成自然的工作群体，使每个员工尽心地为自己的部门工作，这可以改变员工的工作内容。

(2) 实行任务合并，让员工承担一项从头到尾的完整工作，而不是只让他承担其中的某一部分。

(3) 建立客户关系，即尽可能给予员工与客户接触的机会。

(4) 让员工自己规划和控制其工作，而不是让别人来控制。员工可以自己安排工作的进度，自己处理遇到的问题，并且自己决定上下班的时间。

(5) 畅通反馈渠道，找出更好的方法，让员工迅速地了解其绩效情况。

工作丰富化的核心就是激励的工作特征模型。这一模型的运作可以使员工产生三种心理状态，即感受到工作的意义、感受到工作结果的责任和了解工作结果。这些心理状态又可以影响个人和工作的结果，即内在工作动力、绩效水平、工作满足感、缺勤率和离职率。而引致这些关键的心理状态的是工作的某些核心维度：技能的多样性、任务的完整性、工作任务的意义、任务的自主性和反馈。工作特征模型认为，可以把一个工作按照它与这些核心维度的相似性或者差异性来描述，按照模型中的实施方法而丰富化了的工作就具有高水平的核心维度，并可由此而创造出高水平的心理状态和工作成果。

工作特征模型强调员工与工作之间在心理上的相互作用，并且强调最好的工作设计应该给员工内在激励。这种方法的优点是认识到员工的社会需要的重要性，可以提高员工的工作动力、满意度和生产率；其缺点是成本和事故率比较高。这一模型在实践中的应用还在进一步探索中。

5. 辅助的工作设计方法

辅助的工作设计方法是指缩短工作周和弹性工作制。它们没有改变完成工作的方法，因此从根本上讲还不是工作设计的内容。但是它们改变了员工个人工作时间的严格规定，实际上也产生了促进生产率的作用，所以把它们作为辅助的工作设计方法。

1) 缩短工作周

缩短工作周是指员工可以在五天内工作 40 个小时，典型的情况是每周工作四个 10 小时工作日，一般是错开工作时间，使得所有的传统工作日都有员工在工作。缩短工作周的优点是每周员工开始工作的次数减少，缺勤率和迟到率下降，有助于节约，员工在路上的时间减少，工作的交易成本下降，工作的满足感提高。缩短工作周的缺点是工作日延长使工人感到疲劳，并可能导致危险，员工在工作日的晚间活动受到影响。研究结果表明，4 乘 10 小时工作周只有短期效果。

2) 弹性工作制

弹性工作制的典型做法是，企业要求员工在一个核心时间的期间内(如上午 10 点到下午 3 点)必须工作，但是上下班时间由员工自己决定，只要工作总量符合要求即可。弹性工作制的优点是员工可以自己掌握工作时间，为实现个人要求与组织要求的一致创造了条件，降低了缺勤率和离职率，提高了工作绩效。弹性工作制的缺点是每天工作时间的延长增加了企业的公用事业费，同时需要企业建立相应的管理监督系统来确保员工工作时间的总量符合规定。弹性工作制可以使企业和员工都受益。目前，在我国有许多实行项目管理制的研究开发工作均采用了弹性工作制度。

每个组织使用的工作设计方法可能不同，在进行工作设计时，往往要综合考虑组织的实际情况，因地制宜地采用上述一种或几种方法。

思 考 题

1. 工作分析与人力资源管理的各个环节怎样产生联系？
2. 常用的获取工作分析信息的方法有哪些？各有什么优、缺点？

3. 简述工作的基础程序。

4. 扁平化的组织结构为工作设计提供了哪些思路和机会?

5. 主要的工作分析方法有哪些?试比较它们的适用条件和优、缺点。

6. 工作描述和工作规范的区别是什么?它们与工作分析的关系是什么?

7. 工作设计与工作分析的关系是什么?工作设计主要有哪几种方法?

案例思考题

南方电脑公司案例分析

南方电脑公司是目前国内电子行业中效益高,并有很大发展潜力的公司,它主要为企业和个人提供电子元件、电子产品、电脑及服务。自1987年创办以来,南方电脑公司通过灵活的经营手段在激烈的市场竞争中保持了行业领先地位。该公司具备良好的技术力量和人力资源基础,是一个人员和技术密集型的企业。公司的发展依赖于它的人力资源,该公司人力资源管理的主要工作集中在指定政策和程序方面,在提高员工的素质上下功夫,做了大量的工作。

随着公司的发展,公司的高层管理人员感到公司的某些制度和因素制约了公司的进一步发展。随着公司规模的扩大,新的工作岗位不断增加,人力资源管理部门的日常事务性工作也大大增加,从事人力资源管理的人手也紧张起来。因此,各个岗位的具体职责和要求也就没有人去真正地关心和考虑。造成这种情况的原因在于,初创时期员工较少,公司内部的局域网可以使上下级之间很容易沟通。同一部门的工作经常由员工们共同协力完成,有较强能力和成就的员工被录用之后很快得到晋升。

但是,随着公司规模的日益扩大,员工逐渐对人力资源管理部门的管理工作提出质疑。比如,通过绩效评估,发现员工绩效方面的问题,由于缺乏准确的工作职责要求,人力资源部门就没有确切的标准来衡量员工的工作绩效,更不用说为员工制定合理的改进方案或安排恰当的培训计划。另外,公司主要薪酬奖励计划的制订与员工的岗位职责和工作技能也毫无关联。

南方电脑公司服务部近期又招聘了一批技术服务人员,通过服务部经理的介绍,人力资源部了解了有关这个岗位的一些信息。技术服务人员主要负责下面四方面的工作:第一,建立计算机硬件系统。具体任务有:根据具体要求组装零部件、测试并修正误差、送货上门以及现场装配等日常事务;第二,负责维护现场演示系统。具体来说,需要在演示现场解释硬件系统、安装现场演示软件以及为客户提供研讨会和培训班的信息等;第三,负责维修系统。具体负责现场诊断问题、在现场或在公司维修以及安装临时的替代系统等;第四,负责不断地更新技术。具体来说,在必要时参加技术培训或向其他服务人员或服务部经理提供咨询。技术服务岗位需要使用的设备和工具主要有:计算机硬件、计算机软件以及计算机维修的专门工具。该岗位与销售代表之间需要密切配合,以满足客户对新系统的需求;与其他技术服务人员密切配合,进行诊断和维修工作;在工作现场安装和维修时与客户直接交流。该岗位的工作时间每月轮换,即其中三个星期是周一到周五工作,另一个星期是周二到周六工作。对于周末和晚上的紧急维修任务,技术服务人员需要轮流承担随叫随到的职责。基本不需要到外地出差。该岗位其他的一些特殊要求是手指灵活,能够负重30~40千克,视力好,持有效的驾驶执照等。

人力资源部门的王经理决定要修正原有的工作方法,改变人力资源部门在员工心目中的形象,他决定从对技术服务部新聘员工的管理入手。

问题:

1. 南方电脑公司为什么在规模逐渐扩大的过程中必须重视工作分析?

2. 该公司人力资源部门如何对技术服务岗位进行工作分析和职责界定?

第3章

人力资源战略与规划

教学目标

通过本章的学习，了解人力资源规划的内涵与作用，明确人力资源规划的必要性及其条件，正确处理人力资源规划与企业战略之间的关系。掌握人力资源规划的具体内容，分清短期规划与长期规划以及一般规划与专项业务计划的任务、步骤、条件与实施重点。了解人力资源需求和供给的预测方法，掌握人力资源规划的运作程序。

教学要求

掌握人力资源需求预测的基本方法；了解人力资源规划的具体内容；分清短期规划、长期规划以及一般规划与专项业务计划的任务、步骤、条件与实施重点；掌握人力资源规划的程序；了解人力资源规划与企业战略之间的关系；了解企业人力资源战略的分析内容与方法。

人力资源战略属于智能战略，用以支持企业总体战略和事业战略。所以，人力资源战略必须与企业经营战略相配合，才能发挥最大效用。

3.1 人力资源战略概述

3.1.1 人力资源战略的定义

根据美国人力资源管理学者舒勒和沃克(Schuler & Walker，1990)的定义，“人力资源战略是程序活动的集合，它通过人力资源部门和直线管理部门的努力来实现企业战略的目标，并以此来提高企业目前和未来的绩效及维持企业的竞争优势”。库克(Cook，1992)则认为，人力资源战略是指员工发展决策以及处理对员工具有重要和长期影响的决策。它表明了企业人力资源管理的指导思想和发展方向，而这些指导思想和发展方向又给企业人力资源的计划和发展提供了基础。科迈斯一麦吉阿(Comez Mejia，1998)等人则把企业人力资源战略定义为：企业慎重地使用企业人力资源帮助企业获得和维持其竞争优势，它是企业所采用的一个计划或方法，并通过员工的有效活动来实现企业的目标等。人力资源战略目前还没有一个公认的、权威的定义，研究人员不外乎从人力资源战略的本质特性、地位作用和用途方式等方面来界定人力资源战略的概念，它可以是“一组程序活动”，可以是“一个计划或方法”，还可以是“一种决策或策略”。综上所述，可以把人力资源战略定义为：人力资源战略是企业为适应外部环境迅速变化的需要，以及人力资源开发与管理自身不断发展的需要，而制定的人力资源开发与管理的纲领性的长远规划，它对人力资源开发与管理活动具有重要的指导作用，是企业战略的重要组成部分，也是实现企业战略的有效保障。人力资源战略属于智能战略，用以支持企业总体战略和事业战略，是与企业战略规划相适应的人才培育和使用战略的综合。

3.1.2 人力资源战略的分类

1. 康奈尔大学的分类

根据美国康奈尔大学的研究，人力资源战略可分为三种：诱引战略、投资战略和参与战略。

1）诱引战略

这种战略主要是通过丰厚的薪酬去诱引和培养人才，从而形成一支稳定的、高素质的员工队伍。常用的薪酬制度包括利润分享计划、奖励政策、绩效奖酬和附加福利等。由于薪酬较高，人工成本势必增加。为了控制人工成本，企业在实行高薪酬的诱引战略时，往往严格控制员工数量，所吸引的也通常是技能高度专业化的员工，招聘和培训的费用相对较低，管理上则采取以单纯利益交换为基础的严密的科学管理模式。

2）投资战略

这种战略主要是通过聘用数量较多的员工，形成一个备用人才库，以提高企业的灵活性，并储备多种专业技能人才。这种战略应注意员工的开发和培训，注意培养良好的劳动关系。在这方面，管理人员担负了较重的责任，确保员工得到所需的资源、培训和支持。采取投资战略的企业的目的是要与员工建立长期的工作关系，故企业十分重视员工，视员工为投资对象，使员工感到有较高的工作保障。

3）参与战略

这种战略谋求员工有较大的决策参与机会和权利，使员工在工作中有自主权，管理人员更像教练一样为员工提供必要的咨询和帮助。采取这种战略的企业很注重团队建设、自我管理和授权管理。企业在对员工的培训上也较重视员工的沟通技巧、解决问题的方法和团队工作等。如日本企业开创的 QC 小组就是这种人力资源战略的典型。

2. 史戴斯和顿菲的分类

根据史戴斯和顿菲的研究(1994)，人力资源战略可能因企业变革的程度不同而采取以下四种战略：家长式战略、发展式战略、任务式战略和转型式战略，见表 3－1。

表 3－1　史戴斯和顿菲关于人力资源战略的分类

变革程度	管理方式	人力资源战略
基本稳定，微小调整	指令式管理为主	家长式战略
循序渐进，不断改革	咨询式管理为主，指令式管理为辅	发展式战略
局部改革	指令式管理为主，咨询式管理为辅	任务式战略
总体改革	指令式管理与高压式管理并用	转型式战略

1）家长式人力资源战略

这种战略主要运用于避免改革、寻求稳定的企业，其主要特点是：集中控制人事的管理；强调程序、先例和一致性；进行组织和方法研究；硬性的内部任免制度；强调操作和督导；人力资源管理的基础是奖惩和协议。

2）发展式人力资源战略

当企业处于一个不断变化和发展的经营环境时，为适应环境的变化，企业采取渐进变革式和发展式人力资源战略，其主要特点是：注重发展个人和团队；尽量从内部进行招聘；大规模的发展和培训计划；运用内在激励多于外在激励；优先考虑企业的总体发展；强调企业的整体文化；重视绩效管理。

3）任务式人力资源战略

这种企业面对局部变革，战略的制定是采取自上而下的指令方式。这种单位在战略推行上有较大的自主权，但要对本单位的效益负责。采取这种战略的企业依赖于有效的管理制度，其主要特点是：非常注意业绩和绩效管理；强调人力资源计划、工作再设计和工作常规检查；注重物质奖励；内部和外部招聘并重；进行正规的技能培训；用正规程序处理劳动关系问题；非常强调战略事业单位的组织文化。

4）转型式人力资源战略

当企业已完全不能适应经营环境而陷入危机时，全面变革急不可待，企业在这种紧急情况下没有时间让员工较大范围地参与决策，彻底的变革有可能触及相当部分员工的利益，不可能得到员工的普遍支持，企业只能采取强制高压式和指令式的管理，包括企业战略、组织机构和人事的重大改变，创立新的结构、领导和文化。与这种彻底变革相配合的是转型式人力资源战略，其主要特点是：战略进行影响到整个企业和事业结构的重大变革；调整员工队伍的结构，进行必要的裁员，缩减开支；从外部招聘管理骨干；对管理人员进行团队训练，建立新的“理念”和“文化”；打破传统习惯，摒弃旧的组织文化；建立适应经营环境的新的人力资源系统和机制。

3. 按人力资源战略在企业发展中的时效分类

由于人力资源战略在企业发展中的时效不同，因而人力资源战略所产生的行为和结果也不同，按照这种角度来划分，可以分为累积型、效用型和协助型人力资源战略。

1） 累积型人力资源战略

企业以长期的观点来考核衡量人力资源管理工作，因此，较注重企业内部员工的培养和人才的发掘，通过严格的筛选从内部获取适任的人才。以终身雇佣为原则，同时也以公平原则来对待员工。员工晋升速度慢，依据员工的工作层次和工作年限确定薪酬，高层管理者与新聘员工的薪酬差异不大。

2） 效用型人力资源战略

以短期的观点来考核衡量人力资源管理工作，因此，提供较少的员工培训机会，企业职位一有空缺，便随时进行填补，非终身雇佣制，员工晋升速度快，采用以个人为基础的薪酬支付方式。

3） 协助型人力资源战略

此战略介于累积型和效用型两种人力资源战略之间，个人不仅需要具备技术能力，同时在同事之间要有良好的互动协作关系。至于培训，员工个人负有学习的责任，企业则只是提供协助而已。

3.2 人力资源战略的构建

3.2.1 人力资源战略的制定

人力资源战略在企业的生存和发展过程中起着举足轻重的作用，对它的制定必须慎重、周全并切合实际，切不可单凭主观臆断、凭空想象。

在制定人力资源战略时，要注意以下几个方面的问题：第一，人力资源战略必须是根据企业内外部条件的变化而产生的，因此，在制定人力资源战略时首先要考虑的问题是内外部环境。第二，人力资源战略是企业发展战略的组成部分，或者说是企业发展战略实施的保障。第三，与企业发展战略相比，人力资源战略是企业长期稳定发展的有力保障，即它必须保障企业有一支稳定的、高素质的员工队伍。要做到这一点，就必须在企业的发展过程中让员工得到应得的利益，让员工得到发展和提高。所以，人力资源战略在制定过程中应将员工的期望与组织的发展目标有机地结合起来。第四，由于信息的不完全性以及人力资源战略的制定者认识水平的限制，造成现实与理论的差距，因此，人力资源战略的评价与反馈是必不可少的。第五，由于内外环境的快速变化，人力资源战略也需要不断地进行调整与修改，它是一个制定、调整、再制定、再调整的反复而长期的过程，如图 3.1 所示。

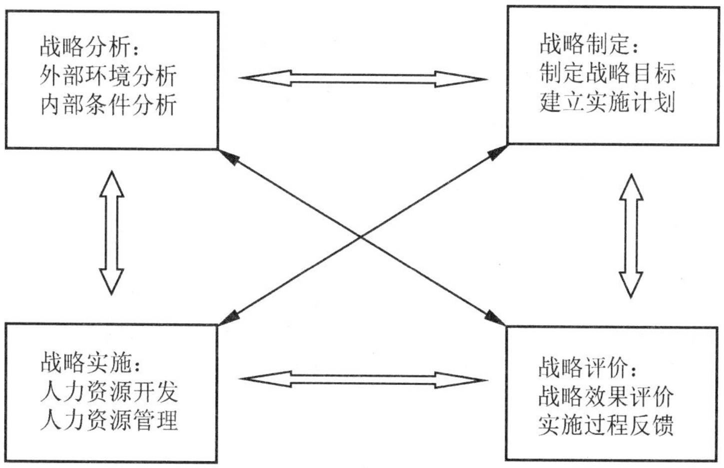

图 3.1　人力资源战略管理的程序

人力资源战略的制定与实施在本质上是有关人的工作，而人的思想行为是不断发生变化的。社会环境和企业环境的改变使人们的工作目标和工作态度发生改变。这就要求企业必须在内外环境分析的基础上，将人们的思想行为与企业的战略目标联系起来，这不仅为企业战略目标的实现奠定了坚实的基础，也为企业获得进一步的发展提供了更大的空间。

1）人力资源战略的分析

战略分析主要侧重于企业内外部环境的分析。外部环境分析主要包括：宏观经济形势及其发展趋势、产业竞争强度与盈利潜力及其演变方向、科学技术发展的现状与速度、企业的市场竞争地位、竞争对手的现状及其竞争行动的评估、可能潜在的进入者的分析以及现有的替代品生产者的动态等。内部环境分析主要包括企业的经营使命与目标、资源与能力状况、企业文化及其特点、企业员工的心理状况及其对未来的期望等。其中，与人力资源战略分析密切相关的内容包括劳动力市场分析和企业内部员工期望等。劳动力市场分析的主要内容是：劳动力的供需现状及趋势、就业及失业情况、经济发展速度与劳动力供需间的关系、劳动力的整体素质状况、国家和地区对劳动力素质的投入以及人力资源的再生与趋势。由于人力资源战略具有长远性的特点，它的实现要有一支稳定的员工队伍，而组织中的员工都有自己的期望和理想，当员工的期望和理想得到或有可能得到满足时，他才愿意继续留在组织中，组织中的员工队伍才能保持稳定发展。所以，人力资源战略还必须考虑员工的期望。

2）人力资源战略的制定

制定人力资源战略，最重要的是要首先确定人力资源战略的总体目标。人力资源战略的总体目标是根据组织的发展战略目标、人力资源战略的现状与趋势以及员工的期望与理想综合确定的。人力资源战略的总体目标是对未来组织内部的人力资源所要达到的数据与结构、素质与能力、员工士气与工作态度、企业文化与价值观念、人力资源政策措施、开发与管理成本、人力资源开发与管理的方式和途径等提出更高层次的具体要求。

3.2.2 人力资源战略的实施

人力资源战略的实施分三个阶段进行。

第一阶段：搭建人力资源的整体架构，夯实基础管理，引入创新并提升接轨。短期计划：××××—××××年，构建人力资源管理的整体政策及管理体系，夯实人力资源的基础工作，初步将各项制度、机制融入人力资源管理体系中来，引进现代人力资源管理制度和机制，逐步与现代企业人力资源管理接轨。集中现有资源，有针对性地开展当前紧迫的工作，解开瓶颈环节。

第二阶段：系统规划，综合提升，使得人力资源管理达到国际化水平。中期计划：××××—××××年，全面推动人力资源管理体系的运作，对全公司的人力资源工作进行综合统筹、分级管理，引进各种方法和手段，推进人力资源体系中的各项制度和各个工作的开展、实施与完善，并落到实处，在公司内部充分形成互动，提升人力资源管理体系的整体运作效果，初步达到国际化管理水平，使一大批干部快速成长起来，推动企业的国际化进程及战略目标的实现。

第三阶段：完善升级，实施前瞻性管理，发挥战略牵引作用。长期计划：××××—××××年，全面夯实人力资源的各项工作，根据内外环境的变化对人力资源管理体系进行升级和维护，在此基础上，前瞻性地开展人力资源战略管理，使得人力资源管理的水平达到国际水准，形成一批能够管理世界级企业的人才队伍，使人力资源成为公司的核心竞争力之一，并具备国际竞争力，使人力资源在公司的整体工作中发挥牵引作用。

人力资源战略在实施过程中必须借助于许多有效的工具和方法，工具和方法可以帮助人力资源战略的实现，比如：信息处理工具与方法、员工潜能的开发体系以及企业文化与价值体系的应用等。

3.2.3 人力资源战略与企业总体经营战略的整合

人力资源战略必须与企业的总体经营战略、发展战略和文化战略等相互配合、相互支持，才能发挥其最大效用。人力资源战略与企业总体经营战略的整合有以下几种形式：

(1) 配合式。人力资源战略完全根据企业总体战略的需要而制定，人力资源管理者并不参与总体战略的制定。

(2) 互动式。人力资源规划和企业总体规划之间有双向的沟通，人力资源管理一方面促进总体战略的制定，另一方面也回应总体战略的需要。

(3) 完全整合式。人力资源管理者积极参与企业总体战略的制定，参与形式包括正式和非正式两种。

人力资源战略是职能战略中的一种，企业任何战略目标的完成，都离不开人力资源战略的配合。人力资源战略也必须与企业的基本经营战略、发展战略和文化战略等相互配合、相互支持，才可能发挥其最大作用。

1. 人力资源战略与企业的基本竞争战略和文化战略的配合

根据奎因的研究，企业的基本经营战略和企业的文化战略与人力资源战略可以有下述配合方式。

采用成本领先战略的企业多为集权式管理，生产技术稳定，市场也较成熟，因此，企业主要考虑的是员工的可靠性和稳定性，工作通常是高度分工和严格控制。企业追求的是员工在指定的工作范围内有稳定一致的表现，如果员工经常缺勤或表现参差不齐，必将对生产过程和成本构成严重影响。

采用产品差别化战略的企业主要以创新性产品和独特性产品去战胜竞争对手，其生产技术一般较复杂，企业处在不断成长和创新的过程中。这种企业的成败取决于员工的创造性，注重培养员工独立思考和创新工作的能力。员工的工作内容较模糊，无常规做法，非重复性并具有一定的风险。企业的任务就是为员工创造一个有利的环境，鼓励员工发挥其独创性。

采取高品质产品战略的企业只有依赖于广大员工的主动参与，才能保证其产品的优秀品质。企业重视培养员工的归属感和合作参与精神，通过授权鼓励员工参与决策或通过团队建设让员工自主决策，如日本的企业就广泛采取了这种战略配合。

2. 人力资源战略与企业发展战略的配合

根据冯布龙·蒂契和迪维纳的研究，企业发展战略对人力资源战略有较大的影响，尤其是在人员招聘、绩效考评、薪酬政策和员工发展等方面。他们认为，人力资源管理的这些方面应与企业的发展战略相配合，这样才能实现企业的发展目标。企业发展战略和人力资源战略的配合分析如下。

1）集中式单一产品发展战略与家长式人力资源战略的配合

企业采取这种发展战略时，往往具有规范的职能型组织结构和运作机制，以及高度集权的控制和严密的层级指挥系统，各部门和人员都有严格的分工。这种企业常采用家长式人力资源战略，在员工的选择招聘和绩效考评方面，较多地从职能作用上评判，且较多地依靠各级主管的主观判断。在薪酬方面，这种企业采用自上而下的家长式分配方式，即上司说了算。在员工的培训和发展方面，以单一的职能技术为主，较少地考虑整个系统。

2）纵向不整合式发展战略与任务式人力资源战略的配合

采取这种发展战略的企业在组织结构上仍较多地实行规范的职能型结构和运作机制，控制和指挥同样较集中，但这种企业更注重各部门的实际效率和效益。其人力资源战略多为任务式，即人员的挑选、招聘和绩效考评较多地依靠客观标准，立足于事实和具体数据，奖酬的依据主要是工作业绩和效率，员工的发展仍以专业化人力培养为主，少数的通才主要通过工作轮换来培养和发展。

3）多元化发展战略与发展式人力资源战略的配合

采取这种发展战略的企业因为经营不同产业的产品系列，其组织结构较多地采用战略事业单位(SBU)或事业部制。这种事业单位都保持着相对独立的经营权。这类企业的发展变化较为频繁，其人力资源管理多为发展式战略。在人员招聘和选择上，较多地运用系统化标准；对员工的绩效考评主要是看员工对企业的贡献，且与主客观评价标准并用；奖酬的基础主要是对企业的贡献和企业的投资效益；员工的培训和发展往往是跨职能、跨部门，甚至跨事业单位的系统化开发。

总之，由于人力资源是管理中的首要因素，人力资源管理越来越成为企业决策层考虑的重点，人力资源管理战略也就成为企业总体战略中必不可少的组成部分，甚至成为其中最关键的部分。

3.2.4 人力资源战略评估

人力资源战略评估是在战略实施过程中寻找战略与现实的差异，发现战略的不足之处，及时调整战略，使之更加符合组织战略和实际过程。但是，在实际评估过程中，由于评估的主体是人，这不可避免地会使人力资源战略的评估受到各种难以量化的主客观因素的影响，在某种意义上成为一个非理性的过程。

具体来说，影响人力资源战略评估的非理性因素主要有：

(1) 评估主体对于风险的态度。由于对人力资源战略成功的可能性的估计严重依赖于个人的主观价值判断，所以人力资源战略评估在很大程度上取决于评估主体对于风险的态度。

(2) 外部环境变化及其带来的新的压力。通过人力资源战略评估，企业可能会做出可以使外在压力趋于最小化的选择。

(3) 企业文化的影响。企业文化将影响人力资源战略与企业战略之间的相容性问题。因而，脱离企业文化进行人力资源战略评估将是十分危险的。

(4) 企业内部的政治关系。所有的企业都存在着内部政治关系，即企业内部正式与非正式团体以及个人相互之间所结成的一种活动联系，这种内部政治关系将影响和制约着人力资源战略的评估。

因此，为了正确地进行人力资源战略评估，必须严格按照人力资源战略评估的程序进行实际操作。人力资源战略评估具体可分为五个阶段，它们包括：确定评价内容、建立评价标准、衡量实际业绩、将实际业绩与标准进行比较、根据实际业绩与标准要求的差距情况决定是否需要采取适当的校正行动。这一过程如图 3.2 所示。

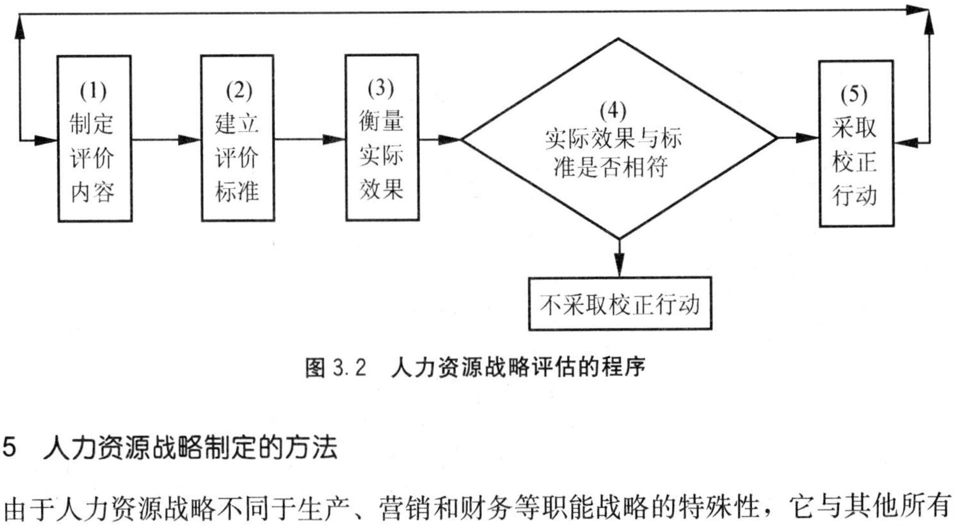

图 3.2 人力资源战略评估的程序

3.2.5 人力资源战略制定的方法

由于人力资源战略不同于生产、营销和财务等职能战略的特殊性，它与其他所有职能战略紧密地交织在一起。人力资源管理不是一种孤立的职能，它是实施企业战略，包括其他所有职能战略的手段。因此，人力资源战略的制定可以考虑采用以下几种方法。

1）双向计划过程法

与其他业务战略一样，人力资源战略的制定也要在组织中通过自上而下和自下而上的过程。这一过程见表 3－2。

表 3－2　人力资源战略的制定过程

	自上而下的规划	自下而上的规划
目的	提供战略框架	设计具体活动
方法	一般由公司层流向部门层	一般由部门向上提交，由公司审议
时间范围	长期	短期
环境分析	为企业战略而进行的环境评价的一部分或者是独立工作	鉴别战略趋势与问题框架中的问题
含义分析	由企业高层管理人员和人力资源管理人员对计划人力资源含义做出评价	由管理人员和人力资源职能人员对计划的人力资源含义做出评价
完整的规划	企业计划过程的一部分，或者阐明对特殊情况与人有关的问题的单独人力资源	对特殊问题或有关主题的分析、预测和规划
评价与控制	跟踪、检查、监督和反馈	监测与报告解决问题的进展

资料来源：詹姆斯·W·沃克．人力资源战略．中国人民大学出版社，2001.

2）并列关联过程法

人力资源战略的制定可能是与企业战略的制定过程同时进行。在每个阶段，它都与企业战略互相影响，从企业战略中吸取思想，并为企业战略提供思路。通过这种方式，人力资源战略不但没有使企业战略的制定过程变得复杂化，反而使人力资源问题得到了充分的重视。并列关联的过程见表 3－3。

表 3－3　人力资源战略制定与实施的并列关联过程

环境评价	战略制定	战略实施
整体过程：人力资源被作为环境评价的组成部分	企业战略涵盖所有职能领域，包括人力资源	↑ 人力资源管理：组织、能力、绩效管理合在一起 ↓
并列过程：平行而互相影响的环境评价；人力资源问题影响整个评价结果	人力资源战略与企业战略一起制定	
单独过程：环境评价针对人力资源；评价以往企业战略对人力资源问题的重视程度	人力资源战略被制定为一个单独的职能计划	

在环境评价阶段，要进行人力资源的环境评价，该评价应与企业战略的制定过程同时分头进行，并相互借鉴。人力资源环境扫描的某些结果与企业战略计划有关，因而被应用于企业战略计划。例如：某公司在了解劳动力供给情况的过程中看到了人口结构的变化，由于这方面的变化与市场和产品生产有关，于是在制定市场营销计划和选择新产品制造地

点的时候就考虑了这方面的情况。在这种并列关联的过程中，人力资源战略与企业战略同时制定，但它们却是并列、平行过程的不同结果。在分别思考和制定它们的过程中，它们很有可能会互相影响，被作为紧密联系的或至少是互相关联的一个整体。在人力资源规划仍然经常被作为以职能人员为主持制定和实施的计划的情况下，这种性质的并列过程应该说是一个很大的进步。

3）独立制定过程法

还有一个可行的替代方法，也是现在比较常见的制定方法，即单独制定企业的人力资源战略，这种制定方法的准备及思考过程都与总体企业战略没有必然的时间关系。它可能与企业战略计划同时制定，也可能在企业战略计划之前制定(可作为企业战略计划的内容)，或者在企业战略计划完成后制定(研究企业战略计划的含义)。在没有其他选择的情况下，这种方法的长处在于能够自主地制定一个人力资源战略，并可能用这种战略去指导企业人力资源计划、政策和实践活动。

环境评价虽然是企业总体战略制定过程的组成部分，但是从整体来看是独立进行的。这个评价专注于人力资源问题，尽可能寻找与企业有关的信息。评价是企业战略制定的前期过程，企业战略需要考虑的事情取决于对以往和目前企业战略的总体评价，以及企业内部的小组讨论和交流。人力资源战略是单独制定的，通常作为明确的人力资源职能计划单独装订和提交。在组织的不同层次中，可能都有这样的人力资源战略，它们是企业高层管理人员或人力资源管理人员制定和实施的计划。人力资源战略独立制定过程的不足之处在于，它会使人们永远将人力资源作为由职能人员负责的、专门化的职能问题，而且，人力资源战略的价值也取决于与企业有关的信息的充分程度。如果缺乏充分的信息，则基于独立制定过程产生的人力资源战略可能存在某种程度的局限性，从而影响其实际的指导作用。

3.3 人力资源规划概述

人力资源规划是一个组织为实现其自身发展目标，而对所需的人力资源进行供需预测、制定系统的政策和措施，以满足自身人力资源需求的活动过程。简单地讲，人力资源规划是从组织人力资源开发与管理的战略层面出发，是人力资源管理者所做的人力资源战略规划及其实施方案。人力资源管理的计划是通过人力资源规划这一职能实现的。

3.3.1 人力资源规划的含义与意义

1. 人力资源规划的含义

(1) 人力资源规划要在企业发展战略和经营规划的基础上进行。因为人力资源管理只是企业经营管理系统的一个子系统，是为企业发展提供人力资源支持的，所以，人力资源规划必须以企业的最高战略为坐标。

(2) 人力资源规划应包括两部分活动：一是对企业在特定时期内的人员供给和需求进行预测；二是根据预测的结果采取相应的措施进行供需平衡。在这两部分内容中，前者是后者的基础，离开了预测，将无法进行人力资源平衡；后者则是前者的目的，如果不采取措施平衡供需，进行预测就失去了意义。

（3）人力资源计划对企业人力资源供给和需求的预测要从数量和质量这两个方面来进行，企业对人力资源的需求，数量只是一个方面，更重要的是要保证质量，也就是说，供给和需求不仅要在数量上平衡，还要在结构上匹配，而对于后者，人们往往容易忽略。

通过人力资源规划能够回答或解决以下问题：

（1）企业在某一特定时期内对人力资源的需求是什么？即企业需要多少人员，这些人员的构成和要求是什么？

（2）企业在相应的时间内能得到多少人力资源的供给？这些供给必须与需求的层次和类别相对应。

（3）在这段时期内，企业人力资源供给和需求比较的结果是什么？企业应当通过什么方式来达到人力资源供需的平衡。

可以说，上述三个问题形成了人力资源规划的三个基本要素，涵盖了人力资源规划的主要方面。如果能够对这三个问题做出比较明确的回答，那么人力资源规划的主要任务就完成了。

2. 人力资源规划的意义

（1）人力资源规划有助于企业发展战略的制定。在进行人力资源规划时，要以企业的发展战略和经营规划作为依据，但是这两者之间并不仅仅是这样一种简单的单向关系，而是存在着一种双向的互动关系。企业的发展战略是对未来的一种规划，这种规划同样也需要将自身的人力资源状况作为一个重要的变量加以考虑。例如，如果预测的人力资源供给无法满足设定的目标，那么就要对战略和规划做出相应的调整。因此说，做好人力资源规划反过来会有利于企业战略的制定，使战略更加切实可行。

（2）人力资源规划有助于企业保持人员状况的稳定。企业的正常运转需要自身的人员状况保持相对的稳定，但是企业都是在复杂的内外部环境条件下进行生产经营活动的，而这些环境因素又处于不断发展变化之中，因此，企业为了自身的生存和发展，必须随时依据环境的变化及时做出相应的调整，如改变经营计划和变革组织结构等，这些调整往往会引起人员数量和结构的变化；此外，企业内部的人力资源自身也处于不断的变化之中，如辞职、退休等，这也会引起人员数量和结构的变化。由于人力资源的特殊性质，这些变化造成的影响往往具有一定的时滞性，因此，企业为了保证人员状况的稳定，就必须提前了解这些变化并制定出相应的措施，在这种情况下，人力资源规划就显得非常有必要。

（3）人力资源规划有助于企业降低人工成本的开支。虽然人力资源对企业来说具有非常重要的意义，但是，它在为企业创造价值的同时也给企业带来了一定的成本开支，而理性的企业又是以利润最大化为目标的，追求以最小的投入实现最大的产出，因此，企业不可能使拥有的人力资源超出自己的需求，这样不仅造成了人力资源的浪费，而且还会增加人工成本的开支。通过人力资源规划，企业就可以将员工的数量和质量控制在合理的范围内，从而节省了人工成本的支出。

（4）人力资源规划还对人力资源管理的其他职能具有指导意义。这就如同人力资源规划和企业战略之间的关系一样，虽然人力资源规划目标的实现需要以人力资源管理的其他职能作为基础，但是它反过来对于这些职能也具有一定的指导意义，为它们提供了行动的信息和依据，使这些职能活动与企业的发展结合得更加紧密。

3.3.2 人力资源规划的内容

人力资源规划的内容，也就是它的最终结果，包括两方面的内容。

1. 人力资源的总体规划

人力资源的总体规划是指对计划期内人力资源规划结果的总体描述，包括预测的需求和供给分别是多少、做出这些预测的依据是什么、供给和需求的比较结果是什么以及企业平衡供需的指导原则和总体政策是什么。在总体规划中，最主要的内容就是供给和需求的比较结果，也可以称作净需求，进行人力资源规划的目的就是得出这一结果。

2. 人力资源的业务规划

人力资源的业务规划是总体规划的分解和具体，它包括人员补充计划、人员配置计划、人员接替和提升计划、人员培训开发计划、工资激励计划、员工关系计划和退休解聘计划等内容。这些业务规划的每一项都应当设定出自己的目标、任务和实施步骤，它们的有效实施是总体规划得以实现的重要保证。人力资源业务规划的内容见表 3－4。

表 3－4　人力资源业务规划的内容

规划名称	目　标	政　策	预　算
人员补充计划	类别、数量、层次对人员素质结构的改善	人员的资格标准、人员来源范围、人员的起点待遇	招聘选拔费用
人员配置计划	部门编制、人力资源结构优化、职位匹配、职位轮换	任职条件、职位轮换的范围和时间	按使用规模、类别和人员状况决定薪酬预算
人员接替和提升计划	后备人员数量的保持、人员结构的改善	选拔标准、提升比例、未提升人员的安置	职位变动引起的工资变动
培训开发计划	培训的数量和类型、提升内部供给、提高工作效率	培训计划安排、培训时间和效率的保证	培训开发的总成本
工资激励计划	劳动力供给增加、士气提高、绩效改善	工资政策、激励政策、激励	增加工资奖金的数额
员工关系计划	提高工作效率、员工关系改善、离职率降低	民主管理、加强沟通	法律诉讼费用
退休解聘计划	劳动力成本降低，生产率提高	退休政策及解聘程序	安置费用

3.3.3 人力资源规划的分类

在实践中，人力资源规划存在着不同的形式，对这些形式的区分，将有助于更加深入地把握人力资源规划的内容。

1. 按照规划的独立性划分

以人力资源规划是否单独进行为标准，可以将它划分为独立性的人力资源规划和附属性的人力资源规划。独立性的人力资源规划是指将人力资源规划作为一项专门的职责来进行，最终结果体现为一份单独的规划报告，这就类似于市场、生产和研发等职能部门的职能性战略计划；附属性的人力资源规划则是指将人力资源规划作为企业整体战略计划的一部分，在规划整体战略的过程中对人力资源进行规划，并不是专门进行的，其最终结果大多不单独出现。独立性的人力资源规划，其内容往往都比较详细；而附属的人力资源规划，内容则比较简单，有些项目甚至省略。

2. 按照规划的范围大小划分

以规划的范围大小为标准，可以将它划分为整体的人力资源规划和部门的人力资源规划。整体的人力资源规划是指在整个企业范围内进行的规划，它将企业的所有部门都纳入了规划的范围之内；部门的人力资源规划是指在某个或某几个部门范围内进行的规划。虽然整体的人力资源规划是以部门的人力资源规划为基础进行的，但是这两者并没有从属关系，有时企业可能只是进行部门的而不进行整体的人力资源规划。

3. 按照规划的时间长短划分

按照人力资源规划的规划期长短，可以将它划分为短期的人力资源规划、中期的人力资源规划和长期的人力资源规划三类。短期的人力资源规划是指 1 年及 1 年以内的规划，这类规划由于时间相对较短，因此其目标比较明确，内容也比较具体，更多地体现为操作性的东西。长期人力资源规划是指 5 年或 5 年以上的规划，由于规划的时间较长，对各种因素不可能做出准确的预测，因此这类规划往往是指导性的，在具体实施时要随着内外部环境的变化而进行不断调整，具有强烈的战略性色彩。中期人力资源规划则介于长期和短期之间，一般是指 1 年以上、5 年以内的规划。对于短期规划来说，中期规划具有一定的指导性，但是对长期规划来说，中期规划又是它的具体落实，就好比是长期规划的阶段性目标，往往具有战术性的特点。

3.3.4　人力资源规划的作用

对于企业来说，人力资源规划具有重要作用：

（1）人力资源规划可以确保企业在生存发展过程中对人力资源的需求。

（2）人力资源规划可以为企业的人事决策提供依据和指导。

（3）人力资源规划能使企业有效地控制人工成本。

（4）人力资源规划有助于满足员工的需求并调动员工的积极性。

3.3.5　人力资源规划的过程

（1）人力资源规划(Human Resources Planning)。人力资源规划是指使企业的人力资源供给与企业对人力资源的需求保持一致的过程。这一过程受企业内外环境因素的影响和制约。两种环境处在不断变化之中，必须加以管理。

(2) 人力资源规划的作用。人力资源规划的作用是帮助管理者预测人力短缺或过剩的情况，根据问题的严重性设法避免或纠正；当企业经营活动发生变化时仍能维持人力的稳定；有效分配和充分利用人力资源，避免用员过多；为制定招聘、选拔和培训计划提供依据。

人力资源规划的过程如图3.3所示。

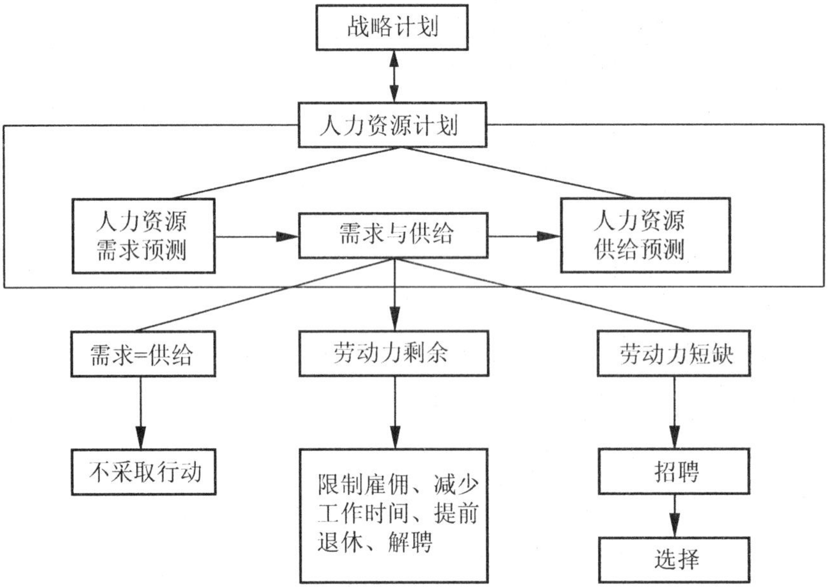

图3.3 人力资源规划的过程

3.3.6 人力资源战略规划

人力资源战略规划主要是制订战略计划，战略计划(Strategic Planning)是制定企业目标并决定为实现目标所必须采取的行动的过程。战略规划过程包括5个部分。

1. 战略规划的内容

(1) 阐述企业使命。使命阐述(Mission Statement)是对企业基本任务的概括性声明，它阐述企业的价值观念，企业存在的目的或基本理由。企业的使命阐述包括确定企业的经营理念和经营范围等。

(2) 分析外部环境。分析外部环境是指对影响企业实现其使命的经济、技术、政治和社会环境进行系统分析，目的是明确企业面临的机会和威胁。由于拥有的资源不同，面对相同的环境，对一个企业可能是机会，对另一个企业也许就是威胁。

(3) 分析内部资源。分析内部资源是指对企业的生产、营销、财务、技术和管理等内部资源进行系统的分析，目的是识别企业区别于其他竞争者的优势和劣势，确定企业的核心能力(Core Competencies)。

(4) 确定目标。在考察了企业的使命、分析评价了企业的外部环境和内部资源之后，下一步是确定实现企业使命的目标。这些目标包括销售额、利润和资本收益等财务目标，也包括客户服务和员工发展等方面的目标。

(5) 制定战略。战略计划的最后一步是根据战略目标制定战略，需要考虑的问题包括：企业应该做哪种方向性的变化，企业应该采用哪种新技术、新工艺，采用什么样的组织结构，采用什么样的财务安排，以及采用什么样的人力资源政策。

制定战略是对人力资源进行战略性考虑的切入点。除非企业的最高管理层对人力资源做出相应的决策，否则很难期望会有人力资源战略计划。企业最高决策层对于员工招聘、选拔、培训和奖励等有关的事项予以关注，是人力资源计划与战略计划协调的基础。

2. 人力资源战略规划的内容

从内容上讲，企业人力资源战略规划可分为战略计划和策略规划。战略计划阐述了人力资源管理的原则和目标；策略规划则重点强调了具体每项工作的实施计划和操作步骤。一个完整的人力资源战略规划应包括以下几个方面：

(1) 总规划。人力资源总规划阐述了人力资源规划的总原则、总方针和总目标。

(2) 职位(务)编制规划。职务编制规划阐述了企业的组织结构、职位(务)设置、职位(务)描述以及职位(务)资格要求等内容。

(3) 人员配置规划。人员配置规划阐述了企业每个职务的人员数量、人员的职务变动和职务人员的空缺数量等。

(4) 人员需求规划。通过总规划、职位(务)编制规划和人员配置规划，可得出人员需求规划。人员需求规划中应阐明需求的职位(务)名称、人员数量和希望到岗时间等。

(5) 人员招聘(供给)规划。人员招聘规划是人员需求计划的对策性规划。主要阐述了人员招聘的方式(外部招聘、内部招聘等)、人员内部流动政策、人员外部流动政策、人员获取途径和获取实施计划等。

(6) 培训开发规划。培训开发规划包括了培训开发的需求、内容、形式、考核和管理等内容。

(7) 人力资源管理政策的调整规划。调整规划明确规划期内的人力资源政策的调整原因、调整步骤和调整范围等。

(8) 投资预算。投资预算为上述各项规划的费用预算。

3.3.7　人力资源规划与人力资源管理其他职能的关系

从上面所讲的人力资源规划的内容中可以看出，人力资源规划作为人力资源管理的一项重要职能，它与人力资源管理的其他职能之间存在着非常密切的关系。

1. 与薪酬管理的关系

人力资源需求的预测结果可以作为企业制定薪酬计划的依据，由于需求的预测不仅包括数量而且还包括质量，这样企业就可以根据预测期内人员的分布情况，并结合自身的薪酬政策进行薪酬总额的预测，或者根据预先设定的薪酬总额调整薪酬的结构和水平。

此外，企业的薪酬政策也是预测供给时需要考虑的一个重要因素，人员供给的预测是针对有效供给来进行的。先来看外部供给，如果企业自身没有吸引力，那么再大的外部供给市场对它来说也是没有意义的，因此在进行外部供给预测时需要衡量企业自身的吸引力，而薪酬就是衡量吸引力时的一个重要指标。对内部供给来说，各职业的薪酬水平也会影响供给的情况，薪酬水平高的职位供给量肯定会大于薪酬水平低的职位供给量。

2. 与绩效管理的关系

在人力资源规划中，绩效考核是进行人员需求和供给预测的一个重要基础，通过对员工工作业绩以及态度能力的评价，企业可以对员工的状况作出判断，如果员工不符合职位的要求，就要进行相应的调整，这样造成的职位空缺就形成了需求预测的一个来源；同时，对于具体的职位来说，通过绩效考核可以发现企业内部有哪些人能够从事这一职位，这也是内部供给预测的一个重要方面。

3. 与员工招聘的关系

人力资源规划与员工招聘有着直接的关系，当预测的供给小于需求，而企业内部的供给又无法满足这种需求时，就要到外部进行招聘，招聘的主要依据就是人力资源规划的结果，这其中包括招聘人员的数量和质量。

4. 与员工配置的关系

员工配置就是在企业内部进行人员的晋升、调动和降职，员工配置的决策取决于多种因素，如企业规模的变化、组织结构的变动以及员工绩效的表现等。而人力资源规划也是其中一个重要的因素，员工配置的一项很重要的作用就是进行内部人力资源的供给，当然这种供给只是针对某个层次而言的。在需求预测出来以后，企业就可以根据预测的结果和现有的人员情况，制定相应的员工配置计划来调整内部的人力资源供给以实现二者的平衡。

5. 与员工培训的关系

人力资源规划与员工培训的关系更多地体现在员工的质量方面。企业培训工作中关键的一项内容就是确定培训的需求，只有培训的需求符合企业的实际，培训才有可能发挥效果。而供需预测的结果则是培训需求确定的一个重要来源，通过比较现有员工的质量和所需员工的质量，就可以确定出培训的需求，这样通过培训就可以提高内部供给的质量，增加内部供给。

6. 与员工解聘的关系

人力资源规划与员工解聘的关系是比较明显而直接的，在较长时期内如果需求小于内部的供给，就要进行人员的解聘辞退以实现供需的平衡。

3.3.8 人力资源规划的程序

为了能够达到预期的目标，在进行人力资源规划时需要按照一定的程序来进行。人力资源规划的过程一般包括以下四个步骤：准备阶段、预测阶段、实施阶段和评估阶段。下面结合这四个步骤对人力资源规划的整个过程进行简要的说明。

1. 准备阶段

任何一项规划或者计划要想做好，都必须充分地占有相关的信息，人力资源规划也不例外。由于影响企业人力资源供给和需求的因素有很多，为了能够比较准确地做出预测，就需要收集和调查与之有关的各种信息，这些信息主要包括以下几个方面的内容。

（1）外部环境的信息。这些信息包括两类：一是经营环境的信息，如社会的政治、经济、文化以及法律环境等，由于人力资源规划同企业的生产经营活动是紧密联系在一起的，因此这些影响企业生产的因素都会对人力资源的供给和需求产生作用；二是直接影响人力资源供给和需求的信息，如外部劳动力市场的供求情况、政府的职业培训政策、国家的教育政策以及竞争对手的人力资源管理政策等。

（2）内部环境的信息。这些信息也包括两个方面：一是组织环境的信息，如企业的发展战略、经营规划、生产技术以及产品结构等；二是管理环境的信息，如公司的组织结构、企业文化、管理风格、管理结构(管理层次与跨度)以及人力资源管理政策等，这些因素都直接决定着企业人力资源的供给和需求。

（3）现有人力资源的信息。这其实是对企业现有人力资源的数量、质量、结构和潜力等进行“盘点”。根据经验，“盘点”的资料应当包括员工的自然情况、录用资料、教育资料、工作经历、工作业绩记录、工作能力和态度记录等方面的信息。只有及时准确地掌握企业现有人力资源的状况，人力资源规划才有意义，为此就需要借助于完善的人力资源信息系统，以便能够及时更新、修正和提供相关信息。

2. 预测阶段

这一阶段的主要任务就是要在充分掌握信息的基础上，选择使用有效的预测方法，对企业在未来某一时期的人力资源供给和需求做出预测。在整个人力资源规划中，这是最为关键的一部分，也是难度最大的一部分，这个阶段直接决定了规划的成败。只有准确地预测出供给和需求，才能采取有效的措施进行平衡。

3. 实施阶段

在供给和需求预测出来以后，就要根据两者之间的比较结果，通过人力资源的总体规划和业务规划，制定并实施平衡供需的措施，使企业对人力资源的需求得到正常的满足，人力资源的供需达到平衡，是人力资源规划的最终目的，进行供给和需求的预测就是为了实现这一目的。至于在每种比较结果下应当制定什么样的具体措施，将在下一节中进行说明。

在制定相关的措施时要注意，应当使人力资源的总体规划和业务规划与企业的其他计划相互协调，只有这样，制定的措施才能够得以有效的实施，例如，如果财务预算没有增加相应的工资费用，那么人员的招聘计划就无法实施。

4. 评估阶段

对人力资源规划实施的效果进行评估是整个规划过程的最后一步，由于预测不可能做到完全准确，因此人力资源规划也不是一成不变的，它是一个开放的动态系统。人力资源规划的评估包括两层含义：一是指在实施的过程中，要随时根据内外部环境的变化来修正供给和需求的预测结果，并对平衡供需的措施做出调整；二是指要对预测的结果以及制定的措施进行评估，对预测的准确性和措施的有效性做出衡量，找出其中存在的问题以及有益的经验，为以后的规划提供借鉴和帮助。

3.3.9 人力资源规划的执行

执行人力资源规划是人力资源规划的最后一项工作，主要包括 3 个步骤：实施、审查与评价、反馈。

（1）实施。是人力资源规划执行中最重要的步骤。实施前要做好充分的准备工作，实施时应严格按照规划进行，并设置完备的监督和控制机制，以确保人力资源规划实施的顺利进行。

（2）审查与评价。当人力资源规划实施结束后，并不意味着对人力资源规划执行完毕。接下来，对人力资源进行综合的审查与评价也是必不可少的。通过审查与评价，可以调整有关人力资源方面的项目及其预算，控制人力资源成本；可以听取管理人员和员工对人力资源管理工作的意见，动员广大管理人员和员工参与人力资源管理，以利于调整人力资源规划和改进人力资源管理。

在评价人力资源规划时，首先可以从以下几方面对人力资源规划的合理性进行间接的判断：

① 人力资源规划者对问题的熟悉程度和重视程度。规划者对人力资源问题的熟悉程度越高、重视程度越高，人力资源规划的合理性就越大。

② 人力资源规划者与提供数据者以及使用人力资源规划的管理人员之间的工作关系。这三者之间的关系越好，制定的人力资源规划就可能越合理。

③ 人力资源规划与相关部门进行信息交流的难易程度。信息交流越容易，越可能制定出合理的人力资源规划。

④ 人力资源规划在管理人员心目中的地位和价值。管理人员越重视人力资源规划，人力资源规划者也就越重视人力资源规划的制定过程，制定的规划才能客观、合理。

（3）反馈。人力资源的反馈与评估可以采用定期报告执行进展的形式进行。通过定期报告和检查，可以确保所有方案都能在规定的时间内执行到位，并确定方案执行初期的成效与预测的情况相一致。有些企业只重视人力资源规划的制定与实施，而忽略了人力资源规划评估工作，这可能导致人力资源规划流于形式，最终导致战略目标无法实现。只有对人力资源规划的实施结果进行评估，才能明确规划的有效性，了解问题所在，促使规划得到更好的落实。

3.4 人力资源规划的编制与平衡

人力资源需求是指为满足企业未来需要所应配备的人员数量及其技能类型。由于内部环境(如改组、扩充、退休、离职等)或外部环境(如经济繁荣或萧条)的变化，使得企业在不同时期有不同的人力需求。环境因素的变化是人力资源需求变动的原因。

人力资源需求预测可以从宏观和微观的不同角度去分析。宏观角度需要了解整个产业，甚至整个社会对人力资源的需求；微观角度只从企业本身去了解对人力资源的需求。从微观而言，虽然每一个企业面临的外部社会经济因素相同，但这些外部因素对每一个企业可能有不同程度的影响。因此，企业必须从自身出发去预测未来人力资源的需求。企业在预测人力资源需求时，首先要分析和预测影响企业人力资源需求的各种因素，然后再将其转换成对人力资源的实际需求。

3.4.1　人力资源需求预测的影响因素

企业在进行人力资源需求预测时要考虑的因素主要有三个方面。

1. 市场需求

对产品或服务的需求是影响企业人力资源需求的直接因素。在产品或服务的需求增加时，市场压力会迫使企业扩大生产、提高产量并增加人手和设备。在产品或服务的需求萎缩时，市场又会迫使企业减少人力资源的使用数量。例如，扩大招生增加了大学对教师的需求；寻呼市场的衰落使寻呼公司大量裁员。此外，市场需求的季节性变化，会使企业对人力资源的需求数量发生周期性的变动。例如，酒店在每年的旅游旺季需要的人手多，而在淡季需要的人手少。因此，对市场需求的预测可以帮助企业预测其对人力资源的需求。

2. 企业战略

企业的战略决策会对人力资源需求产生重大的影响。如果企业采用扩张战略扩大生产规模或进入新的经营领域，会有新的职位产生，这时企业需要补充新人；如果企业采用收缩战略，缩小生产规模或经营领域，则会减少用人。

企业的战略决策不仅影响企业的人力资源数量，也会改变企业的人才类型。美国学者迈尔斯和斯诺就认为，企业采用不同的战略类型，需要与之匹配不同的人才类型，以配合战略的实施。迈尔斯和斯诺将企业战略分为探索型、防御型和分析型三种。探索型战略是革新、寻找新机会、冒险和发展。防御型战略与探索型战略相反，它试图维持现有的市场份额，既不更新也不追求成长。分析型战略介于探索型与防御型战略之间，是在事业的外围进行革新的同时保持事业的稳定。采用防御型战略时，企业要稳定市场份额，需要具有财务和制造背景的人才；采用探索型战略时，企业要开发新市场和新产品，需要具有技术开发和市场开发背景的人才；采用分析型战略的企业，由于面对的是复杂的市场，则需要具有应用研究才能、市场开发才能和制造才能的人才。招聘具有相同能力或背景的人才，可以使企业成为具有共同知识的组织，有利于企业战略的实施。战略类型也影响到对人才的性格特征的要求。防御型战略特别适合那些对安全有比较高的需要、对变化的容忍度比较低的人；探索型战略则适合于独立性强、具有创造性思维能力、乐于冒险的人。

3. 生产技术

生产技术的改变不仅影响职位的数量，也影响职位的性质，使得企业对人力资源需求的数量和技能都会发生重大的变化。例如，企业采用自动化设备，用机器代替人力，会减少对某些职位的需求（如操作工人），增加对另外某些职位的需求（如机械保养和维修人员）；在出版业，计算机排版系统取代人工排版，使许多无法适应新技术的排字工人下岗，同时排字效率的提高也减少了对排字工人的绝对需求；在银行业，自动柜员机的运用，消费者使用信用卡而不是支票进行交易，不再需要后台工作和纸面工作，工作人员的数量因此大大减少。

3.4.2 人力资源需求预测的方法

人力资源需求预测是指为实现组织的目标而对未来所需员工数量和种类的推断。人力资源需求预测有许多方法，常用的方法有德尔菲法、回归分析法、人员比例法、经验预测法、现状规划法和综合分析法等。这些方法适用于不同的人力资源预测类型。

1. 适用于人力资源需求的短期预测方法

人力资源需求的短期预测方法主要有：现状规划法、经验预测法和综合分析法等。

1）现状规划法

运用这种方法的前提条件是：假设一个组织目前各种人员的配备比例和人员的总数将完全能适应预测规划期内的人力资源的需要。也就是说，当前的职务设置和人员配置是恰当的，并且没有职务空缺，所以不存在人员总数的增减。这种方法的人力资源预测就相当于对人员晋升、降职、退休和离休等情况的预测。

例如，某公司设计室主任即将退休，这可以根据员工的档案数据事先预见。那么人力资源部门就要协助相关的职能部门制定合适的选聘计划，决定是内部选拔还是外部招聘。如果是内部选拔就可能引起公司其他岗位的一系列变动，从而需要制定相应的选拔计划和培训计划；如果是外部招聘，则需要制定外部招聘计划等。

2）经验预测法

经验预测法就是根据以往的经验对人力资源需求进行预测规划的方法。人力资源管理部门根据生产经营计划的变化、劳动定额的调整以及每个员工的生产能力、销售能力、管理能力等因素来确定某个岗位上人数的增减。为了提高预测的准确性，要注意采纳多人的经验，注意书面资料的积累，对工作岗位尽量赋予量化的测度指标等。这种方法适用于技术比较稳定的组织对于中短期人力资源需求的预测。

例如，某制造公司通过扩建厂房来扩大生产规模，实施发展型战略。根据以往的经验，某车间每个操作工人1天的产量定额为100件，原来的每日产量为5000件，生产工人有50人左右。同时1名班组长负责管理15名左右的工人，因此原来有4名班组长负责。现在很快就要实施新的战略，每日产量将增加到8000件，在生产设备和技术水平较稳定的情况下，可以预计该车间还需要增加30名左右的操作工人以及1～2名班组长。

3）综合分析法

综合分析法是指组织要求下属各部门、基层单位根据各自的生产任务、技术设备等变化情况和人员配置状况，先在本部门对各个岗位的人员需求进行初步的预测，再由组织的人力资源部门根据下属部门和基层单位的预测情况进行综合分析和处理，从而形成整个组织在规划期内各类人员的总需求数量。这种方法有利于发挥基层管理人员的工作积极性，增加他们工作的参与性。必须注意的是，人力资源部门需要对基层的需求预测加强指导和协调，以期获得比较准确的结果。

例如，某公司准备第二年上马一条新的产品线，为了适应新业务领域的发展，人力资源部门要求各职能部门制定相应的人员需求计划，以满足新产品在研发、制造、质量控制及销售上的需要。经过各个职能部门上报的人员需求计划，人力资源部门综合得出以下的人员需求计划：在今年年底前公司还需要增加一名研发工程师、两名生产制造工程师(其中一名负责新产品的质量控制)、三名营销人员。

适用于人力资源需求的中长期预测法主要有德尔菲法、回归分析法和人员比例法等。

2. 常用方法

1）德尔菲法

德尔菲法是依靠专家的知识和经验，对未来做出判断的估计，它的基本特点是：吸收各方专家共同参与预测，博采众长；参与预测的专家匿名地、单独地做出自己的判断；预测过程必须经过多轮反馈，使专家的意见互相补充、启发并逐渐趋于一致；同时采用统一的方法将每一轮反馈的预测结果加以处理，做出定量的判断。德尔菲法的具体步骤是：

(1) 选择 20 名左右熟悉人力资源问题的专家，并为专家提供人力资源预测的背景资料。

(2) 设计人力资源调查表，表中列出有关人力资源预测的各类问题，这些问题必须能够进行统计处理。

(3) 进行第一轮调查，将调查表送交专家，由专家匿名并独立地对上述问题进行判断或预测；然后对反馈回来的调查表进行分析，并用判断统计方法进行综合处理。

(4) 根据第一轮调查的专家意见与统计分析的结果，设计第二轮调查表，请专家对第二轮调查表的问题进行判断、预测，并给出相关的分数。

(5) 对第二轮调查反馈的信息进行处理，总分值最高的方案是最佳方案。至此，专家们的意见进一步集中。

(6) 根据第二轮调查的结果，给出第三轮调查表，并提出若干种(一般三种)比较方案，再请专家加以判断或预测。

2）趋势分析

趋势分析的基本思想是：确定企业中哪一种因素与人员数量和构成的关系最大，然后找出过去这一因素随着人员数量变动的变化趋势，由此推出将来的人员需求数量。表 3-5 是趋势分析的一个例子。这个例子描述了产量与质量检验员的数量之间的关系。如果该公司预计明年的销售量是 2200 个单位，那么它就需要大约 200 位检验员。趋势分析假设过去人力增加(或减少)的趋势在未来不会改变。这个假设与现实不太符合，尤其是估计长期趋势，很多因素会改变。因此，对预测结果必须加以调整，要结合经理人员的经验判断，才能做出合理的预测。

表 3-5 某公司的人力资源趋势分析

年份(以今年为参照年份)		产 量	检验员人数	检验员与产量之比
实际	−3	1500	150	1∶10
	−2	1800	180	1∶10
	去年	2000	180	1∶11
计划	明年	2200	200	1∶11
	+2	2500	210	1∶12
	+3	2750	230	1∶12

3）回归分析法

这是用于处理变量之间相互关系的一种统计方法，即根据某一变量或者多个变量的变化情况，来推测另一相关的因变量的变化。包括一元线性回归模型、多元线性回归模型以及非线性回归模型，后两个模型比较复杂，一般采用计算机处理。

例如，假定人力资源需求量仅取决于产量因素，则一元线性回归法的基本公式是：

$$M=a+bQ$$

式中，M 为预测的人力资源需求量；Q 为企业产量；a、b 为预测系数，可以根据企业以往的数据利用最小二乘法来推算 a、b 的值。因此只要知道产量 Q，就能预测出人力资源的需求量。

4）人员比例法

人员比例法是根据已确定的各类人员之间、人员与设备之间、人员与产量之间的各种科学的比例关系来预测组织中长期人力资源需求的一种方法。表 3-6 是某公司一般员工与管理人员的比例关系；表 3-7 是某公司各类人员的比例预测。

表 3-6　某公司一般员工与管理人员的人数比例表

机构类别	员工数：管理人员数
研究部门	10∶1～8∶1
工程(设计)部门	12∶1～10∶1
制造部门	20∶1～15∶1
质量控制部门	14∶1～12∶1
财务部门	12∶1～10∶1

表 3-7　某公司各类人员比例预测的数量

项　目 \ 年　份	2003	2004	2005	2006	2007	2008
营业额(千元)	42000	49000	59000	70000	82000	98000
营业额/人	42.0	45.6	45.5	54.0	60.0	68.2
员工人数总计	1000	1075	1192	1296	1367	1437
工程师/全体员工人数	0.17	0.18	0.19	0.20	0.21	0.22
工程师人数总计	170	194	226	259	287	316
电子工程师/工程师总数	0.34	0.34	0.34	0.34	0.34	0.34
电子工程师总计	58	66	77	88	98	107

3.5　人力资源的供求预测

人力资源供求是指企业现有人员的数量及其能力，以及外部潜在的应聘人员资源。当企业用已聘人员补充人员需求时，称为内部供给。如果企业在需要增加人员时，不能从内部获得供给，那就需要从外部劳动力市场补充，称为外部供给。人力资源需求预测可以解决“需要多少人员”的问题，下一步便是分析人力资源供给，解决从哪里补充所需要的人员的问题。人力资源供给主要来自企业外部的劳动力市场和企业内部现有的劳动力，因此，人力资源供给预测同样可以从宏观和微观两个角度去分析。

3.5.1 人力资源供求预测的外部影响因素

外部劳动力供给受社会经济状况和人口结构因素的影响，政府的生育政策、教育政策和劳动就业政策等也对劳动力供给有一定的影响。从宏观上分析，整体人力资源供给是否足够，需要考虑一般经济情况、人口增长率、人口结构、年龄分布、性别、教育水平、就业情况及行业特点等。

3.5.2 人力资源供给预测的内部影响因素

企业内部人力资源的供给预测需要考虑的因素主要有以下三个方面。

1. 在职人员的年龄分布

在职人员的年龄分布情况对企业内部人力资源供给预测的影响较大。图 3.4 给出了企业在职人员年龄分布的两种典型模式。在图 3.5(a)中员工的年龄分布偏高，年纪大的员工占的比例较大，不久的将来会有较多的员工退休，人力资源供给会大幅度减少。成熟的企业或连续采用收缩战略的企业多属于这种情况。在图 3.5(b)中员工的年龄分布偏低，年纪小的员工占的比例较大，企业虽然不会因三五年内有大量的员工退休而面临严重的人力资源供给问题，但年轻员工流动性大，对人力资源供给的影响仍不容忽视。新办企业或处于高速成长期内的企业多属于这种情况。

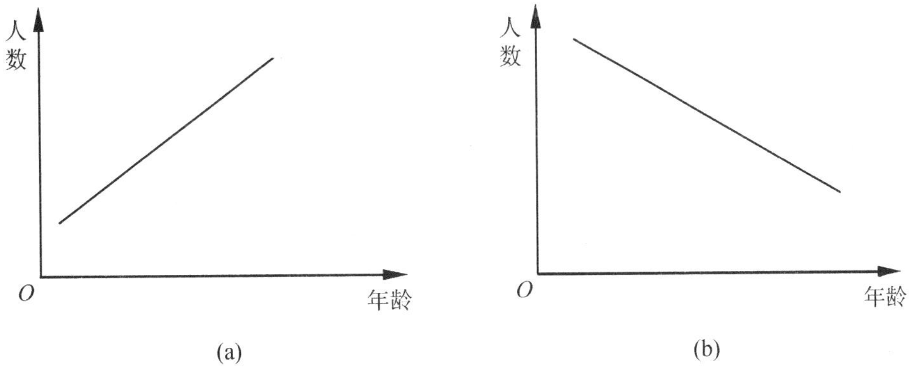

图 3.4 企业在职人员年龄分布的两种典型模式

年龄因素可能会影响到企业的战略实施。如果企业计划缩小规模，相应的政策可能是让年龄超过 50 岁的员工提前退休。调查发现，如果大多数企业中，高层经理人员的年龄均在 50 岁以上，就需要重新考虑提前退休的政策，因为这会使企业丧失大量有经验的经理人员。

2. 在职人员的内部流动

在职人员的晋升、调动、降职和裁员都会影响企业的人员供给。

从企业内部提拔人员补充经理队伍时，不仅要对候选人在目前职位上的业绩做出评估，也要考虑其晋升潜力。如果候选人的经验和能力不够，则需要制订计划来拓展候选人多方面的工作经验和知识，并安排培训以提高其在技术和人事关系等方面的能力。

一般来说，晋升是一个人事业进步的表现。但随着组织结构的扁平化，升迁的机会在减少。这时，横向的职位调动也是事业发展的途径之一。通过学习新技能，熟悉新部门和新角色，可以增加员工技能的多样性。如果企业对在职人员的工作需求减少，企业可以有计划地减少内部劳动力供给。在自然减员不能充分满足减少人员的需要时，企业要实施专门的减员计划。减员时要控制企业的技能、经验和知识随减员外流，这一点很重要。不能完全根据员工个人的选择决定去留，否则可能造成某些重要技能外流，而使一些企业并不十分需要的员工继续留任。另外，如果企业缩减了某个部门的规模，但同时又扩大了另一个部门的规模，被缩减部门的员工应该比外部的求职者有在扩张部门中获得职位的优先权。

3. 现有人力资源的利用情况

不考虑员工技能和才能的使用方式，就不可能真正确定企业对人力资源需求的需要量。人力资源的利用直接影响到对员工数量的需要。在制造业中，使用计算机辅助设计和辅助生产是发展趋势。这种趋势减少了工艺过程中所需要的人员数量，同时还影响到员工所需要的技能。

对员工的工作负荷情况(不足、饱和或者超负荷)、员工缺勤情况、工时利用情况以及部门之间是否存在苦乐不均情况等，也要进行分析。缺勤包括带薪和无薪假期、病假、怠工、罢工、迟到、早退和工伤等。士气低落、生产效率低、工作表现差及服务态度差等都可以反映缺勤情况。根据过去的缺勤记录和数据，可以估计未来的缺勤程度，来作为估计未来人力资源供给的参考。如果缺勤情况严重，则必须对缺勤原因进行分析，并加以改善，使现有的人力资源得到充分利用，避免浪费。

3.5.3 人力资源供给的预测方法

企业内部人力资源供给预测主要是分析在计划期内，将有多少人留在他们的职位上，有多少人流动到其他职位上(如晋升、降职或平调)，有多少人离开企业。这些预测一般是以过去的流动率为基础进行的。常用的人力资源供给预测方法有以下几种。

1. 人员流失分析

分析企业内部的人力资源供给可以从分析员工的离职或流失情况入手。企业可以利用人员流失曲线分析员工的离职情况，如图 3.5 所示。在新员工进入企业的最初一段时间内，人员流失会比较多，随着时间的推移，流失人数会急剧增加，原因主要是员工不能适应新的工作环境(如公司政策、工作要求和人际关系等)，因此离职率高，直至达到一个高峰，经过一段时间，离职率的速率会递减，原因是新员工过了适应期后进入胜任阶段，一般不会轻易离职。

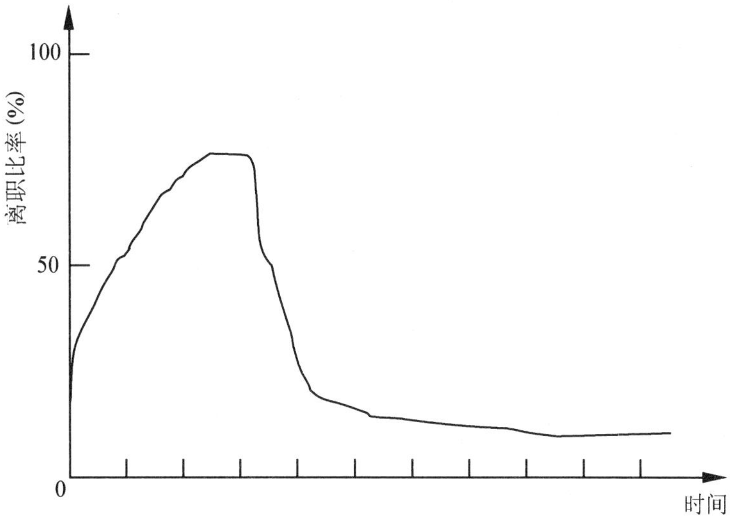

图 3.5　人员流失曲线

人员流失率是考察企业员工队伍稳定程度的重要指标，流失率过高，说明企业的员工队伍不稳定，增加了招聘、选择和培训的费用；流失率过低，则不足以产生新陈代谢的作用。在估计未来人力资源供给时，必须要考虑人员流失率。常用的分析人员流失率的指标有：

(1) 离职率。离职率是在一定时期内离职人员的人数与人员总数的比率。离职率越高，说明企业留住人才的能力越低。计算公式为

$$离职率=\frac{某一年内离职的人数}{某一年内的平均雇佣人数}\times100\%$$

(2) 服务年限。企业对离职人员服务年限的分析着重从人员职位、服务年限与离职情况等因素的相互关系入手，分析结果可作为预测离职人数的参考。表 3-8 是对某企业离职人员服务年限的分析。由表 3-8 可知，非技术工人的离职率最高，3 个月以内的离职率最高。

表 3-8　某企业离职人员服务年限分析

人员类别	3 个月内	3～6 个月	6 个月至 1 年	1～2 年	3～5 年	5 年以上	离职人员总数	员工平均人数	离职率(%)
技术工人	5	4	3	3	2	3	20	200	10
半技术工人	15	12	10	6	3	4	50	250	20
非技术工人	20	10	5	3	1	1	40	100	40
总计	40	26	18	12	6	8	110	550	20

(3) 留职率。留职率可以显示过去一段时间内人员留职的趋势。表 3-9 是某企业在职人员的留职率分析。从表 3-9 中可以看到，随着工作年限的延长，留职率下降的速度变缓。计算公式为

$$留职率=\frac{一定时期后仍留职的人数}{原来的人数}\times 100\%$$

表 3-9　某企业在职人员的留职率分析

单位	原有人数	年末留职人数				
		第 1 年	第 2 年	第 3 年	第 4 年	第 5 年
甲	40	35	28	26	22	20
乙	32	25	24	19	18	17
丙	48	39	33	30	25	23
丁	38	32	27	24	22	19
戊	42	36	30	26	23	21
平均留职率(%)	100	83	71	62	55	50

表示人员流失率的指标本身所含的信息有限，但把不同部门的流失率指标进行比较就会有意义了。例如，某部门的人员离职率是 25%，该企业其他部门的离职率都不超过 7%，则很能说明问题。企业和企业之间、行业和行业之间的比较也有意义。某些行业的人员流失率通常比其他行业高。例如，餐饮业的厨师在岗位的留任时间通常较短。

找出人员流失的原因非常重要。分析人员流失时，除了要考虑劳动力市场供需情况的影响外，还要考虑与其他企业的竞争，对造成企业人员流失的原因要加以具体分析。一般来说，导致人员流失的原因既有企业外部环境的因素，也有企业内部的因素和员工个人的因素。从外部因素来说，员工离职可能是由企业外部的吸引引起的，如转到其他企业工作可以获得更高的收入或更有前途的发展机会，找工作很容易。在经济繁荣时期，工作机会多，离职率会相应增加，尤其是像快餐店一类的服务性行业，几年间员工可能会全部换过。但员工离职也可能是由于企业内部问题引起的，如工作压力大、人际关系紧张、不能适应工作要求或对工作失去兴趣等。当然，也不排除员工个人方面的因素，如照顾家庭、喜欢尝试新工作，尤其是年轻员工，他们一般未婚，没有家庭负担，喜欢经常换工作。

2. 马可夫矩阵

马可夫矩阵的基本思想是找出过去人员流动的规律，以此推测未来的人员流动趋势，其中一个基本假设是：未来内部人员流动的模式与概率与过去大致相同。运用马可夫矩阵预测人力资源供给时，需要首先建立一个人员变动矩阵表，它主要是指出某一个人在一段时间内由一个职位调到另一个职位(或离职)的概率。一般以 5～10 年为周期来估计概率。周期越长，根据过去人员变动所推测的未来人员变动就越准确。马可夫矩阵可以清楚地分析企业现有人员的流动(如晋升、调换岗位和离职)情况。

表 3-10 是假设的某会计师事务所的人员变动情况。表 3-10 表明，在任何一年里，平均 80%的合伙人仍留在该行，20%退出该行；大约 65%的会计师留在原来的岗位，15%晋升为高级会计师，20%离职。用这些历史数据来代表每一种工作人员的流动率，就可以推测出未来人员流动(供给量)的情况。办法是将计划初期每一种工作人员的数

量与每一种工作人员的流动率相乘，然后纵向相加，即可得到预计的未来人员的供给量，见表 3 - 11。该所预计计划期内将需要同样数量的合伙人(40 人)和高级会计师(120 人)。但会计师和经理将分别减少 50 人和 18 人。根据这些情况该所可以制定相应的人力资源计划，引进人才或将更多的高级会计师提拔到经理职位。

表 3 - 10　某会计师事务所的人员变动情况

职位层次	人员流动率(%)				
	合伙人	经理	高级会计师	会计师	离职率
合伙人	80				20
经理	10	70			20
高级会计师		5	80	5	10
会计师			15	65	20

表 3 - 11　某会计师事务所人员变动的马可夫矩阵分析

职位层次	初期人数	合伙人	经　理	高级会计师	会计师	离职人数
合伙人	40	32				8
经理	80	8	56			16
高级会计师	120		6	96	6	12
会计师	160			24	104	32
人员供给量预测	400	40	62	120	110	68

3. 人员接替图

国外有些企业利用人员接替图为企业的重要职位选拔和储备接班人员。该图可以显示重要职位接班人的目前工作绩效以及晋升潜力。接替图中标明接班人的年龄、工作绩效、升迁机会、个人潜能以及需要接受的培训等资料。当企业的高层经理人员和其他重要人员突然辞职或身亡时，能及时地用合适的人选填补出现的职位空缺。

4. 管理人才储备库

管理人才储备库实际上是一个存有每位经理人员详细信息的资料库，这些资料可以作为确定哪些人有潜力晋升到更高层次职位的依据。管理人才储备库主要包括下列资料：工作经历、教育背景、优缺点评价、个人发展需要、晋升潜力、目前工作业绩、专业领域、工作特长、地理位置偏好、事业目标和追求、预计退休时间以及个人历史(包括心理评价)等。

5. 技能储备库

技能储备库是提供非管理人才供给信息的资料库，这些资料将作为确定哪些人有可能晋升到更高层次的专业职位或转到同层次其他职位的依据。技能储备的过程与目的和管理人才储备相同，只是储备的信息不同。技能储备包括的资料主要是：背景和生平资料、工作经历、专业技能和知识、所持有的资格证书和证明、接受过的企业内部培训、以前工作业绩的评价和事业目标等。

3.6 人力资源需求平衡分析与决策

人力资源需求平衡分析就是比较企业对未来人力资源的需求量与供给量，确定企业未来对人力资源的需要，确定企业未来应该裁减哪些人员、裁减多少、什么时候裁减、如何裁减，或者应该补充哪些人员、补充多少、什么时候补充、如何补充等问题。

3.6.1 人力资源过剩时的对策

当企业内部对人力资源的供给大于需求时，表明人力资源过剩，企业应采取措施来消化或裁减富余人员。这些措施包括：

(1) 限制聘用。即采用“只出不进”的方法逐渐减少企业的富余人员，只有在企业绩效受到影响的时候才会招聘新人。这种措施适合富余人员不多且在短期内能够消化的情况。

(2) 提前退休或鼓励辞职。让现有部分员工(如接近退休年龄的员工)提前退休也是减少富余人员数量的一种途径。提供有足够吸引力的退休条件(如给予补偿金)可以使原本不愿意提前退休的员工提前退休。对年轻人则提供培训机会，鼓励他们自谋职业或转到其他单位。

(3) 减少工作时间或工作量。由于市场需求下降而导致订单减少，企业可以相应地减少工作时间或减少工作量，如每个员工每天工作 8 小时削减为每天工作 6 小时，每个员工每人看管 4 台设备减少到每人看管 3 台设备。由于工作时间和工作量减少，工资也要相应地减少。这种办法适合于一般工人，不适合于经理人员和专业技术人员。

(4) 人才储备。对有一技之长的专业技术人员不可轻易地辞退，特别是企业在不久的将来很有可能用得上的人才。在企业不景气时将这些人才辞退容易，将来需要时再把他们请回来就困难了，如果被竞争对手抢去则还会对企业构成威胁。因此，从长远考虑，应该将这些人才储备起来，如送他们到大学深造、承担科研项目等。

(5) 暂时解聘。暂时解聘是指员工暂时不被聘用，当经济复苏时又回到企业工作。决定暂时解聘的因素包括年龄大小、职位高低和派别关系等。对管理者和专业技术人员来说，可能依据的是工作能力。

(6) 裁员。在西方经济发达国家，裁员通常与企业改组相联系，经过改组企业的规模使企业中的员工数量减少。企业在经济困难时期裁员，在经济形势好转时期增加雇佣员工，是西方经济发达国家以往的惯常做法。随着全球性竞争的加剧，这种雇佣战略受到很大冲击。实际上，裁员对企业来说是一种浪费，因为如果失去以往所栽培的人才，对企业和员工双方都会造成很大的冲击。

良好的人力资源计划可以避免人员过剩现象的出现，即使要裁员，企业也希望能自然地削减，如退休、自动离职等，或者提供补偿金以鼓励年老员工提早退休，提供培训机会使年轻员工转到其他企业工作。

3.6.2 人力资源短缺时的对策

当企业内部对人力资源的需求大于供给时，表明人力资源短缺，这时企业应采取措施增加人手，但不要直接进行招聘，一是招聘成本比较高，二是一旦员工被录用，就很难辞退他(她)。因此，企业在从事招聘之前应认真考虑有没有其他办法可以替代招聘。招聘的替代方案包括以下几种。

(1) 加班加点。解决工作量的短期波动最常用的方法是加班加点。加班加点对企业和员工双方都有好处，企业由于避免了招聘、选择和培训等活动而节省了费用，员工则可以增加收入。不过，过度的加班加点会使员工变得疲劳，很难以正常的工作效率完成工作。长期的加班加点会使员工习惯于收入增加的情况，当不需要加班加点并且收入减少时，可能会引起员工的不满。

(2) 转包。将部分工作转包给另外一家企业也是解决中短期人手短缺的方法之一。有时候，即使企业预测出市场需求是长期增长的，依然会采用转包的方法。当承包商在生产方面具有专长时，这种方法特别具有吸引力。转包常常使转承包双方都受益。

(3) 聘用临时工。在美国，临时工的数量增长要比全部劳动力的增长快 3 倍，是美国经济发展中增长最快的部分。聘用临时工对企业有多种好处。据估计，在美国，长期工的全部成本一般要占到工资总额的 30%～40%甚至以上，聘用临时工可以降低人工成本，并保持随工作负荷变动的灵活性，还可以减少招聘、旷工、人员流动及员工福利方面的费用。

(4) 租赁或借用员工。这是在西方国家小型企业中越来越流行的一种人力资源管理办法。采用租赁员工方法的公司会正式解聘部分员工，租赁公司以同样的薪水雇佣他们，并将他们租给前任雇主，员工像以前一样在客户(即前任雇主)的监督下继续工作，租赁公司作为员工的新雇主承担所有的相关责任。对企业来说，租赁员工的好处是不必进行人力资源管理，包括福利计划；对租赁公司来说，则可以得到规模经济的好处(如降低福利成本、增加就业机会等)；员工的好处是增加了就业机会。如果企业破产，租赁公司可以将员工转租给另一家客户，员工可以免遭解雇和避免工龄上的损失。

(5) 重新设计工作和改进技术。重新对工作进行设计，简化工作程序，或者采用自动化程度更高的先进技术，减少用人，也可以解决人手短缺的问题。

(6) 培训员工和完善激励计划。对员工进行培训，提高他们胜任工作的能力或工作熟练程度，从而提高工作效率；或者改进激励计划，调动员工的工作积极性，也可以解决人手不足的问题。只有在上述方法都不合适时，才应启动招聘程序。

西方国家和东方国家在调节人力资源数量方面采取的做法往往不同。西方国家的做法是：需要人手就招聘，人员数量过剩时就采取提前退休、停职或解雇等措施；东方国家则比较喜欢采用加班、转包、减薪、减少工作时间等措施，尽可能维持企业人力资源的稳定。

3.6.3 经理人员的需求与供给分析

人力资源是企业的重要资源，而经理人员又是其中最重要的资源，这是因为经理人员对企业的生存和发展起着举足轻重的作用。对经理人员的提拔、培养和使用更应该有计划地进行。

1. 经理人员的需求分析

一个企业需要多少经理人员不仅取决于企业的规模，也取决于组织结构的复杂程度、企业是否有扩大规模的计划以及经理人员流动的频繁程度。经理人员的人数与员工的人数并没有一定的比例规律可循，可以通过扩大或缩小授权范围来改变组织结构，从而使经理人员的人数不因企业规模的变化而变化。此外，还要明确空缺的是些什么职位，这些职位对人才有什么要求。

2. 经理人员的供给分析

为了保证生产经营活动能够连续不断地进行，企业会储备必要数量的原材料和制成品。对于人力资源，特别是经理人员，企业却很少储备。企业储备一些有用的人才，特别是经理人员，对确保企业的成功是非常必要的。企业需要知道现有经理人员的状况，包括他们的人数、职位以及进一步提升的可能性。分析经理人员的供给可以使用前述的人员接替图。

根据人员接替图可以制定短期或长期的人力资源计划。就短期而言，可以采取的措施包括：更换不令人满意的经理人员；开始培养接班人，使其适应以后更高层次的工作；横向调动经理人员的工作，以增加其工作经验，为他们以后的提拔做准备；将目前可以提拔的人才调到空缺的职位。

从长期来看，年龄对效率的高低起着重要作用。有人认为，经理人员最有作为的年龄在 40～60 岁。如果这种说法是真实的话，对企业的未来发展起重要作用的是，其高层经理人员应在 40 岁以上，而且应有不同的年龄层次。如果领导班子的能力层次不是在这个最有作为的年龄范围内分布的话，就有可能发生 10 年之后所有高层经理人员的年龄都超过 60 岁的情况。为了避免这种情况，可以从年龄合适的人中提拔人才。选拔管理人才的长期措施和短期措施要相互结合。例如，确定一位和顶头上司年龄相同的人作为接班人，显然是不可取的，因为他们将同时退休。如果指定一位年龄甚至比现任的领导还大的人作为候补人选，同时着手培养一个更年轻的人作为最终接班人，就比较合适。这种安排的好处在于，一方面，用一个年龄较大的人来满足短期内企业对训练有素的候选人的需要，另一方面，通过培养年轻人满足企业的长期需要。

3. 经理人员的需要量分析

对经理人员的需要量，是在对经理人员的需求人数和供给人数进行比较分析之后确定的。外部环境因素对经理人员的需要量也有影响。对经理人员的需要采取什么措施，取决于经理人员的供求情况。

如果经理人员的需求和供给都多，工作重点应放在选拔和提升方面。如果经理人员的供给少而需求多，倾向于内部提升的企业会强调培训和培养，不过这需要时间；从外部招聘也是一个选择。如果经理人员的供给多而需求少，企业有多种选择，可以改变计划寻求发展，也可以采取从外部安插、下岗、降级和提前退休等措施。如果经理人员的供给和需求都少，企业应特别注意各项计划，因为这表明企业的成长有些停滞。考虑到培养经理人员是一个长期的过程，如果能够预见企业对经理人员的需求日后会增加，企业应尽早启动对经理人员的培养方案。

思 考 题

1. 如何认识战略计划与人力资源计划之间的联系？
2. 外部环境会对人力资源计划产生哪些影响？
3. 预测人力资源需求需要考虑哪些因素？
4. 预测人力资源供给需要考虑哪些因素？
5. 如何平衡企业对人力资源的需求和供给？

案例思考题3-1

健达公司的人力资源规划

成立于2002年的健达公司，在经历2004—2007年的高速扩张后，于2008年初放缓了发展的脚步，因为总经理感到高速扩张带来的两个头痛问题：一是管理人才紧缺，管理机制出了一些问题；二是企业的发展方向选择的问题。经过几年的发展，企业已经发展壮大了，资金已经不再是制约公司发展的关键问题，但未来的投资领域在哪？

发展方向决策成了决策的难点和迫切需要解决的问题。

于是，总经理调整了公司的发展计划，决定2008年以完善公司内部管理为基础，优化企业的人力资源为关键，并且还专门找了一家咨询公司对公司的经营管理进行诊断和咨询，整理出了公司的发展计划。

愿景：致力于成为高效、优质、服务良好的公司，建立以管理和先进研发技术为核心竞争力的产品供应商。

使命：使顾客充分享受沟通的快乐。

工作重点：

1. 整合企业价值体系，创建具有本公司特色的企业文化；
2. 以优良的办公和内部环境吸引人才，建设高绩效的管理团队，合理配置人力资源；
3. 以客户服务为中心，建立优质服务体系；
4. 建设高效的运作流程，使公司高效运作；
5. 实行全员质量管理；
6. 加强与外界的技术交流，提高技术研发能力，创造优质产品；
7. 以社会责任为己任，尽公司所能捐赠慈善事业和参加其他公益活动，树立公司良好形象。

战略目标(人力资源部分)：

1. 人员规划。2008年1980人、2009年2200人、2010年2500人、2011年2800人、2012年3000人。
2. 人员素质结构比例。到2010年，博士3%、硕士5%、本科10%、大专40%、中专(包括技校和高中)30%、其他12%。
3. 人员总体结构比例。管理人员12%、技术人员20%、生产人员40%、其他28%。

4. 员工培训。管理干部全年不低于 80 小时；技术、管理职员全年不低于 60 小时；一般员工全年不低于 30 小时。

5. 员工流失率。不低于 3%，不高于 8%。

6. 工资调整幅度。结合公司经营情况及上一年的目标完成情况，公司总体工资按 2%的比例上浮。

问题：

现在假设健达公司聘请你作为人力资源部经理，请依照公司的整体战略和目标设计人力资源规划。

第4章

人力资源招聘与选拔

教学目标

通过本章的学习，对企业人力资源招聘与选拔的程序、方法和技巧有基本的理解和掌握，具备相应的人力资源招聘与选拔的知识和实践能力。

教学要求

理解人力资源招聘与选拔的相关概念及相关理念，掌握包括招聘面试、选拔测试、校园招聘、网络招聘、新员工录用与培训等人力资源招聘与选拔的一般方法。

现代企业间的竞争已经从产品竞争、成本竞争更多地转为激烈的人才竞争，高质量的人才已成为极为稀缺的资源。如何敏锐地甄别并高效地招揽到优秀的、适合于本企业职位要求的人员，已成为摆在经营管理者面前的头等大事。本章将介绍包括招聘面试、选拔测试、校园招聘、网络招聘、新员工录用与培训等人力资源招聘与选拔的方法和技巧。

4.1 人力资源招聘的含义与意义

4.1.1 人力资源招聘的含义

所谓人力资源招聘，是指根据组织人力资源规划和工作分析的要求，通过各种方式，把具有一定技巧、能力和其他特性的申请人吸收到企业空缺的岗位上，以满足企业(或组织)的人力资源需求的过程。

4.1.2 人力资源招聘的意义

人力资源招聘与录用工作是人力资源管理中最基础的工作，也是出现得最早的工作。招聘作为一种科学活动，在泰罗的科学管理时代就已经创造了招聘、筛选、工作分析等工作，这些工作后来一直是人力资源管理的基础。在人力资源管理中，人力资源有“进”、“用”、“出”几个环节。在这几个环节中，人力资源的“进”又是关键中的关键。

具体而言，人员招聘与录用的作用表现在以下几方面。

1. 招聘与录用是企业获取人力资源的重要手段

企业只有通过人员招聘，才能获得人力资源。尤其是对新成立的企业来说，人员的招聘与录用更是企业成败的关键。如果企业无法招聘到合乎企业发展目标的员工，企业在物质、资金和时间上的投入就会成为浪费，完不成企业最初的人员配备，企业就无法进入运营状态。对已经处于运作之中的企业来说，人力资源的使用与配置，也因企业的战略、经营目标、计划与任务以及组织结构的变动和自然原因而处于经常变动之中。因此，招聘和录用工作对企业来说是经常性的。招聘与录用的目标就是保证企业人力资源得到充足的供应，使人力资源得到高效的配置，提高人力资源的投资效益。

2. 招聘与录用是整个企业人力资源管理工作的基础

企业人力资源管理包括招聘、培训、考核、薪酬等环节，其中人员的招聘与录用是基础。如果招聘和录用的人员不能够胜任或不能满足企业的要求，那么，企业人力资源管理的工作效益就得不到提高，各项工作的难度将增加。图 4.1 所示为招聘、录用与其他人力资源管理职能的关系。

3. 招聘与录用是企业人力资源投资的重要形式

从人力资源投资的角度出发，招聘与录用也是企业人力资源投资的重要形式。人员的招聘与录用无疑将花费企业的费用，如果人员招聘与录用工作出现失误，对企业产生的影

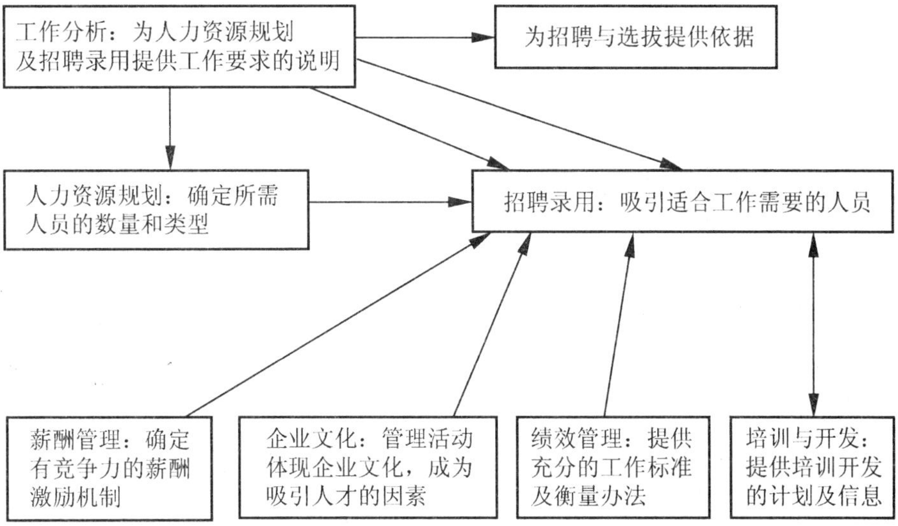

图 4.1　招聘、录用与其他人力资源管理职能的关系

响将是极大的。例如：录用的生产线员工如果不符合标准，就可能要花费额外的精力去进行修正(培训)；录用的与客户打交道的员工如果缺乏技巧，就可能使企业丧失商业机会；在工作团队中，如果招聘来的人员缺乏人际交往能力，就会打乱整个团队的工作节奏和产出效益等。员工的等级越高，招聘与录用工作就越难开展，其成本也就越大。要衡量一位新招聘来的管理人员的作用，需要花费很长的时间才能确切评价。尤其是在人才竞争的 21 世纪，企业能否聘用到对企业发展来说至关重要的人才，对企业的发展是非常重要的。当今世界的企业竞争就是人才的竞争，在一定程度上，却是招聘与录用的竞争。因此，如果企业的招聘与录用工作的质量高，不仅能为企业招聘到优秀人员，而且也能为企业减少由于录用人员不当所带来的损失。

4. 招聘与录用能够提高企业的声誉

招聘与录用工作需要严密的策划，一次好的招聘策划与活动，一方面，可以吸引众多的求职者，为应征者提供一个充分认识自己的机会；另一方面，也是企业树立良好公众形象的机会，还是企业一次好的广告宣传。成功的招聘与录用活动，将能够使企业在求职者心中和公众心目中留下美好的印象。

5. 招聘与录用能够提高员工的士气

如果企业处于不断发展的时期，自然会产生一些空缺职位，企业需要从外部寻找合适的人选来填补空缺，使企业的发展不至于受到限制。一方面，引进“新”员工可以带来新的思想，使员工队伍具有新的活力；另一方面，也为“老”员工带来新的竞争，使他们在招聘的岗位上获得新的挑战机会。

总之，招聘工作不仅影响到企业的未来，同时也关系到员工个人的前程，对企业、对个人都有着重要的作用和意义。

4.2 人力资源招聘的原则与流程

4.2.1 人力资源招聘的原则

要做好人力资源招聘工作，要坚持以下原则。

1. 职务分析原则

要有效地选择人员，就要求招聘管理人员清楚地了解该职位的性质和目的，客观地分析该职位的要求，包括在组织等级中各个级别对这些技能的不同要求，并要评价和比较各个职位，以便公正、平等地对待应聘者。

2. 效率优先原则

在招聘过程中，要根据不同的招聘要求，灵活地选用适当的招聘选拔形式和方法，在保证招聘质量的情况下，应尽可能地降低招聘成本，并要录用到高素质、企业急需的人才；或者说，以尽可能低的招聘成本招聘到适合岗位需要的员工。

3. 公开原则

企业各类人力资源的招聘要公开、公正。应将招考单位、种类、数量、报考的资格、条件、考试的方法、科目和时间以及职务说明等均面向社会公告周知，公开进行。这样既有利于社会人才公平地参与竞争，又能使此项工作置于社会的公开监督之下，防止不正之风。

4. 全面考核原则

人力资源管理人员要对候选人员的品德、知识、能力、智力、健康状况、心理、过去工作的经验和业绩等方面进行全面考核和考察。通过对其智力因素和非智力因素的全面了解，才能选择合适的人选。

5. 平等原则

对所有报考者都要一视同仁，不得人为地制造各种不平等的限制或条件，应不分国别、民族和性别，平等对待每个候选人，也不能给出各种不平等的优惠政策，给社会上的有志之士提供平等竞争的机会，不拘一格地录用各方面的优秀人才。

6. 择优原则

择优是人力资源选择的根本目的和要求，只有坚持这个原则，才能为组织遴选最合适的人员。为此，应采取科学的考试、考核方法，精心比较，谨慎筛选。

7. 能级对应原则

由于人的知识、阅历、背景、性格及能力等方面存在着差异，人力资源的选择，应量才录用，不一定要最优秀的，但要尽量选择最合适的。要做到人尽其才，用其所长，这样才能持久高效地发挥人力资源的作用。

8. 合法原则

人力资源的选择必须遵守国家的法律、法规和政策。企业在人员招聘中一切与国家的有关法规相抵触的活动都是无效的，都要受到法律的制裁。在《中华人民共和国劳动法》中关于聘用有所规定：劳动者就业，不因民族、种族、性别、宗教信仰不同而受歧视。因此，人员的聘用和选择要遵守国家的有关法律、法规和政策，更不应有各种形式的歧视和违规行为。

4.2.2　人力资源招聘的流程

员工选聘一般经过以下程序，如图 4.2 所示。

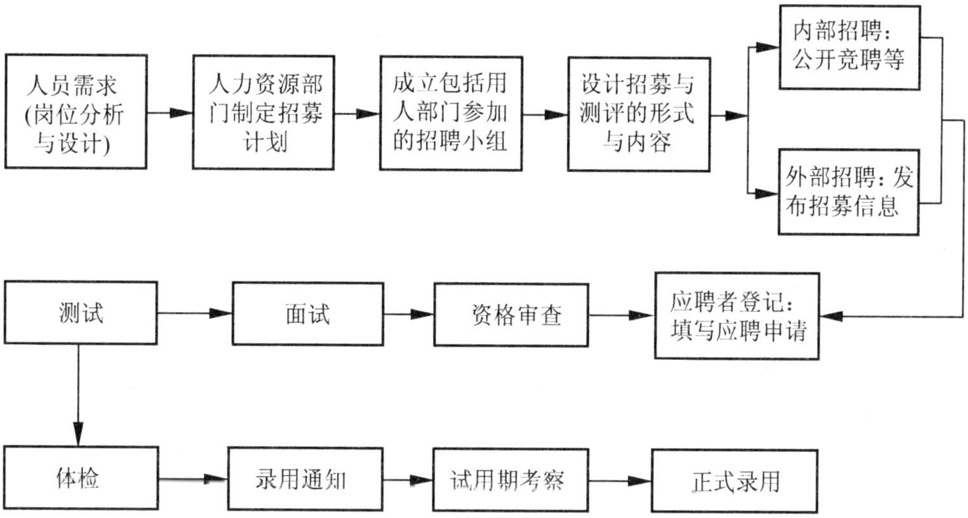

图 4.2　人员招聘和录用的一般程序

1. 确定招聘需求

员工选聘首先应根据企业的发展战略和岗位空缺情况确定招聘需求，由用人部门和人力资源部门对招聘需求提出建议并审核。

2. 制定招聘计划

人力资源部门应根据审核后的员工招聘需求和相应的岗位说明书制定招聘计划。招聘计划内容应包括招聘职员的数量、招聘职员的要求、需要的时间、招聘区域以及招聘预算等。

3. 成立招聘组织

招聘组织一般由人力资源部门和相关部门的负责人参加，并可吸收各部门的人员参加，对于抽调的招聘人员要进行必要的训练，使他们掌握招聘政策及招聘技巧。

4. 选择招聘渠道

人员招聘的渠道不外乎两个方面：即内部招聘和外部招聘。

一般情况下，企业出现岗位空缺时，首先考虑内部招聘。内部招聘有许多方式：公开竞聘、内部提拔、横向调动、岗位轮换、重新聘用或招回以前的雇员，也可以在企业的局域网、墙报、布告栏、内部报刊上发布招聘信息等。外部招聘的方式也很多，比如刊登广告、举行招聘会、求助于猎头企业、借助互联网以及校园招聘等。各类人力资源的来源渠道都有优缺点，企业可针对实际情况扬长避短加以利用。

5. 选拔录用

考核是人力资源选聘的重要环节，该过程一般分为以下环节。

1）评价简历和申请表

通过查看简历或者初步面试进行初选，初选合格的求职者填写求职申请表，然后招聘人员对申请表进行评价。申请表的设计一般要求回答有关候选人的教育、技能、经验等内容，包含了招聘方所需的应聘者的基本信息，并用标准化的格式表示出来。

2）求职面试

求职面试是一种主试人与求职者相互交流信息的有目的的会谈。内容依组织及工作的不同而异，但一般都包含下列内容：专业技术能力(通常通过学术成就和工作经历表现出来)、个人特点(如人际关系能力)及个人潜力(包括求职意愿等)、表达能力、沟通能力、适应能力、个性风格等。

3）选择测试

选择测试通常被用于评价求职者的条件及成功潜力。它是从众多的测试指标中有选择地选取几项最能反映应聘者对岗位的适合程度的指标加以测试，它包括认知能力测试、运动神经能力测试、业务知识测试、工作样本测试、职业兴趣测试、个性测试及药物测试等。

4）个人证明材料检查和背景材料核实

通常求职者要提供若干可以给予更详细信息的证明人名单，以备组织更进一步的调查和了解。

5）选择录用决策

在选择过程中，获取并评价了应聘者的资料之后，人力资源管理者就要据此做出聘用决策。这时应注意：不一定要聘用总体条件最好的，而应当选择条件与空缺职位要求最接近的人。

6）体检

选择决策做出后，对成功的求职者进行体检。体检的主要目的是明确求职者的健康状况能否达到职位要求。

7）录用求职者

在录用通知书中，应让被录用的人员了解他们的到来对于企业发展的重要意义，表明企业对人才的尊重，一般以信函的方式为佳。

8）员工试用安排

一般情况下，企业为了降低员工选聘的风险，都安排新员工试用期，一般为1～3个月。在试用期内，企业和试用员工可以更加深入地相互了解和适应，并为最后录用决策提供依据。

6. 办理录用手续

员工通过试用期考核后，可以进入正式录用程序。企业办理录用手续，向劳动行政主管部门报送录用员工登记表，经主管部门审查同意，在登记表上加盖同意录用的印章，录用手续即办理完毕。

7. 签订劳动合同

根据《中华人民共和国劳动法》，建立劳动关系应当订立劳动合同。新聘人员必须和用人单位签订劳动合同，便于维护用人单位和被录用的员工双方的合法权益。

4.3　人力资源招聘的来源与方法

企业人力资源招聘的来源无非是企业内部和企业外部，但是招聘的方法却多种多样。

4.3.1　内部招聘

1. 内部招聘的概念

内部招聘是指在企业内部去获取企业空缺岗位所需要的员工。企业本身是人才的蓄水池，由于工作和岗位的原因，很多员工的潜能未能被发现，因此内部招聘是企业补充空缺岗位的首选方式。

2. 内部招聘的方式

内部招聘有许多方式，如公开竞聘、内部提拔、横向调动、岗位轮换、重新聘用或招回以前的雇员等，有时管理层指定，甚至直接任命。内部招聘发布信息的方式一般是利用企业的局域网、墙报、布告栏及内部报刊发布招聘信息。在这些方式中，公开竞聘是主要方式。

3. 公开竞聘

企业内部具有一定学历和一定经历的人均可能具备担任某一岗位职务的能力，但谁是这一岗位的最合适人选，必须通过公开竞聘的方式，从一组人群中挑出最适合、最匹配的人，使职得其才，才得其用，能岗匹配，效益最佳，这个过程就是企业内部的公开竞聘。

竞聘上岗应符合一定的操作规程，否则会影响竞聘的权威性和效果。竞聘上岗的操作规程如下：

(1) 竞聘上岗的岗位必须事先公布，使所有员工知晓。

(2) 为保证竞聘上岗的公正、公开和公平，必须成立竞聘上岗领导小组，小组内至少应有一位是外部专家。

(3) 所有竞聘岗位无一例外地不能有选定对象，领导不能参与推荐、暗示或个别谈话。

（4）竞聘岗位均要有科学完整的职务说明书，并公告员工知晓，应聘条件须具有普遍性，不能针对某些个体或小群体，应结合企业的实际情况，确定合适的基本条件。

4. 内部招聘的优点及缺点

内部招聘的优点主要体现在以下几个方面：

（1）激发员工的内在积极性。内部招聘能极大地鼓舞员工的内在积极性。实行内部招聘，员工就会感受到企业真正给他们提供了发展的空间，看到了晋升的可能，有机会从事自己一直向往的工作或职位。

（2）迅速地熟悉和进入工作。内部招聘的人力资源由于熟悉企业，熟悉企业的领导和同事，了解并认可企业的文化、核心价值观和其他硬件环境，因此，能迅速地“上岗”，又能迅速地“入岗”，减少了由于陌生而必须缴纳的各种“学费”，包括时间、进度和可能的失误。

（3）保持企业内部的稳定性。从外部招聘新员工，可能引起企业在文化和价值观方面的碰撞，而通过内部招聘将优质的人力资源补充到合适的岗位，不会出现任何不稳定因素，可保持企业内部的稳定性。

（4）尽量规避识人用人的失误。内部招聘由于对员工有较长时间的了解，就可以有效地规避识人用人的失误。

（5）人才招聘的费用最少。一次大规模的公开招聘，总要消耗相当多的时间和财力。内部获取可以节省财力开支，使人才获取的费用降到最小值。

内部招聘的缺点主要体现在以下几个方面：

（1）容易形成企业内部人员的板块结构。人员流动少以及内部晋升的途径和方法容易，形成企业内部人员的帮派和板块结构。当内部晋升渠道畅通时，非正式组织想推荐自己小圈子的人员就成为一种必然。

（2）可能引发企业高层领导的不团结。用人的分歧历来是企业的高层领导关系断裂的诱发因素，因为这涉及权力的分配，涉及个人核心班子的组成和个人威信的提高。因此，当出现用人分歧时，企业高层领导原本存在的不团结因素更加明显化，而这种状况的产生是内部招聘过程中最大的损伤。

（3）缺少思想碰撞的火花，影响企业的活力和竞争力。企业内部员工往往已经形成较为固定的价值观等思想方式及行为方式，创新思维可能会欠缺，容易导致守旧和僵化。

（4）企业高速发展时，容易以次充优。不少企业为了规避识人与用人的失误，几乎所有的管理人员均由内部选拔。当企业高速发展时，这种由内部晋升的方法不仅不能满足工作的需要，而且“以次充优”的现象将会十分普遍和严重。

（5）营私舞弊的现象难以避免。由于彼此熟悉和了解，当一个崭新的机会来临时，不可避免地会出现托人情、找关系的现象，结果是难以避免徇私情、走后门、官官相护或出现利益联盟的情况。

（6）会出现涟漪效应。内部的每一次提升，会出现一连串的提升和调动，这种“牵一发而动全身”的涟漪效应会使企业领导不得不去接受本不应该移动的岗位和个人，从而给企业的工作带来损害。

4.3.2　外部招聘

1. 外部招聘的概念

外部招聘是指在企业外部去获取企业空缺岗位所需要的员工。企业外部是一个无限大的人才储备库，是企业获取人才的主要来源。

2. 外部招聘的准备

外部招聘前企业应做好如下的准备工作：人力资源规划；职务分析；确定招聘领导小组和招聘工作小组；确定招聘信息发布的方式；设计招聘所需的各类表格；确定招聘的时间、地点和方式。

3. 外部招聘的方式

根据招聘的来源外部招聘有下列几种方式：

1）招聘广告

招聘广告是使用最为普遍的一种方法。由于阅读广告的不仅有应聘者，还有潜在的工作申请人，以及客户和一般大众，因此公司的招聘广告代表着公司的形象，需要认真地实施，企业用广告吸引应聘者，有很多优点：①职位空缺的信息发布迅速，能够在一两天之内就传达给外界；②同许多其他吸引方式相比，广告渠道的成本比较低；③在广告中可以同时发布多种类别岗位的招聘信息；④广告发布方式可以给企业保留许多操作的优势，例如企业可以要求申请人在特定的时间段内亲自来企业、打电话或者向企业的人力资源部门邮寄自己的简历等。此外，企业还可以利用广告渠道来发布“遮蔽广告”(Blind Advertisement)，即在广告中不出现招聘企业的名称，避免暴露自己的业务区域扩展计划，避免企业丑闻对招聘的影响，或者避免让竞争对手发现自己公司扩大规模等战略变化上的机密。

使用广告时要注意两点：①媒体的选择。广告媒体的选择取决于招聘岗位的类型。一般来说，低层次职位可以选择地方性媒体，高层次或专业化程度高的职位则要选择全国性或专业性的媒体。②广告的结构。广告的结构遵循四个原则，即注意、兴趣、欲望和行动，好的招聘广告要能引起读者的注意并产生兴趣，继而产生应聘的欲望并采取实际的应聘行动。

2）职业介绍机构

职业介绍机构的作用是帮助企业选拔人员，节省企业的时间，特别是在企业没有设立人力资源部门或者需要立即填补空缺时，可以借助于职业介绍机构。如果需要长期借助，则应该把职务说明书和相关要求告知职业介绍机构，并委派专人同专家机构保持稳定的联系。特里·利普(Terry L. leap)和米歇尔·克里诺(Michael D. Crino)认为，在下述情况下，适合通过职业介绍机构进行招聘：①企业根据过去的经验发现难以吸引到足够数量的合格应聘者；②企业只需要招聘很小数量的员工；③企业急于填充某一关键岗位的空缺；④企业试图招聘那些正在就业的员工；⑤企业在目标劳动力市场上缺乏招聘的经验。

3）猎头公司

猎头公司是与职业介绍机构类似的就业中介组织，但由于它特殊的运作方式和服务对象的特殊性，经常被看作是一种独立的招聘渠道。人们广泛接受这样一个看法，即最好的人才已经处于就业状态。猎头公司是一种专门为企业“搜捕”、推荐高级管理人员和高级技术人员的机构，他们设法诱使这些人才离开正在服务的企业。它可以帮助公司的最高管理者节省很多招聘和选拔高级人才的时间。但是，借助于猎头公司的费用要由企业支付，而且费用很高，一般为所推荐人才年薪的1/4～1/3。

企业借助猎头公司时需要注意：第一，必须首先向猎头公司说明自己需要哪种人才及其理由。第二，了解猎头公司开展人才搜索工作的范围。美国猎头公司协会规定，猎头公司在替客户推荐人才后的两年内，不能再为另一客户把这位人才挖走。所以，在一定时期内，猎头公司只能在逐渐缩小的范围内搜索人才。第三，了解猎头公司直接负责本企业任务的人员的能力，不要受其招牌人物的迷惑。第四，事先确定服务费用及其支付方式。第五，选择值得信任的人。这是因为猎头公司为你搜索人才的人不仅要了解企业的长处，还要了解企业的短处，所以，一定要选择一个能够为你保密的人。第六，向猎头公司以前的客户了解其服务的实际效果。

4）员工推荐与申请人自荐

现在有很多公司逐渐认识到通过员工推荐的方法聘用现有员工的家属或者朋友有很多好处。这种方式既可以节省招聘人才的广告费和付给职业介绍机构的费用，还可以得到忠诚而可靠的员工。对员工而言，如果他推荐的工作申请人的特征与组织的要求不相匹配，不仅影响到自己在企业中的地位，也将危害自己和被推荐者之间的关系。当然这种方式对中国企业是否适用，还有待证实。美国企业的经验表明，采用员工推荐方式最多的企业是员工数量在500～2000人的企业，而采用员工推荐方式最少的企业是员工数量在10000人以上的大型企业。

对于毛遂自荐的应聘者，公司应以礼相待，最好让人力资源部安排简单的面谈。对于自荐者的询问信，公司应该予以礼貌而及时的答复。这不仅是尊重应聘者，还有利于树立公司的声誉和今后业务的开展。

5）临时性雇员

企业可以把核心的关键员工数量限制在一个最低的水平上，同时建立一种临时员工计划。这种计划可以有四种选择：第一，内部临时工储备，即把以前曾经雇佣过的员工作为储备。第二，通过中介机构临时雇佣。第三，聘用自由职业者，如与自由撰稿人、教授和专家签订短期服务合同。第四，短期雇佣，即在业务繁忙时或在一个特定项目的进行期间招聘一些短期服务人员。临时员工计划的缺点是增加招聘成本和培训成本，产品质量的稳定性可能下降，以及需加强对临时员工的激励等。

4. 外部招聘的优缺点

与内部招聘相比，外部招聘的优点主要体现在以下几个方面：

（1）带来新思想、新观念，补充新鲜血液，使企业充满活力。新员工可以给企业带来新的观念、新的思想方法、新的文化和价值观，甚至新的人群和新的社会关系，给企业带来思想碰撞和新的活力。

（2）可以规避涟漪效应产生的各种不良反应，无须调整其他岗位和人员。

(3) 避免过度使用内部不成熟的人才。外部招聘能保护和完善“能岗匹配”的原则，使内部人员获得必要的培训和充足的成熟时间。

(4) 大大节省培训费用。外部获取使企业能获得符合企业所要求的学历和经历的高素质人才，使企业节省了培训费用和培训时间。

外部招聘也有一些缺点，表现在以下几个方面：

(1) 人才获取成本高。无论是招聘高层次人才，还是中、低层次人才，均须支付相当高的招聘费用，包括招聘人员的费用、广告费、测试费和专家顾问费等。

(2) 可能会选错人。虽然层层把关，但选错人的风险依然存在。不仅可能浪费人力、物力和财力，而且可能影响企业的正常运作，甚至耽误发展的良机。

(3) 给现有员工以不安全感。外部招聘，特别是招聘非空缺岗位的新员工，会使老员工产生不安全感，致使工作的热情下降，影响员工队伍的稳定性。

(4) 文化的融合需要时间。引入人才的新思想、新观念的同时也会带来对现有企业文化的挑战和思考，彼此的认同和相互吸引是事业成功的基础，而融合的时间会部分地影响工作的进展。

(5) 工作的熟悉以及与周边工作关系的密切配合需要时间。新员工对本职工作的熟悉，对企业工作流程的熟悉，对与之配合的工作部门的熟悉，对上级、下属以及同事的工作配合均需要时间，对企业外界相关部门的熟悉和建立良好的关系也需要时间。

4.3.3 校园招聘

1. 校园招聘的概念

校园招聘也是外部获取的一种方式，通常指企业直接从应届本科生(包括专科生)、硕士研究生和博士研究生中招聘企业所需的人才。作为储备和培养人才的重要手段，校园招聘越来越受到企业特别是实施投资型人力资源战略的企业的重视。

2. 校园招聘的方式

校园招聘的方式通常有三种：

(1) 企业直接派出招聘人员到校园去公开招聘。这种招聘通常在每年的 11 月至次年的 4 月进行。派出的招聘人员一般要对校园生活、校园环境及大学生的心理状态有相当的了解，便于直接联系与沟通。

(2) 由企业有针对性地邀请部分大学生在毕业前(大约前半年的时间)到企业实习，参加企业的部分工作，由企业的部门主管直接进行考察，了解学生的能力、素质以及实际操作能力等。由于这种考察实地进行，收集的信息较全面。

(3) 由企业和学校联手培养人才。这些联手培养的人才从学校毕业后全部去参与培养企业的工作，这种方式通常用于某些特殊专业的专门人才。如厦门大学和美国太古集团公司联手培养“飞机维修专业”的学生，学生在校期间所学科目主要由厦门大学确定，由厦门大学的老师授课，但学生每年有两个月时间到太古公司实习，毕业后全部学生进入太古公司工作。

3. 校园招聘的流程

在以上三种方式中第一种应用最为广泛，因此以第一种为例介绍校园招聘的流程。

(1) 准备工作。到校园招聘应做好下列准备工作：

① 准备好介绍公司概况的小册子和现场演示所需的资料、电子文件和相关设备(设备也可利用学校的)。

② 选择进入招聘的学校和专业。根据企业自身的规模、发展阶段、薪酬水平、需求专业、需求的人才层次及企业的社会形象等因素，选择进入什么层次或什么类型的高校。

③ 组成招聘小组。由于企业选择进入的学校通常不止一所，而是国内若干所大学，因此，企业可能会采取两种形式组织招聘小组：一种是只组织一个招聘小组，这个招聘小组在国内若干所不同的大学流动招聘。这种方式的好处是有较统一的标准，同时能对比不同大学的优缺点，为今后的校园招聘积累更丰富的资料和信息。还有一种方式是组织若干个招聘小组，在基本相同的时间里去不同的大学招聘。这种方式的优点是可以通过快速的通信方式把各小组招聘的信息组合起来，将各校的生源进行对比，从而可以得出招聘人数的比例分配；缺点是由于招聘面试的专家系统不同，标准就不能统一，或由于面试考官的不同造成判断上的误差，招聘中可能会出现许多误差，如这个学校的尖子生比不上另一所学校的二流学生。

④ 招聘小组人员的组成。招聘小组应由三类人组成：人力资源部人员、用人部门主管和了解学校情况的人。如果要招聘硕士研究生和博士研究生，招聘小组中应有高学历的人参加，才能对人才做出较准确的判断。在招聘小组人员的选择方面，要尽量选择高素质的成员，如各部门的精英或善于调动现场气氛的人。另外，招聘人员需要熟悉和胜任校园招聘面试，因为校园招聘有其独特之处，招聘人员必须在短时间内与大量的毕业生进行面谈．而这些学生在资历方面都差不多，要从中鉴别出有利于企业发展的人才是比较困难的。

(2) 准备面试题。校园招聘通常只有面试，不作其他的测试。因此，在进入校园招聘时，应准备好几组面试题。面试通常要达到的目标也比较简单，只是测试学生的知识面、应变能力、素质和潜力。

(3) 确定校园招聘的时间和地点。

(4) 在校园内提前进行企业招聘的宣传，尽量吸引优秀的毕业生到招聘现场。

(5) 进行现场演示，介绍公司的历史、文化、发展前景以及人力资源管理的概况，特别是员工薪资福利概况和培训发展概况。

(6) 请应聘者递交简历，或填写求职申请表。

(7) 对简历进行初步筛选，通知并组织面试。

(8) 向学校相关部门和老师了解应聘学生的在校表现。

(9) 初步决策。如果招聘小组中有有权决定录用的主管，也可以与特别优秀的学生签约，以免他们被别的企业挖走。如果招聘小组中没有人有权决定录用，可以与学生签订意向协议，待进一步考察和报批后再签订正式合同。

4. 校园招聘的优缺点

校园招聘的优点体现在以下几个方面：

(1) 针对性强。可以根据企业的需要，选择学校、专业及特殊的专长等。

(2) 选择面大。学校是培养人才的基地，可供选择的人数多，具备各种专长的也大有人在。因此，选择的机会要比校园外多得多。

(3) 选择层次是立体的。校园招聘有较低层次的中专生、大专生，也有中等层次的本科生，还有较高层次的硕士和博士，这种选择的立体性只有校园招聘才具备。

(4) 适宜进行战略性的人才选择和储备部分优秀人才。由于校园人才的层次多、人数多、可供选择的机会多，便于企业进行战略性的人才选择，各种优秀人才均可根据企业的需要及个人的要求选择就职单位。

(5) 校园招聘的人才比较单纯，像一块璞玉，可以雕琢成各种精美的玉器。由于学生社会资历浅，思想单纯，因此接受能力和可塑性均强于其他来源的人才，如果培养、任用得当，人才对企业的认可度较高，忠诚度也较高。

校园招聘的缺点主要体现在以下几个方面：

(1) 由于没有任何工作经历，企业对应聘者今后可能的表现和绩效缺少充分的把握。

(2) 由于学生缺乏经验，企业投入的培训成本高。很多企业不喜欢招聘刚出校门的学生，主要原因是想节约培训成本，让别的企业培养 3～5 年，再想办法把较成熟的人员挖到自己企业中来。

(3) 由于学生常有眼高手低、对工作期望值过高的缺点，因此，一年内跳槽的概率高，造成招聘成本高。

(4) 如果培养、任用不当，学生可能会不认可企业的文化和价值观，影响企业的团队建设。

4.3.4　网络招聘

信息技术的不断完善与互联网资源的迅速发展，改变了企业人事主管与社会应聘者的思维方式，网络招聘被引入到企业的人才选拔工作中来。

1. 网络招聘的含义

网络招聘也称在线招聘或者电子招聘(E-recruiting)，它是指人力资源部门通过互联网或内部网发布招聘信息，并通过 E-mail 或简历库收集应聘信息，经过信息处理后，初步确定空缺岗位人选的过程。

网络招聘利用互联网技术进行的招聘活动，包括信息的发布、简历的搜集整理、电子面试以及在线测评等。它并不仅是将传统的招聘业务搬到网上，它是互动的、无地域限制的、具备远程服务功能的一种全新的招聘方式。

正如前面定义的，员工招聘是通过各种方式，及时地把足够数量具有一定技巧和其他特性的申请人吸引到企业空缺岗位上的过程。当把互联网运用到招聘过程之后，招聘本身的定义并没有改变，定义中的词汇却呈现了不同的意义。例如，“及时地”在传统的招聘方法中可能是指一个月或两个月之内，但对于互联网来说，则可能是指一周、一天之内或立即。而考虑“足够数量”，就更可以看到互联网的力量，即使在低失业率时，也可以发现大量的符合条件的申请人，网络招聘能够有效地识别出主动的与被动的申请人。进一步地剖析招聘的定义“一定技巧和其他特性”，对于互联网来说，有无数种方式浏览申请人资料，以决定他们是否有该工作所需要的合适的资格条件的方法。最后，“申请人”就很容易了，个人可以在任何时候做出改变工作的决定。公司还可以在任何时候把新的招聘广告登在一个网站上，雇员和雇主都在使用互联网，这个趋势将来可能会戏剧性地扩张。

2. 网络招聘的优缺点

网络招聘是利用公司网站完成与招聘相关的一系列活动，它是网络技术在人力资源管理中应用最快的领域。网络招聘可分为高级和初级两种形式。高级网络招聘实质上是公司在网站上发布招聘信息，并通过电子邮件或简历库收集应聘信息，利用软件测试考察应聘者。初级网上招聘是指公司在网上发布招聘信息，但鼓励应聘者通过传统渠道应聘。与其他招聘方式相比，网络招聘的优点主要表现在以下几方面。

1）速度快、效率高

不管是用人单位还是求职者个人，通过网络招聘都能用最少的时间，在最小的范围内，找到想要的人才或找到最适合自己的工作。整个招聘工作过程缩减到几天左右，而广告、猎头公司等方式的招聘时间常常要以周或月来计算。过去，在线招聘主要面对高科技人才，但随着网络的不断普及，在美国最普通的劳动者也开始上网找工作了，网络招聘正逐渐成为互联网最热门的应用之一。

2）成本低、费用省

传统意义上，很多企业的人才选拔工作是通过新闻媒体、猎头公司、职业中介机构所提供的有偿服务完成的，企业要为此付出高昂的代价，而且通常情况下所聘人才层次越高，企业的支出越大。实施网络招聘后，企业可以利用自己的网站发布招聘信息，用于人才引进的成本大为降低。网上招聘不仅可为企业节约大量的资金，而且还可以使企业在选拔人才上有更多的选择。网络招聘是目前公认的一项投入少、回报高的产业，如拥有25000种职业分类的Monster Board公司是网上招聘领域的巨无霸，这个只有130人的公司，1997年居然在网上实现了1800万美元的进账，而1998年则突破了3000万美元大关。IBM北京公司的人力资源部有多少人？这个问题的答案可能让很多人不敢相信：仅仅3个人！2001年他们仅从高校毕业生就招收了100多人，如此少的工作人员是怎样完成这些任务的呢？他们靠的就是网络招聘。在网上招聘兴起之前，企业每参加一个招聘会都要耗费大量的人力和物力。而有了人才网站后，企业可以随时在招聘网上发布人事需求信息，不受时间、地点、篇幅的限制。而且一般的招聘网站均设立了相应的人才数据库，企业只需输入关键词，就可以检索出符合要求的应聘表，使筛选工作量大大减轻。又如在北京，一般两天的招聘会每个摊位要1800～4000元左右。而在中华英才网，交4000元的年费，就可以在一年内无限制地从30多万份简历里任意挑选。我国百强企业中，有近7成开展网上招聘。一些跨国公司早已在网上接受简历。

3）覆盖面广并具有互动性

传统的媒体招聘要受到地域及语言环境的制约，网络招聘不受时空限制，使异地求职成为可能，促成了人才的合理流动。同时，网络人才市场信息保留时间长、影响大，有些职位是常年招聘的，可满足企业即时招聘人才的需要。网络人才市场提供庞大的中高级人才数据库，方便企业主动出击，联系自己所需的人才。此外，通过互联网，企业能与求职者及时沟通，进行信息反馈。

4）能够提供增值服务

人才网站的主页一般直接以公布大量的招聘信息为主，兼有人事新闻与各项服务内容等。有的网站主页通过强烈的色彩冲击，突出了品位和现代气息。服务内容为免费登录查询信息，以吸引更多的求职者寻找适合自己的职位，同时提高自身网站的点击率。求职者可通过登记，建立自己的简历中心、发送和接收相关信息，可找到人力资源的理论与实践两方面的信息，了解咨询人事政策法规方面的诸多问题，了解人力资源市场变化规律及热门、高薪职位等。一般的人才网站同时为企业和求职者提供招聘服务，有些人才网站还向企业的人力资源部门提供专业的人才测评、在线电子面试、在线薪酬顾问、在线评估、在线培训等增值服务，同时承担专业的人力资源管理咨询网站的功能。

5）较为公平、公正

网络招聘给每个求职者充分的机会，有利于选拔优秀的人才。此外，有些企业将招聘的规则、要求、实施进度、招聘结果等信息在内、外计算机网络上及时公布，这样就给所有求职者一个公开、透明的环境，增强求职者对企业的认同度。

网络招聘虽有许多积极方面，但也带来一些负面影响。首先是信息处理的复杂性。招聘信息发布后，往往就引来了大量的应聘者，其中有些求职者是不适合此项工作的，但他们也抱着侥幸的心理填写简历应聘。这样，不仅影响了正常的招聘工作，而且大大增加了招聘筛选的难度和强度。其次虚假信息大量存在。从求职者的角度来说，招聘者在浏览招聘单位的信息后，有足够的时间和机会对自身进行包装，甚至可能会针对应聘单位的需求加工个人简历，令人雾里看花，难辨真伪。同时网络招聘限制了一些特殊群体的访问，如低收入者。因而网络招聘也不一定能得到所有满足企业需要的应聘者。

总之，与传统的媒体招聘形式相比，网络招聘以其特有的魅力越来越受到企业的青睐。网络招聘有费用低、具有互动性、效率较高、人才素质较高、不受地域及语言环境的制约等优点。

3. 网络招聘的实施步骤

由于行业和地区不同，实施网络招聘的方式也有差异，IT 业、金融业、高科技产业及欧美国家的企业多采用高级网络招聘，传统产业及亚洲的企业多采用初级网络招聘。实施网络招聘，主要有以下三个步骤。

1）建设网站，吸引人才

实施网络招聘，必须建立一个不断更新的、一流的公司网站。网站应该成为一个企业与人才之间交流的窗口和互动的平台。在网站上发布具有吸引力的详细的公司招聘广告并鼓励员工将招聘广告以电子邮件的形式发给自己的朋友，借此吸引求职者。在网站设立专门的招聘网页，用于公布职位的空缺信息，提供企业的联系方式，或是在网上设有应聘登记表，还可以在网页上介绍企业的人力资源政策。例如惠普公司的招聘网页上就提供了公司详细的福利政策，包括提供哪些福利项目，生效时间，具体实施方法，员工有哪些选择权等，便于更广泛地吸引求职者。

2）进行人才筛选

网上发布招聘信息后，公司可能收到大量的应聘材料，公司需要选用合适的能自动分析、处理应聘者初步信息的软件，并对应聘者进行网上测试和筛选。企业可以利用计算机软件直接询问应聘者的工作经历和工作习惯，对应聘者进行心理测试，即时计分评估。申请者可以立即知道自己是否达到公司要求，避免不符合条件的人员进入面试环节。

3）联系人才，达成协议

一旦确认了合适的申请人，必须安排一位具有亲和力的管理人员尽快与其取得联系。有专家认为，如果不能在24小时内得到优秀人才，就将失去他。也就是说在网上初选后，必须重视网下的人性化的服务，进行面对面地交流，争取尽快达成协议。

4.4 人力资源的选拔与评价

4.4.1 人员选拔与评价的含义和作用

1. 人员选拔与评价的含义

人员选拔与评价是指用人部门与人力资源部门共同参加的，从对应聘者的资格审查开始，通过对应聘者的初选、面试及测试等活动，选出适合空缺岗位需求的人才的过程。人员选拔与评价是招聘工作中最为关键的一步，其难度也较大。

2. 人员选拔与评价的作用

有效的人员选拔与评价的意义主要表现在以下几个方面。

(1) 保证组织用在员工身上的投入得到回报，也保证员工在组织中得到发展。组织对员工的投入能否收回、何时收回以及能得到多大的回报，取决于员工的劳动态度与其劳动生产率。前者取决于他对工作的满意度，而后者取决于他的劳动技能、掌握的知识以及积累的经验。如果在人员选拔与评价过程中，能达到员工对工作满意，愿意为组织工作，而组织对员工的技能、知识和经验满意，则组织必然会收到高额、快速的回报；同时由于组织对员工满意，员工对工作满意，员工必然也会在组织中得到发展，其结果是组织与个人共同得到发展。

(2) 有效的人员选拔与评价可为组织节省费用，减少雇佣不合格人员和不愿为组织工作人员的可能性，降低员工的辞退率与辞职率，为组织节约离职成本。另外，有效的人员选拔可减少对员工的培训，节省培训开支。

(3) 有效的人员选拔与评价为组织内的员工与组织外的应聘者，提供了公平竞争的机会。通过一系列的面试、考试及测试，使每一个应聘者均有机会展示自己的才能，使自己有更好的发展。

(4) 人员选拔与评价对于任何组织都是极其重要的，它决定了组织的人员素质，决定了组织目标的实现，最终决定了组织在市场中的竞争力。

(5) 人员选拔与评价影响并且也受其他人力资源管理功能的影响。如果组织选拔的人员不能满足岗位的需要，那么，组织将不得不对这些人员进行更多的培训；如果组织无法提供具有竞争力的薪酬福利，组织将难以吸引并录用到最优秀的人员。

(6) 人员选拔的目标是使所录用的人员与其岗位要求相匹配，既要避免录用人员的能力不足，又要避免录用人员的能力过剩，这两种情况都有可能导致组织人员流失的加剧。

4.4.2　人员选拔与评价的一般方法

人员选拔与评价的一般方法主要有简历(或求职申请表)的筛选、面试、测试及网上招聘等。

1. 简历(或求职申请表)的筛选

企业发布招聘信息后会收到大量的简历，不可能所有申请职位的人都得到面试的机会，因此，筛选简历是第一件要做的事情。如果筛选的标准不合适，可能将一些优秀的人才错过；但如果筛选面过宽，又会增加面试时间和招聘负担。现在有很多介绍如何撰写简历的文章，还有一些现成的简历模板供采用，因此，求职者对简历的包装都已非常熟悉，筛选时在格式上可以不必太过重视，而要注意是否具备空缺职位的任职资格。评估简历中的客观信息，包括个人信息、受教育经历、工作经历和个人成绩等。如果这些客观指标不能达到，通常可以排斥在外。而对一些主观性、抽象性的描述，如具备团队精神、诚信勤奋、踏实努力等可作为参考指标，因为在面试或背景调查时才能得以测试。

筛选简历时应该注意几个问题：①不应迷信大公司的工作背景。大公司出来的求职者未必都是精兵强将，有的可能是被大公司淘汰的，有的可能由于大公司的过细工作分工而仅具有某一方面的能力，有的可能习惯了规范的管理，而这些对所要招聘的职位未必合适。②要注意工作的转换。应聘者是否转换工作过于频繁？如果太过频繁，原因是什么？如果是从大公司到小公司，那么要考察其动机。工作转换之间是否有时间上的不连续？③要注意简历中的细节。细节有很多，如是否应用了一些含糊的字眼？例如，没有注明大学教育的起止时间和类别，这样做很有可能是在混淆专科和本科的区别，或者是混淆统分、委培、成教的差别。简历中是否过分夸大某方面的经历或能力？例如，一个大学生的兼职经历写明自己做出了很大的成绩。在简历上发现的疑问应予以注明，以便后面的筛选工作能有针对性地进行。

2. 面试

1) 面试的概念

所谓面试(Interview)又叫面试测试，或者又叫专家面谈。这是一类要求被试者用口头语言来回答主试者的提问，以便了解被测试者心理素质和潜在能力的测评方法。面试是最经常被使用的选拔工具。这种方法有其他选拔方法难以比拟的优点，它可以使招聘人员有机会直接接触工作申请人，判断申请人是否具有热诚和才智，还可以评估其面部表情、仪表以及情绪控制能力等，从而获得直观的认识，最终判断是否可以录用。因此，许多企业在决定录用员工之前，都必须与申请人面谈一次。

2）面试工作的程序

（1）面试的准备。

① 确定面试主考官。面试主考官的素质决定着面试的结果和质量。如果主考官带有主观偏见或者违反公正原则，企业就不可能聘用到最合适的员工。研究表明，一个合格的主考官应具备以下的素质：具有良好的个人品格和修养；具有相关的专业知识；具有丰富的工作经验；具有良好的自我认识能力；善于把握人际关系；能熟练运用各种面试技巧；能够控制面试过程；具有公正性；了解组织状况和职位要求。

② 设计面试提纲。为了使面试工作顺利进行，保证面试的效果，面试主考官应提前准备好面试提纲。面试提纲是根据空缺岗位说明所选择的评价要素，以及为了从不同侧面了解工作申请人的背景材料而设计完成的。

③ 制定面试评价表。面试的主要目的是要根据工作职位的要求对工作申请人做出评价，来确定哪些人员符合工作要求，因此，面试评价应能全面反映工作岗位对人员素质的要求。面试评价表内的各项内容要求主考官们能理解一致，以便做出准确的评价。表 4-1 是某公司的面试评价表范例。

表 4-1　某公司的面试评价表

姓名：　　性别：　　年龄：　　编号： 应聘所属部门：					
评价要素	评价等级				
	1(差)	2(较差)	3(一般)	4(较好)	5(好)
个人修养					
求职动机					
语言表达能力					
应变能力					
社交能力					
自我认识能力					
性格					
健康状况					
相关专业知识					
逻辑思维能力					
总体评价					
建议录用　有条件录用　建议不录用					

④ 确定面试方式。按照面试的人员及方式划分，常用的面试方式可分为 5 种：个人面试、小组面试、测验面试、组合式面试和渐进式面试；按照面试的内容划分，可分为结构化面试和非结构化面试；按照提出问题的切入点划分，可以分为一般面试、行为面试和状态面试。

a. 个人面试。这是最普通的面试，其优点在于面试双方可以直接就许多方面的问题交换意见，互相征询，从中确定对申请人的评价。它又可以分为两类：一类是“一对一”面试，只有一位主考官和一位应聘者，多用于小规模的招聘，有时在申请人较多时也用此种方式作为初选的手段；另一类是面试团面试，由多人组成一个面试团，每位主考官在面试中担任不同的角色，从不同的角度考察申请人，从而全面、准确地做出甄选性评价。

b. 小组面试。当一个职位申请人较多时，为了节省时间，让申请人分成小组就一些专题进行讨论，主考官通过对申请人的表现，如群体意识、处理人际关系的能力、思维理解能力、环境控制能力及领导能力等进行评价。

c. 测验面试。当招聘的职位对申请人具有某些技能要求时，可采用测验面试，以展示申请人的相关技能，如速记测验、推销能力测验等均属此类。测验面试的最大特点是，这些测验的实施是在面试中穿插进行的，不一定采用规范化的测验技术。

d. 组合式面试。组合式面试是上述几种面试方法的综合形式，其特点是持续时间长、面试内容多，通常适用于高级职位的招聘。

e. 渐进式面试。渐进式面试是一种多轮面试方法，一般分为初试、复试，甚至第三次、第四次面试，每一轮面试都会将不合格的人员加以淘汰。进入面试的轮次越多，面试的等级也越高。

f. 结构化面试。结构化面试又称为标准化面试，它指面试前就面试所涉及的问题、试题评分标准、评分方法及分数使用等进行系统设计的面试方式。这种方式内容确定、程序严谨、评分标准统一，从形式到内容都突出了标准化的特点，使应聘一个职位的不同面试者的评价结果之间具有可比性，且提高了面试效率，其测评的效度和信度较高，但是谈话方式程序化，不太灵活。

g. 非结构化面试。非结构化面试与结构化面试相反，面试者在面试时可以随时发问，没有固定的提问程序和问题，也没有固定的答案，问题因人而异，可深入浅出，得到较深入的信息。但是缺乏统一的标准，易偏差，对考官要求较高，要有丰富的经验和高素质。

h. 一般面试。一般面试在目前的招聘中很常见。这种面试，由于对应聘者的情况了解得较少，面试者提出的问题大多是假设性的，在与应聘者的交谈中逐渐了解其情况。对应聘者来说，这种面试能否成功在很大程度上取决于其个人能力和与面试者在沟通中所产生的亲和力。面试者经常会提到的一些问题是：(a)你为什么选择我们公司？(b)你愿意从事哪种类型的工作？(c)你怎么看待你自己？(d)你自己的优缺点是什么？这种方式的缺陷是面试者在问这些问题的时候，并不能肯定应聘者是否一定讲真话，或者对其得到这份工作后能否胜任还存在怀疑。

i. 行为面试。行为面试也叫资格面试，现在被越来越多的公司所应用。在这种面试中，面试官往往已通过其他途径对应聘者有了一个比较全面的了解，所以一般性的问题不会再提及，他们对应聘者在此之前具体从事的工作更为感兴趣。因为从应聘者近期的工作中最容易推测出其未来的表现。面试官在这种情况下提的问题往往会涉及一些应聘者做过的或将来可能从事的比较重要的工作，也会涉及未来职位所需要的个人能力。面试者经常会提到的一些问题是：(a)你在这个项目中的具体角色是什么？(b)要操作一个项目的时候，你怎样决定哪部分应该最先着手？(c)你负责操作的项目对公司产生过哪些影响？(d)在做这个项目时，你有没有过与其他人不同的想法？(e)你的经验对你的工作有什么样的帮助？(f)你是否有过掌握不好时间，因而使得项目未能按期完成的情况？

j. 状态面试。这种面试方式与行为面试有着紧密的关系，面试者提的问题同样会比较具体，往往是和应聘者在工作中的具体行为有关系的，而且会被问及为什么要这样做。它可以考察应聘者处理临时情况的能力和协调组织能力。但是，面试者表达的时候往往带有某种倾向性，因此有可能左右了应聘者的答案。这样面试就不能正确地了解应聘者的想法，从而使选择产生偏差。面试的问题常常类似于：星期一有个顾客来修汽车，并且要求星期三修好。到星期三了，顾客来取汽车，而这时候汽车并没有修好。这时，作为修车店的技术服务经理，你应该怎么做?

⑤ 选择面试场所。要准备一个安静的面试场所来确保面试过程不受干扰。面试场所应有供申请人休息的场所，同时休息场所要与面试场所保持一定的距离，并把面试场所布置得轻松一些，以缓解紧张的气氛。

(2) 面试过程的控制。

为了做好面试工作，除了做好充分的准备外，还要善于控制面试过程。为此，要注意如下的问题：

① 面试正式开始前，主考官可以问一些轻松的题外话，分散申请人的注意力，使其放松。

② 面试的问题越直接越好。

③ 每个问题要有始有终，并给申请人一定的考虑时间。如果面试过程中出现卡壳的现象，主考官要加以引导，使面试能顺利进行下去。

④ 避免提出得到“是”或“否”答案的问题，要经常使用“为什么”和“怎么样”等进一步的问题。

⑤ 主考官要当一个耐心的听众，而不是讲述的主角，尽量不要打断申请人的回答，使其完整叙述。

⑥ 不要让申请人看出你的情绪和倾向，在不明白申请人的叙述重点时，可作简要总结，比如“你的意思是……”，但不要代替对方回答。

⑦ 不要与申请人争论问题。面试的目的不仅要看申请人怎么回答，而且要通过观察申请人的反应，了解其内在的各种素质，因此，主考官要始终礼貌、谦逊。

⑧ 要控制面试的局面，防止偏离主题、漫无边际的闲聊。

⑨ 面试结束前，要给申请人提问的机会。

(3) 面试结束阶段的处理。

面试结束以后，要立即整理面试记录，核对评价资料，并在评价表上记录你的满意程度，并将面试的评价建议通知用人部门，经协商后，做出录用与否的最后决定，随之通知申请人。需要注意的是，大多数的企业只将录用(或试用)通知书发到录用者手中，而忽视了对未被录用者的辞谢。这既有损于企业的形象，也是对未被录用者的不尊重。因此，在面试结果反馈中，应同时发送录用(或试用)和辞谢通知书。这些工作全部结束后，应将所有有关面试资料存档备案以备查询。至此，面试招聘的全部工作完成。

3）做好面试工作应注意的问题

（1）紧紧围绕面试的目的。这一点十分重要，有的主试者在面试时往往会叉开主题，这样就达不到目的，有的时候被试者也会主动或有意识地把目标引开。

（2）制造和谐的气氛。一般来说，面试的气氛较和谐，了解的信息就比较准确。除非为了了解在压力状态下被试者的心理素质，这时可以制造一些压力气氛。在一般情况下，尽可能在面试刚开始时和被测试者聊聊家常，缓解面试的紧张气氛，使被试者在从容不迫的情况下，表现出其真实的心理素质和实际能力。

（3）避免重复谈话。面试应该规定一个基本的时间界限。不要一次面试拖好几个小时，这样既影响以后的面试，又使面试内容不容易集中。

（4）对每位面试者前后要一致。也就是说，不能先紧后松，或者后紧先松，这种现象在面试时经常出现。刚开始时由于主试者精力较旺盛，思想较集中，提问较仔细，对被测试者了解比较准确。但由于长时间的工作，主试者有可能疲倦，就草草了事，这样的结果就不够理想。

（5）问的问题尽量要与工作有直接的关系，不要问与工作无关的问题，这样才能够紧紧围绕面试的目标。

（6）对被试者要充分重视。有时主试者在面试中会表现出对被试者一种漫不经心的态度，这样会使被试者感觉到自己受冷落，就会不积极地反映真实情况。这样就不能了解被试者真正的心理素质和潜在能力。

（7）避免过于自信。有些主试者过分相信自己，在思想上已经有个定势，不管被试者反应如何，他都根据自己事先已经考虑好的东西判断，这样就很可能造成失误。

（8）避免刻板印象。就是指主试者有时对某个人产生一种固定的印象，这种刻板印象往往会影响主试者客观准确地评价被试者。

（9）注意非语言行为。人们的语言行为往往是通过大脑的深思熟虑才讲出来的，尤其是面试的时候，被试者往往事先有过充分的准备，他讲话的时候往往把最好的一面讲出来。但是要真正了解被试者的心理素质，有时应该很仔细地观察被试者的非语言行为，这里包括他的表情、语调和动作等。

（10）防止不必要的误差。有时因为主试者对面试情况不熟悉或者没有面试经验，往往会造成不必要的误差。

（11）注意第一印象。第一印象(First Image)就是两个陌生人在第一次交谈之初给对方留下的印象。一般来说，应聘者在参加面试时都进行了刻意打扮和充分准备，所以给主试者留下的第一印象都比较好。但是，第一印象可能是正确的，也可能是不正确的，而面试时产生的第一印象常常是不正确的，因此要防止第一印象的影响，才能比较客观地判断、评价一个人。

（12）要防止与“与我相似”的心理因素。“与我相似”(Is Similar with Me)这种心理因素就是指听到被试者某种背景和自己相似，就会对他产生好感，产生一种同情心理。例如，听到被试者是上海人，主试者一想到是老乡，就产生一种“与我相似”的感觉；如果被试者是某某大学毕业的，主试者马上想到原来是老校友，又会产生一种“与我相似”的感觉。因此，主试者在面试时要尽量防止“与我相似”的因素影响。

3. 测试

测试主要借助于一些技术方法和手段，对申请人的专业知识和一般知识、智力、能力及个性特征等方面做出客观的评价。用以预测申请人的能力特征及在今后特定领域的工作表现，以帮助企业选择对工作职位特别适宜的人员。传统的测试大都采用笔试的方法，测量应聘者的专业知识。随着现代心理学、社会组织管理学及测试技术和方法的交叉结合，并大量运用到人员招聘中，使现代测试方法越来越多，如能力测试、运动和身体能力测试、个性与兴趣测试、成就测试及工作样本法等。最近几年，随着信息技术的发展，还涌现出了许多测评软件。

1）心理和生理测试

心理和生理测试是指通过一系列科学方法来测量被试者的智力水平和个性方面差异的一种科学方法。具体包括5个方面的内容：智力测试、情商测评、个性测试、身体能力测试和认知能力测试。

（1）智力测试。即指对人的观察能力、记忆能力、想象能力和思维能力等方面进行测试。这些测试包括韦氏成人智力测验和斯坦福－比奈特智力测验、弗拉纳根能力等级测试、总体能力测试以及雇员能力测试等。由于这些都是标准化的试题，因此并不是只对某一特殊工作有效，由于它们具有较高的信度和普遍性，可以应用到许多工作中，因此在录用高级管理人员时，智力测试可作为一种重要的参考依据。

（2）情商测评。情商(Emotional Quotient，EQ)是20世纪90年代由美国心理学家提出的新概念。美国心理学家经研究发现，人的EQ对成功起到了关键性的作用。EQ包含了5个方面的内容：

① 自我意识——认识自身的情绪。这是EQ的基石，要求人们在一种情绪刚露头时就能意识出来。在工作中，会有各种各样的因素影响人们的情绪，显然，有自知之明的人能更好地把握自己，做好本职工作。

② 控制情绪——妥善管理情绪。人在工作与生活中好情绪与坏情绪交替出现，关键是如何控制，使它们保持平衡。情绪管理必须在自我认知的基础上，学会如何自我安慰，摆脱焦虑、灰暗或不安。这方面能力较差的人常处于情绪低落之中，工作毫无积极性，当然也不可能有高绩效。

③ 自我激励——要激励自己在工作中取得成就。首先要为自己树立明确的目标，要有良好的工作动机，要有乐观、自信的工作态度与饱满的工作热情；其次，要善于在困境中激励自己努力拼搏，要善于将情绪专注于目标，将注意力集中在目标上；再次，无论出现何种局面，要能克制冲动，切忌凭一时冲动做出不理智的决策。

④ 认知他人的情绪——管理是通过他人把事情办好，要借助他人的力量就必须注意他人的情绪，关注他人的需要，否则，只凭管理者自身的愿望与努力不可能实现预期的目标。

⑤ 人际交往技巧——人际交往技巧是管理他人情绪的艺术。人在工作中离不开与他人交往，在交往过程中要特别注意他人的情绪变化，并能够管理他人的情绪，一个人的领导能力与之有密切的关系。

一个高 IQ(智商)者可能是一个专家，而高 EQ 者却具备综合与平衡的才能，可能成为杰出的管理者。EQ 是组织的领导人所必须具备的基本能力。

(3) 个性测试。指的是对应试者的性格、兴趣及价值观等方面进行的测试。偏好或个性倾向测验与其他类型测验的不同之处在于它的答案没有正确与错误之分。几个最具代表性的个性倾向测验是爱德华个人偏好量表、加利福尼亚心理测验表、卡特尔个性测验、瑟斯顿气质测量表、齐默曼气质质量表和明尼苏达职业倾向测验等。表 4－2 是用卡特尔个性测试问卷测定人的主要个性特征及程度的一个样例。

表 4－2　卡特尔个性测试问卷测定人的主要个性特征及程度

特　征	低程度特征	高程度特征
乐群性	缄默、孤独	乐群外向
聪慧性	迟钝、学识浅薄	聪慧、富有才识
稳定性	情绪激动	情绪稳定
恃强性	谦虚顺从	好强固执
兴奋性	严肃审慎	轻松兴奋
有恒性	权宜、敷衍	有恒、负责
敢为性	畏缩退却	冒险敢为
敏感性	理智、着重实际	敏感、感情用事
怀疑性	依赖随和	怀疑刚愎
幻想性	现实、合乎成规	幻想、狂放不羁
世故性	坦白直率、天真	精明能干、世故
忧虑性	安详沉着、有自信	忧虑抑郁、烦恼多端
实验性	保守、服膺传统	自由、批评激进
独立性	依赖、随群附众	自主、当机立断
自律性	矛盾冲突、不明大体	知己知彼、自律谨严
紧张性	心平气和	紧张困扰

一般来说，个性不同，适合的工作也不一样。外向性和愉悦性强的人，比较适合销售和管理方面的工作；调整性强的人适合做程序性较强的工作；责任心较强的人在任何岗位都受欢迎；好问的人适合在研发部门工作。

评价工作价值观对人员选拔有十分重要的意义。有些职业或空缺岗位与求职者的工作价值观并不相符，对此用人单位必须慎重考虑。一些求职者由于某些特殊原因去应聘与其工作价值观完全不符的职业或职位，他们对所求的职业或职位可能并不满意，这不仅降低其工作的热情与积极性，而且还会直接影响其工作绩效，甚至影响到组织的效率。测评内容也可包括道德方面，如诚实、质量和服务意识等价值观。通过价值观测评，可以深入了解应聘者的价值取向，作为选拔录用的一种补充性依据。表 4－3 是工作价值观测评的一个样例。

表 4-3　工作价值观测评

评价因素	你认为的重要程度(在数字上画√)				
有趣的工作	5	4	3	2	1
非工作时间	5	4	3	2	1
收　入	5	4	3	2	1
挑　战	5	4	3	2	1
住　房	5	4	3	2	1
福　利	5	4	3	2	1
明确的责任	5	4	3	2	1
技能应用	5	4	3	2	1
公司荣誉	5	4	3	2	1
培训机会	5	4	3	2	1
与经理的工作关系	5	4	3	2	1
赏　识	5	4	3	2	1
建议被倾听	5	4	3	2	1
反　馈	5	4	3	2	1
贡　献	5	4	3	2	1
公平竞争	5	4	3	2	1
提　升	5	4	3	2	1
合作的同事	5	4	3	2	1
和谐的组织气氛	5	4	3	2	1
地　区	5	4	3	2	1

注：5—非常重要；4—很重要；3—重要；2—不重要；1—非常不重要。

(4) 身体能力测试。这种测试主要应用于对一线工人的测评，尤其是对于某些特殊工种。身体能力测试领域分为七种类型的测试：肌肉张力、肌肉力量、肌肉耐力、心肌耐力、灵活性、平衡能力及协调能力。两种应用最广泛的能力测试是麦克奎因机械能力测试和奥康纳手灵活性测试。前者主要测试个人的描述、打字、复印、定位、敲打以及追踪等方面的技能，它对于遴选航空机械师或速记员之类的职务很有效。后者则对于遴选缝纫机操作员、牙科医生以及其他需要用手进行灵活操作的职业很有价值。

(5) 认知能力测试。认知能力是根据个人的脑力特征而不是身体能力来对人进行区分。认知能力包括语言理解能力、计算能力和推理能力。语言理解能力是指一个人理解并使用书面或口头语言的能力。计算能力是指一个人解决各种与数字有关问题时的速度与准确性。推理能力是指一个人对于各种问题找到解决方法的能力。由于这三种能力对于从事智力工作的人来说十分重要，直接影响到他们现在和未来的工作绩效，所以在研究机构和企业高层人员的招聘中十分常见。例如，美国研究生入学考试普通试题部分就是由词汇、数学和逻辑三部分组成，对应着测试应试者的语言理解能力、计算能力和推理能力。

2）专业知识测试

它是指主要通过笔试的形式，对被试者的知识深度与广度以及知识结构进行了解的一种方法。这与认知能力测试不同，专业知识测试重在对已有专业知识的掌握程度的测量上，侧重点在于专业知识；而认知能力测试的重点是对未来的学习能力的预测，偏重的是人的个性。

专业知识测试对于应聘者来说，是相对公平的测试手段；对于招聘者来说，测试的费用相对低廉；此外专业知识测试出题阅卷方便迅速。因此，专业知识测试是企业员工招聘中的常用手段。专业知识测试也存在着不足：试题可能不科学，可能过分地强调了记忆能力，阅卷可能不统一。这些不足使得员工间真实的专业知识水平差异无法充分显现，因此有条件的企业应该请有关专家出题并建立自己的题库，同时在考试时严格各项操作，防止舞弊等现象发生。

3）工作情景模拟与系统仿真测试

它是指根据被测试者可能担任的职务，编制一套与该职务实际情况相似的测试项目，使被试者处于逼真的环境中，来处理各种可能遇到的问题，从而用多种方法来测评其心理素质和潜在能力的一系列方法。系统仿真又称为商业游戏，是一种特殊的情景模拟，特指在计算机上模拟现实中的经营管理操作，由计算机的运行结果来判定操作者的工作绩效，就是指在计算机上进行的情景模拟。

情景模拟的主要内容包括公文处理、谈话技巧、无领导小组讨论、角色扮演和即席发言等。

（1）公文处理。这是情景模拟的一种主要形式，是专门为招聘到合格的管理人员或部门领导者而设计的。公文的内容包括文件、备忘录、电话记录、上级指示、调查报告及请示报告等。在这一测试中，工作所处情景及将调到的一系列难题分别逐一写在一张纸上，并放在篮子里。这些问题会涉及各种不同类型的群体——同事、下属以及组织外的一些人。求职者必须按重要程度对这些问题进行排序，有时还要求写出具体措施。在测试中对每个人都给予一定的时间限制，偶尔还要被中途打来的电话所打断，以创造一个更紧张和压力及更大的环境。通过这样的情景，模拟出办公的真实氛围，从公文处理中可以判断受试者的经验、知识、能力和性格以及处理问题的风格。

一次有效的公文处理情景模拟测试要求招聘者做到以下几点：在公文处理前，拟定好评分标准；公文要与测评目的和空缺职位紧密结合；要规定一定的完成期限；要安排一个与真实环境相似的办公环境；要把背景资料解释得清楚详细，并且准备好足够的办公用具。

（2）谈话技巧。谈话技巧主要通过三种形式来考察，即电话沟通、接待来访者和拜访有关人士。电话沟通可以反映受试者的心理素质、文化修养、口头表达能力以及反应能力等。接待来访者和拜访有关人士则可以反映受试者待人接物的技巧，和应付各种突发事件的能力等。

（3）无领导小组讨论。无领导小组讨论是让被测试者以组为单位，在不专门指派小组负责人的情况下，根据模拟的背景和问题展开讨论并获得解决方法的一种测评方法。无领导小组讨论大致分为4个部分。

第一，介绍情况。把被测试者分成若干小组，每组人数一般为4～6人，请他们用10～20分钟的时间阅读分给他们的材料。每个人的材料分为两部分，一部分是关于企业的情况介绍，其中至少包括一个以上待解决的问题，这部分材料对每个人都是一样的；另一部分是分派给每个人扮演的角色的介绍，这部分材料各不相同。

第二，小组讨论。就大家共同面临的问题，各自从其代表的利益出发，自由地展开讨论，小组不设负责人，完全由小组成员共同维护秩序。

第三，小组发言。请小组选出发言者，介绍小组的讨论情况，如有共同答案就只介绍大家的共识，如未达成共识就需要分别介绍，之后其他成员补充发言。

第四，评价。对于无领导小组讨论的评价者来说，具备敏锐的观察力和分析能力十分必要，对被测试者的观察主要从以下几方面进行评判：

① 被测试者的语言表达能力如何?

② 被测试者的协作意识怎样?

③ 被测试者能否提出对问题的切实可行的解决方案?

④ 被测试者的思维反应速度怎样?

⑤ 在小组中谁驾驭他人的能力比较突出?

⑥ 被测试者知错就改的精神怎样?

(4) 角色扮演。角色扮演就是要求受试者扮演一个特定的角色来处理日常事务或者某一突发事件，以此来对受试者的应变能力和解决问题的能力进行测试的一种方法。

(5) 即席发言。即席发言是假设受试者在某一特定场合进行发言，通过发言来了解受试者的思维反应、语言表达和言谈举止等方面能力的一种测试方法。一般来说，即席发言的题目有动员报告、新闻发布会及联欢会的贺词等。

(6) 案例讨论与模拟决策。案例讨论与模拟决策法的拟真度较强，它是模拟一个企业，由被测试者组成小组共同努力达到测试者提出的目标和条件的测试方法，具体操作过程分为以下三部分。

① 熟悉模拟企业的情况。根据模拟案例的大小决定让参试者了解案例内容的提前度，因为案例追求无限地接近真实，所以有些案例可能需要用大量的时间了解案例的背景，甚至提前一天把案例资料交给参试者回去熟悉之后，第二天才能自如地参与讨论与决策。

② 模拟操作。被测试者以4～8人为一组，根据测试者提出的要求和目标，共同讨论寻求实现目标的途径和方法，与无领导小组讨论所不同的是，小组内部的角色是明确指派的。

③ 评价。测试结束后，测试者各自在评分表上打分，并逐项讨论。当大家的意见比较一致时，才能做出决定。随着计算机和网络的普及，越来越多的案例讨论和模拟决策已设计成软件的形式，使测试者之间交流更加直接和便捷。

4.5 员工录用与新员工培训

录用决策是企业人力资源形成和配置过程的一个重要组成部分。在做出录用决策之前，要对经过层层选拔的求职者进行背景调查和体检，以确保求职者符合企业空缺岗位的需要，然后才能做出正式的录用或拒绝决定。接下来对新员工要进行试用期考核和入职培训。

4.5.1　背景调查

对应聘者的背景调查通常包括信用状况、工作经历、学历、从业许可及是否有犯罪记录等。现在，很多企业都将背景调查作为招募、选拔人员的必要环节，这在很大程度上是因为不合适的员工会给企业带来无穷无尽的麻烦。

背景调查所需要的大部分信息都是公开的记录，可以提供给任何人。但是，明智的做法是请一位专家，他可以帮助企业迅速、全面、专业而又合法地完成这项调查工作。

4.5.2　体检

体格检查是选拔过程后紧接着的一个步骤。在某些情况下，体格检查是在新雇员开始工作后进行的。进行体检有3个目的：

(1) 确定求职者是否符合空缺职位的身体要求，发现为求职者安排工作时应当考虑的体格局限因素。

(2) 建立求职者的健康记录，以服务于未来保险或雇员的赔偿要求。

(3) 通过确定健康状况，可以降低缺勤率和事故发生率。

体检这一环节的执行相对比较简单，通常企业会指定一个信誉较好或长期往来的医疗机构，要求应聘者在一定时间内进行体检。也有一些大型的企业让自己内部的医疗部门对应聘者进行体检。在这一环节中，要注意不同职位对健康的要求有所不同。对于一些对健康状况有特殊要求的职位，必须要对应聘者进行严格的体检，以避免不必要的麻烦。

4.5.3　做出录用决策

录用决策的做出是招募工作开花结果的阶段，应该说，这一决策常常是难以做出的，尤其是在选拔对企业发展至关重要的职位的人选时，比如招募财务主管或销售总经理时，招募者往往会在几个出色的候选人之间举棋不定、难以决策。

出现这种情况时，最好的选择是回到工作分析阶段，确认该职位究竟需要什么人，从候选人中挑选出两个或三个人。但要注意在录用过程中，不能一味地追求完全符合工作说明的人，因为许多研究显示，如果一个人已经能够100%地完成他应聘的工作，那么，他在该职位上也不可能任职太久(因为对他来说该工作缺乏刺激)。一般来说，选择一个能够完成80%工作任务的应聘者比较现实，因为这样的雇员往往会在岗位上任职更长的时间，也有更高的工作动机和更强的工作动力。

在做出录用决策时要进行两种比较：一是要在候选人之间进行比较；二是要在候选人和招募标准之间进行比较。由于企业的需要不同以及雇佣的职位不同，录用决策的程序也会有很大差别。对于文职办事人员和一线工人来说，只要待聘者的主管上司一个人做出录用决策就可以了；而对于管理岗位，需要由待聘职位的直接上司和至少两位将会与待聘者一起工作的人一起决策录用人选。当候选人的素质差不多时，在作录用决策时应注重以下几点：

（1）重在考察候选人的核心技能和潜在的工作能力。

（2）在候选人工作能力基本相同的情况下，要优先考虑其工作动机。

（3）不用超过任职资格条件过高的人。

（4）如果对候选人缺乏足够的信心，不能将就。

（5）尽量减少做出录用决策的人，以避免协调不同的意见。

（6）如经上述步骤后仍然无法确定人选，可再做一次测验。

4.5.4 通知应聘者

做出录用决策后，就要向合格的应聘者发出录用通知了，每个人力资源工作者都很清楚这一点，但是在实践中，并非每个企业都能做好这项工作。许多企业由于没有及时通知应聘者而造成优秀人才另谋高就。也有的企业录用通知书措辞含糊，或者让待聘者感觉不到企业的诚意和办事效率，从而使企业在最后关头失去了对待聘者的吸引力。还有一些人力资源工作者仅仅重视给合格的应聘者发录用通知，而忽视了及时向未被录用的求职者辞谢，这样就会有损企业在应聘者心目中的形象。以下是录用通知书和辞谢通知书的范例。

录用通知书

________先生/女士：

上周五与您的见面非常愉快。我们现在很高兴地通知您，本企业向您提供________职位。

接受该职位的工作意味着您应该完成下列的工作职责________，并对________负责。您的工资将是每月________元。

我们很希望您能够接受该职位的工作，并会为您提供难得的发展机会、良好的工作环境和优厚的报酬。

我们希望在____月____日之前获得您是否接受该职位的消息。如果您有什么问题，请尽快与我们联系，联系电话是____________________。

期望尽快得到您的回答。

此致

人力资源部经理

辞谢通知书

尊敬的________先生/女士：

十分感谢您对我们公司的________职位的兴趣。您对本公司的支持，我们不胜感激。您在应聘该职位时的良好表现，我们印象很深。但是由于我们名额有限，这次只能割爱。我们已经将您的有关资料备案，并会保留半年，如果有了新的空缺，我们会优先考虑您。

感谢您能够理解我们的决定。祝您早日找到理想的职业。

对您热诚应聘我们公司，再次表示感谢！

此致

人力资源部经理

4.5.5 签订试用合同或聘用合同

当企业拟录用的应聘者同意接受职位后，企业就要考虑与其签订试用合同或聘用合同了，聘用合同的内容一般包括：

（1）被聘任者的职责、权限和任务。

（2）被聘任者的经济收入、保险和福利待遇等。

（3）试用期和聘用期限。

（4）聘用合同变更的条件及违反合同时双方应承担的责任。

（5）双方认为需要规定的其他事项。

（6）做出遵守规章和保护公司秘密、知识产权的承诺并签订连带责任保证书。

4.5.6 新员工入职培训

1. 新员工入职培训的目的

对企业来讲，雇佣到优秀的人才并不等于就拥有了优秀的员工，新员工在刚来企业的一个过渡期内，将会依自己对企业的感受和评价来选择自己如何表现、决定自己是要在公司谋发展还是当跳板，而公司的企业文化、管理行为将会影响新员工在工作中的态度、绩效和人际关系等。因此，企业很有必要为新员工提供考虑周全、信息丰富的入职培训，使其尽快从局外人转变成为企业人。新员工的入职培训主要达到以下目的：

（1）使新员工获得职业生活所必需的有关信息，开始适应组织环境。

（2）明确工作职责，适应新的工作运作程序，掌握一定的操作技能，开始胜任工作。

（3）使老员工与新员工充分接触、相互交流，新员工逐渐被一定的团体接纳，形成良好的人际关系，增强员工的团队意识与合作精神。

（4）通过一定的态度改变和行为整合活动，促使新员工转变角色，从一个局外人转变成为企业人。

（5）为招聘、甄选和录用、职业生涯管理等提供信息反馈。

2. 新员工面临的主要问题

新员工在进入企业之初将面临如下4个典型问题：

（1）是否会被群体接纳？

（2）公司当初的承诺是否会兑现？

（3）工作环境怎么样？

（4）能否胜任工作？

如果上述问题都得到了完善的解决，那么新员工会尽自己的努力去适应组织的期望和要求，以积极的态度投入到新的工作中去，而这样的态度和绩效会在工作中不断地被奖励，从而被强化并形成一个良性的循环，从而出现一个双赢的局面。

3. 新员工入职培训的内容

（1）企业本身的简介。包括企业的历史、概况、业务内容和发展的前景等，通过这些介绍会自然引出企业的组织结构及管理链条；同时还要向新员工清楚地说明企业的目标、经营目的、宗旨、理念以及新员工的努力工作对实现这些目标和目的的重要性。

(2) 与新员工自身工作紧密相关的信息。包括新员工所在部门的功能、新员工的工作职责、他(她)的工作与部门中其他人的工作关系、与工作相关的设备、工作的地点、工作时间的安排(包括加班、弹性工作时间政策等)、安全规定、绩效标准、工资单的解释(包括组织的报酬政策、工资发放时间、纳税方法及扣除项目等)以及一起合作的同事。提供这些信息的最好的辅助办法是在进行职前培训时发给新员工员工手册，手册里应该包括这些信息的大部分内容。

(3) 组织的有关政策制度。包括工休规定、假期时间及安排、带薪假日、请病假的规定、病假的待遇、代班规定、用餐及休息规定等。

(4) 与新员工自身发展有关的方针政策。包括与晋升、工作评估及生涯发展机会有关的组织政策。

(5) 部门的责任。每位员工都要了解他们所在的工作小组的贡献对整个组织运作的作用，同时也要清楚他们所在的部门与其他部门的关系。此外，还应注意把新员工介绍给将与他们一起工作的老员工、领班和主管。

(6) 企业的产品、服务及工作流程。企业的产品和服务都有哪些种类，工作流程即产品的生产过程或服务的运作过程等工作流程有必要让员工心中有数。

(7) 企业的客户和市场竞争状况。要让新员工充分地了解企业的客户及企业的市场竞争状况，可以使新员工增强危机感和使命感。

4. 入职培训容易出现的问题

入职培训容易出现的问题主要是：

(1) 入职培训只限于为新员工填表造册，在填写大量表格后，参加一个简单的欢迎会后就上岗工作。

(2) 时间太短，内容不充实，没有给新员工留下深刻的印象。

(3) 填鸭式的入职培训，给新员工的信息太多太快，使新员工产生负担感，也达不到入职培训的目的。

思 考 题

1. 若你是人力资源部经理，你如何看待员工招聘与选拔这项工作？你将如何开展这项工作？

2. 你认为如何进行校园招聘才能招聘到岗位需要的员工？

3. 互联网络在现代招聘与选拔中起什么作用？应该如何利用？

案例思考题4-1

网络招聘(E—HR)

自从夏小姐所在的公司成为国内一家著名人才网站招聘管理系统ASP服务的会员之后，以前繁忙、紧张而又单调的日子一去不复返了。要知道，那种日子整天陷入接收成千上万的简历、筛选简历、预约面试、召集各部门经理开会之中，更糟的是——因筛选简历的速度太慢而使应聘者早已进入竞争对手的公司；因没有及时把面试的时间和内容告诉某一部门经理而导致工作流程的混乱和延误。夏小姐是一家跨国公司的中国区招聘经理。

如今，夏小姐坐在电脑前，轻轻输入自己ASP会员的用户名称和密码，整个招聘和面试的流程和细节一览无余。截至早上8点，一共又有243名应聘者提交简历，系统已经按照可聘性在不同职位的简历夹中排出应聘者的优先次序，如果要给最满意的应聘者发面试通知，自己只要单击面试通知的“发送”按钮即可；对于那些明显不符合条件的应聘者，系统也已经发出了事先定制的委婉而又详细的反馈文档；今天一共有9位应聘者来参加4个职位的面试，每个职位的面试考官也已接收到了系统关于面试时间、地点、应聘者资料和面试内容的提示，昨天的面试结果已经由系统统计出来，等待部门经理和HR部门的批复；今天还有两位新员工正式上班，这两位新员工的资料将自动转入企业内部的人事档案库。内部HR系统会提示各部门和相关人士欢迎新员工并为之服务。此时，一个电话打进来，是自己的好朋友Julia打来的，夏小姐高兴地告诉Julia说：“现在轻松多了，我可以做更多有意义的HR工作了。我准备在我们公司一些职位的招聘页面上挂上一定的测试问卷，只有那些达到一定分数的人才可以提交简历……”

下午2点钟，一家培训公司和一家HR软件开发商将一起前来探讨建立公司HR系统中的内部培训、学习平台的项目。这一项目还是夏小姐在一次HR的研讨会上提出的想法，最后得到公司的同意，由培训与发展经理林先生具体执行。

问题：

1. 夏小姐的工作发生了哪些变化?
2. 请评述一下，建立人力资源系统对于该公司人力资源管理的利弊。

案例思考题4-2

无领导小组讨论案例

考生须知：

(1) 讨论时间为40～60分钟。

(2) 考生接到“讨论题”后，可以用5分钟时间拟写讨论提纲。

(3) 5分钟准备时间过后，按考号顺序每人限3分钟依次发言，阐明自己的基本观点。

(4) 考生依次发言结束后，彼此间可进行自由交叉辩论；在辩论过程中可更改自己的原始观点，但对新观点必须明确说明。

(5) 请大家充分地表达自己的看法，最后拿出小组的意见来。

(6) 讨论一旦开始，考官将不再回答你们提出的任何问题，也不会干预你们的讨论。

(7) 辩论结束后，考生将拟写的发言提纲、草稿纸和小组最终意见交给考务人员。

讨论题：谁当总经理最合适

某通信集团公司拥有6家下属公司，分别经营计算机软件开发、传呼机装配、手机制造等业务。为了达到二次创业的目标，董事会决定另外聘请总经理。现有甲、乙、丙三位优秀的候选人，请你根据他们各自的特点，进行分析比较，提出任用意见。下面是甲、乙、丙三个候选人的个人资料。

甲：学术带头人，是高科技企业的当然领导者！

男，36岁，计算机专业博士，工龄5年。毕业后一直在本公司从事技术研发工作，主持开发过多种公司主干产品，曾负责过与某外资合作项目的建设，1997—1998年被任命为一分公司总经理，业绩优良。现任公司副总经理，主管研发及企业战略工作。

甲对通信技术发展趋势敏感，熟悉行业特性，能正确把握企业产品的定位，果断地做出决策；现在公司的主导产品由他主持开发；精通英、日两门外语，与外商谈判水平高；爱惜技术人才，为他们提供良好的发展空间。

甲自信、坚韧，工作干劲大，精力充沛。但是个性内向，人际交往能力较欠缺，不喜欢应酬性的公关活动；在战略重点上，主张把资金投向技术开发而不是市场开拓上，强调技术带动市场。

乙：只有把握市场的人才能成为市场经济条件下的领导者！

男，32岁，毕业于某名牌大学的电信专业，本科学历，在读MBA。1990—1992年在某大型国营企业从事技术研发工作，1993—1995年在某外资通信企业从事市场营销工作，1996年至今一直在本公司从事市场营销，业绩优良。现任公司副总经理，主管市场。

乙有很强的品牌意识，重视广告与经营策略，注意市场研究与营销网络的建设；强调企业必须以市场为导向组织生产经营活动。他的企业策划能力、市场洞察力、公关能力和指挥协调能力都很强。有良好的社会关系，既与许多客户保持良好的个人关系，又有许多同学与朋友在各省市与通信相关部门担任领导职务。公司在其领导下营业额年年上升。乙个性热情，开朗，应变能力强，有魄力，开拓进取，雄心勃勃。但是乙自负，性情比较急躁，自我控制情感能力较差。

丙：优秀管理人才是企业成功的关键！

男，38岁，通信技术专业专科毕业，毕业后在中型国营电子企业工作10年，任技术员、技术科长、车间主任、副厂长、厂长。在工作期间，利用业余时间进修学习，获得了上海交通大学MBA学位。1996—1999年进入一家美国独资企业上海办事处任首席代表，全面主持工作，业绩优良。

丙重视企业的内部管理，注重组织机构的合理设置，在理顺企业内部关系、制定规章制度、企业文化建设等方面有丰富的经验；重视企业内部人才的培养，上下关系都能搞好。主张通过管理创新推动技术创新和市场创新。

丙办事沉稳，喜欢深思熟虑，三思而后行；待人谦和，彬彬有礼，说话办事通情达理，在群体中威望很高。但丙为人求稳，开拓进取精神不是很强。

（材料来源：黎恒、丁晓岚：《无领导小组讨论的实务操作——中层管理人才选拔案例》，《中国人力资源开发》2002年第9期）

考官须知：

（1）考生依考号落座后，主考官核对考生的考号与姓名，此间各考官可根据核对的结果，在评分表中依次填写考生的考号和姓名。

（2）主考官向考生宣布纪律和要求。一是考生间不准相互商议、交头接耳；二是强调该项讨论对考生技能考试的成绩很重要，鼓励并暗示考生应该积极发言。

（3）发给每位考生讨论试题及草稿纸。

（4）给考生5分钟时间拟写发言提纲或为讨论发言做准备。

(5) 5 分钟后宣布讨论开始，考生依考号依次发言阐明自己的观点和主要论据，限时 3 分钟。无小组讨论的计分表见表 4-4。

表 4-4　无小组讨论计分表

姓名		考号		总分	
评价要素	好	较好	一般	较差	差
沟通协调能力					
领导控制能力					
情绪稳定性					
论点正确性					
自信程度					
口头表达能力					
发言自主性					
反应灵活性					
肢体语言					
备注					
考官签字： 年　月　日			计分员签字： 年　月　日		

案例思考题 4-3

联想集团的新员工入职培训

联想集团对新员工的指导从其进入公司的第一天开始。上班第一天，就有新员工的“首天培训”，主要是熟悉工作环境和要求；随后是所在公司的新员工入职培训、集团的“入模子”培训及后续的轮岗培训；之后，新员工就可以返回各自的部门和岗位。前两个培训各需一周，轮岗通常需 1～2 周，经过这三个规范过程，新员工的培训内容告一段落。

其中的重点是集团统一的“入模子”培训。培训班为全脱产封闭式，共 5 天，其中一天是军训。课程包括联想集团简介、发展历史、奋斗目标、经营理念、行为规范和团队训练等，以及一系列团队活动，包括卡拉 OK 比赛、拔河比赛、篮球比赛等。培训班将一天分成几个时间段，每一段时间都作了统一安排。培训班的管理制度是依照公司对员工的要求来规定的，有严密的纪律，每天早晨出操点名，白天学院上课时，还要组织检查内务。从早晨起床到晚上熄灯都要对每个小组进行考察、打分。如上课迟到、BP 机乱响就要罚站，并对所在小组扣分，还会在最后的培训鉴定上标明。

在培训班中，团队的协作作为一项重要内容贯穿始终。新学员刚刚进入培训班就被分为若干个小组，每组不超过 20 人，每个小组选拔 3～4 名骨干，之后的每一天、每一项活动都将按组进行打分，学习效果和最后成绩与这些分数有直接关系。

学习过程始终重视学员的参与，从互动式教学到各种团队活动，讲求人人参与，协调配合，积极竞赛。根据活动内容的不同，各组组长会将组内人员进行不同的组合和分工，每个人都有机会承担某一项活动的主力，一方面，发挥新员工所长和能动性，另一方面，注意挖掘每个人的潜能，有机会锻炼自己的弱项。因此，不论这个新员工是怎样的一个人，都有机会展示、发现并提升自己。

在拓展训练中，设有盲人行动、建寺庙、过硫酸河游戏和背摔等，这些训练主要是为了提高学员的心理承受能力。如背摔，学员要站在一个高高的台子上闭着眼睛脸朝上似自由落体地摔向下面围起圈子的人们。为提高新员工的表达与胆量，培训班设有一个即兴的主题演讲内容，每个新员工在拿到演讲题目后有两分钟的准备时间，然后他要站到一个很高的台子上进行两分钟的演讲，不管你是情急下的语无伦次，还是紧张的心跳、腿软甚至不知所措，你都必须坚持下来，完成演讲。类似这样的训练在子公司各自的培训课程完成之后，还要在集团统一的培训班上再度进行过关训练。几次下来，新员工能了解所必须具备的各种能力和自信心，他们会在今后的岗位上得到进一步的锻炼和提高。

联想集团入职培训的另一个特点是指定新员工的指导人。公司在每一位新员工到岗之前都要指定一对一的指导人，指导人负责带新人并考察新员工在试用期间的表现能力等，其作用一是代行了人力资源部的考察职责，二是通过帮带行使部门职责。指导人已经在联想形成一种制度，对指导人的选择，公司也有一系列规范，包括要求和资格认定及指导工作评价等。在新员工报到前一周，各部门就要将名单报人力资源部，进行资格审查，作为指导人，首先必须是公司的干部，在联想工作半年以上(联想对干部的要求就包括带新人这项内容)；并规定一名干部不能同时带两名以上的新员工。在新员工较多的情况下，可让部门内资深或骨干员工负责，这些员工必须在联想工作一年以上，有能力和经验，并知道指导人的各项要求和规范，包括何时进行指挥，何时进行面谈，怎样沟通情感，如何考察工作进展情况，怎样帮助制定、分解、监控和落实工作计划等。在没有相应指导人的情况下，该部门将暂缓进入计划，待有合格的指导人后方可进入。

培训班结束之后，新员工就进入两周的轮岗培训，以便更全面地了解和感受联想集团，为今后的协同作战打好基础。轮岗的岗位由新员工的指导人选定，通常是与本岗位相关及有业务联系的岗位。过去轮岗一般为两周，考虑到轮岗的负荷和培训效率，现在一般是统一安排轮流走一些关键部门，如研发、生产、技术服务、专卖店等，对各部门的工作流程有一个初步的了解，认识这些人，这都是以后工作的资源。如因确实需要，个别新员工也可以申请延长在某一部门的岗位学习。

完成上述步骤后，培训就算完成了。培训中心和人事部还要对每一个新员工的培训及试用作一个整体的考核。试用期为三个月，在此过程中，一开始会由人力资源部作一个初步的评价；三个月下来，由其指导人作贴身的评价；然后是培训中心的评价和周围员工的评价。一个新员工可能会在此过程中被发现原来没观察到的能力，调整到新的岗位，在离开联想电脑公司的人中，绝大多数都是在试用期离开的，这其中又有一半的人是被淘汰掉的。

问题：

你认为联想的新员工入职培训工作开展得怎样？哪些值得借鉴？你还有什么更好的建议？

第5章 人力资源培训与开发

教学目标

通过本章的学习，了解人力资源培训与开发的内涵、培训与开发的区别、培训所需信息的收集方法、培训需求分析的内容，理解人力资源培训与开发的意义，掌握人力资源培训的各种方法以及对培训效果进行评估的方法。

教学要求

能够设计培训需求分析的方法；针对不同层次展开培训需求分析；能够组织、设计现场培训；能够编写简单的案例；能够根据自身情况选择适合自己的培训方式；能够对不同形式的培训进行评价。

英国管理学家科普认为，开发和培训不是可有可无的选择性事件，而是人力资源管理的重要组成部分，是对人力的投资。作为人力资本内涵扩张的有效途径，培训与开发已成为现代企业组织获取竞争优势的有力武器。

5.1　人力资源培训与开发的内涵和意义

5.1.1　人力资源培训与开发的内涵

人力资源培训和开发是人力资源管理的一项重要内容。人力资源的培训和开发都是指为了满足企业不断发展的需要，为了提高员工的知识，改善员工的工作态度，使员工能胜任本职工作并不断有所创新，在综合考虑组织的发展目标和员工个人发展目标的基础上，对员工进行的一系列有计划、有组织的学习与训练活动。所以，有时统称为人力资源开发(Human Resource Development，HRD)。但是，培训和开发也是有区别的，它们的差异取决于目标的指向。培训是一种相对目标更明确的活动，它的目的是帮助员工完成当前的工作，主要是培养员工与当前工作或特定任务相关的能力。而开发则是以提高员工的适应能力为导向，其中心问题是使个体能够适应预期的变化或者复杂的工作环境。

具体说来，培训就是有计划地帮助员工学习与工作相关的基本能力的过程。培训的目的在于使员工的知识、技能、态度以及行为得到改进，从而使其发挥最大潜力以提高工作绩效。如今，越来越多的企业认识到，要想通过培训获取竞争优势，培训就不能仅仅局限于基本技能的开发。培训还要提供更广阔范围的技能，在竞争日益激烈的今天，仅仅能胜任工作是不够的，对员工的培训还要关注他们解决和分析工作中发生的问题的能力，满足现代企业对速度和灵活性的要求。另外，培训还要从单纯地向员工传授具体的技能转变为创造一种知识和谐共享的氛围，使员工能够自发地分享知识，创造性地应用知识来满足客户的需求。开发是指有助于员工为未来工作做好准备的正规教育、工作实践、人际互动以及人格和能力评价等所有各种活动。开发侧重于使员工获得既可用于当前工作又为未来职业生涯所需的知识和技能。主要是通过提高他们的能力以使他们能够为未来的职位、技术或工作的变化做好准备。由于开发是以未来为导向的，它使员工能够跟上组织的变化和发展。由上面的论述可以看出，由于现代企业的培训越来越重视同企业发展和经营战略的契合，培训和开发之间的界限已经变得越来越模糊。

5.1.2　人力资源培训与开发的意义

培训和开发对于企业的重要意义是不言而喻的。在科技发展日新月异的今天，越来越多的企业认识到，企业核心竞争力的来源是掌握了具有先进科学技术和经验的人力资源。如果没有一支拥有专门技能的员工队伍，企业的发展寸步难行，而雇佣到合格优秀的人才并不等于企业就拥有了优秀的员工。确保员工掌握了帮助企业获得成功的知识和技能对企业的管理者来说，是一项重要的任务，也是一个巨大的挑战。特别是企业在面临全球化、高质量、高效率的工作系统挑战中，培训显得更为重要。所以，对员工进行有效的、持续的培训和开发，已经成为企业发展的一项战略要求。

很多成功企业的发展已经验证了这一点。摩托罗拉公司的 13.2 万名员工每年都要在内部学校参加至少 40 个小时的质量培训课程。韩国三星集团，每年用于教育培训的经费高达 1.5 亿美元，占整个企业年销售总额的 1%～2%，集团共有 20 多万名员工，每年参加公司一级和公司"研修院"培训的人数高达 100 万人次。国际商用机器公司(IBM)是一家拥有 40 万名中层干部、520 亿美元资产的大型企业，其年销售额达到 500 多亿美元，利润为 70 多亿美元，是世界上经营最好、管理员工非常成功的公司之一。培训和开发几十年来一直是该公司的秘密武器，IBM 坚信员工的管理水平不是"来自天生"，而是来自对他们进行的有效的培训和开发。在这方面，公司取得了成功的经验。具体地说，IBM 公司决不让一名未经培训或者未经全面培训的人到销售第一线去。销售人员们说些什么、做些什么以及怎样说和怎样做，都对公司的形象和信用影响极大。如果准备不足就仓促上阵，会使一个很有潜力的销售人员夭折。因此，该公司用于培训的资金充足，计划严密，结构合理。一旦培训结束，学员就有足够的技能，满怀信心地同用户打交道。该公司认为不合格的培训总是导致频繁地更换销售人员，其费用远远超过了高质量培训过程所需要的费用。并且，这种人员的频繁更换将会使公司的信誉蒙受损失，同时，也会使依靠这些销售人员提供服务和咨询的用户受到损害。近年来，该公司更换的第一线销售人员低于 3%，可以看出，IBM 公司对员工的培训工作是富有成效的。

从上述成功企业的经验可以看出，培训和开发已经成为现代企业的一项不可或缺的战略需求，而且它正在受到越来越多的关注。具体说来，培训和开发对于企业的意义体现在以下 7 个方面。

1）有利于提高员工的能力

对员工进行的培训和开发是一个学习训练的过程，在这一过程中，员工会获得有助于促进实现各种目标的技术和知识。所以，培训和开发对于一个企业而言，首要的意义就是可以提高员工的能力。企业的培训和开发工作主要是针对两种人：一种是企业新录用的员工，另一种是企业现有的员工。对于企业新招募的员工来说，通过企业提供的各种引导培训，可以使他们迅速地了解工作环境、组织文化以及新岗位所需的知识和技能；对于企业的现有员工来说，培训和开发能使他们跟上企业的发展变化。企业随时都在发生变化，特别是在一些高技术产业，客户在变化，需要在变化，环境在变化，企业永远不会保持静止，但是企业的现有员工并不欢迎变化，他们已经习惯于既定的工作方法和组织环境，变化常常会使他们无所适从。而培训和开发是提高他们的技能、帮助他们适应变化的重要途径。

2）有利于增强企业对优秀人才的吸引力

市场竞争，说到底就是人才的竞争，没有优秀的人才，就难以在市场竞争中取胜。在我国的劳动力市场上，各企业之间为了网罗最优秀、最合适的人才展开了激烈的竞争，人才的流动也越来越频繁。随着我国对劳动力流动障碍的进一步清除和加入 WTO，这种竞争将会越来越激烈。那么，企业怎样才能吸引住优秀的员工就成为管理者面临的一大难题。随着知识型员工比例的增大，企业仅仅依靠加薪似乎已不能成为留住人才的最佳途径。知识型员工更关注自身的发展，有时他们对自身的发展机会和能力提高的关注甚至超过了对薪酬的关注，所以，能够为员工提供良好的发展机会和学习机会的企业在人才竞争中更具有优势。实践证明，良好的培训和发展计划会增强企业对优秀人才的吸引力。此外，通过培训还可以改变企业内部的不良管理方法，改善管理者的管理行为。一些员工，特别是那些掌握着最优秀技能的员工，常常会因为对企业管理方式的不满而离开企业。企业可以通过培训和开发实践来缓解这个问题，引进优秀的管理方法，改善管理者的管理水平，可以减少优秀人才流动的可能性，增强企业的吸引力。

3）有利于增强企业的竞争优势

面对激烈的国际竞争，一方面，企业需要越来越多的跨国经营人才，为进军世界市场做好准备；另一方面，员工培训可以提高企业对新产品研究开发的能力，员工培训就是要不断培训与开发高素质的人才，以获得竞争优势，这已为人们所共识。尤其是人类社会进入以知识资源和信息资源为重要依托的新时代，智力资本已成为获取劳动力、竞争力和经济成就的关键因素。企业的竞争不再依靠自然资源、廉价的劳动力、精良的机器和雄厚的财力，而是主要依靠知识密集型的人力资本。员工培训是创造智力资本的途径。智力资本包括基本技能(完成本职工作的技术)、高级技能(如怎样运用科技与其他员工共享信息、了解客户和生产系统)以及自我表现激发的创造力。因此，这要求建立一种新的适合未来发展与竞争的培训观念来提高企业员工的整体素质。如新加坡航空公司的成功很大程度上源于它的优秀的空中服务人员队伍，通过培训带来的空中服务人员的优质服务态度已经成为一种不可模仿的技能，从而为新航带来了持久的竞争力。

4）有利于改善企业的工作质量

工作质量包括生产过程质量、产品质量与客户服务质量等。毫无疑义，培训使员工素质、职业能力提高并增强，这将直接提高和改善企业的工作质量。培训能改进员工的工作表现，降低成本；培训可以增加员工的操作知识；培训能提高员工的劳动技能水平；培训能增强员工的岗位意识，增加员工的责任感，规范生产安全规程；培训能增强安全管理意识，提高管理者的管理水平。因此，企业应加强对员工敬业精神、安全意识和知识的培训。

5）有利于加强企业的内部交流，培养学习型的企业组织

企业对人力资源的培训和开发还可以为企业带来一项经常被人们所忽略的益处，那就是加强了员工在企业内部的交流，营造了一种鼓励持续学习的工作环境。企业内部信息和观点的交流有助于员工之间产生彼此的认同感，有利于企业内部信息的分享，从而提高工作效率，产生创造性的思想。更为重要的是，培训和开发有利于形成学习型的企业组织。在这种组织氛围中，员工总是在努力不断地学习新东西，并将他们所学到的东西直接运用到产品或者服务质量的改善上来，而且，改善的过程并不会在正规培训结束的时候停止。通过以目标为导向的人力资源培训和开发，也就是说，培训和开发的每一个过程都是与组织的目标紧密联系的，企业可以培养出一个共同参与、积极认同的学习型企业组织。无疑，这种学习型的企业组织能够创造成功。

6）有利于营造优秀的企业文化

优秀的企业文化是现代企业追求的一个目标，优秀的企业文化可以增强员工对企业的认同感，有助于协调员工和组织的目标趋向一致，从而实现员工和企业共同的发展。一方面，通过对员工进行企业文化的培训，可以营造一种优秀的企业文化；另一方面，通过培

训和开发活动的进行，会营造一种学习的、积极的组织氛围，这些正是优秀企业文化不可缺少的因素。所以，培训和开发有利于营造优秀的企业文化，是企业成功的制胜法宝。

7）有利于员工自我价值的实现

在现代企业中，员工的工作目的更重要的是为了“高级”的需求——自我价值的实现。培训不断教给员工新的知识与技能，使其能适应或能接受具有挑战性的工作与任务，实现自我成长和自我价值，它不仅使员工在物质上得到满足，而且使员工得到精神上的成就感。

5.2 人力资源培训与开发需求分析

5.2.1 培训需求信息的收集

1. 面谈法

面谈法是一种非常有效的收集需求信息的方法。培训者和培训对象面对面地进行交流，可以充分了解相关方面的信息，通过面谈，培训者可以推心置腹地和培训对象交谈其工作情况以及个人发展计划，对工作中存在的问题进行双向交流，这样有利于培训双方相互了解，建立信任关系，从而使培训工作得到员工的支持。而且，会谈中通过培训者的引导提问，能使培训对象更深层次地认识到工作中存在的问题和自己的不足，达到激发其学习的动力和参加培训的热情。但是面谈法也有其自身的缺点：培训方和参加培训方对各个问题的探讨需要较长的时间；一般员工不会轻易吐露自己工作中存在的问题和自己的不足；员工在没有了解面谈者真实意图的时候，不会将其个人发展计划告知培训者。

面谈法分为个人面谈法和集体会谈法两种具体操作方法。个人面谈法是分别和每一个参加培训的对象进行一对一的交流，可以采用正式或非正式的方式进行。集体会谈法是以集体会议的方式，培训者和培训对象在会议室集体参加讨论，但会议中不宜涉及有关人员的缺点和隐私问题。无论是哪一种方式的面谈，培训者在面谈之前要进行面谈内容的详细准备，并在面谈中加以引导。

2. 重点团队分析法

重点团队分析法是指培训者在培训对象中选出一批熟悉问题的员工作为代表参加讨论以调查培训需求信息。重点小组成员不宜太多，通常由8～12人组成一个小组，其中有一至两名协调员，一人组织讨论，另一人负责记录。

这种需求调查方法是面谈法的改进，优点在于不必和每个员工逐个面谈，花费的时间和费用比面谈法要少得多。各类培训对象代表会聚一堂，各抒己见，可以发挥出头脑风暴法的作用，各种观点意见在小组中经过充分讨论以后，得到的培训需求信息更有价值。而且这种需求调查方法易激发出小组中的各成员对企业培训的使命感和责任感。但是这种方法的局限性在于对协调员和讨论组织者的要求高，由于一些主、客观方面的原因，可能会导致在小组讨论时大家不会说出自己真实的想法，不敢反映本部门真实的情况，某些问题的讨论可能会流于形式，这时需要协调员和组织者运用各种技巧充分调动大家的热情，创造条件使大家敢于说出真话。另外，小组成员对所代表的全体对象的了解程度对培训需求调查结果的影响很大，如果其对所代表的培训对象不了解，将会导致培训不能满足大家的需要，因此成员的选取会使培训的效果产生很大的影响。

重点团队分析法在实际操作中可按照以下几个步骤进行。首先对培训对象进行分类；然后在各类培训对象中选取代表成员；接下来，培训人员根据所选中的小组成员的情况，安排妥当的时间进行小组会议，要注意尽量避免影响小组成员的工作；会议之后，要对会议记录进行整理，对有争论的问题要进一步讨论或以其他方式选出合适的建议。

3. 工作任务分析法

工作任务分析法是以工作说明书、工作规范或工作任务分析记录表作为确定员工达到要求所必须掌握的知识、技能和态度的依据，将其和员工平时工作中的表现进行对比，以判定差距所在。

工作任务分析法是一种非常正规的培训需求调查方法，它通过岗位资料分析和员工现状对比得出员工的素质差距，结论可信度高。但这种培训需求调查方法需要花费的时间和费用较多，一般只是在非常重要的一些培训项目中才会运用。

4. 观察法

观察法是培训者亲自到员工的工作岗位上去了解员工的具体情况。通过与员工一起工作，观察员工的工作技能、工作态度，了解其在工作中遇到的困难。观察法是一种最原始、最基本的需求调查工具之一，它比较适用于生产作业和服务性的工作人员，而对于技术人员和销售人员则不够适用。

这种方法的优点在于培训者与培训对象直接接触，对他们的工作有直接的了解。但观察员工需要很长的时间，观察的效果也受培训者对工作熟悉程度的影响很大，另外，观察者的主观偏见也会对调查结论有影响。

5. 调查问卷

利用问卷调查员工的培训需求也是培训管理者较常采用的一种方法。培训部门首先要将一系列的问题编制成问卷，发放给培训对象填写之后再收回分析。

问卷调查发放简单，可节省培训管理者和培训对象双方的时间，同时其成本较低，又可针对许多人实施，所得资料来源广泛。但其缺点在于调查结果是间接取得的，无法断定其真实性，而且问卷设计、分析工作难度较大。

5.2.2 培训需求分析的内容

为了保持竞争力，企业必须不断地使员工接受良好的培训。但在具体的培训过程中，首先遇到的问题就是，为什么要培训和培训的内容与目标是什么等问题。没有针对性的培训不能为企业带来任何收益。所以，培训实施过程的第一步就是要确定企业对培训的具体需要，也就是要进行培训需求评估。这种评估可以分三个层次进行：一是组织分析，着重于确定培训在整个组织范围内的需求；二是人员分析，就是确定哪些人需要进行培训；三是任务分析，就是试图确定培训的内容，即员工完成任务、达到令人满意的工作绩效所必须掌握的知识和技能。

1. 组织分析

组织分析主要是通过对组织的目标、资源、特质和环境等因素的分析，准确地找出组织存在的问题与问题产生的根源，以确定培训是否是解决这类问题的最有效的方法。培训需求的组织分析涉及能够影响培训规划的组织的各个组成部分，包括对组织目标的检查、组织资源的评估、组织特质的分析以及环境的影响等方面。组织分析的目的是在收集与分析组织绩效和组织特质的基础上，确认绩效问题及其病因，寻找可能解决的办法，为培训部门提供参考。具体地说，组织分析主要包括以下几个重要步骤：

1）组织目标分析

明确、清晰的组织目标既对组织的发展起决定性作用，也对培训规划的设计与执行起决定性作用，组织目标决定培训目标。比如说，如果一个组织的目标是提高产品质量，那么培训活动就必须与这一目标相一致。假若组织的目标模糊不清，培训规划的设计与执行就显得很困难。同时，通过实际绩效与预期目标的比较可以知道到底什么地方存在绩效差距，然后发掘出培训需求。这里所说的目标不仅指企业的总体目标，还包括了各个部门的具体目标，其中涉及了长期与短期的目标。值得注意的是，并非所有的绩效差距都能通过培训来解决。比如工作本身的枯燥、低薪、低效的工作流程以及由于恶劣的工作环境等造成的问题是不能单靠培训来解决的。还有一种情况就是员工清楚自己应该怎么做却没有做，这时管理人员需要做的是对其进行激励而不是培训。因此，分析找出不能完成目标的根本原因所在十分重要。

2）组织资源分析

培训的开展需要组织的投入和员工的执行，所以，在制定培训方案之前，弄清组织内可用于培训的资源以及员工对培训的态度是非常重要的。否则，很可能会出现培训方案由于缺少资源或者遭到反对而半途而废的情况。为了避免徒劳无益的培训方案，需要对培训发生的背景环境进行分析，主要包括对企业内可用的培训资源以及受训者的上司和同事对待其参与培训的态度的分析。对于一项培训需求，企业可以通过很多种培训方法和技术来满足，各种不同的培训方法和技术在满足企业各种培训需求上有着各自的优势和劣势，企业可以以此来选择最合适的培训方法。例如，如果一家公司要对它的商务部进行电子化改造，那么它可以采取三种方法来解决对计算机员工的需求问题：第一，公司可以在现有人员的技术水平以及可使用资源的基础上，利用内部的培训师来对员工进行培训；第二，如果企业认为对员工进行培训的成本过高，也可以通过对现有员工进行技能测试，让那些测试合格的员工来从事相应的工作，而将那些低于标准要求的员工重新配置到其他工作岗位上；第三，企业还可以利用外部的培训资源，比如从咨询公司那里购买培训服务等，这样可以提高该企业技术改造的效率，并且还可以弥补企业技术能力的缺乏。另外，实践证明，参加培训的员工的上司和同事对其参与培训所持的态度会对培训效果产生影响。这是因为，如果受训者参与培训得不到上司和同事的支持，那么他就不太可能将培训内容应用于工作中。因此，在培训方案执行前分析员工对待培训的态度也是保证培训效果的一个重要方面。

3）组织特质和环境分析

组织特质和环境分析对培训的成功与否也起着重要的影响作用，因为，当培训规划和组织的价值不一致时，培训的效果则很难保证。组织特质和环境分析主要是指组织的系统结构、文化和资讯传播情况。第一，系统特质是指组织的输入、运作、输出、次级系统互动及与外界环境间的交流特质，它使管理者能够系统地面对组织，避免在组织分析中出现以偏概全的缺失；第二，文化特质是指组织的软硬件设施、规章、组织经营运作的方式、组织成员待人处事的特殊风格，它使管理者能够深入地了解组织，而非仅仅停留在表面；第三，资讯传播特质是指组织部门和成员收集、分析和传递信息的分工与运作，能促使管理者了解组织信息传递和沟通的特性。

2. 人员分析

人员分析可以帮助管理者确定谁需要接受培训以及培训是否合适的问题，这常常是通过对员工的绩效进行评价来找出存在的问题。然而在找出了不良绩效之后，还要考虑通过培训是否能解决这些不良绩效的问题。有时候，绩效不良的问题不一定都能通过培训解决。例如，某企业管理者发现，有一支专业的员工队伍整体工作绩效不达标，通过人员分析发现，这是由于最近的薪资政策调整影响了这些员工的积极性。在这种情况下，培训似乎不是解决问题的途径，除非培训的内容是向他们解释为什么采取这项新的政策。一般来说，人员分析分为两个部分：一是对新员工的培训需求分析，二是对现有员工的分析。

1）新员工的培训需求分析

对新员工的培训主要是帮助他们尽快适应组织、适应工作。每一个新员工都应接受培训，这是毋庸置疑的事情。新员工的培训需求主要存在于两个方面：一个是技能方面的，另一个就是对新环境的适应。首先，要对新员工的背景进行分析，也就是对他已经拥有的技能、知识进行分析，发现其与新岗位要求的差距，进行有针对性的培训。其次，由于新员工对企业环境的陌生感可能会产生一些顾虑和不确定感，对他们这方面的需求进行分析，提供切实有效的培训项目，使他们尽快地融入企业，认同企业文化，适应企业的工作和生活方式。

2）现有员工分析

对现有员工的分析主要是通过绩效评估的方式，找出那些与组织期望绩效有差距的员工，分析他们的差距，从而为提供有针对性的培训做好准备。但在某些特别的情况下，比如企业发生了较大的变革或引入新技术、新服务时，可能所有的员工都需要接受培训。在对企业现有员工进行培训需求分析时，一是要重视员工本人的参与，在实践应用中，员工培训需求分析中特别有效的一种方法是把以行为为基础的绩效评估同员工的自我分析结合起来。还有一点就是要考虑员工的发展目标，绩效目标和发展目标并重的做法已经被很多企业所认同。朗讯公司在绩效评估过程中，会让员工自己列出期望的目标，这个目标不仅包括绩效目标，也就是可以用来衡量工作结果和行为的目标，还包括发展目标，就是指那些以开发员工技能和知识为导向的目标，根据这两项目标，企业来确定员工的培训需求。

3. 任务分析

任务分析是以具体工作为分析单位，分析员工所要完成的工作任务以及成功地完成这些任务所需的技能和知识，也就是确定培训的内容。任务分析的第一步就是要对工作进行描述，找出对工作有重要意义的具体任务，然后分析成功地完成每一项任务所需的技能和知识。

1）对需要分析的工作进行描述

对列出的任务清单进行分析，判断出这些任务的重要性、被执行的频率以及完成该项任务所要求的难度，并根据这些资料，找出那些重要的、经常被执行的并且具有中等难度以上的任务进行下一步的分析。

2）确定任务所需的技能

对确定下来的任务，通过访谈和问卷调查掌握组织内现有的工作信息等资料，确定完成每一项任务所需要的知识、技能和能力，找出具体任职人的工作行为与期望的行为标准之间的差距，从而确定其需要接受的培训。

5.3　人力资源的培训方法与培训效果评价

5.3.1　人力资源的培训方法

1. 现场培训方法

1）适应性现场培训

适应性现场培训的程序如下所述。

(1) 确定培训项目。确定培训项目的方法有两种：一是查阅工作说明书。工作说明书中一般都有对从事该岗位所应具备的知识、技能和能力的描述。二是培训需求调查。如果企业没有工作说明书或从工作说明书中不能获得足够的信息，可采取向各部门发放调查表或由各部门申报的办法了解各部门现场培训的需要，据此确定现场培训项目。

(2) 编写现场培训指导书。现场培训指导书包括企业某岗位现场培训项目的具体内容、培训时间、培训对象和培训方法等。

(3) 确定现场培训的指导者。现场培训应在指导者的指导下，受训者进行观察和实践活动，其中指导者的作用是很重要的。指导者一般由本部门的领导或资深员工担任。但是，除了技能培训以外，现场培训应当以自学、观察和实践为主，指导为辅。这是与课堂学习的主要区别之一。

(4) 培训结束后对受训者进行考试或考核。现场培训的项目如果属于技能型的，应通过考试来检查培训效果。对于能力型的培训项目，应定期对受训者进行能力考核，以评价其能力是否提高。对需要见习环节的培训，可在见习结束后由受训者写出见习报告，由指导者评价其见习效果。

(5) 颁发证书。培训期满后，人力资源部门根据考试或考核结果颁发有关培训合格证明，对岗前培训和转岗人员颁发上岗证书。

2）以改善绩效、培养人才为目的的现场培训

以改善绩效、培养人才为目的的现场培训程序如下所述。

（1）确定培训需求。主要有3种方法来确定培训需要。

① 根据员工职业生涯的发展规划。在每一个职业目标的具体措施中可能包含现场培训的项目。

② 企业为员工制定的绩效改进计划。绩效评估比较完善的企业，在绩效评估以后，企业为员工制定的绩效改进计划中往往包含现场培训的项目。

③ 通过自我申报确定培训需要。主管部门可以将自我申报表交给员工，让员工各自设定目标，制定计划，然后上级和下级通过面谈最后确定目标及计划。

（2）制定个别指导计划书。个别指导计划书应当在上下级沟通的基础上制定。个别指导计划书应包括指导内容、具体措施、时间和指导者等。制定个别指导计划书有两种方法：一是上下级充分讨论之后，上级凭经验制定；二是上级根据下级的自我申报表从个别指导手册上选择部分合适的项目，制定出一个初步的方案，经上下级协商后确定。

（3）实施培训。以改善绩效为目的的现场培训是一对一的指导，依赖于工作实践，可以在工作中随时进行，这与适应性现场培训完全一致。一般来说，主要采用说明、见习、实习、分担、代理以及承办等六种循序渐进的培训方法。

（4）培训效果的评价。现场培训的评价应从多个角度进行，并且是通过交流得出结论。主要在以下四个方面评价培训效果：一是看受训者的工作成绩是否有提高；二是看受训者的态度、行为是否发生变化；三是倾听受训者讲述培训后的收获；四是向受训者的同事和顾客了解受训者接受培训后的变化等。

2. 课堂培训方法

1）案例分析

这是一种培训员工决策和解决实践问题的方法。先让受训者阅读一则关于某个组织中发生的冲突问题，然后根据案例提供的背景材料，要求受训者找出一个适当的解决方法。案例研究的目的是培训受训者如何来分析信息、如何来产生一些方法以及如何来评价这些方法。通过案例分析，受训者学习如何把一些理论原则应用到现实的问题中去。由于费用较低，因此案例分析在企业培训中被广泛地运用。案例分析法除了可以提高学员分析问题、解决问题的能力以外，还可以让学生掌握解决问题的一些基本方法和程序。

案例有两种类型：说明型案例和分析型案例。说明型案例是用来说明某种理论、方法和程序的运用，或者对理论进行解释。这类案例一般作为讲授的材料。分析型案例是一个以实践为依据而编写的典型课题，学员通过案例的分析和讨论，找出解决问题的方案。

（1）案例分析法的特点。

① 案例分析法的目的是着重提高学员分析问题和解决问题的能力，是一种较为高层次的训练方法。

② 案例分析法的学习方式是学员通过案例的分析，从中总结出某些规律，因而是一种归纳式的学习方法。

③ 案例分析法提供给学员一个个生动具体的案例，这些案例为学生的分析与思考提供一种问题情景，指导教师要在案例分析中鼓励和激发学员积极思考。

④ 案例分析法的主体是学生。案例分析法揭示了人在某种具体情景下的行为规律，

指导教师的任务就是引导学生以思考、讨论的方式将这些规律寻找出来。

⑤ 案例分析法提供的情景是具体的、全方位的，人们的行为可以从多方面进行解释，很难有一个最优的解决方案。

(2) 案例分析法的操作程序。

① 准备阶段。培训者根据培训目标和培训对象确定培训课程的具体内容，选择合适的案例材料作为分析的内容。此外，还要制定培训计划，确定培训时间、地点，培训者对所要讨论的案例做充分的准备。

② 介绍阶段。这期间既包括培训者向学员介绍培训的目的、培训的方式、案例分析法的基本内容、特点、注意事项以及本次培训课程的计划安排，又包括学员之间的相互介绍和了解，以便营造一种宽松的学习气氛。同时，将学员分成几个讨论小组，并确定各组的组长。

③ 讨论阶段。培训者展示案例资料，让学员了解、熟悉案例内容，同时回答学员就案例内容提出的疑问。然后各组分别讨论案例，找出所有的问题，并提炼出最迫切需要解决的问题。各组成员分别研讨各种解决方案，并根据某种标准讨论选择最佳解决方案。最后，全体学员共同讨论解决问题的方案。

④ 总结阶段。培训者就案例内容及解决方案进行总结，并就本次培训课程的学习要点进行总结和评价。

(3) 用于讨论的案例本身包括的内容。

① 说明。包括目的、对象、使用建议和作者等。

② 正文。一般按照事件发展的顺序展开，一些复杂的案例通常先介绍事件发生的背景。

③ 附件。有的案例需要附件，如数据、图表、有关规章制度和有关背景知识等。

④ 思考题。思考题是案例中的关键部分，是引导学员展开讨论的导火线。

(4) 案例编写一般遵循的步骤。

① 确定培训的目的。案例的编写要以培训的目的为依据，培训目的应当具体而明确，不要同时涉及过多的主题。

② 收集信息。信息的来源一般有四个：一是公开出版发行的报刊书籍；二是内部的文件资料；三是有关人员的叙述；四是自己经历过的真实事件等。

③ 写作。写作时事件的起因、发展和结局应忠于事实，引用的数据要准确，涉及的机构和人名可以采用匿名的形式。如果所写的案例需要公开发表，应征得有关组织、个人的同意和认可。

④ 检测。请不熟悉案例的人或经验丰富的人来审阅案例，看是否存在缺陷或遗漏。

⑤ 定稿。根据审阅者的意见对案例进行修改，最后定稿。

2) 研讨

按照研讨的主体分类，研讨分为以下两种：一种是以教师为中心的研讨；另一种是以学生为中心的研讨。以教师为中心的研讨从头至尾都由教师组织，教师提出问题，引导学生做出回答，教师起着活跃气氛、使讨论不断深入的作用。讨论的问题除主题本身以外，还包括由学生提出的问题。以学生为中心的研讨有两种方法：一是由教师提出问题或任务，由学生独立提出解决办法；二是不规定研讨的任务，学员就某议题进行自由讨论，相互启发。

按照研讨的着眼点来分类，研讨分成任务取向的研讨和过程取向的研讨。任务取向的研讨着眼于达到某种事先确定的目标，通过讨论得出某种结论或者澄清某个问题；过程取向的研讨着眼于讨论过程中学生之间的相互影响、相互启迪及信息交换，以增进彼此的了解和感情。一个成功的研讨应当既能得出某种结论，又能达到相互影响的目的，这就是任务-过程取向的研讨。

(1) 研讨的形式主要有以下几种。

① 集体讨论。在教师的组织下，学员就某一主题展开讨论。学员可以自由发言，也可以由教师选择若干学员作为主要发言者，发言完毕后其他学员可以发表看法。

② 分组讨论。当学员人数较多时，可以将学员分成若干小组，就某一问题展开讨论。讨论结束后，教师将各个小组的讨论情况汇集在一起，进行总结。

③ 辩论式讨论。将学员分成意见对立的两组，双方针对某一命题进行辩论，学员在相互的辩论中锻炼自己的分析能力、反应能力和说服能力。研讨既可以用于知识学习，又可以用于能力开发和心理训练等。

(2) 实施研讨。研讨法强调学员的积极参与，有利于培养学员的综合能力，在讨论过程中是多向式的信息交流，加深了学员对知识的理解，提高了学员的理论应用能力，适合于不同的培训项目。但是，研讨法对于指导教师的要求较高，不仅要对研讨的题目、内容有充分的准备，而且在研讨过程中还要善于积极引导，组织学员围绕主题展开讨论，并创造轻松自由的讨论气氛，达到良好的培训效果。为使研讨能够顺利进行，在具体实施研讨过程中要注意以下几点。

① 确定研讨的题目要具有代表性，既要与实际工作紧密联系，又要体现所需培训内容的核心问题；题目还要具有启发性，题目应能启发学员进行思考和研究，以利于学员能力的提高和对知识的掌握；题目难度要适当，要根据培训目标的要求，结合培训对象的知识和能力水平确定。

② 确定指导教师。研讨法是在教师的指导下，以学员活动为主的培训方法，因此教师的能力和经验对培训的效果起着至关重要的作用。同时，指导教师应对研讨内容进行认真研究，明确通过研讨要解决的问题，设计研讨的进程，预计研讨过程中可能出现的问题及各种应对措施，准备研讨的总结报告。

③ 在实施研讨过程中，指导教师要明确讨论要求，引导讨论过程，创造讨论气氛以及总结讨论结果。

3) 授课

授课是学校或专业培训机构采用的方法，主要由培训师讲述知识，由受训者记忆知识，中间会穿插一些提问，由受训者来回答。授课的效果取决于培训师的演讲水平和受训者的动机。授课法作为一种传统的基本培训方法，有着易于操作、经济高效和有利于发挥指导教师作用的优势。同时，也存在着明显的缺点，如单向式教学、缺乏实际的直观体验、对学习内容的记忆效果相对不佳以及培训的针对性不强等。在企业员工培训中，授课法往往与其他培训方法结合采用。

（1）授课的方式主要有以下 3 种。

① 灌输式讲授。知识信息完全从教师向学员单向传播，学员只是被动地接受，不要求学员发现问题、分析问题和解决问题。完全依靠指导教师的作用来吸引学员的注意力。

② 启发式讲授。指导教师先讲授一部分内容，将有关知识点以问题的形式向学员提出，先让学员思考和回答问题，然后进行总结归纳。采用这种授课方式可以使教师和学员之间有一定的交流，学员有一定的学习自主权和参与性。

③ 画龙点睛式讲授。教师将要讲授的讲义和辅导材料事先发给学员，让学员有充分的时间预习和自学，课堂上教师只针对重点、难点进行讲解，并回答学员的问题。这种授课方式使学生的参与性和自主性大大提高，授课的学时数减少，授课的效率提高。

（2）授课的注意事项。为使授课法能充分发挥作用，提高培训效果，操作中应注意以下几个问题。

① 讲课内容应根据培训的具体对象和目标确定。培训前应先了解学员的基本情况和具体工作需求，由此确定授课的内容、方式，形成具体的授课计划。

② 授课教师是授课培训法成功的关键因素。授课教师应对所讲授的知识有深入的了解和研究，并且有丰富的实践经验。授课教师要掌握授课技巧，提高学员的听课兴趣。同时，要通过一些具体的举措，如让学生积极参与，通过其他一些视听手段以及教师自身的语言、形体语言等个人魅力，保持学员的学习兴趣。

③ 授课法要注意与其他方法结合使用，如和研讨、角色扮演等多种方法结合，以充分发挥其基础作用，以取得良好的培训效果。

4）游戏

游戏是指由两个或更多的受训者在一定规则的约束下，相互竞争达到某种目标的训练方法，是一种高度结构化的活动方式。由于游戏本身的趣味性，这种训练方法能激发受训者的学习兴趣，使学员在不知不觉中学习和巩固所学的知识与技能，开拓思路，提高解决问题的能力。游戏法一般不作为单独的培训方法，总是被穿插在其他培训方法中进行。游戏培训法的基本程序是：培训者介绍游戏规则和方法，将学员分组或以个人形式进行比赛，培训者对游戏活动进行评价和总结。

游戏法在实施过程中要注意的事项如下所述。

（1）选用恰当的游戏。培训者应根据培训目标和培训内容的需要适当地选择合适的游戏，游戏本身只是培训过程中的辅助工具。在整个培训过程中，进行游戏的时机应慎重选择，应将游戏的目的、效果与培训内容相结合，避免脱节。

（2）培训者的职责。培训者在游戏过程中充当组织者和观察者的角色。作为组织者，需要创造活动的气氛，要保证游戏规则的执行，要根据现场情况适当调整活动的进程，要处理各种突发事件，要控制游戏的时间等。作为观察者，在游戏进行中要观察团体及个人的行为，洞察其心理变化，以便活动结束后对培训过程进行评价和总结。培训者在平常工作中应注意积累各种训练游戏，充分了解游戏方法、游戏规则、游戏目的和效果，以便针对培训目标和培训内容选择合适的游戏，使游戏起到应有的辅助训练的作用。

5）角色扮演

角色扮演是以有效开发角色的行为能力为目的的训练方法。这种方法往往在一个模拟真实的情景中，由两个以上的受训者相互作用，处理各种问题，掌握必要的技能，以此提高学员的行动能力。角色扮演能进一步改变学员的态度，培养学员解决问题的能力，适合于各类员工的培训。角色扮演的培训效果主要取决于培训师的能力，如果培训师能作及时、适当的反馈和强化，则培训效果比较理想。

（1）角色扮演的操作程序。

① 准备阶段。根据具体的培训对象和目标确定演练的主题和内容，设定角色，为角色扮演者准备演练指导，提供明确的表演剧本或是表演的基本框架，为观察者准备观察指导等。培训者还应制定课程计划及时间安排，考虑所需的道具和材料，确定培训的时间和地点等。

② 演练准备。培训者介绍角色扮演法的基本内容、操作方法和应注意的问题；介绍本次训练课程的题目及预期达到的目标。接下来是对培训者进行角色分派以及为扮演者准备角色。在演练开始前可以做一些热身活动，如自我介绍等创造一种轻松愉快的气氛。

③ 正式扮演阶段。培训者介绍演练的特定情境和角色特点，演示者开始表演，表演结束后观察者以小组为单位对演示者的行为进行分析评价。各小组代表发言，最后是培训者对各组加以评价。角色扮演者发表对自己和对对方角色的感想，并讨论此次培训的收获。

（2）角色扮演的实施要点。

① 角色扮演活动中存在三种角色：一是导演，由培训者担任，负责指导整个演练过程，在演练过程中起着重要的组织和指导作用；二是演示者，可由学员轮流担任，作为训练活动的表演者由导演确定，负责扮演各种角色；三是观察者，由除演示者之外的所有学员担任，是此培训课程的主角，主要任务是仔细观察整个表演过程，并进行分析和评论。

② 演示内容可以是内容详尽的剧本，也可以由演示者自由表现在某特定情境下的正常反应。指导者应认真监督演示者的准备，以便保证演示效果。

③ 可以辅助以讲授、研讨和案例研究等方法，以提高培训效果。

6）计划性指导

计划性指导是指一种以书面材料或电脑屏幕提供阶段性信息的职业培训方法。在学习了一个阶段知识技能之后，受训者必须回答这一阶段的有关问题，培训者会提供正确答案作为反馈。受训者只有通过前一阶段的所有问题，才能进入下一阶段的学习。计划性指导的优点在于受训者可以根据自己的速度进行学习，反馈程度较高并且及时，对培训效果较佳的受训者提供了激励。同时，这种培训方式还不受时间地点的限制。计划性指导的缺点在于开发成本较高，学习的知识、技能难以转移到工作情景中去。

3. 自学方法

自学一般有以下几种方法。

1）指定学习资料

人力资源管理部门在培训需求分析的基础上制定培训计划，确定培训项目，然后指定与培训项目、培训要求相匹配的学习材料让员工学习。学习材料可以是教材、资料和音像制品等。当自学的任务比较繁重，或者理论性比较强的情况下，组织要给员工规定学习完成的时间和提出具体的学习要求，并且提供必要的指导和帮助。在规定的时间内，员工自己安排学习进度，直到完成学习任务。员工在完成指定的学习任务之后，应反馈学习结果，一般采用考试、写心得体会或者举办学习成果交流报告会或研讨会等，这些都有助于学习效果的强化。

2）网上学习

企业在互联网上建立网页，开设网上课程，员工随时可以通过访问企业的网页进行学习，不受时间和空间的限制，费用低廉是网上学习的最大优势。网上学习需要一些基本条件，如建立企业自己的网页；员工需要拥有个人电脑；公司需要专门开设网上课程，包括网上学习的课程体系，各门课程的内容以及学习指南等；同时为了解答员工在自学中遇到的问题和困难，还需要配备专门的自学辅导员。辅导员可以单独解答，也可以采用网上对话的方式集中解答问题。当然，网上学习也存在一些劣势，比如，课程内容很难根据学习者的具体情况改变，不够灵活；只适合进行知识方面的培训，其他操作技能性培训项目较难开展；无法对学习过程进行控制，完全依靠学习者的自觉性；由于个人单独学习，容易产生单调感和孤独感。

3）电视教育

一些企业拥有自己的闭路电视教育系统，课程是分类设置的，每次课一般会在不同时间段多次播放，员工可以选择合适的时间学习。这也是一种比较灵活的学习培训方式。但是，开展电视培训教育的投资费用比较大，不适合在中小企业中开展。对中小企业来说，半脱产培训或鼓励员工利用业余时间自学是最好的方式。

5.3.2　人力资源的培训效果评价

培训评价就是收集有关培训项目实施效果的反馈信息，根据这些信息对培训价值做出评估。对培训项目进行评价的作用主要有两个：一是决定是否应在整个组织内继续进行当前的培训项目；二是对将来的培训工作进行改进。

1. 培训评价的四个层次

一般来说，培训评价在以下四个层次上进行，即受训者的反应、学习效果、行为和培训的结果。

（1）受训者的反应。受训者的反应是受训者对于培训的总体印象和感觉。通常在培训期结束后通过一个简短的问卷来获得，在问卷中，可以要求受训者对于培训科目、自己的收获大小以及培训的组织管理工作作出综合的评价。评价的重点是受训者对该项目的总体看法、对培训人员和设施的意见以及对课程安排和培训管理的建议等，见表 5－1。

（2）受训者的学习效果。受训者的学习效果是指受训者对培训内容的掌握程度，可以通过培训前后举行的书面考试或操作测试来衡量。评价的重点是受训者在培训前后，知识及技能的掌握方面有多大程度的提高。

表5-1 培训项目评估表

培训课程内容			
1. 课程安排如何	(1) 很好	(2) 一般	(3) 较差
2. 培训效果如何	(1) 十分有效	(2) 有些效果	(3) 完全无效
3. 受益最大的地方	(1) (2) (3)		
4. 本次培训中的优缺点	(1) (2) (3)		
5. 今后应开设哪些课程	(1) (2) (3)		
6. 组织应在哪些方面加强服务	(1) (2) (3)		
7. 哪些项目需增加课时数，哪些应减少			
8. 你对课程有何建议			

(3) 受训者的行为。受训者的行为是指受训者培训前后在工作行为上的变化，通常由受训者自己或由那些和受训者工作上最接近的人，如管理者、同事或下属进行评定。通常结合下期的绩效考核进行评价。评价的重点是受训者在培训后的工作行为有无变化，以及他们在工作中是否使用了在培训中学到的知识。

(4) 培训的结果。培训的结果是指通过培训所带来的组织相关产出的变化。这个层次的评估强调培训所产生的整体效果，即组织是否因为培训而经营效益更好。可以通过一些量化的指标来衡量，如事故率、生产效率、人员流动率及不合格品率等。但是问题是不能完全确定这些指标的变化一定是由于培训而发生改变的，因为可能存在其他诸多的影响因素。在这种情况下，往往采用对照组的方法，在一定程度上可以解决这个问题。

2. 外派培训的评价

对于外派培训可以通过两种方式评价培训的效果。

(1) 根据受训者是否获得证书进行评估。这种方法适用于以取得资格证、学历证为目的的培训。培训结束后，受训员工应将获得的证书交人力资源部门备案。

(2) 通过调查表或报告书进行评估。这种方法适用于非证书培训。员工学习结束后，填写培训效果调查表或培训报告书，交人力资源管理部门。人力资源管理部门根据员工填写的调查表或报告书(见表5-2)和直线部门共同对培训效果做出评价，以利于今后审批此类培训项目。

表 5-2　受训者心得报告书

培训课程	
培训日期	
报告人员	
所属单位	
报告的主要内容 (1) 学到了什么知识和技能 (2) 在今后的工作中怎样应用所学的技能 (3) 自我体会或需要的帮助是什么	

3. 培训师授课效果的评价

对培训师授课效果主要评价以下几个方面：培训课程与员工个体需要的关系、对培训课程的设置是否满意及授课的方式是否合适等，可以通过培训师授课评估表(见表 5-3)得以评估。

表 5-3　培训师授课评估表

课程：	培训教师：	日期：
1. 课程是否符合需要	非常符合(　) 尚可(　) 不符合(　)	
2. 授课教师的学术水平	很　好(　) 尚可(　) 较　差(　)	
3. 课程内容是否满意	很满意(　) 一般(　) 不满意(　)	
4. 是否理解课程内容	很明白(　) 一般(　) 不清楚(　)	
5. 你最感兴趣的地方是 ① ② ③		
6. 应重点讲授的地方 ① ② ③		
7. 授课方式如何	很　好(　) 一般(　) 不　好(　)	
8. 授课内容如何	很充实(　) 一般(　) 空　洞(　)	
9. 你认为应采取哪种方式授课 ① ② ③		
10. 其他意见 ① ② ③		

思　考　题

1. 什么是人力资源的培训与开发?
2. 人力资源培训与开发的意义是什么?
3. 培训需求信息收集的方式有哪些?
4. 培训需求分析的内容包括哪些?
5. 案例分析法如何操作?
6. 尝试自己编写一个培训方面的案例。
7. 培训评价的四个层次分别是什么?

案例思考题 5-1

肯德基的员工培训

1987 年 11 月 12 日，肯德基在北京前门繁华地带设立了在中国的第一家餐厅，北京肯德基有限公司也成了北京第一家经营快餐的中外合资企业。

作为世界上最大的餐饮连锁企业，肯德基自进入中国以来，带给中国的不仅是异国风味的美味炸鸡、上万个就业机会，还有全新的国际标准的人员管理和培训系统。

作为劳动密集型产业，肯德基奉行“以人为核心”的人力资本管理机制。因此，员工是肯德基在世界各地快速发展的关键。肯德基不断投入资金和人力进行各方面、各层次的培训。从餐厅服务员、餐厅经理到公司职能部门的管理人员，这些培训不仅帮助员工提高了工作技能，同时还丰富和完善了员工自身的知识结构和个性发展。

另外，由于肯德基采取开放式就业，公司对员工的流动并没有做出特殊的限制和要求。经过公司严格培训的本地熟练工人和管理者因为种种原因走出公司，甚至流向当地竞争企业。比如，上海的“新亚大包”、来自台湾的“永和豆浆”的核心高级管理人员就有一些是原肯德基的高级管理人员。但正是这种宽松环境下造成的人员流动，使肯德基培训的管理知识和经营理念实现了隐形传播。肯德基的工作和培训经验使员工变成人才，人力资源变成人力资本，进而成长为中国经济发展进程中出色的企业管理人才。

那么，究竟肯德基的员工培训系统是怎样的呢?

1. 教育培训基地：员工学堂

肯德基在中国特别建有适用于当地餐厅管理的专业训练系统及教育基地——教育发展中心。这个基地成立于 1996 年，专为餐厅管理人员设立，每年为来自全国各地的 2000 多名肯德基的餐厅管理人员提供上千次的培训课程。教育发展中心大约每两年会对旧有教材进行重新审定和编写。培训课程包括产品品质管理、产品品质评估、服务沟通、有效管理时间、领导风格、人力成本管理和团队精神等。

在一名管理人员的培训计划中，记者看到了《如何同心协力做好工作》、《基本管理》、《绩效管理》、《项目管理》、《7 个好习惯》及《谈判与技巧》等科目。据了解，肯德基最初的培训课程来自于国际标准的范本，但最主要的是来自于当地资深员工的言传身教及对工作经验的总结。因此，教材的审定和重新编写主要是补充一线员工在实践中获得的新知识和新方法。每一位参加教育发展中心培训的员工都既是受训者，也是执教者。这所独特的“企业里的大学”，就是肯德基在中国的所有员工的智囊部门和中枢系统。

2. 内部培训制度：分门别类

肯德基的内部培训体系分为职能部门专业培训、餐厅员工岗位基础培训以及餐厅管理技能培训。

(1) 职能部门专业培训。肯德基隶属于世界上最大的餐饮集团——百胜全球餐饮集团，中国百胜餐饮集团设有专业职能部门，分别管理着肯德基的市场开发、营建、企划、技术品控、采购及配送物流系统的专业工作。

为配合公司整个系统的运作与发展，中国百胜餐饮集团建立了专门的培训与发展策略。每位职员进入公司之后要去肯德基餐厅实习 7 天，以了解餐厅营运和公司企业精神的内涵。职员一旦接受相应的管理工作，公司将提供传递公司企业文化的培训课程，一方面，为提高员工的工作能力，为企业及国家培养合适的管理人才；另一方面，使员工对公司的企业文化有深刻的了解，从而实现公司和员工的共同成长。

(2) 餐厅员工岗位基础培训。作为直接面对顾客的“窗口”——餐厅员工，从进店的第一天开始，每个人就都要严格学习工作站基本的操作技能，从不会到能够胜任每一项操作。新进员工会接受公司安排的近 200 个工作小时的培训，并通过考试取得结业证书。从见习助理、二级助理、餐厅经理到区经理，随着每一段的晋升，都要修习 5 天的课程。根据粗略估计，光是训练一名经理，肯德基就要花上好几万元。

在肯德基，见习服务员、服务员、训练员以及餐厅管理组人员，全部是根据员工个人对工作站操作要求的熟练程度，来实现职位的提升及工资水平的上涨。在这样的管理体制下，年龄、性别、教育背景等都不会对你未来在公司的发展产生任何直接的影响。

(3) 餐厅管理技能培训。目前肯德基在中国大约有 5 000 名餐厅管理人员，针对不同的管理职位，肯德基都配有不同的学习课程，学习与成长相辅相成，是肯德基管理技能培训的一个特点。

当一名新的见习助理进入餐厅，适合每一阶段发展的全套培训科目已经在等待着他。最初时他将要学习进入肯德基每一个工作站所需要的基本操作技能、常识以及必要的人际关系的管理技巧和智慧，随着他管理能力的增加和职位的升迁，公司会再次安排不同的培训课程。当一名普通的餐厅服务人员经过多年的努力成长为管理数家肯德基餐厅的区域经理时，他不但要学习领导入门的分区管理手册，同时还要接受公司的高级知识技能培训，并具备获得被送往其他国家接受新观念以开拓思路的资格的机会。除此之外，这些餐厅管理人员还要不定期地观摩录像资料、进行管理技能考核竞赛等。

3. 横纵交流：传播肯德基理念

为了密切公司内部员工的关系，肯德基还举行不定期的餐厅竞赛和员工活动，进行内部纵向交流。记者采访的一位选择肯德基作为人生中第一份工作的餐厅服务员说，在肯德基的餐厅，她学到的最重要的东西就是团队合作精神和注重细节的习惯。这些对思想深层的影响今后会一直伴随他们，无论是在哪个工作岗位工作。

另外，肯德基从 1998 年 6 月 27 日起开始强化对外交流，进行行业内横向交流。肯德基和中国国内贸易局已经共同举办了数届“中式快餐经营管理高级研修班”，为来自全国的中高级中式快餐管理人员提供讲座和交流的机会，由专家为他们讲述快餐连锁的观念、特征和架构，市场与产品的定位，产品和工艺、设备的标准化，快餐店营运和配送中心的建立等。对技能和观念的培训与教育，除了会提高员工的工作能力外，这种形式的交流也促使中国快餐业尽快学习国际先进的快餐经营模式。

肯德基进入中国十几年来，开店增多，为社会带来的连锁效应也越来越大。许多曾经在肯德基打过工的年轻人，当年都还是在校学生，或者刚走出校门。据初步统计，肯德基进入中国十几年来，累计培训员工 20 万人次，基本培训资金投入超过 2.4 亿元。

在肯德基在中国开第 700 家店的上海庆祝活动中，他们没有打广告也没有搞庆祝仪式，而是把自己的培训课堂搬进了复旦大学的校园，让学生体验肯德基的培训。肯德基上海有限公司的王奇解释这一现象为“企业大学化”。

王奇介绍说，所谓“企业大学化”是指企业除了本身的生产流程外，同时也是创造知识的一环。现代知识型企业不光靠资本和土地赚钱，企业应该有它独特的知识才能够去竞争，企业在深化知识后，还要经过有效的整理和积蓄，然后才能传播出去。把企业的培训理念引进校园，一方面，高校为企业的培训提供着良好的专业背景，另一方面，企业也通过这样的形式把自己对人才素质的需要及来自于管理实践的最新经验给学校，这是一个互动的过程。

问题：

1. 肯德基人力资本管理机制的内涵是什么？
2. 肯德基的员工培训系统是怎样的？有何意义？

案例思考题 5-2

海尔的培训

海尔公司在20年的发展壮大中，一直贯穿“先盘活人，才能盘活资产”的以人为本的培训思路，建立了一个能够充分激发员工活力的人才培训机制，最大限度地激发每个人的活力，充分开发利用人力资源。

海尔集团培训工作的原则是“干什么学什么，缺什么补什么，急用先学，立竿见影。”在此前提下首先是价值观的培训，“什么是对的，什么是错的，什么该干，什么不该干”这是每个员工在工作中必须首先明确的内容，这是企业文化的内容。通过海尔的内部发行刊物《海尔报》进行大力宣传以及通过上下灌输、上级表率作用之外，重要的是由员工互动培训。“下级的素质低不是你的责任，但不能提高下级的素质就是你的责任。”各级管理人员不论职位高低，职责之一就是培训下级，特别是高级管理人员必须定期到海尔大学授课或接受海尔大学培训部的安排，这也是高级管理人员考核晋升的必备指标，为调动员工参与培训的积极性，海尔集团将员工培训工作与员工激励机制紧密结合，使人人关心培训、重视培训。

技能培训是海尔培训的重点，海尔在进行技能培训时重点是通过案例、到现场进行的“即时培训”模式来进行。在现场进行案例剖析，针对案例中反映出的问题，统一员工的动作、观念、技能，然后利用现场看板的形式在区域内进行培训学习、讨论、形成共识，提高技能。

海尔集团自创业以来，根据每个人的职业生涯设计为每个人制定了个性的培训计划，搭建了个性化发展的空间，提供了充分的培训机会，并实行培训与上岗资格相结合的机制。海尔的人力资源开发思路是“人人是人才，赛马不相马”。在具体实施上为员工提供了三种职业生涯设计：一种是管理人员的，一种是专业人员的，一种是工人的。每一种都有升迁的方向，只要是符合升迁条件的即可升迁进入后备人才库，参加下一轮的竞争，随后就是相应的个性化培训。

“海豚式”升迁是海尔的一大特色。即潜得越深，跳得越高。假如一个人从生产部门的基层干到该部门的主管，现在要升他为事业部部长，那么他就需要市场系统的经验，就要到市场系统去，从市场的最基层工作做起，然后从这个最基层岗位再一步步干上来。如果能上来，就上岗，如果干不上来，就地免职。

“届满要轮换”是海尔培训技能人才的一大措施。一个人长久地从事一种工作，久而久之形成了固化的思维方式及知识结构，这在以“创新”为核心的企业来说是难以想象的。目前海尔已制定出明确的制度，规定了每个岗位最长的工作年限。

实战方式也是海尔培训的一大特点。例如集团常务副总裁柴永林，是在企业最急需人才的时候入厂的，出校门入厂门，一上岗就压上了重担，从国产化，引进办，到进出口公司的一把手，重担压得他喘不过气来，有一阶段工作也上不去了。领导发现他有潜力，只是缺少一些知识，需要补课。为此安排他去一线锻炼，边干边学，拓宽知识面，积累工作经验。担起了集团副总经理的重任，为海尔创造了许多奇迹。

海尔为充分实施全员的培训工作，建立了完善的培训软环境。

在内部，建立了完善的培训教师师资网络，对所有可以授课的人员进行教师资格认定，持证上岗。同时建立了内部培训管理员网络，每月对培训工作进行考评，并与部门负责人及培训管理员工资挂钩，通过激励调动培训网络的灵活性和能动性。

在外部，海尔建立起了可随时调用的师资队伍。目前海尔以中国海洋大学海尔经贸学院的师资队伍为基本依托，同时与国内外20余家大专院校、咨询机构及国际知名企业近百名专家教授建立起了外部培训网络，利用国际知名企业丰富的案例进行内部员工培训，在引入了国内外先进的教学和管理经验的同时，又借用此力量、利用这些网络将海尔先进的管理经验编成案例库，成为MBA教学的案例，也成为海尔内部员工培训的案例，实现了资源共享。

海尔集团既重视“即时”培训，也重视对员工的“脱产”培训，为培养出国际水平的管理人才，还筹资建立了员工培训基地——海尔大学。

问题：

1. 海尔培训的核心是什么？
2. 你怎么看海尔的个人生涯培训？
3. 海尔的培训环境对海尔员工的培训有何意义？

第6章

绩效管理

教学目标

通过本章的学习，对现代企业绩效管理的理念、方法和技巧有一定的认识，具备基本的现代企业绩效管理的实践技能。

教学要求

把握现代企业绩效管理的相关概念及相关理论，掌握绩效管理的程序及绩效考核的常用方法，熟悉绩效考核的系统方法及绩效考核结果的应用领域。

绩效管理是人力资源管理过程中最重要的环节之一，任何一个优秀的组织，其成功的秘籍之一就在于有效的绩效管理。绩效管理是一个系统的工作，包括目标与计划的制定、良好的沟通、开放的氛围、信息的及时反馈以及考核结果的应用等。考核工作强调公司的价值观、领导的支持、管理层与一般员工的积极参与以及制度的保证等。那么，究竟什么才是绩效管理？为什么要进行绩效管理？怎样才能进行有效的绩效管理？这一系列的问题将是这一章所需要解决的。

6.1 绩效与绩效管理

6.1.1 绩效的含义与特点

绩效是指工作成绩和效果，包括两层含义：一是组织的绩效，是指组织在某一时期内，组织目标任务完成的数量、质量、效率及盈利状况。二是员工的工作绩效，是指员工经过考评的工作行为、表现及结果。这里主要研究的是后者，即员工的绩效。

绩效具有多因性、多维性与动态性等特点。多因性是指绩效的优劣不是取决于单一因素，而要受制于主、客观多种因素的影响。主观影响因素包括工作技能和激励需求等，客观因素包括机会和环境等，如图 6.1 所示。多维性是指考评绩效需从多个维度或多个方面进行，例如，一名工人的绩效，除了考核产量指标完成情况外，还要对质量、原材料消耗、能耗、出勤甚至团结、服从、纪律等方面进行综合考评。动态性是指员工的绩效是会变化的，随着时间的推移，绩效差的员工可能改进转好，绩效好的员工可能退步变差，所以不可凭一时印象，以僵化的观点看待员工的绩效。

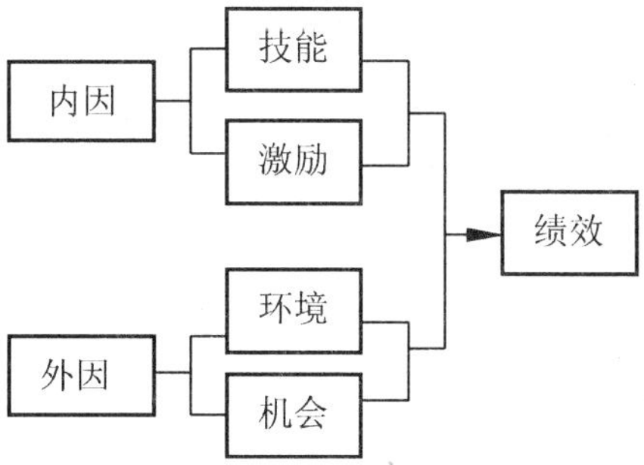

图 6.1 工作绩效的影响因素模型

6.1.2 绩效管理的含义与特点

绩效管理是管理者确保员工的工作活动以及工作产出能够与组织的目标保持一致的过程。它是通过识别、衡量和传达有关员工工作绩效水平的信息，从而使组织的目标得以实现的一种逐步定位的方法。

由于组织与员工在实现既定目标的前提下本来就是一个不可分割的有机体，因此，绩效管理系统只有在针对组织目标进行定位的前提下，才能够对作为组织成员的个人的行为进行定位。为了实现更好的绩效管理，公司高层必须能够准确、清晰、明确地表达公司的目标与战略，从而在绩效管理系统中向员工准确地传达信息，以保证绩效管理的目标得以实现。绩效管理系统的任何一个环节都与组织的目标相联系，如何体现出这种联系正是绩效管理系统设计中的关键。

绩效管理通常具有下面一些特征。

(1) 绩效管理是防止员工绩效不佳和提高工作绩效的有力工具。这是绩效管理最核心的目的。绩效管理的各个环节都是围绕着这个目的来进行的。因此，绩效管理不仅要针对工作中存在问题的员工，更重要的是要着眼于提高现有的绩效水平，从而促使组织的目标得以顺利实现。

(2) 绩效管理还特别强调沟通辅导及员工能力的提高。绩效管理通过强调沟通辅导的过程以实现它的开发目的。绩效管理不是迫使员工工作的棍棒，不是权力的炫耀。事实上，各种方式的沟通辅导贯穿于整个绩效管理系统之中。因此，绩效管理非常强调各级管理者的人力资源管理责任。为了实现有效的绩效管理，人力资源管理部门必须使他们的绩效管理系统得到从各级管理者到普通员工所有人的认同与支持。

(3) 绩效管理是一个过程，是一个包括若干个环节的系统。通过这个系统在一定周期中的运行实现绩效管理系统的各个目标。需要指出的是，绩效管理不仅强调绩效的结果，而且注重达成绩效目标的过程，绩效管理不是一年一次的填表工作。它不仅仅是最后的评价，而且是强调通过控制整个绩效周期中的员工的绩效情况来达到绩效管理的目的。

(4) 绩效管理不是简单的任务管理。任务管理的目的只是围绕着实现当期的某个任务目标，而绩效管理则是根据整个组织(企业)的战略目标，为了实现一系列中长期的组织目标而对员工的绩效进行的管理。因此，绩效管理具有重要的战略意义。

6.1.3 绩效管理在组织中的作用

绩效管理是组织为实现战略目标而对企业资源进行规划、组织和使用，并实现顾客期望的过程。它表现为企业为了实现各项目标，采用科学的方法，通过对员工的工作表现和工作业绩以及综合素质的全面分析和评估，改善组织行为，充分调动员工的工作积极性，不断挖掘其潜力的一系列活动。绩效管理在组织中的作用表现为以下几个方面。

1. 实现组织战略目标、满足员工发展需求的必要手段

绩效管理是企业将战略转化为行动的过程，是战略管理的一个重要构成要素。其深层的目标是基于企业的发展战略，通过员工及其主管持续动态的沟通，明确员工的工作任务及其绩效目标，并确定对员工工作结果的衡量办法。在过程中影响员工的行为，从而实现公司的目标，并使员工得到发展。

2. 可促使组织管理的规范化和制度化

实施绩效管理可以使部门职责、岗位职责以及员工必须具备的业务素质、工作能力和工作态度等进一步明确并制度化，部门和员工的工作行为进一步规范化，让部门和员工明白应该做什么、不应该做什么，从而使部门和员工的工作行为有章可循，激发员工的工作热情，引导部门和员工的工作目标始终与企业的发展目标相一致，极大地提高部门及员工的工作绩

效，培养企业所需要的高质量的人力资源，鼓励并驱动企业发展所需要的工作行为。

3. 促进组织内部信息流通和企业文化建设

绩效管理非常重视员工的“参与”，从绩效目标的制定、绩效计划的形成、实行计划中的信息反馈和指导到绩效评估、对评估结果的运用以及提出新的绩效目标等都需要员工的参与，需要管理者与员工双方的相互沟通。这种“参与式”的管理方式体现了对员工的尊重，满足了员工的尊重需要和自我实现需要，为组织创造一种良好的氛围。因此，绩效管理对于创建一个民主的、参与性的文化是非常重要的。

4. 使人力资源管理成为一个完整的系统

绩效管理在企业的人力资源管理系统中处于核心的位置，它把人力资源的各项功能整合为一个内在联系的整体，并通过为员工设定个人目标与组织的整体目标和战略相联系；同时绩效管理为员工的薪酬制定、培训、晋升、工作安排及未来目标的设定提供依据，并为人员招聘和选拔提供参考。

6.2 绩效考评的内容与分类

6.2.1 绩效考评的内容

绩效考评是绩效管理的最主要内容，绩效考评是指按照确定的标准来衡量工作业绩、工作成果及工作效益与工作效率的达成程度。

企业绩效考评的内容体现了企业对员工的基本要求。考评内容是否科学、合理，直接影响到绩效考评的质量。因此，实行绩效考评的企业对有关考评内容的问题都很重视，都试图制定符合各自企业实际情况的需要、能够全面而准确地评价员工工作的考评内容。由于绩效的多因性，绩效量度的内容也颇为复杂。在实际操作过程中，由于各个企业所处的环境、完成目标的管理工作的具体特点以及经营者的偏好不同，都可能使企业在进行绩效考评时偏重于其中一项或几项内容。对于内容的确定，事实上就是确定考核指标，我国企业通常把以下四个方面作为绩效评估的基本内容指标。

1. 工作业绩考评

工作业绩考评是对企业人员工作的结果或履行职务的结果的考核与评价。它是对企业员工贡献程度的衡量，是所有工作绩效考评中最本质的考评，直接体现出员工在企业中的价值大小。在企业中，工作业绩主要指能够用具体数量或金额表示的工作成果，是最客观的考评标准，例如，利润、销售收入、产量、质量、成本、费用和市场份额等。

2. 工作行为考评

工作行为考评主要是对员工在工作中表现出的相关行为进行考核和评价，衡量其行为是否符合企业的规范和要求，是否有成效。由于对行为进行考评很难用具体数字或金额来精确表述，因此，在实际考评中，企业常常用频率或次数来描述员工的工作行为，并据此进行评价。工作行为考评也属客观性考评指标，例如，出勤率、事故率、表彰率、违纪违规次数、访问客户人次、客户满意度、员工投诉率以及合理化建议采纳次数等。

3. 工作能力考评

工作能力考评是考评员工在职务工作中发挥出来的能力，比如，在工作中的判断是否正确、工作效率如何以及工作中的协调能力怎样等。根据被考评者在工作中表现出来的能力，参照标准或要求对被考评者所担当的职务与其能力是否匹配进行评定。这里的能力主要体现在四个方面：专业知识和相关知识；相关技能、技术和技巧；相关工作经验；所需的体能和体力。需要指出的是，企业绩效考评中的能力考评和一般性能力测试不同，前者与被考评者所从事的工作相关，主要评价其能力是否符合所担任的工作和职务，而后者是对员工的能力从人的本身属性进行评价，不一定要和员工的现任工作相联系。在对员工的工作能力进行考评时，由于需要考评者对员工的工作能力做出评判，故此类考评标准为主观性指标。

在进行工作能力考评时，应注意全面地评价员工的专业性工作技能和相关的基本技能，后者常常被企业所忽略。常用的相关基本技能包括：人际技能、沟通技能、协调技能、公关技能、组织技能、分析和判断技能以及处理和解决问题的技能等。

4. 工作态度考评

工作态度考评是对员工在工作中的努力程度的评价，即对其工作积极性的衡量。常用的考评指标有：主动精神、创新精神、敬业精神、自主精神、忠诚感、责任感、团队精神、进取精神、事业心和自信心等。工作态度是工作能力向工作业绩转换的中介变量，在很大程度上决定了能力向业绩的转化。当然，同时还应考虑到工作完成的内部条件(如分工是否合适、指令是否正确、工作环境是否良好等)和外部条件(如市场变化或原材料供应等)。

显然，员工的工作态度也很难用具体数字或金额来表述，在对员工进行工作态度考评时，也需要考评者对员工表现出的工作态度做出评判，故此类指标也是主观性指标。

在以上4类绩效考评标准中，前两类标准可以进行客观的量化评价，故常称为“硬指标”，后两类很难进行量化，考评时常需要考评者的主观评价，故常称为“软指标”。在进行工作绩效考评时，应注意客观性评价和主观性评价的结合，硬指标和软指标的结合，这样才能全面公正地评价员工的工作绩效。

6.2.2 绩效考评的分类

1. 效果主导型、品质主导型和行为主导型

根据绩效考评时所选择的考评内容导向的不同，可将绩效考评分为效果主导型、品质主导型和行为主导型，举例见表6-1。

表6-1 按考评内容导向划分的绩效考评体系举例

1. 品质导向考评方法					
根据下述特征对员工进行评级					
(1) 对公司的忠诚	很低	低	平均	高	很高
(2) 沟通能力	很低	低	平均	高	很高
(3) 合作精神	很低	低	平均	高	很高

续表

2. 行为导向考评方法
根据下述量级，评定员工表现各种行为的频率
(1) 从来没有　(2) 极少　(3) 有时　(4) 经常　(5) 几乎总是
(　　)① 以愉悦和友好的方式欢迎顾客
(　　)② 没有能力向顾客解释产品的技术问题
(　　)③ 正确填写收费卡片
3. 效果导向考评方法
根据生产记录和员工档案，提供员工的下述信息
(1) 本月生产的产量数目
(2) 质检部门拒绝通过并销毁产量数目
(3) 质检部门拒绝通过并退回返修的产量数目
(4) 本月中员工在没有正式医院诊断情况下的缺勤天数

1) 效果主导型

这种类型考评的内容以考评结果为主，效果主导型着眼于“干出了什么”，重点在结果而不是行为。由于它考评的是工作业绩而不是工作效率，所以考评标准容易制定，并且容易操作。目标管理考评办法就是该类考评。它具有短期性和表现性的缺点，对具体生产操作的员工较适合，但对事务性人员不适合。

2) 品质主导型

品质主导型考评的内容以考评员工在工作中表现出来的品质为主，着眼于“他怎么干”，由于此种方法需要考评如忠诚、可靠、主动、有创新、有自信、有协助精神等，所以很难具体掌握，操作性与效率较差。适合于对员工的工作潜力、工作精神及沟通能力的考评。

3) 行为主导型

考核的内容以考评员工的工作行为为主，着眼于“如何干”、“干什么”，重在工作过程。考评的标准容易确定，操作性强，适合于对管理性、事务性工作的考评。

目前，比较流行的观点是考核不应局限于工作结果，特别是在员工个人不能全部决定工作结果的情况下，应充分地考虑员工所做的同组织目标相关的、可观测的行为或事情。一般情况下，可以以定量的工作产出为主，辅以对工作态度和能力的考核。

2. 客观考评法与主观考评法

根据考评性质，可以将绩效考评分为客观考评法和主观考评法。

1) 客观考评法

客观考评依靠的是对两类硬性指标的考评：一是生产指标，如产量、销售量、废次品率、原材料消耗率和能耗率等；二是个人工作指标，如出勤率、事故率、犯规违纪率等。

这些指标的考评一般来说是过硬的、客观的、定量的，因而也应该是最可信的。但事实上影响工作绩效的原因很多，受员工不可控的环境因素影响大。例如，若客观经济极为景气或十分萧条，则员工个人工作绩效必然会受到相应的影响，但他们并不能对工作后果负完全的责任。因而这种考评有时貌似公允，实际上可信度并不太高。另外，有些从事复杂脑力劳动的专业技术人员和管理人员的绩效很难有效地量化为直接的可测指标。总之，这种方法过于注重工作结果，忽略被考评者的工作行为；过于注重短期效果，牺牲长期指标。所以，它一般只适用于一线从事体力劳动的员工。

2）主观考评法

这种考评不依靠硬性的量化指标，而是由考评者依据一定的标准或设计好的维度对被考评者进行主观评价。评价的内容可以是员工的工作行为、个人品质，也可以是工作结果，或者是与工作绩效有关的其他各方面。这种方法在企业中的适用范围很广，可适用于包括技术人员和管理人员在内的各类员工的考评，且现实可行，因此很受重视。但这种方法由于主要凭考评者的主观判断，易受心理偏差的左右，导致某些主观错误。所以，在运用时要精心设计考评方案，组合多种考评方法，从不同角度进行重复考评，仔细测评被考评者创造绩效所必需的各种重要的工作行为，才能提高考评信度，使偏差尽可能地减少。

根据考评方式的不同，主观考评法又可以分为相对比较法和绝对标准法两类。

相对比较法是将某个被考评者的工作绩效与其他被考评者相比较，评出最终的顺序或等级，所以又可统称为比较法。

绝对标准法不作人际比较，而是单独地直接根据被考评者的行为及表现来进行评定。它在实践中使用得最为普遍，并演变出多种不同的形式。

6.3　绩效考评的原则与程序

6.3.1　绩效考评的原则

1. 与企业价值观一致的原则

考评的指标或内容实际上就是对员工的工作行为、态度、业绩等方面的要求和目标，它是员工行为的导向。考评的指标是企业组织文化和管理理念的具体化和形象化，在考评的指标中必须明确：企业鼓励什么、反对什么，以便给员工正确的指引。

2. 客观、公开的原则

绩效考评首先要实事求是，防止主观武断。尽可能按个体岗位的绝对标准进行考核，引导成员改进工作，避免人与人之间的攀比。同时要增加考评工作的透明度，最大限度地减少考核者和被考核者双方对考评工作的神秘感，绩效标准和水平的制定是公开进行的，考核结果也要公开，使考评工作制度化。

3. 民主的原则

绩效管理要使被评员工口服心服、诚心接受，确非易事。事实上，坚持民主常常是实现客观公正的必要条件。在制定标准时要听取员工的意见，在条件允许时，更应吸收各类员工推选的代表参与制定过程。在执行考评时更要保障受评者申诉与解释的权利。

4. 不考评无关内容

绩效考评是对员工的工作考评，对不影响工作的其他任何事情都不要进行考评，考评过程应就事论事。比如员工的生活习惯、行为举止等内容不宜作为考核内容，否则会影响相关工作的考评成绩。

5. 原则性与可靠性原则

这是指绩效标准应适于一切同类型的员工，即对同类型员工应一视同仁，不能区别对待，或经常变动，致使绩效考评结果的横向与纵向可比性降低或丧失，导致考评结果不能达到必要的可信度。

6. 反馈的原则

在绩效考评之后，进行面谈讨论，把结果反馈给被考核者，同时听取被考核者的意见及自我评价情况，存在问题不要紧，应给予修改，达到互相信赖。

7. 时效性原则

绩效考评是对考核期内的所有成绩进行考绩，不要将上期的行为强加于当期，也不将本期的行为挪到下期，还有就是不要用近期的业绩或比较突出的一两点成绩代替整个考核期的绩效，绩效数据与考核时段应相匹配。

8. 可行和实用的原则

可行是指预测在考评过程中涉及的与绩效标准相关的资料来源、潜在的问题以及在分析方面可能发生的困难和障碍，并准备应变措施。实用是指考评的手段是否有助于组织目标的实现以及考评的方法和手段是否和相应的岗位以及考评的目的相适应。

6.3.2 绩效考评的程序

绩效考核主要包括绩效计划、绩效监控、绩效评价、绩效反馈和绩效结果应用几个程序，如图 6.2 所示。

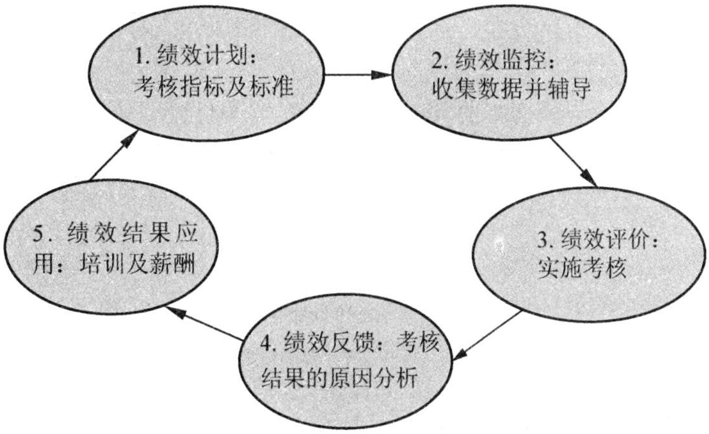

图 6.2 员工绩效考评的程序

1. 绩效计划

进行绩效考核首先应制定一个绩效计划，内容应包括：确定考核指标、制定考核标准、确定考核时间、找出考核参与者及制定考核方法。

1）确定考核指标

确定绩效考核指标，通俗地讲，就是确定要从哪些方面考核员工，就是确定考核内容。由于绩效具有多维性特点，因此，对员工的绩效评价同样需要多重评价指标。例如，评价一名销售人员的绩效可以从销售额、回款率和顾客满意度等方面的指标来评价。

2）制定绩效标准

在确定了考评维度之后，还必须对这些所要达到的标准进行明确的定义，并就这些标准与员工进行沟通。这些标准应该以员工所在岗位的特定需求为基础，并立足于企业长远的发展目标，以便在实际操作过程中既起到衡量基准的作用，又发挥应有的行为引导功能。

绩效考核指标及标准的确定是决定绩效考核工作成败的先决条件，它也体现企业战略的导向性和对员工行为的导向性，因此，在制定绩效考核指标时要注意以下几个方面。

(1) 绩效考核标准要明确。由于绩效指标及标准是考核判断的基础，因此必须客观化、定量化，只有这样才可能让员工清晰地认识到自己的目标究竟是什么，也会尽可能地提高考核者作出判断的客观性，避免模棱两可的考核结果出现。

(2) 绩效考核标准要可衡量。可以衡量的标准既包括数量上的标准，也包括质量上的标准，比如每一天要售出 10 件产品或每生产 1000 件产品中合格率要达到 99%等，这些都是可衡量的数量标准，而计划的完成程度或未完成程度就是可衡量的质量标准。

(3) 绩效考核标准要切合实际。标准的设置要建立在工作分析的基础上，只有这样才能保证绩效评价标准是与工作密切相关的。

(4) 绩效考核标准要难度适中。所定标准要充分考虑员工的能力，不能过高或过低，因为标准过高会让员工可望不可及，容易丧失信心；标准过低则不易激起员工的工作热情。只有那些合理的并且具有挑战性的标准才是具有最大激励性的。

(5) 绩效考核标准要有区分度。区分度是指明确完成什么样的程度是合格水平，完成什么样的程度是优秀水平等，便于考核时拉开等级。

总而言之，绩效目标以及考核标准的设定过程至关重要，需要管理者和员工共同参与、充分讨论，它是一个双向沟通的过程，管理者和员工在指标设立的过程中都负有责任。

2. 绩效监控

绩效监控即对员工绩效的监督与控制，以促进绩效计划的实现。绩效监控包括以下两方面内容。

1）考核数据的收集

很多公司的绩效考核之所以失败，就是因为员工觉得考核没有依据，太过主观。数据收集的目的就是要在绩效实施的过程中为考核收集“证据”，力图做到评估的客观和公正。

从这个意义上说，绩效的实施环节是为下一个环节——考核实施准备信息的。收集和记录员工的绩效信息主要有：提供绩效评估的事实依据、提供绩效改进的有利依据、发现优秀绩效和不良绩效产生的原因

2）绩效辅导

员工在执行计划的过程中很可能遇到各种意想不到的情况，使得最初设立的绩效计划完成变得更加困难或不切实际，通过员工和管理人员的沟通，双方可以对绩效计划进行调整，使之更加适应环境的要求。此外，在绩效实施阶段，管理人员更多地扮演着辅导员的角色，有责任帮助员工完成绩效目标。首先，当得知员工在计划执行过程中碰到困难时，管理人员要帮助员工分析问题之所在。如果是外部障碍，他要尽力帮助员工排除障碍；如果是员工自身能力的缺乏，管理者则应提供技能上的帮助或辅导；如果是员工信心不足，则要给员工打气。其次，对于员工工作中出现的偏差，管理者更是有责任及时“纠偏”，尽早找到潜在的问题并在它们出现之前将其解决。

3. 实施考核

1）确定考核的参与者

一般来说，参加绩效考核的人员可以包括上司、员工自己、下属、同事、外聘专家和客户等，不同的人员从不同的角度对被考核者进行考核，各有优劣。

2）确定绩效考评的方法

选择适当的考核方法也是绩效考核工作成败的关键，关于这个问题在6.4节中重点阐述。

4. 绩效反馈

传统的绩效考核往往在考核实施之后就宣告结束了，员工不知道自己的考核结果或者是只知道考核结果，不了解自己哪些地方做得好，哪些地方需要进一步的改善，从而导致员工的绩效始终停留在一个水平上。而现在的考核加入了绩效反馈这一环节，绩效反馈的目的就是要让员工了解自己的工作情况，肯定员工所取得的成绩，确认仍然存在的问题，并在查清造成这些问题的原因基础上制定出解决这些问题的行动计划。绩效反馈最主要的方式是绩效面谈。

5. 绩效结果应用

绩效考核的结果首先应用于改善员工工作绩效，通过员工绩效的纠因分析，找出绩效产生的原因，据此制定员工绩效的改进计划。绩效考核的结果还可以作为工资等级晋升(降)和绩效工资发放的直接依据，与薪酬制度接轨；绩效考核的结果还要记入人事档案，作为确定职位晋升、职位调配、教育培训和福利等人事待遇的参考依据；还可以作为调整工作岗位、脱岗培训、免职、降职、解除或终止劳动合同等人事安排的依据。关于这个问题在6.4节中重点阐述。

应该指出的是，绩效管理是一个不断循环的过程，一个循环的结束是下一个循环的开始，那么，前一个循环就是下一个绩效计划的基础，新的计划要在此基础上调整、修改和提高。

6.4 绩效考评的方法与结果应用

6.4.1 绩效考评的常用方法

绩效考评的方法直接影响评估结果的正确性。考评方法应根据企业的文化、企业的战略及岗位的特点进行选择。选择的考核方法应有适用性，好的考核评估方法必须具有可靠性和可操作性，还应具有普遍性，并可鉴别出员工的行为差异，使评估者以最客观的意见作评估。目前组织采用的绩效考核评估方法多种多样，彼此差异也很大，绩效考核方法常见的有以下几种。

1. 因素评分法

首先，根据考评的目标设定各项考评的因素(或称考评的指标)，并赋予各项考评因素的权数；其次，根据实际情况界定考评度的等级标准及定义；再次，考评者针对所列的考评因素与考评度的标准及定义，观察衡量与判断被考评者的工作绩效，给予适当的分数；最后，将各因素的评分进行加权汇总，就是被考评者的考评结果。考评的总分一般定为100分，90分以上为特等，这是有突出贡献的人员；80分以上为A等，70分以上为B等，60分以上为C等；60分以下为D等，即为不及格的等级。

此法简便易行，也比较科学。但要注意的是，对于不同层次的岗位，其考评因素的重要程度不同，给予的权重也应有所不同。比如“全局观”这一考评因素，对于经理、部门经理来说较为重要，权重应大一些；而对操作工人来说，则应小些甚至为零。

2. 相互比较法

如果被考评者的人数不多，且工作性质相近的话，可采用相互比较法。此法也分为数种比较方法。

1）顺序排列法

该法就是将被考评者群体按其总的绩效评价的顺序予以排列，并依次以1，2，3，…数字标之。该顺序数字，可视作绩效的指数，也可转换为某种规定范围的数字，使之含有一定的比较意义。

2）交替排序法

交替排序法即根据某些工作绩效评价要素将员工由最好到最坏加以分等。一般而言，由于把最好与最坏的员工加以区分，比单纯分等来得容易，因此“交替”分等较为一般人所接受。首先，将所有要考核的下属名单列出来，再把不够熟悉的员工从名单内删除。然后，在同一表格上根据所列出的评价要素来判定，将表现最佳的员工的名字放在最高的位置，最差者放在最低的位置，如此互相交替分等，直至所有员工评定完毕，见表6-2。

表6-2 交替排序法(举例)

评价所依据的要素：________________ 针对你所要评价的每一种要素，将所有雇员的姓名都列举出来。将工作绩效评价最高的雇员姓名列在第1行的位置上；将评价最低的雇员姓名列在第20行的位置上；然后将次最好的雇员姓名列在第2行的位置上；将次最低的雇员姓名列在第19行的位置上。将这一交替排序继续下去，直到所有的雇员都被排列出来

1. ________	11. ________
2. ________	12. ________
3. ________	13. ________
4. ________	14. ________
5. ________	15. ________
6. ________	16. ________
7. ________	17. ________
8. ________	18. ________
9. ________	19. ________
10. ________	20. ________

3）配对比较法

配对比较法比交替排序法更为有效。方法是每一位员工按照所有的评价要素(如工作量、工作质量等)与其他员工进行两两比较。例如，假如有五个员工A、B、C、D、E接受考核。首先列出表格，见表6-3，将五个员工中任意两人的排列可能性列出(如A与B，A与C，B与D等)。然后根据每个评价要素，决定两人中何人较优。例如，可能结果是员工B“工作素质”最高等级，员工A则“创造力”最高级。然后，求出员工获取最高分的次数之和，依次排列，见表6-3。

表6-3 配对比较法(举例)

评价要素：工作主动性						
姓名	A	B	C	D	E	分数
A	—	1	0	1	1	3
B	0	—	0	1	0	1
C	1	1	—	1	1	4
D	0	0	0	—	0	0
E	0	1	0	1	—	2

在表6-3中，“工作主动性”这一要素上，如果A比B好，则在A行B列记上“1”分；反之，如果A比C差，则在A行C列上记上“0”分。最后每人的得分加总即是该员工在“工作主动性”这一要素上的得分。如果将每个要素都比较一遍，最后得出各个员工的考核得分综合。这种方法的优势在于得到的考核结果更加可靠，但是它适合于人数不多的组织，否则将是一件非常烦琐的工作。

4）强迫分配法

所谓强迫分配，就是预先规定一个有限制的范围，并将这个范围划分为若干个区域，通常是按正态分布的规律分为五个区域，从低到高分别占10%、20%、40%、20%、10%，考评者将不同类别工作的员工，就适当的因素，尽可能地作比较，分配于限定的区域。

3. 查核表法

查核表法就是将每一项考评要素用文字简要叙述出来，由考评者逐项地与被考核者对比查核并做出评判记分，记分的等级一般可分为5等或7等。有的企业在实际运用中进一步把每一个等级转换为实际分数，在进行工作绩效评价时，首先针对每一位员工从每一项评价要素中找出最能符合其绩效情况的分数，然后将每一位雇员所得到的所有分值加总，即得到其最终的工作绩效评价结果。表6-4是一个典型的绩效查核表。

表6-4　工作绩效评价表(举例)

评价要素	等级	分数(分)	评价事实依据或评语
1. 质量：所完成工作的精确度、彻底性和可接受性	A B C D E	100～90 90～80 80～70 70～60 60以下	
2. 生产率：在某一特定的时间段中所生产的产品数量和效率	A B C D E	100～90 90～80 80～70 70～60 60以下	
3. 工作知识：时间经验和技术能力以及在工作中所运用的信息	A B C D E	100～90 90～80 80～70 70～60 60以下	
4. 勤勉性：雇员上下班的准时程度、遵守规定的工间休息/用餐时间的情况以及总体的出勤	A B C D E	100～90 90～80 80～70 70～60 60以下	
5. 独立性：完成工作是不需要监督和只需要很少监督的程度	A B C D E	100～90 90～80 80～70 70～60 60以下	

评定标准：A—杰出　B—很好　C—好　D—需要改进　E—不令人满意

此法是一种常用的、传统的考评方法，缺陷是比较容易出现一些主观偏向，从而造成评判误差。

4. 考核清单法

这种绩效考评法用得较为普遍，可分为下述两种。

(1) 简单清单法。此法通常只考核员工的总体状况，不再分维度考核。先将与某一特定职务履行者工作绩效优劣相关的典型工作表现与行为找出，供考评者逐条对照被考评者的实际状况，将两者一致的地方勾出，即成为现成的评语。表6-5是一份预先拟定的绩效考核清单的一部分。

表6-5 绩效考核清单(部分)

□ 工作中显现出厌倦、懈怠的神态与行为
□ 工作可靠，总能按时完成所布置的任务
□ 与同事合作协调，相处融洽
□ 掌握工作中一定方面的技能有困难
□ 要求多少就干多少，但从不做额外奉献
□ 脾气很好，从不与人争吵
□ 有时控制不了自己，较易发火
□ 工作中极少需要上级的监督指导
□ 对领导的批评帮助能虚心接受

这个清单可以很长，工作中各主要方面的好、中、劣的情况都应列入。有了这张现成的备选条目清单，考评者只需照单勾选，简单易行，因此有点经验的上级不难填好这一清单。

(2) 加权总计评分清单法。事实上，各工作的维度对绩效的作用并不相等，例如，“工作敏捷利索”与“人际关系融洽”对一线工人的绩效虽都有影响，但前者就比后者重要。此法是根据各维度的重要性分别给予不同的权重，然后对每一维度按四级至九级中的某一尺度评分，并乘以权重，最后将得分加总。考核时各维度条目要打乱混排，使考评者不致因对被评员工某一方面的印象较深而影响对其他方面评分的公正性与客观性。但最后要分别按各维度求得小计分，再加出总分，就能既得知某特定方面的情况，又知道总体状况。

5. 行为锚定法

行为锚定法是明确定义中的每一评价项目，同时利用关键事件法对不同水平的工作要求进行描述。因此，锚定行为法为评价者提供了明确而客观的评价标准。其主要的缺点是设计和实施成本比较高，经常需要聘请人力资源管理专家帮助设计，而且在实施以前要进行多次测试和修改，因此需要较高的成本。表6-6提供了行为锚定法的范例。

表 6-6　行为锚定法范例

职位：××银行总行大堂迎宾小姐

指标定义：做好进入总行行政大楼和营业部大厅的客户迎宾工作，为他们提供微笑迎宾、业务办理引领和本行介绍

评价等级

最好	较好	好	较差	最差
不仅能够做好引导工作，还能向客户介绍各项业务办理的地点并主动介绍××银行的基本情况	不仅做好引导工作，还能引导客户办理业务	能够做好微笑迎宾工作，有时能够解答客户关于业务办理方面的问题	能够做好迎宾工作，但是基本不能较好地回答客户业务办理方面的问题	仅仅能够做到微笑迎宾

6. 关键事件法

关键事件法是客观评价方法中比较简单的一种形式。在应用这种评价方法时，负责评价的主管人员把员工在完成工作任务时所表现出来的特别有效的行为和特别无效的行为记录下来，形成一份书面报告。评价者在对员工的优点、缺点和潜在能力进行评论的基础上提出改进工作绩效的意见。如果评价者能够长期观察员工的工作行为，对员工的工作情况十分了解，同时也很公正和坦率，那么这种评价报告是很有效的。这一方法有助于为培训工作提供基础，也有助于评价、鉴定和面谈。但是，由于书面报告是对不同员工的不同工作侧面进行描述，无法在员工之间、团队之间和部门之间进行工作情况的比较，还有，评价者用自己制定的标准来衡量员工，员工没有参与的机会，因此不适用于进行人事决策。关键事件法可以与绝大多数绩效考核方法结合使用。

6.4.2　绩效考评的系统方法

1. 目标管理法

目标管理法作为一种成熟的绩效管理模式，其创造者是著名的管理大师彼得·德鲁克。目标管理是由企业确定提出一定时期内期望达到的理想目标，然后由各个部门和员工根据总目标确定各自的分目标并积极主动地设法使之实现的一种管理方法。目标是在一定时期内对组织、部门及个体活动成果的期望，是组织目标在一定时期内的具体化，是衡量组织、部门及个体活动有效性的标准。

这种方法包括两个方面的内容：一是必须与每一位员工共同制定一套便于衡量的工作目标。二是定期与员工讨论其工作目标的完成情况。在具体操作中，这种目标的制定往往要与整个组织的目标相协调。首先确定组织和部门的目标，然后要求员工按照部门的目标制定自己的个人工作目标，即本人要为部门目标的实现做出多少贡献。评价期过后，部门主管就每一名员工的实际工作成绩与预定的目标进行比较，并把结果进行反馈。

在绩效考核中，绩效目标一定要落实到个人目标，个人问题解决了，再解决团队问题和组织问题，在目标实施过程中，实行全过程的监控与指导。目标管理的作用之一就是确保员工的奋斗目标与组织目标达成一致，以激发员工的最大潜能。

2. 平衡计分卡法

1992年美国哈佛商学院教授罗伯特·卡普兰和戴维·诺顿创造了“平衡计分卡”或称“经营绩效平衡表”(简称BSC),它将企业的愿景、使命和发展战略与企业的业绩评价系统联系起来,把企业的使命和战略转变为具体的目标和评测指标,以实现战略和绩效的有机结合,既包含了财务指标,又包括了顾客角度、内部流程学习和成长的业务指标,一方面,使组织能够追踪财务结果,另一方面,又能使企业提高能力并获得未来增长潜力的无形资产等。这样就使企业既具有反映“硬件”的财务指标,同时又具备能在竞争中取胜的“软件”指标。

平衡计分卡法作为企业战略管理的重要手段,被西方国家大规模地采用,据美国《财富》杂志调查,目前世界500强企业有80%以上应用BSC,那些将公司战略与目标跟BSC紧密联系的企业,其业绩远好于那些不应用BSC的企业。图6.3反映了平衡计分卡法的主要内容。

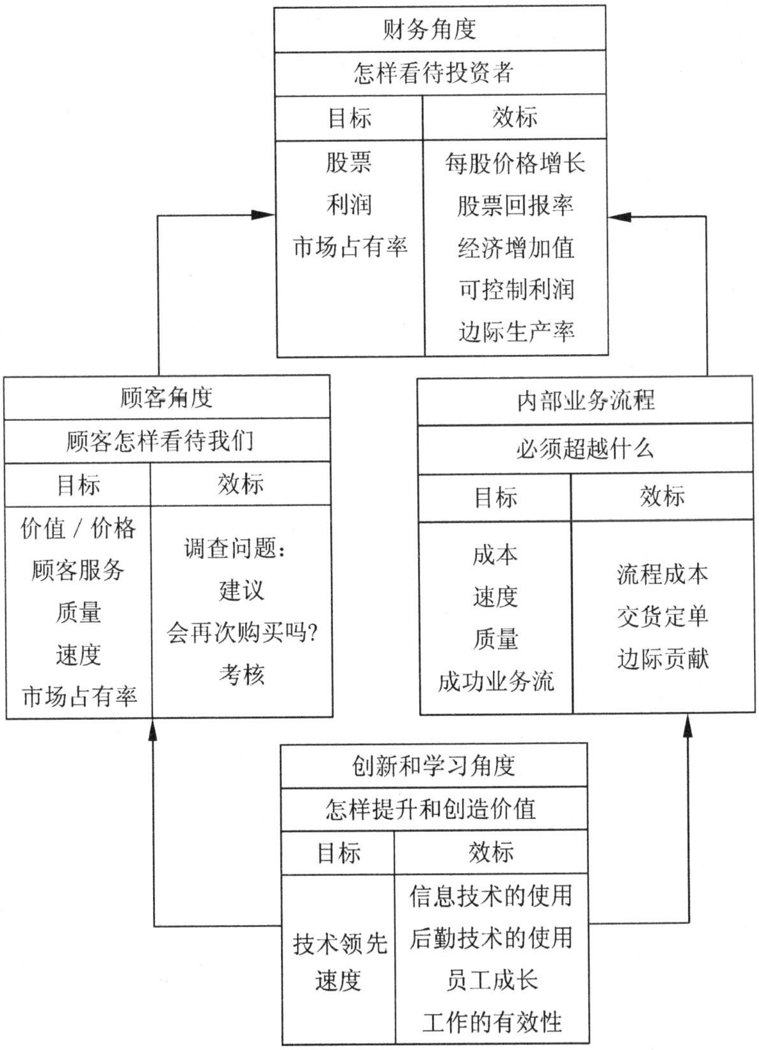

图6.3 平衡计分卡法的主要内容

在实际运用中，要正确对待平衡计分卡实施时投入成本与获得效益之间的关系。平衡计分卡的四个层面彼此是连接的，要提高财务方面首先要改善其他三个方面，要改善就要有投入，所以实施平衡计分卡首先出现的是成本而非效益。更为严重的是，效益的产生往往滞后很长时间，使投入与产出、成本与效益之间有一个时间差，这可能是 6 个月，也可能是 12 个月，或更长的时间。因而，往往会出现客户满意度提高了，员工满意度提高了，效率也提高了，可财务指标却下降了的情况。关键的问题是在实施平衡计分卡的时候一定要清楚，非财务指标的改善与所投入的大量投资，在可以预见的时间内，可以从财务指标中收回，不要因为实施了 6 个月没有效果就没有信心了，应该将眼光放得更远些。

总之，平衡计分卡法在长期与短期目标之间、在外部计量(股东和客户)和关键内部计量(内部流程、学习与成长)之间、在所求的结果和这些结果的驱动因素之间、在强调客观性考评和主观性考评之间寻求了平衡的关系，弥补了传统财务指标的不足之处。平衡计分卡不只是单纯地进行测评，它还是一种在产品、程序、顾客和市场开发等关键领域有助于企业取得突破性进展的战略管理体系。

3. 关键绩效指标法

关键绩效指标是指衡量企业战略实施效果的关键指标，是对公司及组织运作过程中关键成功要素的提炼和归纳，通过对组织内部某一流程的输入端和输出端的关键参数进行设置、取样、计算和分析，以衡量流程绩效的一种目标式量化管理指标。

关键绩效指标是用于评价和管理被评价者绩效的可量化的或可行为化的标准体系，它能体现对组织战略目标有增值作用的绩效指标，是连接个体绩效与组织战略目标的一个桥梁。通过在关键绩效指标上达成的承诺，员工与管理人员就可以进行工作期望、工作表现和未来发展等方面的沟通。

关键绩效指标法是一种系统化的绩效考评方法，是基于企业经营管理绩效的系统考评体系。作为一种绩效考评体系设计的基础，可以从以下三个方面理解关键绩效指标法。

首先，企业的关键绩效指标由以下几个层级组成：一是企业级的关键绩效指标，它是由企业的战略和目标转化而来的；二是部门级的关键绩效指标，它是根据企业级关键绩效指标和部门职责来确定的；三是由部门关键绩效指标落实到具体岗位的业绩衡量指标。

其次，关键绩效指标是一个标准化的体系，它必须是可量化的，如果难以去量化，那么也必须是可以行为化的。如果可量化和可行为化这两个特征都无法满足，那么就不是符合要求的关键绩效指标。

再次，既然关键绩效指标是针对组织战略目标起到增值作用的工作产出而设定的指标，那么基于关键绩效指标对绩效进行管理，就可以保证真正对组织有贡献的行为受到鼓励，因此，关键绩效指标是实现组织战略目标的一个桥梁。

4. 360 度全方位绩效考核体系

360 度绩效评价，又称“全方位管理”，最早由被誉为“美国力量象征”的典范企业英特尔首先提出并加以实施。它是指由员工自己、上司、直接部属、同仁同事甚至顾客等全方位的各个角度来了解个人的绩效。包括沟通技巧、人际关系、领导能力和行政能力。通过这种理想的绩效评价，被评价者不仅可以从自己、上司、部属、同事甚至顾客处获得多种角度的反馈，也可从这些不同的反馈中清楚地知道自己的不足、长处与发展需求，使以后的职业发展更为顺畅。

360度绩效考核体系包括以下几个方面。

(1) 自我评价：即员工根据自己在工作期间的绩效表现评价自己，并据此设定未来的目标。当员工对自己作评价时，通常会降低自我防卫意识，从而了解自己的不足，愿意加强和补充自己尚待开发的地方或不足之处。

(2) 同事的评价：即指通过同事互评绩效的方式，来达到绩效评价的目的。对一些工作而言，有时上下级相处的时间与沟通机会反而没有下属彼此之间多，这时上级对下级作绩效评价也就非常困难，同时，下属彼此之间由于比较了解，所以他们之间的互评反而能比较客观。而且部属之间的互评，可以让彼此知道自己在人际沟通方面的能力。

(3) 下级的评价：即让下属人员参与到对他们的主管人员所进行的工作绩效评价过程中去。这一评价过程可以使企业的高层管理者对企业的管理风格进行诊断，认识到企业中所潜在的人事问题，在必要的时候，甚至包括对某些管理人员采取强制措施。这一评价方法也可在对管理人员的技能开发时使用。

(4) 上级的评价：即由被评价人员的上级对其工作绩效进行评价，这是大多数工作绩效评价制度的核心所在。从上级那里获得对下属员工的工作绩效评价相对来说较为容易，并且主管人员对评价内容也较为熟悉。这是因为，第一，直接领导通常处于最佳的位置来观察员工的工作业绩。第二，直接领导对特定的单位负有管理的责任。第三，下级的培训和发展在每一个管理者的工作中也是一个重要环节，并且评价方案和员工发展常常是紧密相连的。

(5) 专家的评价：是指本领域的专家从专业的角度对被评价者的专业知识加以评价。

(6) 服务对象的评价：服务对象的满足与否可能直接和企业的经济效益挂钩，所以服务对象的评价也是十分重要的。

6.4.3 绩效考评结果的应用

1. 通过绩效考核结果分析改善员工的绩效

针对绩效考核结果挖掘更深层次的原因，提出有价值的综合性绩效改进意见，可以帮助员工从客观的、有针对性的角度制定绩效改进计划，达到改进员工绩效的目的。分析绩效结果并进行绩效改进的流程为：

1) 第一步：对绩效考核结果进行分析

采用横向比较分析，对人员和部门之间进行比较，分析任务完成或对组织贡献的优劣顺序，从而为发放绩效工资和评先等提供依据。同时，在比较过程中，也可以发现评价过程造成的各种误差，以利于及时调整，提高以后的评价工作质量。也可以采用纵向比较分析，对人员或部门在不同考核期的同一考核指标进行比较分析，进而寻求业绩差距及引起差距的内在原因，以达到有针对性地改进员工(或部门、公司)的绩效的目的。

2) 第二步：分析原因、提出改进措施

分析人员应对考核的指标进行多维度的分析，首先应对单个指标在同一条件下、不同时期的考核结果进行分析，以确定单一指标的不足；在此基础上对各个指标的考核结果进行全面的综合分析，以确定业绩改进的总体目标和措施。在实际分析过程中，对员工考核中的能力类指标(难以量化的)和业绩类指标(能量化的)应区别对待，应通过对业绩类指标的分析，找出差距的基础上，再进行能力类指标的分析，这主要是因为业绩类指标的考核结果更客观且容易得到员工的认可，以利于建立互信基础，这也是业绩改进所必需的前提。而且从投入与产出模型来讲，员工的能力是投入，员工的业绩是工作产出，通过结果分析产生原因，也是符合分析问题的普遍规律的。其整体过程是：业绩指标结果分析；业绩差距分析；能力分析(是能力还是其他原因)，如果不是能力原因，要进行业绩环境分析(如配合、协作、资源配置等)，如果是能力原因，要进行本期与上期能力对比分析；综合分析，提出改进意见。

3）第三步：提出绩效改进计划

在确认考核分析结果以后，拟订改进计划就显得很重要了。千万不要在最后一步造成失败。改进计划主要可以从本次改进的主题(切忌太多)、目标(标准)、时间、改进方法或措施、资源支持等方面进行。

2. 绩效考评结果应用于人事管理

企业对员工的绩效考核是人力资源管理的一种手段，考核的目的并不终止于考核结果。可以说是新的绩效管理的开始。在绩效管理的循环中，绩效考核只是一个重要的过程之一，还有一个重要的环节就是所谓的绩效考核结果的应用问题。从中国人力资源开发网调研的数据来看，2004 年我国企业绩效考核结果的应用和占被调研企业的比例情况如下：首先不管是对于高层管理人员，中层管理人员还是普通员工，绩效考核的结果最主要用在“奖金分配”，其中高层管理人员 60.20％；中层管理人员 66.80％；普通员工 60.40％。其次，对于高层人员来说，绩效考核的结果主要还会用于职位晋升(32.60％)，调薪(31.90％)；对于中层管理人员，绩效考核的结果主要也会用于职位晋升(51.20％)，调薪(46.30％)，还有岗位调动(37.60％)；对于普通员工，绩效考核的结果还会用于调薪(49.80％)，裁员或辞退(41.00％)，职位晋升(40.70％)，岗位调动(39.10％)。可见，不管是对于高层管理人员、中层管理人员还是普通员工，绩效考核的结果都起着非常重要的作用。但是，从以上调查结果看出：中国企业普遍缺乏利用绩效考核结果分析绩效差距原因。进而帮助员工改善绩效的考核结果应用模式。绩效考核结果的应用，如图 6.4 所示。

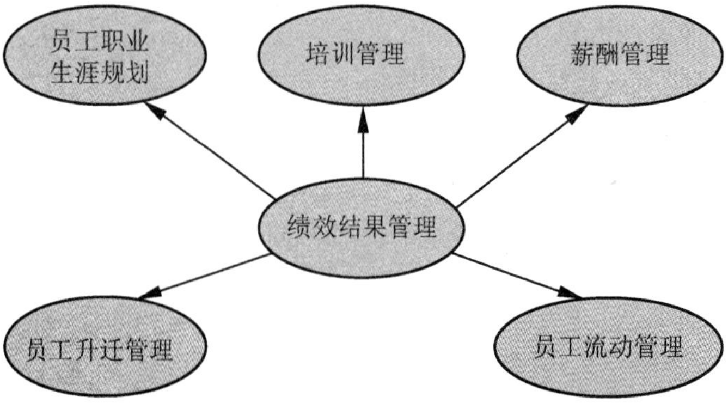

图 6.4　绩效考核结果的应用

思 考 题

1. 什么是员工的工作绩效？员工的工作绩效有什么特点？
2. 员工的工作绩效考评应坚持什么原则？
3. 如果你是企业的绩效经理，谈谈你的工作程序与工作方法。
4. 绩效管理难在哪里？对其他人力资源管理工作会产生什么影响？

案例思考题6-1

飞宴航空食品公司

罗云在飞宴航空食品公司担任地区经理快一年了，此前，他在一所名牌大学得到MBA学位，又在本公司总部科室干了四年多的职能性管理工作。他分工管理10家供应站，每站有一名主任，负责向一定范围内的客户销售和服务。飞宴食品公司不仅服务于航空公司，也向成批定购盒装中、西餐的单位提供所需食品。飞宴公司雇请所有自己需要的厨房工作人员，供应站主任主要负责计划、编制预算以及监控分管指定客户的销售服务员等活动。

罗云上任的第一年，主要是巡视各供应站，了解业务情况，熟悉各站的所有工作人员。通过巡视他收获不小，也增加了自信。

罗云手下的10名主任中资历最老的是马伯雄。他只念过一年大专，后来进入了飞宴公司，从厨房代理班长干起，直到三年前当上了供应站的主任，老马很善于和他重视的人(包括他的部下)搞好关系。他的客户都是“铁杆”，三年来没有一个客户转向飞宴航空食品公司的竞争对手去订货的。他招来的部下，经过他的指点培养，有好几位已经被提升，当上其他地区的经理了。

不过他的不良饮食习惯给他带来了严重的健康问题，身体过胖，心血管加胆囊结石，使他这一年请了三个月的病假。其实医生早给他提过警告，他置若罔闻。再则他太爱表现自己了，做了一点小事，也要打电话向罗云表功。他给罗云打电话的次数，超过其他9位主任的总和。罗云觉得过去共过事的人没有一个是这样的。

由于营业的扩展，已盛传要给罗云添一名副手。老马已公开说过，供应站主任中他资格最老。他觉得地区副经理非他莫属。但罗云觉得老马当他的副手，真叫他受不了，两人的管理风格太悬殊，再说老马的行为肯定会激怒地区和公司的工作人员。

正好年终的绩效评估到了，公正地讲，老马这一年的工作，是干得不错的。飞宴的年终绩效评估表总体是10级制，10分为最优；7～8分为良，虽然程度有所不同；5～6分为合格；3～4分为较差；1～2分为最差。罗云不知道该给老马评几分。评高了他就更认为该提升他；评低了他准会大为发火，会吵着说对他不公平。老马自我感觉良好，觉得跟别的主任比，他是鹤立鸡群。他性格豪迈，爱去走访客户，也爱跟手下打成一片，他最得意的是指导部下某种新的操作方法，卷起袖子亲自下厨，示范手艺。跟罗云谈过几次后，他就知道罗云讨厌他事无巨细，老打电话表功，有时一天达两三次，不过他还是想让他知道自己干的每项工作。他也知道罗云对他不听医生劝告，饮食无节制有看法。但他认为，罗云跟他比实际经验少多了，只是多学点理论，到基层来干，未见得玩得转。他为自己学历不高但成绩斐然而自豪，觉得这副经理是非他莫属，而这只是他实现更大抱负的一个台阶而已。

考虑再三，罗云给他的绩效评了6分。他觉得这是有充分理由的，因为他不注意卫生，病假三个月。他知道这分数远低于老马的期望，但他要用充分的理由来支持自己的评分。然后他开始给老马的各项考评指标打分，并准备怎样跟老马面谈，向他传达考评结果。

问题：

1. 你认为罗云对老马的绩效考评是否合理？
2. 预计老马听了罗云对他的绩效评定，会作何反应？罗云怎样处理？
3. 如果你是老马，对罗云的考评结果会采取怎样的态度和做法？为什么？

案例思考题6-2

绩效考核为什么如此糟糕

很多销售经理经常牢骚满腹地抱怨人力资源部不懂“管理”，要不就是绩效考核体系为什么这样糟糕：不容易执行，甚至还导致销售人员的工作质量降低！

对于销售员的绩效考核，作用本应是积极的，更有利于促进销售工作的顺利开展，但事实上并非如此，出现了很多预期之外的恶性结果，诸如绩效考核成为个别主管领导公报私仇“整人”的工具；绩效考核考“坏”了销售部门与平行部门(如人力资源部)之间的关系，严重者导致销售体系的紊乱，甚至崩溃。追根溯源，这是由于销售绩效考核体系不科学所致或者是由于操作不当造成的，现对几个绩效考核的误区进行分析。

绩效考核考“跑”了销售员；绩效考核考“倒”了销售员的积极性；绩效考核考“肥”了个别领导……

1. 把绩效考核“看”走了“眼”

A公司是一家生产、销售乳制品的大型食品饮料企业，该公司的产品主要销往市内各大商场、超市等零售网点。销售员每天都要深入销售区，除了新品谈判、贷款结算业务外，更重要的是进行网络维护、卖场销售情况反馈、终端促销员管理等工作。由于公司近几个月没有新产品推出，并且贷款结算大都为月结，规律性较强，公司陈老板便认为员工无所事事，甚至无所作为。于是陈老板找到了主管营销的副总经理，让其拿出一套绩效考核体系，以加强对销售人员的管理，防止他们在市场上“浪费”时间，多做工作。营销副总接受任务后，绞尽脑汁最后设计出了一套表格，要求销售人员逐日填写每天访问的客户、时间、接洽人、工作内容及接洽人电话等内容。刚开始，销售人员还如实填写，但后来销售人员便产生了抵触情绪，认为这是公司对员工严重的不信任，于是就开始在表格上信手“涂鸦”。虽然营销副总也曾打电话给客户，以监督、检查表格的填写内容是否真实，可是执行起来并不容易，经常找不到人，并且客户也没有义务配合，而营销副总又不能到实地去核查，实际上这种考核“流产”了，根本反映不了销售人员的实际工作量。

点评：在这个案例中，无论是A公司的陈老板还是营销副总对绩效考核都存在认知误区：一是错把日常监督作为绩效考核，监督只是管理的一项基本职能之一。对于绩效考核，企业要有一个严密的绩效考核系统，包括绩效标准评分表、绩效目标管理卡、绩效考核方法以及薪酬和发展系统表，而绝非营销副总设计的一张表格那么简单；二是对于绩效考核的出发点不对，绩效考核有三个作用：激励员工向预期目标努力、对员工进行监督控制、对员工的任职能力和发展能力进行考评。在上述几个目的下，对销售员绩效考核频率不是越高越好，当然也不是主张一年只考核一次，可以落实到月度、季度或年度，并把绩效考核与培训、职位、薪金、福利等要素挂钩；三是绩效考核方案要具有良好的“可执行性”，对于“可执行性”，应该这样理解：被考核人认可并支持、部门经理认可并主持、高层管理人员认可并批准，并且考核体系操作起来简单且实用，能够体现被考核人的工作范畴、工作能力和工作业绩。而营销副总所设计的表格就未得到销售人员的支持与认可，并且也不具有科学性，有伤销售人员的积极性，这种考核办法失败是注定的。

2. 只重定量指标而忽略定性指标

B公司是一家经营酒品的商贸公司，公司经营的白酒产品主要销往宾馆、餐炊、酒吧等场所。这类营销网络具有几个令供应商头痛的问题，诸如产品要进店费、开瓶费，并且产品具有加价率高、货款回收周期长等特点，导致呆死账现象时有发生。于是，公司主管营销的李副总便会同人力资源部、财务部共同制定了一套销售人员绩效考核体系，但这套所谓的绩效考核体系就是几个关键性的财务指标：销售额、回款额、呆死账额度等。并且，采取月度考核的办法，完不成任务的额度直接从工资中扣罚，并且呆死账要销售员个人负责。如果连续三个月没有完成目标或者超过设定目标，销售人员就得“走人”。执行后，确实使销售员十分谨慎，害怕自己“赔了”。结果，更加意想不到的事情发生了，销售网点的开发力度大大降低了，更为糟糕的是，有一位销售员所负责的酒店在一夜之间倒闭了，尚欠公司2万元货款，这位销售员无力承担，只好“潜逃”了，还带走了公司的一些未结算的财务票据。B公司害怕损失，结果蒙受了更大的损失，都是绩效考核惹的祸。

点评：从这个案例中，B公司在绩效考核方面存在以下几个严重的问题：一是企业只重定量指标，不重定性指标，这就是一个严重的错误。绩效考核的内容应该包括工作态度、工作能力和工作业绩，并且这三方面根据不同行业、不同性质的企业各有侧重。但是，至少应该看到工作态度、工作能力和工作业绩中除了可以量化的指标以外，还必然包含其他不可量化的考核要素，绝对不仅仅是单纯依靠指标就能解决问题的，因此B公司的做法还具有极大的局限性：一是只注重维护企业利益，而忽略了对员工的激励与发展的考虑；二是绩效考核是为了促进绩效发展，也做出人事决策(如留任、升职、奖金等)的依据，因此本案中通过季度考核就决定销售员的去留，这是极不合理的。但这并不是反对季度考核，作为员工去留的考核至少应该是半年或年度考核(在员工通过适用期后)，但要以综合考核为依据，否则就容易“枉杀”好人，更使剩下来的销售人员如履薄冰，而难于与企业融为一体，形成共同的组织目标和愿景；三是开展绩效考核的前提是目标明确、责任明确及方法明确，但是仅仅透明是不够的，还要合理、科学，诸如本案例中呆死账要销售人员全部负责就是不合理的，因为员工开展对外业务代表的是企业，呆死账是企业间的债权债务关系。当然，根据规章制度对销售员出现的有违职业道德及不尽职行为加以处罚和规范是可以接受的，但也要注意把握一个额度。

3. 人力资源部作为“主考官”

C公司是一家集碳酸、果汁饮品生产、销售于一体的中型企业，公司王老板最近很苦恼，因为公司销售部、市场部和公司人力资源部经理由于营销人员的绩效考核问题较上了劲，并且还在部门经理例会上吵了起来，影响很不好。事情的起因是这样的，销售部所属的一名送货业务员由于早晨交通拥挤的原因导致送货迟了一些，进而导致商场断货，于是商场打来了投诉电话。结果人力资源部经理知道了这件事，坚持要从重处罚这名送货员，而销售部经理则认为这是客观原因造成的，不应处罚送货员。在C公司，这类事情已经发生过很多次，按照公司的考核标准这会影响到整个销售部的业绩，销售经理自然不服气。由于销售部和市场部作为营销系统的两大部门，两位经理的关系很好，并且市场部也不满于人力资源部制定的所谓的绩效考核模式。于是，导致他们“联手”抵制人力资源部。更严重的是，销售部、市场部经理还找到了王老板，扬言如果人力资源部经理不“走人”，那他们就走。面对这些曾经在商场上和自己“出生入死”的兄弟们，王老板没了辙。人力资源部经理倡导绩效考核自然没错，不能打消他的积极性；可是销售部经理所言也有道理，市场更不能乱。如此“内耗”下去企业怎么办？王老板百思不得其解，陷入了极度的困惑之中。

点评：通过案例，可以发现几个主要问题：一是绩效考核的主体问题，即究竟是应该本部门主管考核还是人力资源部考核的问题。很多企业把人力资源部视为绩效考核的主体，这就大错而特错了。人力资源部的主要职责就是绩效考核系统的开发、培训、实施监督和考核档案的管理工作，而考核则应由部门经理、人力资源部经理和同事共同展开，但以本部门经理为主，因为他对工作性质、目标、员工行为和组织目标等要素最为了解。因此，在本案例中人力资源部经理有“越位”之嫌，位置有些没摆正。二是在这家企业内部出现了一种不良倾向，那就是绩效考核正在成为公司政治的工具。任何企业都存在一定的“内耗”，或者说公司政治只是在没有利益冲突的前提下处于一种平衡状态，这种平衡是很脆弱的，这种平衡很容易被打破。诸如在本案例中，牵扯到销售部利益时，市场部也跟着推波助澜，就是一个典型的例子。同时，把绩效考核作为公司政治工具的另一种可能就是领导考核下属时，借机给下属员工“穿小鞋”，甚至“踢出”职工队伍，这种情况也不少见，因此绩效考核的副作用也绝对不可以忽视，绩效考核系统一定要科学、严密。三是不要因为严格的绩效考核就忽略了企业文化，绩效考核和企业文化建设有一个共同点，那就是价值体系。绩效考核是为了保证价值的完成，而企业文化则是价值的体现，在某种意义上讲，企业文化是一种目的，而绩效考核则是一种手段，二者是相辅相成的关系，这是服务于企业经营管理工作的两个基本点。在本案例中，该企业只有小团队(部门)文化，而缺乏大团队(整个企业)文化，这对于企业发展是百害无利的，因此也要建设科学、客观的绩效考核文化。

4. 只注重个人考核而忽略团队考核

D企业是一家刚刚成立的OTC(非处方药品)生产、销售企业，产品销往全国各地。为便于市场管理，该公司把全国市场划分为几个大区：东北区、华北区、西北区、西南区和华中区等大区，并且每个大区都设有大区经理。同时，根据不同区域市场的特点和潜力，公司制定了不同区域的营销目标，目标考核期为一年，并与各大区经理签订了《目标责任书》，而企业认为任务与责任已经落实下去了，就未与销售部经理签订《目标责任书》。由于完成目标后的激励，各大区经理工作都非常努力，为快速地把营销网络建起来并提升销售量，都想尽了办法。在完成了产品市场战略布局和产品铺货后，D公司决定采取广告终端拉动的办法，改变有推力的市场状况。但是根据公司的能力，可用于广告促销的费用相当有限，如果广告拿到中央电视台，可能大家都受益，但这有限的广告费用在中央电视台播出可谓杯水车薪。可是，这几个大区经理都纷纷向总部提出了广告和促销的支援要求，有限的广告费用该怎样分配？无奈之下，D公司来了个“大锅饭”，把广告平均分摊到各大区。尽管如此，一些区域经理还是不满意，因为这些区域销售情况相对好一些，这些区域经理认为自己的区域市场企业应重点投入，于是对公司产生了不满情绪。同时，这些区域经理还扬言如果完不成绩效指标，将不承担相应的责任，甚至消极对抗公司总部的管理。这把公司销售部经理、营销副总经理搞得无可奈何，没有更好的解决办法，不知如何是好。

点评：在这个案例中，D企业犯了一个明显的错误，那就是只重视个人绩效考核，而忽略团队考核。这从企业未与总公司销售部签订合同这一点就可以看出，只注重考核区域经理个人而忽略对销售部这个营销团队进行考核，使团队负责人——销售部经理脱于干系，这样的结果将导致营销副总、销售部经理在决策时可能做“老好人”，而不能切合实际地开展工作，以及调动企业及社会资源。在本案中，在广告促销费用方面，D企业应该针对有快速增长潜力的区域市场做重点投入，既有利于快速回收资金，也利于快速启动生产，搞“平均主义”是绝对错误的。对于科学的绩效考核，在层层分解业绩指标的情况下，应该层层签订业绩合同，既考核个人也考核团队，这也是一个紧密的链条。

对于绩效考核工作的开展，没有科学的考核体系还不如不考核，这绝对不是一个过分的结论。对于销售人员的绩效考核，更应该谨慎操作，否则销售人员的积极性一旦低落，就容易“出乱子”：把货款挥霍或携款潜逃；在与商家谈判时在谈判条件上不维护企业；消极进行网络开发；利用工作时间在外面兼职等。这都是非常现实而又都是身边的事，无论是企业的老板，还是企业的营销管理人员，或者人力资源部，对此都应该予以高度的重视，否则后患无穷。

资料来源：中国人力资源开发网(简称中人网，www.ChinaHRD.net)2005。

问题：

案例中四家公司的绩效考核有什么不同？各自优缺点是怎样的？

第7章

薪酬管理

教学目标

通过本章的学习，了解薪酬的概念、基于职位的薪酬体系概念、基于技能的薪酬体系概念、利润分享计划概念、员工持股计划概念以及福利的形式和内容，理解薪酬的功能、薪酬的影响因素和奖励制度的作用，掌握薪酬的组成、薪酬设计的基本原则、薪酬设计的流程、基于职位的薪酬体系步骤、基于技能的薪酬体系步骤、工作评价的方法、要素计点法的具体步骤、个人层面奖励制度的常见形式、小组或部门奖励计划的模式以及企业层面的奖励计划。

教学要求

清楚薪酬管理对于企业的重要性；能够初步分析不同企业薪酬水平存在差异的原因；能够辅助人力资源管理者进行薪酬的总体设计；能够比较基于职位的薪酬体系和基于技能的薪酬体系的不同；能够利用要素计点法分析具体企业中各个职位的相对价值；清楚奖励制度对企业的重要性；辅助企业人力资源管理者进行奖励制度的设计。

薪酬管理是人力资源管理活动中的重要一环，同时也是人力资源管理的有效手段之一。因为，在企业中，最直接体现人力资源价值量大小的指标就是薪酬。随着知识经济时代的来临，人力资源成本在组织中所占的份额不断增加，使企业更加重视对人力资源的管理。所以，薪酬管理就成为企业管理者和员工共同关心的中心内容。

7.1 薪酬的概念、功能及影响因素

7.1.1 薪酬的概念

研究企业的薪酬设计与薪酬管理，首先要理解薪酬的概念和组成。在人力资源管理中，薪酬是一个界定比较宽泛、内容十分丰富的领域，从而导致不同的人对薪酬的看法和认识往往存在着较大的差异。因为中国企业的人力资源管理正处于与国际管理理论和技术对接的过程之中，薪酬的概念往往和国际通行的认识存在着一定的差异，并进一步导致混乱，因此仔细研究薪酬的内涵和外延具有十分重要的现实意义。那么，到底什么是薪酬呢？根据美国著名薪酬管理专家米切尔科维奇的观点，他认为不同国家对薪酬概念的认识往往不同。社会、股东、管理者和员工等不同利益群体对薪酬的界定也往往存在着较大差异。但如果要给薪酬从薪酬管理的角度下一个定义的话，可以将薪酬定义为：雇员作为雇佣关系中的一方所得到的各种货币收入，以及各种具体的服务和福利之和。从这个定义可以看出，米切尔科维奇更多地把薪酬看作是雇主和雇员之间的一种价值交换。

而美国的薪酬管理专家约瑟夫·J·马尔托奇奥在其所著的《战略薪酬》一书中，将薪酬界定为：雇员因完成工作而得到的内在和外在的奖励，并将薪酬划分为外在薪酬和内在薪酬两部分。内在薪酬是雇员由于完成工作而形成的心理形式；外在薪酬则包括货币奖励和非货币奖励。这种对薪酬的定义，更多地是将薪酬作为企业奖励员工，提高对员工的吸引、保留和激励的一种手段和工具看待。

这里将薪酬定义为：企业向员工提供的报酬，用以吸引、保留和激励员工。具体包括：工资、奖金、福利和股票期权等。

上述对薪酬的探讨主要集中于对薪酬概念的内涵进行诠释。但是要正确理解什么是薪酬，还必须对其构成进行研究。本书比较赞同总体薪酬的概念。所谓总体薪酬，不仅包括企业向员工提供的经济性的报酬，还包括为员工创造的良好的工作环境以及工作本身的内在特征、组织的特征等所带来的非经济性的心理效用。

从图 7.1 中可以看出，企业向员工提供的总体报酬，包括经济性的报酬和非经济性的报酬两个部分。经济性的报酬又包括直接报酬与间接报酬。直接报酬主要包括：基础工资、奖金、股权、红利和各种津贴等；间接报酬指企业向员工提供的各种福利，如保险、优惠、服务和带薪休假等。非经济性报酬包括工作本身、工作环境和组织特征带来的效用三个部分。工作本身带来的效用包括：工作的趣味、工作的挑战性以及工作的成就感等；工作环境带来的心理效用则包括：友好和睦的同事关系、领导者的个人品质与风格以及舒适的工作条件等；而组织特征带来的心理效用包括：组织在业界的声望与品牌、组织在产业中的领先地位以及组织高速成长带来的机会与前景等。之所以把这些非经济性的心理效

用也计入薪酬的组成部分，是因为这些非经济性的心理效用也是影响人们进行工作选择和职业选择的重要因素，并成为企业吸引人才、保留人才的重要工具和手段。虽然非经济性的报酬是总体薪酬的重要组成部分，但在研究薪酬与薪酬管理时，仍然将注意力集中在企业的经济性报酬的安排上。在经济性报酬中，主要包括图中几个组成部分。

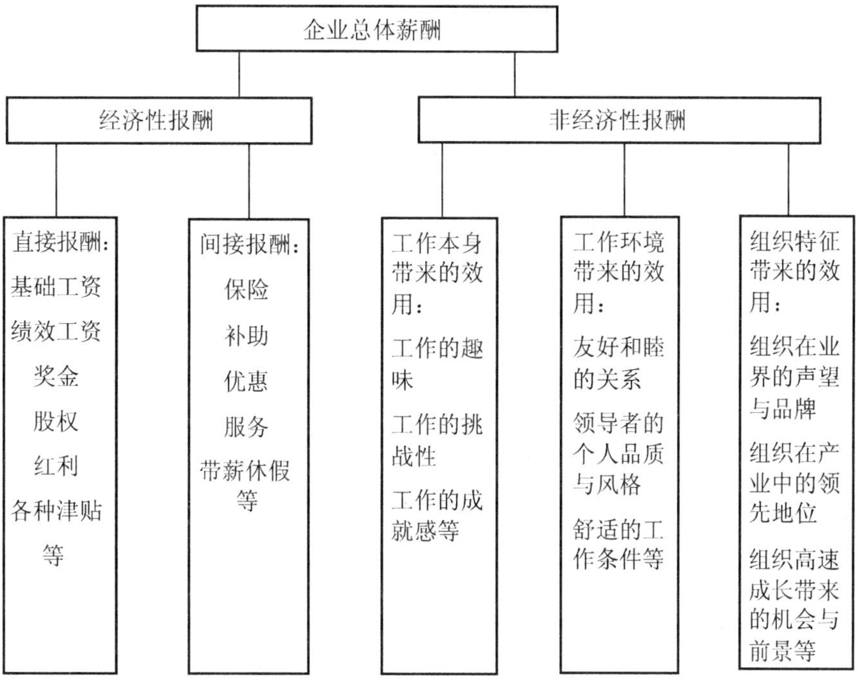

图7.1　总体薪酬的构成

1. 基础工资

员工只要在企业中工作就能定期拿到一个固定数额的劳动报酬。基本工资多以小时工资、月薪、年薪等形式出现。基础工资又分为工龄工资、技能工资和职位工资等。

2. 绩效工资

用马克思的第三种劳动即凝固劳动的观点来说，绩效工资主要是根据员工的第三种劳动来支付工资，是以实际的最终劳动成果确定员工薪酬的工资制度，也称为浮动工资。从工资形式的本义上说，绩效工资是根据工作成绩而支付的工资，工资支付的唯一根据主要是工作成绩和劳动效率。但是在实践中，由于绩效的定量比较难以操作，所以除了计件工资和佣金外，更多的是依据员工绩效而增发的奖励性工资。

3. 奖金

奖金是对员工杰出的表现或卓越的贡献所支付的除员工工资以外的奖励性报酬，也是企业为了鼓励员工提高劳动效率和工作质量付给员工的货币奖励。奖励分为短期奖励和长期奖励两种。

4. 津贴与补贴

津贴与补贴指对员工在特殊的劳动条件及工作环境中的额外劳动耗费和生活费用的额外支出的补偿。通常把与工作联系的补偿称为津贴，把与生活联系的补偿称为补贴。常见的津贴有岗位津贴、加班津贴和轮班津贴等。

5. 福利

从本质上讲，福利是一种补充性薪酬，但往往不以货币的形式直接支付，而多以实物或服务的形式支付，如带薪休假、子女教育津贴、廉价住房、优惠价格购买本企业股票以及保险等。从支付对象上看，福利可以分为全员性福利、只供某一特殊群体享受的特种福利及特困补助。全员福利是所有员工都能享受的待遇，其分配基础是平均律。特种福利是针对企业中的特殊人才设计的，如高层管理人员或具有专门技能的高级专业人才等，这种福利的依据实际是贡献律，是对这类人员的特殊贡献的回报。常见的特种福利有：高档轿车服务、出差时入住高级宾馆饭店以及高级住宅津贴等。特困补助是为有特殊困难的职工提供的，如工伤残疾、重病等，这种福利的基础是需要律。

6. 股权

股票期权主要包括员工持股计划(ESOP)和股票期权计划(Stock Option)。员工持股计划主要针对企业中的中基层员工，而股票期权计划则主要针对中高层管理人员、核心业务和技术人员。员工持股计划和股票期权计划不仅是针对员工的一种长期报酬形式，而且是将员工的个人利益与组织的整体利益相连接，优化企业治理结构的重要方式，是现代企业动力系统的重要组成部分。近年来股权已经越来越受到中国企业的青睐。

7.1.2 薪酬的功能及影响因素

1. 薪酬的功能

薪酬在企业的经营活动中，具有重要的战略作用，具体具有以下的功能。

(1) 补偿功能。从薪酬的定义出发，可以看到，薪酬实际上是一种公平的交易，用以补偿企业雇员的劳动付出。员工用薪酬可以获得食物、保障、社会关系及尊重等。

(2) 激励功能。薪酬作为企业人力资源管理的重要工具，可以用来评价员工的工作绩效，促进劳动者工作数量和质量的提高，从而保护和激励他们的工作积极性。因此，激励功能从企业管理的角度看，是薪酬的核心职能。

(3) 协调和配置功能。薪酬管理与企业的其他管理结合起来，就能使薪酬的变动调节企业各个生产环节的人力资源，达到有效配置企业内部各种资源的目的。同时，薪酬水平的变动，也可以将企业的组织目标和管理者的意图及时、有效地传递给企业的员工，促使个人行为与组织目标的一致化，调节员工与组织、员工与员工之间的关系。

2. 薪酬的影响因素

影响薪酬水平变动的因素纷繁复杂，归结起来，最主要、最常见的因素包括以下几种。

1）外部因素

外部因素指企业以外的宏观环境因素，包括下面几种。

（1）劳动力市场的供求、竞争状况。即使雇主们不知道这个规律，他们一般也会在无意识中，大致按照它来参考确定自己企业的工资水平。否则，工资太低，他们就招聘不到、也留不住相应的人才；工资太高，他们也会害怕因成本过大，而失去竞争优势，最终被淘汰出市场的竞争。

（2）政府的宏观调控。政府调节其他经济行为和社会行为的宏观政策，如财政税收政策、价格政策以及产业政策等，不是专门用来调节薪酬变动的，但是在客观上也会对企业的薪酬水平产生影响。这些因素也应该引起企业所有者和管理者的全面关注。

（3）最低工资制度。国家的最低工资制度会直接影响到企业的薪酬水平，尤其是企业低收入部分员工的薪酬水平、企业的处罚扣薪水平和弹性薪酬的浮动额度。

（4）地区与行业间的薪酬水平。如果企业管理者确定的薪酬水平没有照顾到该企业所处地区或行业的薪酬水平，就会引起员工的不满和外流，有时还会引起同行业的不满。因此，本企业在确定自身的薪酬水平时，应参考市场的薪酬行情，必要时，还要事先做好市场薪酬调查。

（5）当地的物价变动。企业发放给员工的货币薪酬，在物价变动，尤其是生活消费品变动的情况下，会发生雇员实际薪酬水平的反向变动。物价上涨而货币薪酬不变，员工的实际收入就会下降，生活水平就会降低；物价下跌而货币薪酬不变，则实际收入上升，其生活水平就会提高。

但从一个国家经济发展的长期趋势来看，物价往往呈刚性上涨趋势。因此，在物价有大幅度变化时，企业若不变动员工的货币薪酬，则员工的实际收入水平就会有下降的趋势，那么原有的薪酬制度就可能失去其应有的效果。企业管理者在设计本企业的薪酬制度时，应将员工的薪酬与一定的宏观物价指数挂钩，以保证员工实际薪酬水平的基本稳定。

（6）经济发展水平与劳动生产率。经济发展水平和劳动生产率的高低是企业薪酬水平的决定性因素。从国家的角度看，发展中国家与发达国家之间薪酬水平的巨大差异，主要就是因为劳动生产率的不同；从行业的角度看，现代产业与传统产业的技术水平和劳动生产率的差别，也决定了双方薪酬水平之间存在着难以跨越的鸿沟。

（7）国家的法规、法令。企业的活动必须在国家法律允许的范围内进行。国家在相关的劳动法规中，往往会制定一些工资方面的条文，如最低工资法等。所以，企业的薪酬水平会直接受其影响。

2）内部因素

内部因素指企业自身以及企业员工的因素，是企业员工薪酬水平的主导因素。

（1）劳动者所处的岗位和等级。劳动者的岗位和等级决定了他们所要具备的技能和必须承担的责任，因此不同的岗位和等级，其薪酬必然会有差异。

（2）劳动者个体的差别。每个劳动者的学历、年龄、工作经验、性格、健康状况和工作业绩不可能都完全相同。因此，由于他们过去投入的人力资本不同，以及现在实际工作的努力程度和收效不同，就决定了他们的薪酬水平不可能完全一致。

（3）企业的性质。主要可以分为劳动密集型企业和资本密集型企业。从企业的角度看，劳动密集型企业总的薪酬水平往往高于资本密集型企业。

（4）薪酬分配的形式。薪酬分配的形式也会影响员工的薪酬水平及其变动。比如，相对计时薪酬而言，计件薪酬更能促进某些产品的生产。因为它把薪酬和劳动成果直接联系起来，适用于主观努力比较有效的工作。因此，在计件的薪酬形式下，劳动能力强、劳动成果多、劳动质量好的员工就可以得到较高的报酬。

另外薪酬体系各个组成部分的不同比例配合，也能影响薪酬水平的高低。所以，企业可以通过改变基本薪酬、附加薪酬、奖励薪酬等的比重，来调节员工的薪酬水平。

（5）福利待遇的差别。常常可以看到，两个企业的工资单部分的薪酬水平相差无几，但两个企业员工的生活水平却大不相同。其奥妙就在于两个企业在福利部分做出的文章各异。有些企业为合理避税，而把高薪部分移到福利部分以实物发放；有些则是为了稳定员工队伍，而对其发放高福利，使其对企业有一种归属感。

（6）企业的经营状况和财力。若企业的经营状况不好，财力有限，自然发不出很高的薪酬。而在奖励薪酬与绩效或企业效益挂钩的情况下，员工的薪酬水平更是会自动下降。

（7）企业的管理哲学和企业文化。企业管理的哲学，特别是分配哲学，往往会对薪酬水平的确定起到非常重要的作用。在偏向于用物质刺激的企业文化下，企业倾向于用较高的货币薪酬刺激员工的工作热情；而在偏向于精神激励的企业文化下，企业用适中的薪酬就能起到相同的激励效果。

（8）企业的劳动生产率。企业的劳动生产率较高，就能带来比较好的经济效益，员工的薪酬自然丰厚；而低劳动生产率的企业只能在降低人工成本上动脑筋，尽量压低雇员的薪酬。

（9）企业雇员的配置。在一定时期内，企业员工的数量配置与其薪酬水平之间，是一种此消彼长的替代关系。薪酬是企业总成本的一个组成部分，而在短期内产值一定的情况下，企业的总薪酬成本呈刚性。这样，企业雇佣的员工越多，则人均薪酬越低。

因此，企业在其资本配置中，要考虑薪酬成本与其他生产资本之间的转换和替代，比较各种资本及其配置效益。

（10）企业人力资源管理的水平。高水平的人力资源管理可以适当降低企业的薪酬成本，而低水平的人力资源管理则有可能浪费企业本可不用支出的薪酬成本。例如，在规模较大、资金实力较强的企业中，技术上已经比较难于进行细致的监督和管理，这时，往往使用偏高的薪酬水平来代替某种管理和激励，称为“效率工资”。

7.2 薪酬设计的基本原则和流程

7.2.1 薪酬设计的基本原则

1. 公平原则

公平不是绝对、单一的平等，即结果公平；而是具有丰富意义、与绩效挂钩的公平，即过程(机会)公平。首先，公平是企业之间的薪酬公平，又称为外部公平；其次，公平是企业内员工之间的薪酬公平，又称为内部公平；再次，公平是同种工作岗位上的薪酬公平，即个人公平。由于不同员工的绩效、技能和资历等存在差异，在此原则下，同种工作岗位上的不同员工，所获得的公平的报酬在数量上是有差异的。

2. 竞争原则

竞争原则是指企业的薪酬标准在人才市场甚至全社会中要有吸引力，以战胜竞争对手，招聘到宝贵的人才，并长久地留住他们。在此原则下，尤其是对于本企业较关键人才的薪酬标准，至少也要等于甚至略高于市场行情。

3. 激励原则

激励原则是指对于企业内部各类、各级职务之间的薪酬标准要适当拉开距离，防止“大锅饭”似的绝对平均化。充分利用薪酬的激励效果，提高员工的工作热情。

4. 经济原则

高标准的薪酬水平自然会提高企业薪酬的竞争性与激励性，但企业的成本也不可避免地要上升。因此在设计薪酬制度时，既要考虑薪酬的对外竞争性和对内激励性，又要考虑企业财力的大小，找到其间最佳的平衡点。

7.2.2 薪酬设计的流程

制定健全合理的薪酬方案，需要一套完整而正规的程序来保证。薪酬设计一般需要经过以下7个基本的步骤。

1. 制定薪酬原则和战略

设计薪酬之初，首先应该明确组织的总体发展战略和职能发展战略。在各项战略的指导下，确定薪酬战略，并集中体现组织的总体发展要求。

2. 进行工作分析

在组织结构设计的基础上进行工作分析，编写工作岗位职务说明书，形成清晰的组织结构图和工作说明书体系，这是进行薪酬设计的前提条件。

3. 进行工作评价

用工作分析的结果进行工作岗位评价，衡量组织内部各项工作与职位的价值，建立各项工作价值间的相对关系，以便使薪酬制度满足内部公平性的要求。因此，工作评价是薪酬设计中最重要和基础的环节。

4. 市场薪酬调查

为了保证组织薪酬制度的外部公平性，还要进行市场薪酬调查，了解本地区、本行业的薪酬状况，尤其是竞争对手的薪酬情况，从而设计相应的具有竞争性的薪酬体系。

5. 薪酬结构设计

薪酬结构设计是将组织中各项工作职位的相对价值与对应的实付薪酬之间确定一种线性或非线性的联系的过程。它可以使每个工作职位的薪酬水平都对应于它的相对价值。组织往往根据自身战略发展的要求，参照市场同行业的数据以及劳动力市场的供求情况，来确定薪酬结构。

6. 确定薪酬等级和标准

确定薪酬等级是将工作评价以后得到的相对价值相接近的一组职务或工作编入同一等级，每一工作等级所对应的薪酬水平都有一个幅度，即每个等级有一个起薪点和顶薪点，这样整个组织就可以组合成若干个薪酬等级。

7. 薪酬方案的实施、评估和控制

薪酬方案一旦确定，就要严格地加以执行和落实。在实施过程中还要不断听取各级员工的反映，评估系统的公平性和竞争性特征，及时修正方案中的偏差，使薪酬方案更加合理完善。

7.3 基本薪酬体系的设计

薪酬体系设计是一项十分重要的薪酬管理工作，薪酬体系是否合情合理、是否体现公平性、是否考虑竞争性、是否考虑各种影响因素都会影响薪酬体系执行的有效性。

7.3.1 基于职位的薪酬体系

基于职位的薪酬体系，就是指员工的薪酬或工资是按照员工在组织内所占据的特定职位来发放的，员工薪酬的高低取决于这些职位的价值。而这些职位的价值又是根据一整套评价指标体系得出的。

由于员工实际的劳动付出是不可测的，因此在支付劳动者报酬时，不得不采取一些间接的测度手段。因而，基于职位的薪酬体系实际上就是将员工在组织内所占据的特定职位作为测度员工实际劳动付出的一个主要指标，职位薪酬的操作流程如下。

1. 形成工作说明书，并进行工作评价

基于职位的薪酬体系是依据职位价值来确定薪酬水平的，因此职位薪酬必须建立在工作分析和工作评价的基础上。工作说明书包括该工作的主要工作职责、业绩标准、工作条件和任职资格要求等。工作评价是建立工作薪酬的最主要的基础和前提。工作评价是通过采用一整套标准化、系统化的评价指标体系，对组织内部各工作的价值进行评价，得到各岗位的评价点值，该评价点值就可以作为该岗位薪酬水平的主要依据。

工作评价的方法一般有四种，分别是排序法、归类法、要素计点法和要素比较法，这4种方法各有特点，但在实践中最常用的还是要素计点法。

(1) 排序法。排序法即按照各个职位的价值大小进行排序，是最简单的一种职位评价方法。由于没有客观的评价尺度，评价的主观性较大，而且各职位之间的确切的差距也不清楚。

(2) 归类法。归类法是指按照一定的标准将职位归入事先确定的等级中的评价方法。

在使用该方法时，薪酬管理人员首先要确定职位等级的数量。组织内的职位数量越多、职位种类越复杂，职位等级也就相应地越多。然后从工作责任、工作技能、工作条件和努力程度四个方面着手确定薪酬要素，并根据薪酬要素确定各个职位等级的定义。最后根据每个职位的工作说明书，并对照职位等级定义，将职位归入与等级定义相同的或最为类似的等级中去。归类法也是一种比较简便的方法，尤其是当职位数量较多时，它比排序法更节省时间。但这种方法的缺点是：当职位类型差别较大时，很难建立通用的职位等级，另外，同排序法一样，无法准确衡量各职位之间的价值差距。

（3）要素计点法。要素计点法主要是根据各个职位在薪酬要素上的得分来确定它们的相对价值的一种方法。具体步骤如下所述。

① 确定薪酬要素，并划分每个薪酬要素的等级。

如归类法一样，要素计点法中的薪酬要素仍然可以确定为工作责任、工作技能、工作条件和努力程度四个类别，每一要素类别内可以设置多个要素指标。薪酬管理人员也可以根据实际情况增加或减少薪酬要素的类别以及要素的指标。在确定薪酬要素之后，可以再根据重要程度将每个要素指标划分为若干等级。等级的划分取决于组织内部各职位在该要素指标方面的差异程度，差异程度越大，划分的等级就越多。另外需要注意的是，薪酬管理人员一定要对薪酬要素以及各要素相应等级的含义做出明确的界定。表7－1就是一个有关指导监督责任的例子。

表7－1　指导监督责任的等级划分及含义界定

要素名称：指导监督责任
要素类别：工作责任
要素定义：指任职者在正常的权力范围内所承担的正式指导、监督及评价等方面的责任。责任的大小根据任职者直接指导和监督的人数及层次来划分

等级	等级说明
1	不监督任何人，只对自己的工作负责
2	指导、监督4名以下第一级别人员(含2名)
3	指导、监督5～10名第一级别人员，或1～3名第二级别人员
4	指导、监督4～6名第二级别人员，或1～3名第三级别人员
5	指导、监督4～6名第三级别人员，或1～3名第四级别人员

② 确定每个薪酬要素及其等级的点值。

首先应当确定总的评价点数。总点数的大小以能够清楚反映各职位之间的差异为宜。一般来说，企业内的职位种类越多、种类之间的差异度越大，总点数也就越大，然后将总点数依次分配到各个薪酬要素大类、薪酬要素指标及要素指标的各个等级。分配点数的依据是要素大类、要素指标及各个等级的权重。权重可以通过经验方法或统计方法得出。

表7－2就是一个点数分配的例子。假定总点数为800分，四个大类平均分配，因而分配给工作职责大类的点数就是200分。然后依据工作职责各要素指标及各个等级的权重，再将大类总分分配到各个薪酬指标及等级上去。

表7-2 工作职责要素指标及其等级的评价点数

编号	要素名称	要素类别	权重(%)	最高点数	等级划分	等级点数
A01	战略实现责任	工作责任	30	60	1 2 3 4 5	12 24 36 48 60
A02	风险控制责任	工作责任	25	50	1 2 3 4 5	10 20 30 40 50
A03	监督指导责任	工作责任	25	50	1 2 3 4 5	10 20 30 40 50
A04	沟通责任	工作责任	20	40	1 2 3 4	10 20 30 40
合计			100	200		

③ 确定组织内每个职位的点值。

前述步骤为职位评级确定了基本标准，接下来就是按照这套标准体系来对组织内各个职位进行具体的评价，并计算出每个职位相应的点数。

具体的方法是对照工作说明书，确定被评价职位所包含的薪酬要素指标及所处的等级，从而确定各薪酬要素指标的实际评价点数，然后将全部薪酬要素指标的实际评价点数加总，就得到该职位的最终评价点数。比较各职位的最终评价点数，就可以确定它们之间相对价值的大小。

表7-3是对某职位评价的举例。选择组织中的职位A和职位B进行评价，同时为简便起见，仅对工作责任这个大类的薪酬指标和等级进行较详细的评价，其他大类可以用类似的方法进行评价。

理论上讲，只有应用要素计点法对组织内所有职位进行评价，职位之间的相对价值才是可信的，但这样做的成本会比较高。在实际工作中，通常是选择各类职位的典型职位进行评价，然后再通过比较其他职位与典型职位，来确定所有职位的相对价值。与前两种方法相比，要素计点法是一种量化方法，它可以准确衡量出各职位之间的价值差距。其缺点是操作起来比较麻烦，此外，这种方法也不可能绝对杜绝主观因素的影响，例如要素指标的选择、权重和点数的分配都会受到主观判断的左右。

表 7-3 组织内职位评价结果

薪酬要素			职位名称计点值			
			职位 A		职位 B	
要素编号	要素名称	要素大类	所处等级	对应点数	所处等级	对应点数
A01	战略实现责任	工作责任	5	60	3	48
A02	风险控制责任	工作责任	4	40	3	30
A03	监督指导责任	工作责任	3	30	3	30
A04	沟通责任	工作责任	4	40	4	40
工作责任点数合计				170		148
工作技能点数合计				180		130
努力程度点数合计				180		160
工作条件点数合计				120		150
点数总计				650		588

(4) 要素比较法。要素比较法是排序法的延伸，不过比排序的标准和方法更为复杂。要素比较法是根据不同的薪酬要素对典型职位进行多次排序，以确定典型职位之间的相对价值，然后再通过比较其他职位与典型职位的差异，来确定所有职位的相对价值。而且在职位排序的时候，要素比较法已不再是单纯地比较职位之间的相对价值，而是把薪酬的因素也考虑进来。因此，尽管要素比较法客观明确，但是操作起来却非常复杂，所以这里就不做过多的解释。

2. 进行市场薪酬调查

通过对外部市场尤其是竞争者的薪酬水平进行调查，并将外部薪酬水平调查的结果与工作评价的结果相结合，企业就可以确定反映各岗位平均市场价值的市场薪酬线。

薪酬调查是指组织收集本地区或本行业其他企业的薪酬信息，从而确定市场薪酬水平的过程。图 7.2 描述了薪酬调查的基本程序。

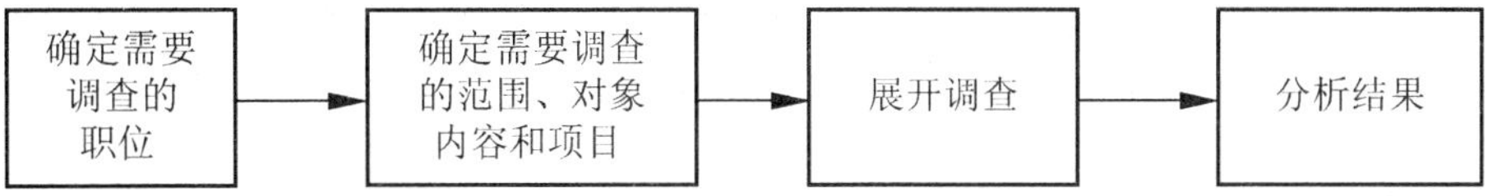

图 7.2 薪酬调查的程序

根据图 7.2 给出的程序，薪酬调查的第一步是确定所需调查的典型职位，然后从外部市场获取有关这些职位的薪酬信息。之所以要进行这种选择，是基于两方面的考虑：其一，部分职位可能是组织所独有的，对这些职位进行调查是没有意义的；其二，节约成本。因此，典型职位必须是组织内具有代表性的职位，同时也是行业内普遍存在的通用职位。

在确定了典型职位以后，接下来的任务就是确定调查的范围和对象。这个问题可以归结为对相关劳动力市场的界定。企业的相关劳动力市场就是与本企业竞争员工的其他企业。这些企业包括同一行业的企业和同一地域具有类似职位的企业。在选择调查对象时，还要注意对象的规模。

调查的内容和项目通常是在调查表中显示的，包括职位的基本信息、薪酬要素信息、调查对象的基本信息、任职者的基本信息以及职位的总体薪酬结构和水平。

最后就是实际开展调查、汇总和整理调查结果，并对调查获得的数据信息进行统计分析。薪酬调查获得的数据可以有两类用途：一是参考某个职位的市场薪酬数据，然后制定企业相应职位的薪酬水平；二是通过统计方法(如回归分析)得到市场薪酬线，并在此基础上制定薪酬政策线。

3. 确定组织的薪酬竞争政策

企业是否完全按照市场薪酬线来确定实际的薪酬水平，取决于企业的薪酬竞争战略。所谓薪酬战略就是企业在薪酬问题上的市场定位，包括领先型、匹配型和拖后型三种。在市场薪酬线的基础上，企业可以结合自己的薪酬战略，制定企业的薪酬政策线，确定企业内各职位的实际薪酬水平。

第一种是领先型战略，即企业的薪酬水平高于相关劳动力市场的平均水平。在这种战略指导下，企业薪酬政策线要高于市场薪酬线。

第二种是匹配型战略，即企业的薪酬水平与相关劳动力市场的平均水平大致相当。这种战略的薪酬政策线与市场薪酬线重合。

第三种是拖后型战略，即企业的薪酬水平落后于相关劳动力市场的平均水平。采用这种战略的企业，其薪酬政策线要低于市场薪酬线。

4. 建立薪酬结构

理论上讲，在确定了薪酬政策线以后，薪酬管理工作就可以告一段落了，因为到这一步企业内各职位的实际薪酬水平已经确定。但在实践中，这种做法是不现实的。尤其是当企业内职位较多时，为每一个职位设定一个薪酬水平，后续的薪酬管理工作将会很麻烦，管理成本也会很高，另外这种薪酬结构也不利于工作轮换。例如，由点数为 81 的职位轮换到点数为 80 的职位时，其薪酬水平就会降低，这样正常的职位轮换就变成降职处分了。通行的办法是将评价点数比较接近或者排序位置相邻的多个职位划为一个等级，而且每一个等级确定一个薪酬浮动区域，同时，企业还有必要为每个工作确定一个价值和薪酬区间(或者称为带宽)，它包括中点工资、最高工资和最低工资，相邻等级薪酬之间相互重叠，构成薪酬等级结构。

需要指出的是，实际生活中不存在绝对完美的薪酬结构，薪酬管理人员必须结合组织的实际情况和发展战略，综合考虑各种薪酬结构的管理成本、公平性和灵活性，从中选择与组织锚匹配的薪酬结构。

薪酬结构建立之后，企业还应当根据内外环境的变化对薪酬结构进行相应的调整和完善。

7.3.2 基于技能的薪酬体系

基于技能的薪酬体系通常是指两种以员工个人为基础的薪酬方案：一是知识薪酬，即以员工个人所拥有的专业知识作为组织支付薪酬依据的薪酬方案；二是技能薪酬，即以员工个人所拥有的专业技能作为组织支付薪酬依据的薪酬方案。

职位薪酬是基于组织内现有职位数量和结构而构建的薪酬体系。在这种薪酬管理体系下，员工的实际薪酬收入取决于他本人所占据的职位。与职位薪酬不同，技能薪酬是以员工个体所具备的知识和技能作为制定薪酬的标准。因此，在技能薪酬体系下，组织考核的重点是员工知识和技能的高低，以及特定的知识和技能对于组织的价值。在员工个体的知识技能不变的情况下，职位变迁对他本人的实际薪酬水平没有影响。这意味着组织内的职位安排可以有更大的灵活性。不过在本质上，技能与职位是一样的，都是员工实际劳动付出的间接测度手段。

技能薪酬设计的基础在于确定技能的价值，而技能的价值又是以组织目标以及为实现组织目标所必须完成的各项工作任务为依据的。对组织而言，如果某项技能对于完成组织目标毫无帮助，那么不论其如何难以获得，都是没有价值的。因而，技能价值的确定乃至技能薪酬的设计也是从工作分析开始的。图 7.3 给出了技能薪酬设计的具体程序。

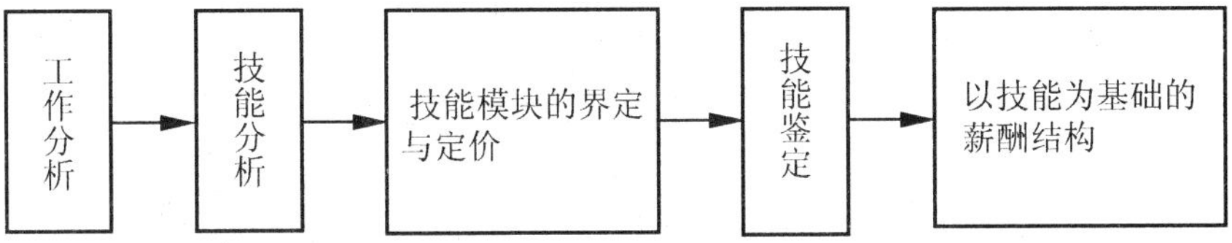

图 7.3 技能薪酬设计的具体程序

1. 工作分析

从图 7.3 中可以看出，设计技能薪酬的第一步是工作分析。但是与职位薪酬不同，技能薪酬工作分析的目的是为了确定完成特定任务所需的技能，而不是确定职位职责。职位与技能之间的关系很复杂，同一职位可能需要多种技能，反过来，不同职位可能都需要同种技能。因此，从某种意义上说，技能薪酬的工作分析过程也是组织工作流程的再设计。表 7-4 是对职位薪酬和技能薪酬体系下工作分析的一个比较。

表 7-4 不同薪酬体系下的工作分析

薪酬体系				
以职位为基础	以技能为基础			
堆货工	技能 D	技能 C	技能 B	技能 A
打包工	技能 D	技能 C	技能 B	技能 A
清洁工	技能 D	技能 C	技能 B	技能 A
超声波检验员		技能 C	技能 B	技能 A
测试工		技能 C	技能 B	技能 A
装配工			技能 B	技能 A
铆工			技能 B	技能 A
机件组组长				技能 A

从表 7-4 中可以看出，在职位薪酬体系下，某公司组装过程可以划分为 8 个职位，分别是：堆货工、打包工、清洁工、超声波检验员、测试工、装配工、铆工和机件组组长。在技能薪酬体系下，这 8 种职位被重新组织成 4 种范围较广的工作类型：A，B，C，D 工作。每一种工作对应一种技能类型。D 型工作涵盖了堆货工、打包工和清洁工的工作内容，是一种入门工作，所要求的技能水平最低；在此基础上，经过进一步培训，员工就有资格从事 C 型工作。C 型工作要求员工不仅能够胜任 D 型工作的内容，同时还必须能够胜任超声波检验员和测试工这两项工作内容，因而要求的技能水平相应提高。以此类推，A 型工作要求员工胜任所有的工作内容，因此所需的技能水平最高。

2. 技能分析

根据员工所从事的工作的性质，员工可能掌握的技能可以从 3 个维度来考察。

(1) 技能宽度。它是指员工掌握的与某项具体工作相关的技能种类。员工掌握多种技能，就可以在多个职位上进行轮换，同时可以帮助其他员工完成工作。那些能够掌握多种技能的员工通常被称为通才。

(2) 技能深度。它是指员工所掌握的特定技能专业水平的高低。技能深度越浅，说明技能越简单，员工掌握起来越容易；技能深度越深，技能越复杂，员工掌握起来也越困难。那些能够掌握深度技能的员工通常被称为某类工作的专家。

(3) 技能垂度。它是指员工自我管理的能力和限度。垂直技能主要是指管理技能，包括时间规划、领导、协调和控制等，具有较高程度垂直技能的员工能够更好地从事团队任务。

3. 技能模块的界定与定价

在技能分析的基础上，薪酬管理人员需要建立相应的技能模块。技能模块是由特定深度、宽度和垂度范围内的技能构成的组合。

每一个技能模块一般由三种技能要素构成，包括基础技能、核心技能和选择技能。基础技能是特定技能模块的入门技能，是员工获得该技能模块的核心技能前所必须具备的技能。核心技能是为完成特定的工作任务所必须达到的关键性技能要求。选择技能是附加的某些管理技能，如判断能力、应变能力和沟通能力等。

在确定技能模块之后，就要对这些模块进行定价。技能模块定价包括以下两方面的工作。

(1) 确定技能模块的相对价值。确定技能模块的相对价值是为了保证技能薪酬的内部一致性。技能的价值至少可以从两个方面来评价：首先是技能获取的难度。难度越大，价值越高。技能获取的难度可以从培训时间，培训费用，接受培训的生理、心理、资历和基础知识条件以及通过培训检测的概率等多个方面来考察。其次是技能模块相对于组织的重要性。这可以从失误的后果、技能的价值贡献、监督责任以及教育责任等多个方面来考察。技能模块相对价值的评价方法可以参照工作评价的方法，如归类法、排序法或者计点法等。评价的结果可以是量化的点数，也可以是相对次序。

(2) 外部市场调查。对技能模块进行外部市场调查是为了保证技能薪酬的外部竞争性。与职位薪酬类似，技能薪酬的外部市场调查也是选择与外部竞争组织相对应的典型技能模块，寻找技能模块点数与薪酬水平之间的关系，从而确定组织内技能模块的市场薪酬线和薪酬政策线。需要指出的是，作为一种尚未被多数竞争性企业接受的新型薪酬体系，直接获得相应技能模块的市场薪酬水平可能比较困难，这需要市场调查人员采取某些转化手段，利用职位薪酬的市场数据来间接估计技能薪酬的市场水平。

4. 员工技能的鉴定

员工技能的鉴定需要确定3个方面的内容：鉴定者、鉴定内容和鉴定方法。鉴定者可以来自于企业内部，如员工的上级、同事，也可以来自于企业外部，如政府机构、学校、培训机构、业内专家等。一般来说，由来自多方面的专业人士组成一个技能鉴定委员会，可以保证鉴定结果更加公正、客观、可信。鉴定内容通常是根据企业的技能模块的要求来设计的，由于技能模块一般包括基础技能、核心技能和选择技能，相应地，技能鉴定内容也就包括这些技能的培训课程或培训项目、要求达到的分数以及这些技能的实际运用情况，实际运用情况包括实际的业绩和失误等。鉴定的方法多种多样，包括笔试测验、现场操作和情景模拟等。方法的选择关键在于同所要考察的内容相匹配，同时也要考虑鉴定的成本。

对于实行技能薪酬的组织来说，员工技能的鉴定是一项重要的日常工作，组织需要定期或不定期地举行。大型的、全面的、定期举行的技能鉴定活动可以同组织的技能培训工作相结合，同时可以督促员工不断提高自身的技能水平。而一些小型的、单项的、不定期的能力鉴定可以同某些技能竞赛相结合，既可以方便地获得员工相应的技能信息，又可以调动员工学习技能的积极性，以迅速地推广某些新技能。

5. 建立技能薪酬结构

对于实行职位薪酬的组织，薪酬结构设计的出发点在于实现成本节约、薪酬公平和管理灵活三个目标，同时还要保持这三个目标之间的动态平衡。而对于实行技能薪酬的组织来说，将评价得分接近的多个技能模块划入同一技能等级，显然可以节约薪酬管理的成本，尤其是对于那些技能模块较多的组织，管理成本的节约会更加明显。但是对同一等级中实际得分不同的技能模块，实行相同或类似的薪酬水平同样也会引起有关公平性的争议。因此，在技能薪酬的结构设计中，需要对成本节约和薪酬公平这两个目标给予足够的重视。

而对于管理灵活性的问题，技能薪酬和职位薪酬的设计思想几乎是背道而驰的。职位薪酬体系的薪酬浮动区间和重叠结构这两种设计的目的在于增加管理上的灵活性。对于实行技能薪酬的组织而言，薪酬水平取决于员工掌握的技能而不是所从事的工作和所处的职位。换言之，员工的收入水平的提高更多地取决于他在技能学习方面花费的努力，而不受职位空缺的限制。如果技能模块之间薪酬水平有较大差别，而且员工对技能模块的选择不受限制，那么多数员工就可能会选择学习那些薪酬水平较高的技能，而忽视另一些薪酬水平较低的技能。当这两类技能模块在学习上不具有严格递进效果时，员工的整体选择偏好可能会使得组织由于缺乏精通某些技能的员工而无法平稳地运行，甚至瘫痪。因此在某种意义上，技能薪酬的结构设计的重点恰恰在于限制它的灵活性，以保证组织运行的平稳性。由于不同的组织对技能等级内的基础技能、核心技能和选择技能的具体要求各不相同，从而也就形成了具有不同内涵的技能薪酬结构设计，组织可以根据具体情况进行选择。

(1) 阶梯模型。所谓阶梯模型不仅是指技能等级的薪酬水平像楼梯一样，随着技能等级所包含技能的难度、复杂性的提高而提高，而且是指员工在沿着技能等级阶梯上升时，不许出现跳级现象。

之所以采用阶梯模型，一种情况是因为组织内技能等级之间具有客观的学习递进效果。所谓学习递进效果是指员工在掌握较低等级技能之前，根本没有能力接受较高等级的技能培训，而不得不循序渐进，多数深度技能具有这样的特点。另一种情况则是员工在掌握较低等级技能之前，不允许接受较高等级的技能培训和技能鉴定。无论出于何种情况，阶梯模型基本上保证了员工中的技能分布与组织任务之间的匹配，因而与职位薪酬结构最为接近。

(2) 技能模块模型。技能模块模型是指员工在掌握入门技能后，就可以根据自己的实际情况选择技能等级，参加相应的培训和技能鉴定。它与阶梯模型不同的是：它允许员工跳级。

虽然各个技能等级都有相应的基础技能、核心技能和选择技能的要求，但是较高等级与较低等级在技能要求上并不具有严格的递进关系，组织也不要求员工严格按照等级阶梯循序渐进。员工实际掌握的技能完全取决于员工的选择偏好以及能力水平。因此，为保证技能分布与组织任务之间的匹配，技能等级以及各等级的内容设计必须与组织员工的实际能力相匹配。例如，为了控制较高技能等级的员工数，可以加大该等级的课程难度或者提高能力鉴定的标准。如果组织内员工的能力素质普遍较高，组织还可以通过技能竞赛的方式，按比赛成绩的顺序筛选适当数量的员工进入某一技能等级。

与阶梯模型相比，技能模块模型更能体现员工的能力水平，也更有利于激发员工学习技能的积极性，但是在组织运行的稳定方面相对较差。

(3) 积分累计模型。对一些组织来说，某些技能(如客户技术)可能需要组织内所有员工都能够熟练掌握。因此，如果将这项技能作为所有技能等级的基础课程或者核心课程，那么即使允许员工自由选择技能等级，也能保证这类技能的普及，进而有利于组织目标的实现。

另一种办法是组织并不严格规定每个技能等级的课程内容，而是规定每项技能课程的学分，以及每个技能等级所要求达到的总学分，这样员工可以按照自己的偏好在多种技能中进行选择和组合。只要这些课程组合的总分达到某一等级的学分要求并通过相应的能力鉴定，他就可以获得该等级的薪酬收入。为了保证特定技能的普及，组织可以加大这些技能的分值，引导员工在进行技能选择和组合时，优先选择这类技能。这就是所谓的积分累计模型。很显然，这种模型的灵活性介于阶梯模型和技能模块模型之间。

作为一种新型的薪酬体系，技能薪酬在设计技术、管理手段等多个方面还不够成熟，但是随着知识经济的迅猛发展，其重要性无疑会越来越大。对于大多数组织来说，作为一种管理策略，可以将职位薪酬与技能薪酬结合起来使用。当然在结合过程中，可以针对组织内不同的人员类型，赋予这两类薪酬体系不同的权重。

7.4　奖励制度的设计

员工的奖励是根据员工的绩效来确定的。企业可以通过发奖金，或将奖金拨入退休金或分企业股票给出色的员工作为奖励。大量研究表明，奖金有助于提高员工的绩效，因此这种制度被企业广泛地采用。

7.4.1　奖励制度概述

奖励性薪酬是一种补充性的劳动报酬形式，一般是指对员工超额劳动或工作高绩效的一种货币形式的劳动报酬。企业以货币形式给予的补偿就是奖金。其目的是为了提高员工的生产率从而获得企业的竞争优势。奖励制度是指比较固定的、规范的奖励性薪酬的分配和运作方式，一般由奖励的种类、奖励指标、奖励条件、奖励范围、奖励周期以及奖金的提取与分配等内容构成。

与基本工资制度相比较，奖励制度具有以下作用。

(1) 具有较强的针对性和灵活性。奖金有较大的弹性，它可以根据工作需要灵活地决定其标准、范围和奖励周期等，有针对性地激励从事某项工作的员工。

(2) 能够弥补基本工资制度的不足。基本工资制度对员工的激励性存在着不足。如计时工资主要从个人技术能力和实际工作时间上确定劳动报酬，难以反映经常变化的超额劳动；计件工资主要从产品的数量上反映劳动成果，难以反映在产品优劣、原材料节约和安全等方面的超额劳动，而奖励性薪酬可以弥补这些不足。

(3) 奖金的支付是与结果的实现联系在一起的变动成本，而基本工资是与产出无关的固定成本。

(4) 奖励性措施关注员工工作在特定绩效目标上的努力，它为培育重要员工和获得企业利润提供措施。奖金与工作绩效直接相关，如果达到绩效目标，就应该支付奖金；相反，就不支付这种奖金。

(5) 奖金能将员工的个人与企业发展目标结合起来，促使员工长期稳定的发展。奖金不具有保障员工基本生活的职能，它要根据企业的发展、企业的效益以及员工对组织的贡献而定。只要员工努力工作，并对企业的效益做出贡献，那么其利益就可以增加。

因此，要使企业的薪酬管理制度更加完善，必须设计有效的奖励制度。

7.4.2　奖励制度设计的要求和原则

1. 奖励制度设计的要求

建立有效的奖励制度的主要目的是激发员工的积极性和创造性以及增强他们工作的责任感和强烈的竞争意识。所以奖励制度的设计要根据企业的需要来确定具体的目的或是目标。因此，必须满足以下要求。

(1) 要求涉及评估员工绩效的过程和方法。如果奖金以绩效为基础，那么员工必须能够感受到其业绩被正确与公正地评估。显然，衡量绩效的标准是奖励制度设计成功的关键，它向员工传达了企业的既定目标的重要性。

（2）要求奖金必须以绩效为基础。员工必须确信他们的劳动付出与所得报酬之间的关系。个体奖励性方案要求员工能感受到他们的业绩与报酬之间的直线关系；群体奖励性方案要求员工能感受到小组的业绩与组员报酬之间的关系，进而使组员认识到他们个人的业绩对小组群体业绩的影响；组织整体奖励方案的基本要求与群体奖励方案相似，员工必须认识到组织整体业绩与他们的个人报酬之间的关系，以及个人业绩对组织整体业绩的影响。

2. 奖励制度设计的原则

在设计奖励制度时企业必须遵守以下原则。

（1）目标原则。一个合理的奖励性制度首先要符合企业的目标要求。如果企业的目标是成为低价格的生产者，奖励性的绩效标准应重点放在成本降低或可以接受的较低质量标准前提下的生产率的提高上；如果企业希望在质量方面取得领先地位，那么，奖励性的绩效指标应重点关注顾客的满意度、产品的及时性或高质量。如果企业有多方面的绩效可以选择，则重点应放在质量、成本控制或生产率上。

（2）激励原则。即一个奖励性薪酬制度的设计要充分具有激励的功能，能激励员工向企业所要求的目标努力，如果达不到激励作用，那么奖励性制度就是无效的。

（3）公平、科学、合理的原则。即企业要注重制度的公平性和公开性。只有公开才有激励作用，如奖励条件和标准的公开。另外，作为奖励性制度设计的技术方法和应用的工具要讲究科学性。如对绩效的考评，要做到明确、具体，奖励性公平的设计方法要科学合理，奖励性薪酬的分配也要合理。

7.4.3 奖励制度体系

1. 个人层面的奖励制度

个人奖励制度是根据员工个人的生产数量和品质来决定其奖金的数额。它可以根据不同员工之间的绩效差异实施有针对性的奖励，使那些努力工作、能力较强的员工获得更高的报酬，但这有可能导致员工之间的激烈竞争，从而破坏整个团队的内部协作，影响整个团队的业绩和对组织的贡献。其常见形式有以下几种。

1）计件工资制

这是使用得最广泛、最古老的一种方法。它通过确定产品的计件工资率，将工人收入与产量直接挂钩。它需要进行职位评价和工业工程设计，前者确定职位的小时工资率，后者确定单位产品的标准时耗或者单位时间的标准产量。如生产螺丝的职位每小时工资率为 10 元，工业工程设计要求标准产量每小时生产 10 个，那么计件工资率为 10 元除以 10 个等于 1 元。计件工资又细分为两种：直接计件工资制和有保障计件工资制。直接计件工资制的工资由产量决定，难以保证工人收入达到最低工资标准；有保障计件工资制能保证工人的最低工资收入，产量的高低决定工资增长额度的大小。

另外，对于计件工资制，有的企业不论产出水平如何，严格按照固定不变的计件工资率计算收入，而有的企业则提倡企业与工人共同分享生产率提高带来的收益，故当产量达到或超过一定标准时，计件工资率会相应提高。这种方法的优点是便于计算，计量原则公平，具有较好的激励作用。但是也具有较为突出的缺点，那就是某些公司一旦发现员工工资高于平均水平，就会随意提高产量标准；确定计件工资率的过程过于烦琐，工人对于产量标准确定与变动非常敏感，在这个问题上的变动容易引起冲突；而它最大的缺陷表现在计件工资的工业工程特征上，工人只关注是否达到最佳产出量，而不会注意产品的质量与机器设备的维护与保养，并且不愿意更换工作岗位，不愿意引进新型设备与革新生产过程，因为这样会在一定时间内降低自己的生产率，从而影响工资收入。

2）标准工时制

标准工时制不是依据计件工资率，而是依据工人绩效高于标准水平的百分比付给工人同等比例的奖金。这种制度的基本前提是工人有固定的基本工资。例如，小张所从事的职位基本工资为每小时10元，他一天工作8个小时，则每天基本工资为：8×10＝80(元)。又如，小张所从事职位的产量标准是每小时生产10个零件，那么每天标准产量为：8×10＝80(个)。如果他一天下来，共生产了100个零件，超过标准产量：100－80＝20(个)，即他的生产效率超过标准水平25%，那么他的工资应比基本工资高出25%，他在这一天得到的工资为：80×1.25%＝100(元)。标准工时制具有计件工资制的大部分优点，同时也很好地解决了工人对计件工资率依赖与敏感的问题。

3）佣金制

此种奖励制度主要用于销售人员。在市场经济中，承担推销产品、联络客户、收集市场信息和提供售后服务等重任的销售人员，他们对企业的经营成败有很重要的作用，需要激励他们保持持久而充沛的干劲儿。尤其是在外的销售人员，散居各地，流动性也较大，很难紧密监控，更需自觉自律，企业很重视对他们的经济性奖励，佣金制便是其中一种很有效的方法。虽然对销售人员的奖励属于他们顶头上司——销售部主任的职责，但人事工资部门有责任给他们以技术上的帮助与指点，并使此制度在全公司各部门协调一致。

佣金制也有不同的类型，最基本的一种是单纯佣金制，即佣金等于销售量(或销售率)与佣金率的乘积。这样，单纯的佣金便构成了销售员的基本收入，但由于销售量波动大，受客观环境因素的影响很大，会影响到销售员生活的稳定；另一种是混合佣金制，即销售员所拿佣金只构成他们基本收入的一部分，此外他们还领取一定的固定工资，这构成他们基本收入的另一部分，后者是稳定的成分。这两类佣金制中的佣金率，通常是以销售额或销售量为基础的，但也可以用较前一段时间内销售量的相对增长率或既定的一段时间内所建立联系的新客户的数目为基础。除这两种类型之外，还有一种超额佣金制，即销售员所得的不是全部佣金，而是佣金中除了既定定额后的差额，这个定额是销售员事先同意要保证完成的销售额。

这些佣金制各有利弊，单纯的佣金制除了常因非销售人员自己所能控制的原因(如宏观经济环境等)而产生大幅度波动外，还会引起他们只注意高佣金项目而忽视其他。混合佣金制虽能使收入稳定些，但刺激性较小，而超额佣金制也有类似的特点。

4）基于职业曲线的奖励制度

它主要是针对专业技术人员，如工程师、科学家和律师的奖励制度。和其他员工一样，专业技术人员也可以通过奖金或绩效报酬增长得到激励。专业技术人员最初是基于其带给企业的知识而获得报酬的。许多专业技术人员有可能成为管理人员，但是对很多不想从事管理工作的专业技术人员来说，目前有些企业采用一种二元报酬追踪系统，将专业技术人员的工资范围扩大到等于或基本上接近管理人员的薪资，使他们也得到相当的薪资。

成熟曲线或职业曲线也称工作表现基点法，可以作为专业技术人员提升薪水的依据。企业以职业曲线为基础增加专业技术人员的薪水，以经验和绩效为基础提供年度工资率。不同曲线反映不同水平的绩效，并用来反映不同水平的工资增长，代表较高水平绩效的曲线通常比代表较低绩效水平的曲线要高，而且其上升速率也更快。专业技术人员的绩效工资是依据不同的成熟曲线来决定其增长速率的。

除基本工资之外，专业技术人员可以获得以绩效为基础的奖励制度，如利润分享计划或持股计划等，这些都是更高层次上的个人绩效的奖励方式。

5）管理人员激励计划

管理人员激励计划主要是提供某种形式的红利与奖金，可分为短期和长期的激励计划。

（1）短期激励。年终分红是短期激励的一种形式。年终分红需要考虑的因素包括资格条件、基金规模的确定和个人奖励额。资格条件的确定方法包括：①确定关键职位。这需要通过职务评价确定出对企业利益影响较大的职位。②设定薪资水平分界线。任何总收入超过某一界线的员工均有机会参加短期激励计划。③设定工资水平分界线。要求员工工资达到或超过某一界限，这是设定薪资水平分界线方法的一种发展。

基金规模的确定就是考虑红利基金的数额多大较为合适。这里有两种方法：一是非扣除法，即抽取一定比例的公司净利润作为短期的激励基金；二是扣除法，即预留一定比例的利润，比如10%或20%，然后在此基础上抽取一定的比例作为基金。

个人奖励额的通行做法是先制定每个具备资格职位的红利标准，然后再根据实际绩效上调或下调其红利的多少，实际所获得的红利最多可以是标准红利的2倍。这里有一个问题即个人奖励是依据个人绩效、公司绩效还是两者的混合形式。根据个人业绩确定红利是个人奖励红利计划，而根据公司绩效的利润分享计划则不论管理人员的个人业绩表现如何，仅从公司整体经营状况考虑分派红利，这里有个前提是公司状况反映个人业绩。

中高层管理的红利水平应同组织和个人的绩效相联系，这种理论有几种实施方法，其中最简单的是二分奖励法。二分奖励法是将红利分为两部分：一部分以个人业绩为依据，另一部分以公司整体业绩为依据，分别从两个业绩角度计算管理人员的报酬。采取二分奖励法，即使公司当年业绩状况不佳，高绩效的管理人员仍然可以获得个人绩效红利。但是，二分奖励法也有突出的不足之处，那就是对个人绩效平庸的管理人员来说，他或她可能因为公司整体绩效高而获得较高的红利。对于这个问题，使用的解决方法是复合法。复合法是根据个人绩效与公司绩效综合考虑个人应得的红利额，两个绩效指标只要有一个水平过低，就不能得到任何红利。在实际应用中，要注意切实发挥出红利应有的激励作用，对业绩突出的管理人员应获得相应的高额奖励；对业绩表现一般的管理人员，奖励水平应接近和略低于平均水平；而至于业绩低劣者就不应得到任何奖励。

（2）长期奖励计划。长期奖励计划的目的在于为公司的长期发展和繁荣激励和奖励管理人员，并使高层管理人员在决策时更注重长期观念。例如，如果依据短期标准，一位管理人员可能会因为获利能力的短期增长而减少对设备的保养，当然这种策略在两三年内会提高公司的绩效。长期激励计划的另一个目标是在企业长期成功发展的基础上，通过为高层管理人员提供积累财富(如公司股票)的机会，鼓励他们与企业共同奋斗。长期激励或资本积累方案通常只用于高层管理人员，它通常有6种形式：股票期权、股票增值计划、绩效达成计划、定量股票计划、影子股票计划和股票面值计划。这些计划使用的普遍程度随着经济的发展状况和发展趋势、公司内部的财务压力、对长期激励计划态度的变化、税法的变更及其他因素的变化而不同。股票期权制适合于上市公司，它是以合同的方式授予持有人在约定的期间内(有效期或行权期)按照约定的价格(行权价)购买一定数量公司股票的选择权利。期权是企业授予中高层管理者在规定的时间以约定的价格购买本公司一定数量上市的普通股的权利，是一种选择权。如果股票市场价格高于事先约定的价格，期权持有人行使权利就能获得差价而盈利，否则可以放弃这项权利。股票期权制的有效实施有两个条件：一是受到期权激励的人通过努力工作能提高公司的业绩；二是股票市场的有效性，即公司业绩的提高能被市场投资者认同。从股票期权长期有效但不能即期行权的特征来看，它是一种长期激励，其激励作用关键在于在有效期内股票市价是否大于行权价。

股票期权的另一个替代方案是股票面值计划，这个计划允许中高层管理人员以目前的股票面值(这个面值通过对公司资产的评估确定)购买股票，高层管理人员可以获得自有股票的股息，随着公司的发展，他们所持股票的面值可能会随之增长。当这些员工离开公司时，他们可以按新的、较高的面值卖给公司。股票面值计划避免了股票市场的不稳定性，更强调股票面值的合理增长。

还有其他几种类型的长期激励计划。股票增值优惠权同股票期权结合在一起，这种优惠权允许计划受惠者采用购买股票的自主权或其他股票升值(以现金、票值或二者的混合形式)的计划。绩效达成计划依据预先制定的财务目标(如每股股票的收益或股息的增长额)的达成情况，确定高层管理人员应得的股票份额。在内部股票计划中，通常无偿地把股票分发给高层管理人员，但需要依据内部股票法规对其进行限制。例如，如果某位高层管理人员在规定的时间之前就离开了公司，那么他就要冒股票被没收的风险。最后，在影子股票计划中，发给高层管理人员的不是股票，而是类似于股票份额的“股票单元”，以后他们可以按所持“影子”股票的增额获取现金形式的收益。

2. 小组或部门层面的奖励制度

这种奖励是以小组或生产部门的生产或绩效为单位的，是奖励小组或部门所有成员的一种奖励制度。当工作成果是由小组或部门的合作所促成时，很难衡量个别员工的贡献；或当企业在急剧转型中，无法订立个人的工作标准时，皆宜采用小组或部门奖励制度。小组或部门奖励计划主要有以下模式。

1）收益分享计划

所谓收益分享计划，是指将企业节约的成本在组织和员工之间进行分享的一种团队奖励方式。由于计算和分配企业的成本节约的方式不同，收益分享计划又主要包括3种方式：斯坎伦计划、拉克计划和分享生产率计划。

(1) 斯坎伦计划，其目标是降低企业的劳动成本而不影响员工的工作积极性。该计划的一个核心变量为SVOP。所谓SVOP是指一个企业在一定时期内生产的产品的价值总额，它不仅包括企业在这段时间已经销售出去的产品价值，还包括企业已经生产但还未销售出去的产品价值。斯坎伦计划需要计算企业的劳动成本(即工资总额)与SVOP的比值，即得出劳动成本在企业所生产的产品价值中所占的比例(这一比例被称为斯坎伦比率)，然后将这一比例和基准年的同一比例或者预期目标进行比较，如果这一比例低于基准年或者预期目标，表明企业的主动成本下降，因此就将下降的这一部分劳动成本在组织和生产团队的员工之间进行分享。当然，不同的企业会根据其战略目标以及劳动成本节约的难度、员工的努力在劳动成本节约中的贡献大小来确定员工和组织之间的分享比例，其收益分享部分的计算公式如下

收益分享总额=(基期或目标的斯坎伦比率-当期的斯坎伦比率)×当期的产品销售价值

斯坎伦比率=工资总额/产品的销售额

(2) 拉克计划，是由艾伦·W·拉克于1933年提出的一种收益分享计划。它与斯坎伦计划的区别在于它所关注的不仅仅是劳动成本的节约，还关注整个生产成本的节约。拉克计划采用一个价值增值公式来计算企业的劳动生产率。企业的价值增值等于企业的销售额减去其购买原材料和其他各种供给、服务的总成本。然后企业可以用价值增值与雇佣成本的比率来衡量企业的劳动生产率，这一比率称为拉克比率。企业用当期的拉克比率与基期或者期望的拉克比率进行比较，如果当期的拉克比率高于基期或者期望的拉克比率，就代表该企业的劳动生产率得到了提高，可将生产率提高部分带来的收益在企业和生产团队的员工之间进行分享。其收益分享部分的计算公式如下

收益分享总额=(当期的拉克比率-基期的拉克比率)×当期的雇佣成本

拉克比率=[销售额-(购买的原材料、供给成本和服务成本)]/雇佣成本

(3) 分享生产率计划，是米歇尔·费恩于1973年提出的一种收益分享计划。分享生产率计划不再衡量节省成本的经济价值，而是追求在更短的劳动时间内生产出更多的产品。这一计划的关键是计算劳动时间比率，即生产单位产品所需要耗费的劳动小时数，通过将当期的劳动时间比率与基期或者目标的劳动时间比率进行比较，如果当期的劳动时间比率低于基期或者目标的劳动时间比率，那么该企业的劳动生产率得到了提高，因此也就可以将这一部分生产率提高带来的收益进行分享。分享生产率计划往往是以周为单位向员工发放分享奖金的，但这种分享计划有一个回购限定，即公司可以通过一次性向员工付款，买回超过一定标准的生产率，从而使企业能够在生产率上升到一定水平后提高基期值或者目标值。

上述3个计划都是世界范围内著名的收益分享计划，他们的实施都旨在通过一种群体分享计划来鼓励员工参与公司的决策，为公司的经营管理尤其是生产管理提供意见和建议，通过这种意见和建议来改善公司的经营效率，然后再将改进效率所获得的收益的一部分拿来奖励员工，这样就形成了一个提高公司或者整个团队整体绩效的良性循环。

2) 团队绩效奖励

与个人奖励制度相同，团队奖励制度也是根据实物产出来衡量绩效的，即设定以团队绩效为奖金标准，效率和产品质量的提高或原料与劳动力成本的节约是通常的标准。其次是奖金多少的决定，奖金的多少一般取决于团队的绩效和企业一年来的绩效。最后是确定

奖金支付的形式，并向员工解释清楚。团队奖金必须在团队成员之间平均分配，也可以根据他们的基本工资按比例分配，也可以根据他们在团队中的相对贡献进行分配。

团队绩效奖金的优点在于：支持团队的计划与问题的解决，有利于构建团队文化；单个员工的贡献依赖于团队的合作；团队奖励可以鼓励员工扩大贡献的范围，团队奖金能减少员工的嫉妒和对绩效标准“松”或“紧”的抱怨；团队奖励鼓励交叉培训而获得员工之间的新的能力。但是，该制度也存在不足，单个团队成员可能认为自己的努力对于团队成功和所获奖金的贡献很大，从而影响其积极性的发挥，限制员工绩效的发挥，以及出现个人努力比别人少，但获得与队员一样奖金的“搭便车”现象。而且团队成员可能在奖金的支付方式上难以达成一致，从而影响队员的团结合作。

3. 企业层面的奖励计划

1）利润分享计划

利润分享计划是将公司或者某个利润单位所获得的利润或者超额利润的一部分在组织和员工之间进行分享的一种计划。一般来讲，利润分享的关键在于确定利润分享的额度，而这一比例的确定有三种方式：一是以利润实体获得的总体利润为基数，在组织和员工之间分享总利润的一定比例，比如规定拿出总利润的5%来奖励员工；二是是采用超额利润分享的方法，即设定一个目标利润，将超过这一目标利润的部分的一定比例用来进行分享，比如规定目标利润为1000万元，将超过了1000万元利润以上的部分在组织和员工之间以7∶3的比例进行分享；三是采用累进分享比例的方法，即规定若干个利润段，在不同的利润段采用不同的分享比例，比如规定在300万元利润以内分享比例为5%，在300～600万元之间的分享比例为10%，600～900万元之间的部分分享比例为15%，900万元以上的部分分享比例为20%。

利润分享计划着重在于引导员工关注企业的利润实现，但由于忽视了很多其他因素，所以常常导致员工过度追求企业的短期利润，而忽视企业长期核心能力的培养，因此，现在很多企业在实施利润分享计划时，不仅是简单地根据利润的实现来进行分享，而是在利润分享的基础上，结合其他关键指标的实现来最终确定分享的奖金。

2）员工持股计划

员工持股计划是指员工持有一定比例的股票，使员工能从组织的未来持续盈利中获得收益。它一般由组织把其中一部分股票(或相当于同量股票的现金)交给一个信托委员会，数额一般是员工年工资的15%。信托委员会把股票存入员工的个人账户，在员工退休或不再工作时发还给他们。

员工持股计划有几个优点：公司在分配股额时可以享受税收优惠，优惠额相当于转给信托委员会的股票市场值。公司可以要求减让员工的股息收入所得税。员工只有从信托委员会得到收益后才纳税，而这时他们已退休，只需按照较低的税率纳税。在美国，《员工退休收入保障法》允许企业借用信托委员会保管的员工股票，然后以税前而不是税后收入归还这笔贷款，这种税收制度鼓励了企业使用这种计划。有关研究表明，员工持股计划确实加强了员工的合作精神和对企业的义务感。部分原因是这类计划增加了给员工提供物质刺激的机会，创造了新的合作精神，并有助于班组工作的完成。

7.4.4 奖励制度的效果评价

奖励制度实施的好坏直接影响到企业经营目标的实现和员工积极性的发挥。因此，企业应对奖励制度进行科学的分析和效果检验，以不断改进和完善奖励制度。根据国内外一些企业的经验，影响企业奖励制度实施好坏效果的因素共有3大类，19个因素，企业可以通过控制和管理这些因素来增强奖励制度的实施效果，见表7-5。

表7-5 奖励制度的效果评价表

因素分类	具体内容	影响程度%
制度的科学性	劳动定额和工作标准制定的科学合理性 奖励条件是否突出直线管理人员 对个人奖金份额的限制程度 管理人员和辅助人员奖励条件的科学合理性 奖金结算和兑现情况 员工奖励条件的制定是否重点突出、协调	40
奖金分配过程	管理监督方法是否适宜、可接受 工作时间安排是否合理 管理者和员工对奖评的认识是否一致 奖励条件的是否参考员工制定意见 上级对奖励计划的支持 对员工培训的投入及效果	30
薪酬管理水平	工作评价标准的稳定性 工作标准与生产特点的适应性 工资标准的合理性 管理者的业务能力 生产、工作计划的执行情况 工作质量的控制效果 统计和工作分析的及时、准确程度	30
合计		100

7.5 福利体系的设计

7.5.1 福利的概念与福利的功能

在现代企业提供给员工的整体薪酬中，福利已经成为越来越重要的组成部分。所谓福利，是指企业向员工提供的除工资、奖金之外的各种保障计划、补贴、服务以及实物报酬。在现代企业中，福利在整个薪酬中的比重已经越来越大，对企业的人工成本产生了十分重要的影响。福利虽然没有工资、奖金那样明显的直接激励作用，但是，它的积极作用还是很大的。具体而言福利的运用主要是基于以下3方面的考虑。

1. 传递企业的文化和价值观

现代企业越来越重视员工对企业的文化和价值观的认同，因为企业具有一个积极的并得到员工普遍认同的文化氛围将对企业的运营效率产生十分重要的影响。而福利恰恰是体现企业的管理特色，传递企业对员工的关怀，创造一个大家庭的工作氛围和组织环境的重要手段。企业成功的经验一再表明，那些能够在市场上获得成功的企业，无一不强调以员工为中心来展开企业的管理，也无一不向员工提供形式多样、富有吸引力的福利措施。

2. 吸引和保留人才

人们在寻找职业时，越来越把优厚的福利作为重要的选择标准。许多福利设计都和工龄有关。如带薪休假的长短都与年资的深浅有关，这些福利实际上成了员工的一种长期投资。员工一旦离开企业，此投资就会永远失去。

3. 税收减免

福利相对于工资和奖金，还有一个十分重要的功能就是税收减免。因为福利作为企业提供给员工的各种保障计划、服务和实物等，它完全可以用现金来进行替代。那么，把这些福利完全折算成现金计入工资中，将会使员工为这些福利支付一笔高额的所得税。但如果采用福利的形式，那么员工就能够在得到这些报酬的同时，获得税收的减免，这也是福利在当前越来越多地受到欢迎的一个十分重要的原因。

7.5.2 福利的形式和内容

员工福利的形式花样翻新，下面仅列出它们中最主要的项目分类。这些福利项目是就广义的意义来说的，目的都在于提高员工的全面“工作生活质量”，因而涵盖面广，有些是经济性的，还有些是非经济性的。下列的福利项目在国外已经实行或普及，但在我国，有些福利项目尚未实施或正在作少量探索。

1. 经济性福利

经济性福利是以金钱或实物为形式的员工福利。下面对一些常用的经济性福利作简要介绍。

1）额外金钱性收入

如在年终或国庆节等特殊节日加薪、分红、物价津贴，商业与服务业单位的小费等。

2）超时酬金

加班费、节假日值班费或加班优待的饮料、膳食之类。

3）交通性福利

企业接送员工上班、下班的免费班车或厂车服务；市内公共交通费补贴或报销；购买个人交通工具(自行车、摩托车或汽车)的低息贷款或津贴；保养费或燃料费补助等。铁路、航空及某些行业对本部门员工提供折价的车票、机票或其他部门产品服务的福利政策。

4）住房性福利

提供免费单身宿舍和夜班宿舍；廉价公房出租或出售给本企业员工；提供购房低息或

无息贷款；发放购房补贴。

5）饮食性福利

如免费或低价工作餐、工间免费饮料(茶水、咖啡等)、公关应酬饮食报销、食品免费发放以及集体折扣代购等。

6）教育培训性福利

如提供企业内在职或短期脱产培训、企业外公费进修(业余、部分脱产或脱产)、报刊订阅补贴、专业书刊购买补贴、为本企业员工捐助专用助学金以及免费提供计算机或其他学习设施服务等。

7）医疗保健福利

如提供公费医疗(全部或部分)、免费定期体检及防疫注射、药费或滋补营养品报销或补贴、职业病免费防护以及免费或优惠疗养等。

8）意外补偿金

如提供意外工伤补偿费、伤残生活补助以及死亡抚恤金等。

9）带薪节假日

除每周末及法定假日和病假、产假外，每月及每年有若干天带薪事假或休假日，其长短通常按照年资工龄的不同而作区别性规定。

10）旅游性福利

如提供有组织的集体文体活动(晚会、舞会、郊游、野炊及体育竞赛等)、企业自建文体设施(运动场、游泳池、健身房、阅览室、书法、棋、牌、台球及网球等活动室)、免费或折扣电影、戏曲、表演、球赛票券、旅游津贴、优惠车、船、机票及免费订票服务等。

11）金融性福利

如提供信用储金、存款户头特惠利率、低息贷款、预支薪金及额外生活困难补助金等。

12）其他生活性福利

如洗澡、理发津贴，降温、取暖津贴，以优惠价格提供本企业的产品或服务等。

13）离退休福利

包括退休金、公积金(按月抽取员工基薪的一定比例，企业同时提供一定的补贴，积累至退休时一次发还；若提前离职，企业发还其自供部分，还可能按规定对不同服务年限的员工发给不同部分的企业补贴额)及长期服务奖金(工龄达到规定年限时发给)等。

这些福利项目不仅给予员工本人，还可以全部提供给员工的直系家属。由于每个员工各有不同的需要与爱好，福利若不能投其所好，投入产出比就会降低，激励力就会削弱。为提高福利项目的有效性，国外不少企业开始采取自助餐式福利发放方式，将等值福利按照不同方式搭配，让员工各取所需，取得了较好的效果。

2. 非经济性福利

这是广义的福利，目的却与经济性福利一样，是为了全面改善员工的“工作生活质量”。这类福利多采取服务或环境改善的形式，不涉及金钱与实物，故称为非经济性福利。但应当记住，对于企业来说，也是同样要发生成本的。

1）工作环境保护

企业利用人机工程原理进行工作环境设计、工作扩大化、工作丰富化、弹性工作时间、扩大工作反馈渠道以及工作授权与工作团队等工作设计项目，企业推行内部提升政策（即有中高层职位空缺时，只从内部已有员工中选拔递补，不到外界去寻觅的规定）、员工参与的民主化管理等。

2）法律保护性服务

这是员工福利中增长最快的项目之一。通常有两种类型：简易方案和综合方案。简易方案提供免费电话或办公室咨询、文件审核及对比较复杂的事件提供免费或优惠价格的法律服务。综合方案包括其他服务、平等就业权利保护（反种族、性别、年龄、相貌及学历歧视）、投诉检举的反报复、隐私保护，以及代理一些离婚案件、房地产交易及参与民事与刑事犯罪的审判等。

3）咨询性服务

免费为员工进行职业发展设计的咨询服务，即为员工提供分析、指导和建议，提供参考资料与情况服务等；为员工提供心理健康咨询，如为员工提供因过分的工作负荷与压力导致的高度焦虑或精神崩溃等心理症状的诊治服务，采取免费或优惠价。

中国的特殊国情决定了某些福利的确立。例如“职工本人及其家属的户口迁入企业所在城市”的特殊条件。户籍制是我国为控制城市人口无节制地恶性膨胀而在历史上久已实行的政策。它在历史上曾对既定目标的实现起过积极的作用，但它对人才流动的无区别的限制在当前的消极作用日益明显。为了促进经济尤其是高科技企业的发展，在人才竞争中创造优势，已有许多城市放松了对急需人才的户籍限制。与此相对应，企业帮助员工办理暂住证或入户手续也是具有特殊激励性的奖励措施。

7.5.3 福利的管理

企业提供的福利反映了企业的目标、战略和企业文化。一些企业因福利管理不善，虽然在福利方面投入了大量金钱，效果却不理想，导致许多优秀员工纷纷离职，企业效益明显下降。有的企业因福利管理上的不当，陷入了财务困境，因此，福利的有效管理是十分重要的。福利管理一般包括以下几方面的内容。

1. 福利的目标

每个企业的福利目标各不相同，但是有些是相似的。主要包括：必须符合企业的长远目标，满足员工的需求，符合企业的报酬政策，要考虑到员工的眼前需要和长远需要，能激励大部分员工，企业能负担得起，符合当地政府法规政策等。

2. 福利的成本核算

这是福利管理中的重要部分，管理者必须花较多的时间与精力，对投入福利的成本进行核算。主要涉及以下一些方面：通过销量或利润计算出公司最高的、可能支出的福利总费用，并与外部福利标准进行比较，尤其是与竞争对手的福利进行比较；做出主要福利项目的预算，确定每一个福利项目的成本；制定相应的福利成本计划，在满足福利目标的前提下尽可能地降低成本等。

3. 福利的沟通

要使福利项目最大限度地满足员工的需要，福利沟通相当重要。研究显示：并不是福利投入的金额越多，员工就越满意，员工对福利的满意程度与其对工作的满意程度息息相关。福利沟通可以采用以下办法：用问卷法了解员工对福利的需求；用录像带介绍有关的福利项目；找一些典型的员工面谈，了解某一层次或某一类型员工的福利需求；公布一些福利项目，让员工自己挑选；利用各种内部刊物或在其他场合介绍有关部门的福利项目；收集对各种福利项目的反馈等。

4. 福利的调查

福利的调查对福利管理十分必要，主要涉及三种调查：一是制定福利项目前的调查，主要了解员工对某一福利项目的态度、看法与需求；二是员工年度福利调查，主要了解员工在一个财政年度内享受了哪些福利项目，各占多少比例，满意程度如何；三是福利反馈调查，主要调查员工对某一福利项目实施的反应如何，是否需要进一步改进，是否需要取消。

5. 福利的实施

福利的实施是福利管理最具体的一个方面，在福利实施中应注意以下几点：根据目标去实施；预算要落实；按照各个福利项目的计划有步骤地实施；有一定的灵活性；防止漏洞产生；定时检查实施情况。

思 考 题

1. 什么是薪酬？薪酬包括哪些部分？
2. 薪酬具有哪些功能？哪些因素能够影响企业的薪酬水平？
3. 薪酬设计的基本原则是什么？
4. 薪酬设计一般遵循哪几个步骤？
5. 利用要素计点法尝试对某个企业进行职位价值的分析。
6. 如何设计基于技能的薪酬体系？
7. 奖励制度具有什么作用？
8. 经济性福利和非经济性福利包括哪些内容？

案例思考题 7－1

杰士达工资改革

杰士达化工产品有限公司是一家生产、经营化工类产品的中型企业。由于公司的竞争对手多为外国在中国的分公司，因此，竞争环境恶劣，但是由于有一定的历史基础和相对比较稳定的客户群，特别是许多大学和科研机构与企业有着良好的业务合作关系，因此，公司的基本利润有一定的保障，而且在科研机构的大力协助下，公司的技术也相当先进，因此竞争力相对许多国有企业来说，还是比较雄厚的。杰士达化工产品有限公司经历了20年的风风雨雨，在这期间，一共进行了三次大的工资调整。

1. 杰士达公司的第一次工资改革

公司进行第一次工资调整是在1992年，当时工资调整的主要目的是优化人员结构，再造公司的组织结构，合并一些职能重叠的岗位，并且由原来的固定制劳动关系向全员劳动合同制转换。其中最受关注的是员工工资的全面调整，公司对每个工种都重新进行了岗位描述和定义，同时在岗位分析的基础上对公司内不同的岗位进行了分别归类，将原有的500多个岗位缩减为400个，同时将原有的8岗36个岗位等级重新评估，新制定了8岗16个等级，成为员工工资参照的基础。员工签订劳动合同时，采取个人申请、竞争上岗的新原则。这种新的工资制开始时在广大员工中引起了不安，但是由于公司的这次工资改革只是对组织结构进行优化和调整，并未减少太多的员工，因此没有触及大多数人的利益，然而大家的工资却提高了许多，超过了其他企业同岗位的工资水平。因此，在很大程度上促进了员工的工作积极性，提高了企业的办事效率。

杰士达公司的首次改革是向市场经济转换的关键一步，但是由于岗位的设置基本上还是因人设岗、因事设岗，因此公司的组织机构仍没有太大的改观。

2. 杰士达公司的第二次工资改革

由于市场环境的变化，从1995年开始连续两年公司的效益出现了大幅度的波动。原有的体制充分表现出与现行的市场经济的不和谐，而导致公司效率开始下滑，公司里人浮于事，致使经营工作的开展十分艰难。因此，杰士达公司开始酝酿第二次大的工资改革。这次公司的工资改革，首先对公司进行了一次大的结构调整，这是一次真正的机构精简，并且先从公司的最高层开始。在人员机构的变动尘埃落定后，公司内部人浮于事、管理部门间工作相互推诿的现象减少了，公司员工更加爱岗敬业，工作的责任心也增强了。领导班子适时地提出了进行新一轮公司工资改革的设想，也就是杰士达公司的第二次工资改革。由于组织结构改革导致许多老干部从中层以上的岗位上退了下来，公司为了稳定员工队伍，并从他们对公司的贡献着眼，保持了他们原有的待遇；而企业中退休的其他人员，则享受每个月700元的退休补贴，所有人员的公积金和养老金由公司代缴。正是由于待遇上，特别是工资上的保证，公司的组织结构改革才顺利完成了。此次工资改革的重心是将销售人员的个人收入与销售业绩挂钩。新规定决定公司销售人员每月只拿一定的底薪，每个季度进行一次核算，如果完成了规定的销售指标，则发放全部工资的差额，并按照每人的销售毛利与公司实施二八分成制；如果完不成销售任务，则扣发工资，并取消当季度的分成。二八分成制，促使了销售人员的销售积极性。从1997年起公司在对销售人员进行考核时，实行了末位淘汰制，销售人员的危机意识增强了，他们担心自己会下岗、会被解除合同而努力地争取客户，竭尽全力地使自己的销售业绩上升。这种新的销售人员的工资制定方法增强了员工爱岗敬业的工作责任心，一定程度上提高了大家的工作积极性。销售人员在新的激励机制下，不断开发直接用户，开拓新的销售渠道，从1997年开始公司效益有了回升。

3. 杰士达公司的第三次工资改革

从1999年开始，杰士达公司的工资体制出现了新的危机。由于化工市场竞争的激烈，而杰士达公司的专业技术人员的工资相对偏低，比如公司内部高级工程师、高级技术主管、关键岗位技术人员的工资、津贴、奖金等收入的总和也不过2 500多元，大大低于同行业的平均工资水平，导致公司人才流失严重。因此，杰士达公司第三次工资改革的重点是对技术人员的工资进行大的调整，实行了特殊津贴制，具体内容如下：

(1) 享受特殊津贴的对象。各部门、各单位的技术工种和岗位均可享受特殊津贴，但实行人员需具备以下基本条件：

① 热爱祖国、热爱党，遵纪守法，有良好的职业道德。

② 热爱化学事业，工作认真负责，肯为公司奉献，具有团结协作精神。

③ 具有大学本科以上(含本科)的学历。

④ 在本公司工作满两年。

(2) 特殊津贴的标准。特殊津贴一共分为六级，根据不同人员、不同技术工种以及不同的贡献，分别进行补贴。实行特殊津贴制的人员还可继续享受原津贴。具体补贴标准如下。

第一级为一般津贴：1000 元。

第二级为一般津贴：1500 元。

第三级为初级津贴：2500 元。

第四级为中级津贴：3500 元。

第五级为高级津贴：4500 元。

第六级为特级津贴：6000 元。

(3) 特殊津贴的限制条件。享受特殊津贴的人员每年进行一次考核，考核通过者重新进行评级，但有下列情况之一者，当期取消特殊津贴待遇。

① 触犯各种法律、法规而受到法律制裁和公司处分的人员。

② 因人事调动，调离原工作岗位，无法继续享受特殊津贴者。

③ 因病、因事无法在该岗位工作者。

④ 因其他事由导致无法享受特殊津贴者。

(4) 特殊津贴的执行办法。

① 特殊津贴实行按考核成绩进行发放，每年进行一次，并进行动态跟踪，各部门须做好享受特殊津贴人员的考察、监督工作，一旦发生不合格现象，及时进行处理。

② 享受特殊津贴的人员应按期进行本人工作情况总结，并经部门经理和相关实验室主任进行工作评定，报公司人事部，人事部根据各方意见进行特殊津贴的发放。

③ 特殊津贴按照辅助工资处理。病事假以及缺勤，按每月满 5 天扣本月津贴的 1/5 计算。

④ 凡由技术岗位转为行政岗位的人员，其特殊津贴不再享有，但是由公司根据其原特殊津贴数额决定其行政津贴的转换额。

⑤ 享受特殊津贴的人员原则上是任何技术工种和岗位均可享受，但数量上应严格控制，防止过滥过多。具体人数由各部门、各单位确定，原则上总人数应控制在公司所有正式员工的 3%以内，享受特级津贴的人数比例应控制在 0.5%以内。

在特殊津贴制度执行期间，其他津贴和奖金照常发放。实行特殊津贴制后，专业技术人员的工作积极性和主动性得到了大幅提高，特别是由于奖励所得到的荣誉感和责任感使员工对工作的热情更加高涨。体现了公司对有突出贡献或关键岗位的优秀人才的重视，增加了对优秀人才的吸引力，对技术人员的激励作用明显增强。但是，由于特殊津贴的标准只有六级，而且评定人数在实际执行过程中也多有限制，因此，对许多未达到享受标准的人员没有激励作用。杰士达公司实行的三次工资改革总体上在往完善工资制度的方向发展，但是由于考虑不周，也暴露出很多问题，因此如何进一步完善公司的工资体制，成为摆在公司领导面前的紧迫任务。

问题：

1. 杰士达公司第一次工资改革的背景是什么？有哪些特点和不足？

2. 杰士达公司第二次工资改革的背景是什么？有哪些特点和不足？

3. 杰士达公司第三次工资改革的背景是什么？有哪些特点和不足？

4. 三次工资改革以后，杰士达公司在工资制度上还存在哪些问题？请你帮助公司制定下一步的工资完善计划。

案例思考题7-2

IBM薪酬管理的“秘密”

IBM是一家拥有520亿美元资产，34万名职工的著名跨国企业，长期位居世界500强企业前列。长期以来，它一直是世界上最大的计算机制造公司。IBM之所以能够长期雄踞世界顶级企业之林而不衰，与其有效的人力资源管理和开发工作是密不可分的，薪酬管理是IBM人力资源管理的重要支柱。IBM的领导层认为，公司的薪酬制度对于公司的竞争优势具有重要影响，不合理的薪酬会使员工对公司感到失望，影响员工的态度和行为，直接或间接地降低士气、生产率和企业绩效。因此，必须建立完整、科学的薪酬体系，必须积极有效地实施薪酬管理。历经长期的实践检验和修正，IBM的薪酬管理形成了以下做法和经验。

1. 薪资要等于或高于一流企业

IBM认为，所谓一流公司，就应付给职工一流公司的薪资。这样才算一流公司，员工也会以身为一流公司的职工而自豪，从而转化为热爱公司的精神和对工作充满热情。

为确保比其他公司拥有更多的优秀人才，IBM在确定工资标准时，首先就某些项目对其他企业进行调查，确切掌握同行业其他公司尤其是一流企业的标准，并注意使本公司薪酬定位在同行业经常保持领先的地位。

IBM选择定期调查对象时，主要考虑以下几点：应当是工资标准、卫生福利都优越的一流企业；应当与IBM从事相同工作人员的待遇进行比较，就应当选择具有技术、制造、营业、服务部门的企业；应是有发展前途的企业。

为了与各公司交换这些极秘密的资料，根据君子协定，绝对不能公开各公司的名字。

然而，IBM所说的“必须高于其他公司的工资”，归根结底是要“取得高于其他公司的工作成绩”。在提薪时，根据当年营业额、利润等计算出定期提薪额，由人事部门提出“每人的平均值”。因此，要提高提薪额，就必须相应地提高工作成绩。

2. 工资要与职务的重要性、工作的难度相称

IBM根据各个部门的不同情况，根据工作的难度、复杂性、重要性将职务价值分为五个系列(按职务价值由高到低，在此分别以H，I，J，K，L代表各系列职务)，在五个系列中分别规定了工资最高额与最低额。不同系列职务的工资额有所交叉，如，L系列工资的最高额相当于K系列的中间偏上，而又比J系列的最低工资额稍高。

L系列是属于最单纯部类的工作，而K，J，I，H则是困难和复杂程度依次递增的工作，其职务价值也越来越高。做简单工作领取L系列工资的人，如果只对本职工作感兴趣，那么他可以从L系列最低额慢慢上升，但只限于到L系列的最高额。领取L系列工资的许多职工，当他们的工资超过K系列最低额的水准时，就提出“请让我做再难一点的工作吧!”，向K系列挑战，因为K系列最高额比L系列最高额高得多。

同理，各部门的管理人员也会对照工资限度，建议员工“以后你该搞搞难度稍大的工作，是否会好一些?”从而引导职工渐渐向价值更高的工作挑战。

3. IBM的工资应当充分反映员工每年的业绩

从历史看，65%～75% IBM公司职工每年都能超额完成任务，只有5%～10%的人不能完成定额。那些没有完成任务的人中只有少数人真正遇到麻烦，大多数人都能在下一年完成任务，并且干得不错。取得如此佳绩的诀窍之一是IBM把员工工资与其每年的工作绩效密切联系在一起。

IBM员工个人每年的业绩情况是由考评确定的。通常由直属上级负责对员工工作情况进行评定，上一级领导则做总的调整。每位职工都有进行年度总结和与上级面对面讨论总结的权利。上级在评定个人年度工作业绩时往往与做类似工作的其他员工的工作相比较而定。评价大体上分10～20个项目进行，这些项目从客观上都是可以取得一致的。

对于行政、宣传、人事、总务等非生产技术部门员工的难以量化工作的考核，IBM创造了一些办法，设法把感觉换算成数字。革除了往往凭主观印象感觉评价这些部门工作业绩的做法。以宣传工作为例，他们把考核期内在报刊杂志上刊载的关于IBM的报导加以搜集整理，把有利报道与不利报导进行比较，以便作为衡量一定时期宣传工作的尺度。

年度评价工作全部结束，就在每个部门乃至全公司进行平衡，分成几个等级。例如，A等级的职工是大幅度定期晋升者，B等是既无功也无过者，C等是需要努力的，D等则是生病或因其他原因达不到标准的，再分别进行工资调整。

4. IBM的报酬体系应当平衡而完备

除了在工资制度上进行精心设计和准确管理外，IBM建立了以IBM会员资格、IBM部门奖、IBM发明成就奖、IBM合理化建议奖以及丰富多彩非正式奖励等为代表的奖励制度，对于员工们为公司所作出的能够或无法用货币价值衡量的贡献和创新，给与了相应奖金、物质或精神奖励，激励了员工的工作积极性和创新精神。

此外，IBM还精心构造了与工资制度相配套、相协调、相补充的福利和服务体系，在员工假期、健康保险、良好的工作场所和工作条件、工作的价值和挑战性、晋升和发展的机会、尊重和认可个人社会保障成就等各个方面进行了制度化设计和管理，从而建立了一个涵盖经济性报酬和非经济性报酬，包含企业的工资、奖金、津贴、福利、服务、工作环境等多种内容在内的完整而平衡的“一揽子”报酬体系，为企业员工不断的外在激励和内在激励之源，为企业节约成本、留住人才、提高形象做了贡献。

5. IBM的薪酬制度改革

实际上几年以前，IBM开始从本行业的主导地位逐渐转入危机时期，成本居高不下，利用新技术步伐缓慢，与客户和市场之间的关系变得越来越疏远。直到20世纪90年代后期，在其领导者劳·格斯特纳所领导的变革之后，IBM才以十分成功的大公司面目出现。无可否认的是，IBM的薪酬制度改革及其对员工行为所产生的影响，是导致该公司重新崛起的重要因素之一。

IBM改革前的薪酬制度有以下明显的特点：更为强调薪酬的内部公平性，薪酬的外部竞争性则处于较次要地位；薪酬系统官僚主义化，共包含5000多种职位和24个薪资等级，管理人员在下属薪酬分配上的自主权限小；员工工资收入的大部分来源于基本工资，而与利润、绩效等风险因素联系的收入部分很少。

改革后的IBM薪酬制度则对上述特点进行了根本性的改变：IBM薪酬制度是受市场驱动，非常注重外部竞争性；减少等级层次，削弱官僚主义，薪酬系统只保留1200种职位和10个变动范围更大的薪资等级；权力分散，赋予管理人员根据下属的个人工作绩效支付不同工资的权力；削减奖励性工资增长预算，加大对风险工资项目(把员工工资与企业绩效目标联系起来的工资项目)的资金投入；最后，IBM公司也采取了许多大公司的做法，通过削减雇员数量来降低成本。

问题：

1. IBM的薪酬分配体现了什么样的分配定律、原则和公平观？它们是如何被体现的？

2. IBM采取了什么样的薪酬战略和薪酬水平策略？为什么要采取这些战略和策略？

3. IBM的薪酬体系、薪酬形式、薪酬水平、工资结构以及薪酬计发各自有何特点？发挥着什么效用？

4. IBM的薪酬制度改革体现了哪些权变因素的影响？反映了什么样的管理思想？

案例思考题7-3

为什么三兄弟的薪水不同

在一家著名的毛皮公司的职员中有三人是亲兄弟。一天，他们的父亲要求见总经理，并提出为什么三兄弟的薪水不同？大儿子的月薪是4500元，小儿子的月薪是3000元，而二儿子的月薪则是1500元。总经理听完后说："现在我叫他们三人做相同的事情，你只要看他们的表现，就可以得出答案了。"

总经理先把老二叫来，吩咐说："现在请你去调查停泊在海边的H船，船上毛皮的数量、价格和质量都要详细地记录下来，并尽快给我答复。"老二将工作内容抄下来后就离开了。5分钟后，他便回到总经理办公室做了汇报，原来他是用电话向H船了解情况的。

总经理又把老三叫来，吩咐他做同样的事情。1小时后，老三满头大汗地回到总经理办公室，一边擦汗一边汇报。他说他去了H船，同时，亲眼看到船上的货物数量、质量等情况做了详细的汇报。

最后，总经理才把老大找来，吩咐他再去H船，调查船上货物的情况。3个小时后，老大才回到总经理的办公室。他首先重复报告了老三的报告内容，然后说他已经将船上最有价值的商品品牌都记录下来了，为了方便总经理与货主签订合同，他已经请货主明天上午10点钟前来公司一趟。返回的途中，他还向其他两家毛皮公司询问了货物的质量、价格等情况，并且已经请与这笔买卖有关的本公司负责人明天上午11点到公司来。

暗察了三兄弟的工作表现后，父亲高兴地说："再也没有什么能比他们的行动给我的答复更有说服力。"

问题：

作为一名企业的高层管理者或者人事主管，你有什么感悟？

第8章 员工激励

教学目标

通过本章的学习，掌握激励的概念、功能、要素和类型；掌握激励水平和激励效应的互动关系；掌握需要的概念、基本特征和类型；了解西方哲学家和心理学家对人的需要层次和结构模式提出的各种观点的论述；掌握需要和激励之间的关系；掌握动机的概念、产生的基础和功能；理解动机的特性与分类；掌握动机的结构与强度；掌握动机与激励的关系。

教学要求

能够在实际管理工作中识别激励的概念、功能、要素和类型；能够在实际管理中运用不同的激励水平发挥激励的作用；能够在管理实践中识别需要的概念、基本特征和类型；能够比较分析需要的不同层次和结构模式；能够在管理实践中把握需要和激励之间的关系，实施科学激励；能够在管理实践中识别动机的概念、产生的基础和功能；能够识别动机的特性与分类；能够在管理实践中把握动机的结构与强度、动机与激励之间的关系，实施科学激励。

企业经营管理的三大要素是人、财、物，而人力又是其中最为活跃、最富于创造力的因素，是企业的战略性资源。即便有最先进的技术设备，最完备的物质资料，没有了人的准确而全力的投入，所有的一切将毫无意义，因此人力资源管理是高效利用各种物质资源的前提。在高科技迅猛发展的现代社会，创新是企业生存和发展的唯一途径，而人才是一切创新的最基本条件，是企业最重要的资产。谁更有效地开发和利用了人力资源，谁就有可能在日益激烈的市场竞争中胜人一筹。但是人的创造性是有条件的，是以其能动性为前提的。这就需要企业的管理者通过有效的激励充分发挥员工的积极性、主动性和创造性，齐心协力地共建企业“激励”在人力资源管理中的地位。

8.1 激励的概念与类型

8.1.1 激励的概念和功能

1. 激励的概念

激励在汉语中有两层含义：一是激发、鼓励的意思；二是斥责、批评之意。与管理理论的专业术语“激励”一词对应的英文是“Motivate”（动词）和“Motivation”（名词）。Motivate一词来自拉丁语，有两层含义：一是提供一种行为的动机，即诱导、驱使之意；二是通过一种特别的设计来激发学习者的兴趣，如教师可以通过一系列教学管理措施和课程的设计来规范和引导学生的学习行为。“Motivation”有三个含义，一是指被激励的过程；二是指一种驱动力、诱因或外部的奖酬；三是指受激励的状态。从激励的中英文含义中可以看出，激励既包括激发、鼓励、以利益诱导之意，也包括约束、归化之意。本书所使用的激励一词，具有两种含义，两种词性的含义是密切相关的。

激励就其词义上看，就是激发鼓励的意思。所谓激发就是通过某些刺激使人发奋起来。在组织行为学中的激励的含义，主要是指激发人的动机，使人有一股内在的动力，朝着所期望的目标前进的心理活动过程。激励作为一个心理学概念，和动机密切相关，属于个体心理活动的研究范围；激励又是一个管理学术语，是管理心理学和人力资源管理所研究的重要内容。目前，对激励的概念定义多种多样，综合中外学者对其各种不同的理解，本书把激励的概念归结为以下几个类型。

1）动机说

动机说即从人自身的内在原因来把握激励，把激励和动机看作是基本等同的概念，不少学者都持这种观点。即一切内心要争取的条件、希望、愿望及动力等都构成了对人的激励，它是人类活动的一种内心状态。人的一切行为都是由某种动机引起的，动机是人类的一种精神状态，它对人的行动起激发、推动和加强的作用，因此称为激励。

2）过程说

此种说法又分为两类：一类是把激励看作是人心理内部的一系列活动过程，专指的是心理过程。主要是指激发人的动机，使人有一股内在的动力，朝着所期望的目标前进的心理活动过程，也可说是调动积极性的过程。另一类认为激励是人的各种内外部活动与外界条件和目标相互作用、相互关联的过程。弗洛姆给激励的实质作了这样的说明：激励“是一个过程，这个过程主宰着人们在多种自愿活动的备选形式中做出选择”，“激励，即激发、鼓励，是指在管理过程中将有意识的外部刺激转化为被管理者的自觉行动，从而最大限度地调动被管理者的积极性，实现管理目标的过程”。

3）行为说

激励本身是一种行为，或者是对行为过程的描述。激励涉及行为是怎样开端、怎样被赋予活力而激发、怎样持续、怎样导向、怎样终止以及在所有一切进行过程中，该有机体是呈现出何种主观反应的。它们大都包含有以下四个方面的要素：第一，人的行为是由什么激发并赋予活力的。第二，是什么因素把人们已被激活的行动引导到一定方向上去的。第三，已激发的行为如何能够保持与延续。第四，已激发的行为强度如何，即行为将以何种强度进行下去。这四个方面的内容可以概括为激发、导向、保持与强化，它们是激励的主要组成部分和重要内容。

4）关系说

现代心理学研究已经证明，激励是围绕行为而展开的，人的行为是由动机引起的，动机又是由人的需要而产生的。人的某种需要会引起人紧张和不安的心理状态，即产生心理张力，这就是动机，动机推动人们去从事某种活动，以达到需要的满足。当某种目标得以实现，人的心理紧张消除，整个过程结束。当又产生新的需要时，新一轮的过程又重新开始。因此，激励是一种内在的动机、过程或行为，也是一种关系，它说明的是需要、动机、行为和目的之间引起与被引起的关系。在这个关系链中，需要是基础，动机是源泉，行为是核心，目的是结果，激励也就是需要、动机、目的围绕行为的激发、导向、保持、强化而形成的各种关系，这种关系从人的需要开始，指向目的，即指向需要的满足，以需要的满足结束。所以，激励必须研究一组自变量和因变量的关系，这种关系在人的智力、技能和对任务的理解以及环境中的各种制约条件都恒等的条件下，能说明一个人的行为的方向、幅度与持续性，并强调各种关系对行为的影响。

综合激励的各方面含义和理论界定，激励的定义可以概括为：组织通过设计适当的激励体系和组织环境，以需要为基础，以动机为源泉，以行为为核心，以目标为结果，以一定的行为规范和措施，借助信息沟通来激发、引导、保持、归化和强化组织成员的行为，以有效地实现组织及其成员个人目标的系统活动。

2. 激励的功能

激励是人力资源管理的核心内容。从组织管理的角度看，就是激发员工的工作动机。因此，组织实行激励的最根本目的是正确地激发、引导、保持、归化和强化组织成员的工作热情，使他们在实现组织目标的同时实现自身的需要，增加其满意度，从而使他们的积极性、主动性和创造性得到充分的发挥。激励运用得是否有效，在一定程度上是决定组织兴衰的一个重要因素，如何有效地激励组织成员是现代人力资源管理面临的一个十分重要的问题。

1）激励在管理中的地位

激励是一种管理方法，不仅是管理的一项基本职能，而且是管理活动中重要的职能。

因为在信息社会和知识经济时代的今天，对人的管理已是管理全过程的核心问题，人已是组织中最活跃、最有生命力、最有发展潜力的资源，所以调动人的积极性、激发人的创造性就是管理中的首要问题。从管理的诸职能要素来看，激励在管理活动中的地位就相当于科学技术在生产力中的地位，因为任何管理最后都可归结为是对人的管理，对人的管理在任何时候都离不开激励，所以激励活动在管理中也是无处不在的，它同样也贯穿、渗透到管理的其他职能(如组织职能、决策职能)中发挥着积极的作用。在整个管理活动中，激励都层次很深地贯穿始终，与其他职能相互作用，相辅相成，为实现管理目标而承担着不可替代的重要功能。假若离开了激励手段和激励方法的运用、实施，要进行正常的管理活动是不可能的。

2）激励在管理中的作用

(1）激励是管理的重要内容。管理的目的就在于管理者即管理的主体充分利用组织所拥有的资源，使组织高效能地运转，提高组织绩效，实现组织的既定目标。组织所拥有的资源即管理的客体无非是人、财、物三大类，其他资源都是死的、被动的，都需要人的操作，才能发挥其功效。从这个意义上说，管理就是对人的管理，管理的客体一般指的就是被管理的人，一个组织的绩效必须以其成员个人的绩效为基础，所以调动组织成员的积极性，激励组织成员发挥最高的效率就成了管理的重要内容。从管理主体的角度来说，激励被管理者，激发其热情，鼓足其干劲，是管理工作的重要组成部分。激励的能力和水平也就成为对管理者进行考核的极其重要的尺度，因此激励也成为了管理者和社会所关注的一个焦点。其主要的原因是当今科技的迅猛发展，产品更新换代加快，企业竞争加剧，企业的生存与发展越来越依靠各方面的创造与革新。而传统的旧的管理模式面对此形势要么无能为力，要么抑制了人的创造性，势必要以新的管理模式取而代之。这种新的管理模式就是要求管理者重视人，依靠人，留住人，用好人，给人才以充分发展的空间，发挥其能动性，激发其创造性。从管理客体的角度来说，现代社会强调个性的张扬，注重个人自由与个体价值的实现，反对对人性的压抑和扭曲。如何才能实现既能维护个人自由，又能保持组织的凝聚力；既能实现个人的发展与价值，又能达到组织的共同目标，已成为当代管理所面临的最主要的问题。问题的实质与核心，仍然是如何对人进行激励，如何调动和发挥人的主观能动性并使之与组织的发展方向协调一致。

(2）激励可以有效地提高管理绩效。正确而恰当地运用激励机制可以有效地提高管理的绩效，培养一个组织的发展潜力，壮大组织的规模，增强组织的竞争力、吸引力与影响力，使组织发展形成良性的循环。通过激励可以把有才能的、组织所需要的人吸引进来，并长期为该组织工作。许多组织为了吸引人才，采取付高酬金、创造好的工作条件、提供养老金、各种人寿保险和优厚的医疗待遇等传统方法以及职工持股、拥有期权、减免继续教育学费、筹办学校和各种训练中心网免费学习等新的方法来吸引人才、留住人才。美国国际商用机器公司就设计了许多有效的激励措施，如提供养老金、集体人寿保险和优厚的医疗待遇；给职工兴办每年只交3000美元会费就能享受带家属到乡村疗养待遇的乡村俱乐部；公司筹办学校和各种训练中心，让职工到那里学习诸如国际金融知识、编制计算机程序等各种知识；减免那些愿意重返学校提高知识技能的职工的学费等。所有这些措施，都极大地激发出各种人才的工作热情。

(3) 激励可以保持和发挥组织成员工作的有效性和高效率。通过激励，可以使在职的员工最充分地发挥其潜力和才能，变消极为积极，保持工作的有效性和高效率。在现代企业生产中，由于机械现代化、自动化水平的提高和电子计算机的运用，生产者的工作具有越来越多的脑力劳动的性质。而对智力劳动和技术性很强的劳动是无法用传统方法进行监督的，现代化生产更需要人们的自觉性、主动性和责任心，因此，开发人的潜能，强调人的主动性和创造性越来越重要，所以，实施激励管理，才能充分发挥职工的聪明才智。美国哈佛大学学者威廉·詹姆士在对职工的激励研究中发现，按时计酬仅能发挥其能力的20%～30%，而如果受到充分激励其能力则可发挥至80%～90%，这就是说，同样一个人经充分激励后发挥的作用相当于激励前的3～4倍，由此可见，激励在挖掘人的潜力上的作用是何其之大。

(4) 激励可以激发员工的开拓精神和创造性。通过激励还可以进一步激发员工的创新精神，从而大大提高工作的绩效。日本丰田汽车公司采取合理化建议奖的办法鼓励职工提建议，不管这些建议是否被采纳，都会得到奖励和尊重。如果建议被采纳，将根据其产生的经济效益给予各种方式的物质、职位和精神奖励。结果该公司的职工仅1983年一年就提出了165万条建议，每人平均提31条，带来900亿日元的利润，相当于该公司当年利润的18%。随着科学技术的不断进步和生产过程的日趋复杂，已不能单靠机器设备来增加生产了，对员工的综合素质的要求也越来越高，所以大大激发员工的创造性和革新精神显得越来越重要，寻找、运用有效的激励方法也已成为管理的重要内容。

8.1.2 激励的要素与类型

1. 激励的要素

激励要把握好以下6个要素。

1) 激励的范围

企业的发展需要充分调动全体员工的积极性和发挥全体员工的创造性，着眼于全体员工应当成为企业实施有效激励的基本出发点。激励是对员工出色和超额完成本职工作部分的褒奖。员工的能力和岗位各有不同，贡献有大有小，但都渴望给予认可，否则，积极性就会被挫伤。因此，企业应当重视激励的广泛性，切实扭转重视少数忽视多数的倾向，使激励工作全方位、多层次、经常化、制度化。激励的重要性在于表明企业重视任何一位员工的任何一点，哪怕是极其微小的作用，使每一位员工都能在切身感受自身价值的同时，尽心尽力地做好本岗位的工作。强调激励的广泛性，并不是提倡搞平均主义，而是给更多员工以受激励的机会。

2) 激励的时机

在什么时间实施激励，关系到激励的效果。一般情况下，在被激励员工的兴奋期实施，也就是在员工对激励的渴望达到高潮时，更有利于激发员工新的创造欲望和保持工作积极性的继续高涨；在相关员工群关注度广泛且集中的时候实施，也就是相关员工群高度关注企业和领导的态度时，更有利于发挥激励的扩张作用和导向作用。不适当的提前或推后都会使这种效果减弱或丧失。

3）激励的程度

激励必须保持在适当的额度上，否则，额度过高难以持久，额度过低又起不到刺激的作用。这就要求企业要根据自身不同发展时期的经济实力来确定适当的奖励额度，在总体水平的把握上收益高则高些，收益低则低些。在具体额度的确定上既要考虑员工贡献与为企业带来效益的比例关系，又要考虑难易程度和稀缺程度等因素，保持好各种奖励措施之间的合理平衡和连续性。

4）激励的公正

失去公正会使激励丧失应有的作用。绝对公平难以做到，但努力做到相对公平本身就是对员工的一种激励。否则，激励脱离客观实际，不能一视同仁，就会降低员工对企业的信赖度和忠诚度，产生激励的负面效应。公正的激励来源于客观的评价，客观的评价需要做大量细致的统计工作，更需要摒弃不合理的感情因素。激励的多样性：社会的发展使员工的需求呈现出多样性。特别是在物质需求得到一定程度的满足之后，精神、发展和健康等方面的需求比重明显增加。企业应当在实施激励时适应这种变化，以增强激励的效果。比如在给予现金、实物和期权激励的同时，可以采取以员工名字命名新操作法、授予各种名副其实的荣誉称号等给予精神方面的激励；可以通过提拔其担任更重要的职务、负责更加重要的工作和提供其渴望的培训机会等给予发展方面的激励；可以通过特批休假、安排疗养等给予健康方面的激励。

5）激励的选择

员工所处的境遇不同，对激励方式的期待也不相同，激励方式与员工的预期越接近，效果越好。一般情况下，员工的需求是符合马斯洛需求层次理论的。但由于不同的人对各层次的需求程度存在差异，所以不能对需求层次理论作机械的理解，而应该区别情况，切实了解员工现实的迫切需求，尽可能满足不同员工的不同需求，应当允许受奖员工作出等额选择，以增强激励的效果。在现实工作中，不少单位的激励工作做的并不理想，有的还存在轮流坐庄、平均分配、重复激励、照顾人情、方式单一以及不兑现承诺等情况，严重影响了激励的效果，甚至还带来一些负面效应。

6）激励的频率

激励的频率是指在一定时间里进行激励的次数，一般是以一个工作周期为时间单位。激励频率的高低是由一个工作周期里激励次数的多少决定的。应区别不同情况，采取相应的激励频率，才能有效地发挥激励的作用。激励频率的选择受多种客观因素的制约，如工作的内容和性质、任务目标的明确程度、激励对象的素质情况、劳动条件和人事环境等。一般来说，对于工作复杂性强、比较难以完成的任务，激励的频率应当高；对于工作比较简单、容易完成的任务，激励的频率就应该低。对于任务目标不明确、较长时期才可见成果的工作，激励的频率应该低；对于任务目标明确、短期可见成果的工作，激励的频率应该高。对于各方面素质较差的工作人员，激励的频率应该高；对于各方面素质较好的工作人员，激励的频率应该低。在劳动条件和人事环境较差的部门，激励的频率应该高；在劳动条件和人事环境较好的部门，激励的频率应该低。当然，上述几种情况，并不能理解成绝对机械地划分，应该有机地联系起来，只有对具体情况进行综合分析，才能确定恰当的激励频率。

2. 激励的类型

激励对一个人的心理和行为会产生强大的作用，经过激励的行为与未经激励的行为有着明显的差别，但具体来看，不同的激励类型对行为过程会产生不同程度的影响，所以，激励类型的选择是做好激励工作的一个先决条件，具体而言，激励类型有如下几种。

1）物质激励与精神激励

物质激励与精神激励是按激励的内容划分的。虽然二者的目标是一致的，但是它们的作用对象却是不同的。前者作用于人的生理方面，是对人的物质需要的满足；后者作用于人的心理方面，是对人精神需要的满足。物质资料是人类生存发展所必不可少的物质条件，物质需要是社会生活中最基础的需要，它是人们从事一切社会活动的基本动因，由此而产生的物质利益关系是社会关系中最根本的关系，所谓物质激励就是从满足人的物质需要出发，对物质利益关系进行调节，从而激发人的向上动机并控制其行为的趋向。物质是激励不可或缺的重要手段，它对强化按劳取酬的分配原则和调动员工的劳动热情有很大的作用。人不仅仅有物质上的需要，还有精神上的追求；不仅想吃饱穿暖，还有自尊心和荣誉感。所谓精神激励就是从满足人的精神需要出发，对人的心理施加必要的影响，从而产生激发力，影响人的行为。精神激励多以表扬和批评、记功和处分等形式出现，它作为激励的一种重要手段，有着激发作用大、持续时间长等特点。

2）正激励与负激励

正激励与负激励是按激励的性质划分的。正激励就是当一个人的行为符合社会的需要时，通过奖赏的方式来鼓励这种行为，以达到持续和发扬这种行为的目的。所谓负激励就是当一个人的行为不符合社会的需要时，通过制裁的方式来抑制这种行为，以达到减少或消除这种行为的目的。正激励与负激励作为激励的两种不同类型，目的都是要对人的行为进行强化，不同之处在于二者的取向相反，正激励起正强化的作用，是对行为的肯定；负激励起负强化的作用，是对行为的否定。

3）管理者激励、普通员工激励和新员工激励

管理者激励、普通员工激励和新员工激励是按照激励的对象划分的。管理者激励是针对管理人员的权力需要，高层管理者对基层管理人员要善于授权，并努力处理好集权与分权的关系。一般来说，集权的程度以不妨碍下属的积极性为限，分权的程度以不失去对下属的有效控制为限。高明的上级主管应该能够培养出下级的一种适应感，从而使下级知道在何种情况下必须谨慎从事，主动与上级进行沟通协调，在何种情况下应大胆地采取行动而不必向上汇报和请示。主要措施包括晋升、经济报酬、长期奖励和特殊福利等。普通员工激励是在辨识员工的需要基础上，设计由不同形式奖酬组成的“奖酬菜单”，是为满足不同员工的不同需要而进行的激励。对普通员工来说，最常用的奖酬内容有以下几种：金钱、认可与赞赏、带薪休假、员工持股、享有一定的自由以及提供个人发展和晋升的机会等。但金钱、认可与赞赏是最有效的两种形式。新员工激励是指对刚刚加入组织不久的员工，以为了使其认同组织的目标，迅速融入组织中去并下决心长期在组织中任职为内容的激励。其措施包括：降低期望值，减少挫折感、提供合理的薪金水平、帮助新员工建立良好的人际关系以及为新员工提供良好的职业发展空间等。

4）长期激励和短期激励

短期激励和长期激励是按照时间划分的。前者激励延续的时间较短，多在一年之内，如年薪、工资、福利和津贴等；后者激励延续的时间较长，如股票和股票期权激励，可以在几年内或更长时间内发挥作用。某些精神激励，如荣誉激励也可能具有长期的激励效果。长期奖励的作用在于促进管理人员应用新的生产技术、开办新工厂及开辟新市场等。因为这些管理和经营活动与公司的长远发展密切相关，需要管理人员具备战略眼光，从长计议。长期奖励从一定程度上可以克服管理人员的短期行为，摆脱对短期表现的依赖。

除此以外，激励按激励因素可以分为经营者物质激励和经营者精神激励。前者包括工资、资金、年薪、股票、股票期权、福利和津贴等；后者包括权力激励、工作激励、荣誉和地位激励等。按激励的内在性与否，经营者的激励也可分为经营者的内在性激励和外在性激励等。

8.1.3 激励水平与激励效应

管理实践表明，环境条件改变，相应的管理激励行为也应改变，从这个角度看，激励更是一门艺术。因此，根据具体主客观条件处理好各种关系问题，把握好激励水平与激励效应问题，不但能够调动员工的积极性，推动组织目标的实现，也会使员工的工作热情得到最大程度的发挥。在激励的实际运用中，对以下五方面的激励水平适度把握是至关重要的。

1. 激励的广度水平和激励效应

激励的广度是否适宜可用三个标准来衡量，即是否能调动真正优秀者的积极性，是否能调动大多数人的积极性，是否打击未受奖励者的积极性。在很多时候的确是很难兼顾的，但激励水平的高低往往体现在此。要使各项激励措施发挥尽可能大的效应，首先，在制定各项规章制度时，要使其尽可能蕴涵激励因素，即能充分激发人们工作热忱与创造精神的制度是最具有战略意义的。其次，注意运用差异化的激励方式，尽可能使每一个人都感受到激励。不论人处于什么状态，都应受到激励，所以要针对激励对象的不同状况，运用不同的激励方式。再次，把握好不同激励手段的宽狭度，尽可能使每一个人都感到激励并不是要在激励上搞平均主义。最后，恰当运用典型的力量，一个组织中的优秀分子既是这一组织核心生产力的代表，又往往是全体组织成果行为的标杆。让这一部分人受到特别的激励，既有利于提高其工作积极性，增强组织的生产力，又有利于形成良好的组织文化氛围，激发全体员工“见贤思齐”的内在动力，同时，它往往也是组织名牌战略的重要组成部分。

2. 激励的深度和激励效应

能否把握好激励的深度或称强度，往往能反映出领导者的管理艺术水平。激励理论说明员工的满意度太低固然易致牢骚情绪蔓延，但满意度太高也往往不能产生好的效果。激励强度太大，一是可能过分刺激了被激励者的心理欲望，而人的欲望是无穷的，任何组织都难以满足员工的所有欲望；二是激励的强度过大，产生的压力也大，往往会导致机会主义和短期行为，贻害组织的长远发展。另外，在激励问题上也要增强成本一效益观念，在激励上的投入实质上是一种管理成本投入，要使这种成本投入获得最佳的收益回报，即员工工作热忱的全面提高，就要把握好投入的时机与额度，高投入必有高产出，这只是一种认识上的误区。

3. *激励的频度和激励效应*

激励的频度是指一定期间内激励次数的多寡与激励承诺兑现的快慢。激励的频度不可过高。一方面，激励的频度太高，意味着组织在激励上的投入加大，管理成本增高，未必能产生应有的效益。另一方面，激励的频度太高，反而会使人因反复刺激而产生麻木，对所得到的奖酬并不在意，降低了奖酬的效价，并逐渐产生了思维定式，有一点成绩就要求奖赏，得不到奖赏就牢骚满腹，做事情敷衍了事，把工作中的一些成绩当作与组织讨价还价的筹码。同时，激励的频度当然也不是越低越好。频度太低，会使员工长期看不到自己工作绩效的反馈效果，对组织产生不信任感，并失去在组织中长期发展的信心。这里要特别论及的是激励承诺兑现的及时问题。现代心理学研究也表明，及时激励的有效率可达到80%，而延迟激励的有效率仅为7%。激励的延迟要求管理者与员工之间应及时沟通，以求得相互谅解。同时，还要及时修订工作标准，使奖惩与劳绩相称。

4. *激励的平衡度和激励效应*

激励的平衡度是指在激励的运用过程中如何正确地把握激励的兼容性与平衡性问题。主要包括以下几个方面：一是正激励与负激励并用，以正激励为主。正激励的功能在于继续强化某种行为；负激励的功能在于抑制或制止某种行为。二者功能不同，均不能取代对方，在实际运用中应以正激励为主，负激励要慎用，但不能不用，否则，就降低了正激励的价值。二是物质激励与精神激励不可偏废。物质激励总会包括某种精神性因素，精神激励往往也能间接带来物质性利益，但二者对人们需求的满足毕竟有很大的不同，不可偏废，相对而言，精神性激励可能应更受重视一些。三是长期激励和短期激励各有功效。长期激励有利于培养员工的忠诚感和为组织长远发展目标奋斗的精神，但必然带来激励频度过低，员工在较长的时期内看不到工作绩效的反馈效果时，会对未来产生焦虑，因而，降低工作积极性。短期激励有利于对员工的工作热忱形成持续不断的刺激，但容易导致短期行为与机会主义。另外，短期激励如果造成激励频度过高，会逐渐使员工感觉麻木，从而失去激励的功效。四是团队激励与个人激励要兼施，仅有团队激励，会使特别优秀者丧气，而一个组织的关键性工作总是由特别优秀者完成的，这类人工作无热情，组织的业绩可想而知。仅有个人激励，又会压抑大多数人的积极性，而组织的运行毕竟以团队运作为主，优秀者再优秀，没有团队合作，终是独木难支，所以，要能把握好团队激励与个人激励的平衡，既让优秀的人才能脱颖而出，又能带来全体员工工作热忱的普遍高涨。

5. *激励的透明度和激励效应*

激励是为了使员工产生新的工作动力，形成积极向上的组织文化氛围。增强激励的公开性与透明度，首先，要公开制定激励的标准，对各项指标要尽可能量化，对不能量化的内容要建立相应的对照体系，并提高制度化程度，不得随意更改。其次，要公开和公正地确定受奖对象，充分尊重民意，让全体员工都能参与到这一过程中来。再次，对受奖者要进行公开表彰及适度的宣传，使受奖者充分体会到激励所带来的荣耀与成就感，既增强未来的工作斗志，又为未受奖者树起努力工作的标杆。

8.2 需要与激励

需要是生命的特性。作为物质运动的高级形式——生命，自产生以来就具有一定的需要，它反映了生命体对于它所生存的外部环境的物质、能量以及信息的信赖，这些要素是它们得以生存和繁衍的必要条件。人作为高级形式的生命体，其需要由动物的需要发展而来，但是人的需要不仅仅是动物的需要，人的需要超越了动物的需要，有其自身独有的特性。

8.2.1 需要的特性与类型

1. 需要的概念

人的需要问题研究由来已久，不同的学者从不同的角度对人的需要进行多方位、多层次的分析和论证。归纳起来概述如下。

1）欲望说

人的需要就是人对某种目标的渴求和欲望。这种观点突出了人的需要的外在表现形式，即人的需要以欲望这种形式表现出来。但这种观点没有体现出人的需要的前提，即人们对自身的生存与发展所依赖的环境和条件的认识，而这正是人的需要与动物的需要的根本区别之一。

2）反映说

人的需要是人自身生存与发展的条件在人脑中的反映。这种观点突出了人的需要的自觉性，即人自身生存与发展的条件被人脑所反映，但这仅仅是认识而不是需要本身。

3）状态说

人的需要是人生存的一种状态，它是人为了维持自身的生存与发展必须与外部世界进行物质、能量、信息的交换而产生的一种摄取状态。这种观点突出了人的需要所引发的人的外部状态。诚然，人的需要会使人形成一种摄取状态，这是需要所导致的结果，但决不能因此而认为这种摄取状态就是人的需要本身。

4）关系说

人的需要是人为了维持内部及其与环境的平衡状态而产生的一种动态依赖关系和倾向。这种观点突出了人的需要所反映的人对自身生存与发展的各种条件的依赖。

综合上述观点，需要是人类活动的基本动力和积极性的源泉，是指人在一定的历史条件下，通过人类自觉的、能动的实践活动所产生和创造的、能为人所意识的、满足自身生存与发展的物质生活条件与精神生活条件的要求和追求，它是一个不断满足而又不断产生、日益丰富、无限发展的动态开放系统。

2. 需要的基本特征

人的各种需要是在人类的实践活动中不断地得到满足，同时也不断地更新和生成。人的需要在实践过程中表现出客观必然性、社会现实性、主观能动性、多样层次性和相对制约性等基本特征。

1）客观必然性

客观必然性有两层含义：一是指人的需要是一个有着主观表现形式的客观性范畴；二是指人的需要是一个以物质性为基础的必然现象。

（1）人的需要是一个有着主观表现形式的客观性范畴。人是具有自我意识的动物，作为客观的人的需要，反映为人的意志，并以欲念、目的、动机或愿望等主观形态存在着。正因如此，人的需要经常被理解为人的主观意识。人的需要的客观性首先表现在需要是人生命活动的基础。人的需要直接反映人的生命的存在、发展和延续，是人体包括大脑机能的客观要求，本质上是生命长期进化的结果。第二个表现就是人的需要是不以主体的意志为转移的。也就是说，一个人有什么需要，并不取决于他自己的主观意志，而是取决于他的自然地域、经历环境、社会地位、文化素养以及资质禀赋等客观存在。第三个表现是人的需要的满足和新需要的产生是不能脱离人的实践活动和客观存在物的。人要满足一种需要就要将需要本身对象化，这个对象化过程必然是一个认识和实践的过程，一种新需要只会在客观条件已经初步具备时才会产生，人的需要产生只不过是其客观存在和实践的必然反映而已。

（2）人的需要是以物质性为基础的必然现象。这种以物质性为基础的必然现象包括两层含义：一是指人作为一个物质实体，他的生命就表现为物质的运动，归根到底是物质的新陈代谢。需要是人的生命活动的基础，对于物质对象的需要永远是人的生命活动的源泉。二是指人的社会的、精神的需要必须以一定的物质条件为基础。

2）社会现实性

人的需要因个体差异呈现出不同的个体形式，但由于人是类的存在物，人的需要一开始就具有动物所没有的社会关系性，因此人的需要具有社会现实性。具体地又表现在两个方面：一是个体需要的满足和形成总是在社会实践中实现的。个体人的需要的满足和形成的对象化过程是也只能是通过社会的途径来完成的。因为现实的人的每一个需要连同它的满足途径、方式和程度都要受到社会中的各种因素的制约。二是个体需要的实现和社会需要的实现是相互促进、相互依存的。个体需要的满足，可以更好地为社会物质文明和精神文明贡献才智，实现自身的社会需要；社会物质生活和精神生活的丰富，为个体的需要满足创造条件，提供支持。人作为推动社会发展的主体，是人类自身奉献的最根本对象和服务的中心。个人的贡献和创造推动社会发展，社会发展反过来又促进人的发展，但从整个社会发展的最终目的来说，还是要落实到人的全面而自由的发展上。所以，可以概括地说，个体需要的满足是社会需要实现的前提和基础，社会需要的实现是个体需要得到满足的形式和中介，最终是要在个体与社会的和谐发展中实现人的需要的满足和全面而自由的发展。

3）主观能动性

人各种各样的需要是通过人各种形式的实践活动来实现的，这决定了人的需要是一个直接依赖于实践过程的能动的范畴。人对自由自觉的实践活动的渴求，是一种创造性和能动性的需要，这种需要的实现与其说是一种需要的满足活动，不如说是更多新的需要的创造过程。所以，人的需要以动态的对象化活动表现出如下的能动性：一是人的需要是一个包含潜在对象化活动的矛盾体。人的需要从一开始就把自己置于对象之中，自然界和社会之所以不仅是它们自身，而且是人的对象，是因为存在人的需要，它们不是片面的、孤立的、僵死的规定，而是全面的、有联系的、辩证的运动。这正是人的需要能动性的基础和胚芽。二是只有当最初作为人的需要的产物和人的需要对象化手段的实践活动不再是人们"维持人的肉体生存的手段"，而成为人们的"自主活动、自由活动"之后，只有"在劳动已经不仅仅是谋生的手段，而且本身成了生活的第一需要"之后，人类才从必然王国走向自由王国。从这个意义上说，实践活动是人的第一的、最根本的需要。三是意识和实践等活动不仅是需要的自我确立、自我完成的过程，而且是需要的自我发展、自我更新的过程。正是在对对象的意识与实践中，需要不断地为自己创造出新的意识与实践的对象。这种更高基础上的自我复制与创造，表征了人的需要从一开始就蕴涵着无限的主动能动性。

4）多样层次性

人的需要的多样性有两重含义：一是指人的需要是多种多样的。按照不同的划分标准，可以把人的需要分为生理的和心理的、物质的和精神的、自然的和社会的、个体的和集体的、现实的与未来的等。二是指人的需要是不断发展的。即随着人和人类实践的发展，需要的对象范围、内容以及满足和实现需要的方式会随之改变，这种改变是社会发展和进步的必然。三是指人的需要有层次性。需要的层次性是指人的需要呈现出由低级向高级、由简单到复杂的阶梯式和层次性的递进。一方面，人的需要越是向高级发展，人离动物越远；另一方面，人的需要越是趋向于高级的层次，则人的发展程度越高。人的需要的这种层次递进，也表明了社会本身的发展程序。

5）相对制约性

人的需要的多样层次性表明，人的需要并非是静止不动的，它是一个不断发展和丰富的过程。但是人的需要的产生、满足、实现和发展要受到人所处的主客观条件的制约。一方面，人的需要受到主观条件的制约。对人的需要的把握与人的心理状态及其对事物的认识水平有关。作为人的本能性的需要在人的需要体系中只是基础性的，人对需要的认识和把握更多地依赖于人的社会生活和各种形式的社会教化。另一方面，人对需要的把握以及人的需要满足和实现的程度又受到现实的、客观的社会历史条件的制约，即受到人所处的社会经济、政治、文化及生态环境等条件的制约。马斯洛在建构其需要等级表时，设立了一个外部环境，即"自由、正义、诚实、公平及秩序"，并把它们看作是满足需要的先决条件。这种制约性在方法论意义上要说明的是，人的需要的满足和实现在本质上是一个社会生活的过程，社会生产方式起到根本性的制约作用。

3. 需要的类型

人的需要体现了人生存与发展的内涵的无限丰富性。根据不同的标准，可以把人的需要分为以下几种类型。

（1）根据需要的不同主体，可以把人的需要分为个体需要和群体需要。个体需要是指以个人为需要主体，并通过个人生存与发展的活动去满足和实现的需要，包括个人的生存需要、安全需要、享受需要、与他人交往需要、劳动需要、个人成就需要、个人发展需要以及个人尊重需要等。在个人需要中，个人劳动和社会职业是维系人的生存与发展，并满足和实现人的需要的最基本的方式。群体需要是指以社会群体为主体的需要，包括社会人的共存需要、生产与消费需要、群体交往需要、群体安全需要以及群体信息需要等。在群体需要中，社会劳动是维系群体生存与发展的方式和途径。人的需要总是由个体需要构成，具有个体的不同的需要形式，不能因个体需要的社会性而否定个体需要的个别性。个体需要是群体需要的基础，群体需要是个体需要的必然形式和实现中介。

(2) 根据需要的起源，可以把需要分为自然性需要和社会性需要。自然性需要起源于种系的生物性需要，是与维持个体正常的生命活动和延续种族有关的，主要是指衣、食、住、行、用的需要，即人的自然生理需要，马克思又把它称为直接需要。社会性需要与人的直接需要相对应，是由人的本质所规定的。社会性需要是人对社会生产出来的对象的需要。人的本质是一切社会关系的总和，所以人的需要本身就是一种社会性需要。人的需要不像动物那样仅仅满足于物质交换的自然过程，人是作为社会的人而存在的，个别人的需要同时就是社会人的需要。随着人类的社会进步，人的自然生理需要也越来越具有更大的社会性，如纯粹满足生存的吃喝渐渐带有了饮食文化的色彩。从这个意义上说，社会性需要是随着一定的文化水平而发生变化的自然需要。

(3) 根据满足需要的客体及客体的功用，可以把需要分为物质需要和精神需要。物质需要是人们对物质生活条件直接依赖关系的反映，是作为生物有机体的肉体存在物的人的不可缺少的需要。精神需要是人对通过物质所派生出来的精神东西的直接依赖而产生的需要，是通过人与物、人与人之间的联系以及人的各种活动而形成的情感、友谊等某种心理状态来满足的需要。物质需要是精神需要的基础，只有在基本的物质需要得到一定程度的满足之后，才会产生一定的精神需要，精神需要的满足也往往以物质需要的满足为手段。物质需要的满足和发展又会促使新的精神需要产生。精神需要的满足反过来也会刺激物质需要的发展。

(4) 根据社会所拥有的满足人们需要条件的不同，可以把需要分为现实需要和理想需要。现实需要是社会生产力及人们生活的自然、人文环境所能够提供的，使人的需要能够得到满足的物质和精神方面的需要。理想需要是人们所刻意追求的，但现实社会的生产及人们生活的自然、人文环境又无法提供的物质和精神方面的需要。现实需要与理想需要是一对矛盾，人们的需要往往超出现实的可能，追求理想的需要。把理想的需要变成现实的需要，既是社会发展的需要，同时也是人的发展的需要。

(5) 根据需要在主体活动中的地位和作用，可以把需要分为主导需要和辅助需要。主导需要是指在一段时期或一种活动中处于主要地位，发挥着主导作用，支配人的行为的需要。辅助需要是指在一段时期或一种活动中处于次要地位，发挥着从属和辅助作用的需要。主导需要不是固定不变的，其内容随着不同时期会有不同的变化和发展。不同时期占有主导地位的需要可以是不同层次、不同种类的需要。当辅助需要与主导需要相一致时，人的活动能力会得到加强；如果两者彼此冲突，活动能力就会受到削减。

8.2.2 需要层次与结构模式

对于人的需要及其在社会发展中的作用的认识是个逐步丰富和发展的过程，西方哲学家和心理学家对人的需要层次和结构模式提出了各种观点。

1. 勒温的需要层次和结构模式

德国心理学家勒温认为，人类的行为包括紧张、移动和缓和的连续性表现。“紧张—移动—平衡”和“需要—活动—缓和”是相类似的。需要的压力可以引起心理系统的紧张，需要满足后，紧张的心理系统就得到解除。反之，如果需要得不到满足或动机受到阻遏，这种紧张的心理系统就会保持一定的时间，并使人具有努力满足需要或重新实现目标的意图。需要是行为的动力，需要引起活动，以期使需要得到满足。在需要分类方面，勒温把需要分为两种：需要和准需要。需要是指客观的生理需要；准需要是指在心理环境中对心理事件起实际影响的需要。勒温所阐述的需要一般是指准需要。同时，他认为，需要的强度在不同人身上是不同的。

2. 莫瑞的需要层次和结构模式

美国心理学家莫瑞把需要看作个性的中心概念，并用来说明个性的动力结构规律。莫瑞把需要定义为：用以代表脑区力量的构造物，这种力量引起一系列行为的反应，使原有的紧张情绪解除，具有定向目的性。他指出，需要这种力量渗透到活动的各个方面，并调节控制着其他的心理活动。他认为，需要是个体行为动力性的源泉，是个体行为所必需的。由于需要和个体的不平衡状态相联系，在一般情况下，个体总是处在一种不平衡状态，因此需要经常推动着个体活动的进行。莫瑞认为，人类的各种需要相互作用，人类的全部需要是一个系统。他还把人类的需要系统和环境系统联系起来，并把它们纳入到一个动态的系统之中，人类的主体和环境压力之间是相互作用的。他认为，人类动机是个人需要(人的特征)和压力(环境特征)共同起作用的结果，其中需要是倾向性的因素，压力是促进性的因素。个人需要和环境影响相结合，决定一个人的行为。莫瑞对人类的需要提出了多种分类。他指出，最方便的是把需要划分为两类：①基本需要。又称身体能量需要，它涉及生理的满足，如对空气、水、食物、性等的需要。②次级需要。又称心理能量的需要，它涉及精神或情绪的满足，如对成就、交往等的需要。莫瑞等人列举出二十种有代表性的需要：贬抑、成就、亲合、攻击、自主、对抗、防御、恭敬、支配、表现、躲避伤害、躲避羞辱、培育、秩序、游戏、抵斥、感觉、性、求援和了解。他认为，这些需要在每个人身上都是存在的，但在程度上有所不同。同时认为，各种需要之间有融合、互补和冲突的现象。

3. 马斯洛的需要层次理论和需要层次、结构模式

美国人本主义心理学家、创始人马斯洛在其1943年出版的著作《调动人的积极性的理论》中，第一次提出“需要层次理论”，他试图以需要层次论为人的心理活动提供一个积极的动机理论，去揭示人的行为的内在动力结构和人类需要发展上升的规律性。1954在《动机与人格》一书中，马斯洛依据对人的直接生命存在的重要程度和人的需要在发展中由低级向高级递进的次序，把人的需要分为生理需要、安全需要、归属需要、自尊需要和自我实现需要5个层次。其主要内容是：“生理需要”是指衣、食、住、行等基本的生存需要。它是所有需要中最原始、最基本、具有最优势意义的需要，类似于人的自然属性中的食欲、性欲等。“安全需要”是指人们避免伤害、保护自己的需要，大致相当于人的

自然属性中的防卫机能。安全需要作为人的一种本能，在社会中表现为人们对有秩序、稳定的工作以及有保障的生活的追求。每一个在现实中生活的人，都会产生安全感的欲望、自由的欲望和防御的欲望。“归属需要”是指人对情感、爱和归属于社会中某个团体的需要。人的本质是社会性的动物，一旦人的生理、安全需要得到满足，人就会强烈地感觉到缺乏情人、朋友、妻子、丈夫或孩子，或者人就会努力使自己归属于某个社会团体、机构或组织。“自尊需要”是人对自我肯定的需要，实际上是人的自我认同。人们渴望独立与自由，因而会希望自己具有某种较高的能力，对自己充满信心并努力取得成就，这就是人的“自尊”；人们还渴望声望、名誉，期盼得到他人的尊重、重视、关心、赞同或高度的评价，这是人的“他尊”。人的自尊需要是“自尊”和“他尊”两方面的统一。“自我实现需要”是指人有竭尽全力充分发挥和展现自己潜力及创造力的需要，是最后一个出现的人的基本需要，标志着一个人得到了全面发挥和充分发展。马斯洛认为，人的内部存在着一种向一定方向成长的趋势或需要，这是一种内部压力，指向人格的统一和自发地表现，指向探索真理的、成为有创造力、成长美好的人。对于人的自我需要来说，其他一切需要都可以看作是达到这个终极目标的手段。马斯洛认为，这 5 种基本需要，由最底层的生理需要开始，伴随着人的每一种基本需要的不断满足，以一种连续的、重迭的、波浪式的演进发展过程逐渐向高级需要过度。一个低级需要得到满足后，下一个较高级的需要的产生不是突然的、跳跃式的，而是要经历一个从无到有、从微弱到强烈的发展过程。人的行为就是以追求满足这种发展着的需要为动机的。在马斯洛看来，人类价值体系存在两类不同的需要：一类是沿生物谱系上升方向逐渐变弱的本能或冲动，称为低级需要和生理需要。另一类是随生物进化而逐渐显现的潜能或需要，称为高级需要。人都潜藏着这五种不同层次的需要，但在不同的时期表现出来的各种需要的迫切程度是不同的。人的最迫切的需要才是激励人行动的主要原因和动力。人的需要是将从外部得来的满足逐渐向内在得到的满足转化。在高层次的需要充分出现之前，低层次的需要必须得到适当的满足。低层次的需要基本得到满足以后，它的激励作用就会降低，其优势地位将不再保持下去，高层次的需要会取代它成为推动行为的主要原因。有的需要一经满足，便不能成为激发人们行为的起因，于是被其他需要取而代之。这五种需要不可能完全满足，愈到上层，满足的百分比愈少。任何一种需要并不因为下一个高层次需要的发展而消失，各层次的需要相互依赖与重叠，高层次的需要发展后，低层次的需要仍然存在，只是对行为影响的比重减轻而已。高层次的需要比低层次的需要具有更大的价值。热情是由高层次的需要激发的。人的最高需要即自我实现就是以最有效和最完整的方式表现他自己的潜力，唯此才能使人得到高峰体验。人的五种基本需要在一般人身上往往是无意识的。对于个体来说，无意识的动机比有意识的动机更重要。对于有丰富经验的人，通过适当的技巧，可以把无意识的需要转变为有意识的需要。马斯洛还认为：在人自我实现的创造性过程中，产生出一种所谓的“高峰体验”的情感，这个时候是人处于最激荡人心的时刻，是人存在的最高、最完美、最和谐的状态。

4. 奥尔德弗的 ERG 理论和需要层次、结构模式

耶鲁大学心理学家奥尔德弗在 1969 年《人类需要新理论的经验测试》一文中对马斯

洛的需要层次理论进行了更接近实际经验的研究，提出了一种新的需要层次理论——ERG理论。他认为，一个人的基本需要不是5种，而是3种。他提出的3种基本需要是：①生存需要，这是最基本的需要，是对一个人基本物质生活条件的满足。②关系需要，即维持人与人之间关系的需要。③成长需要，即人要求发展的内在愿望。奥尔德弗认为，人类的3种需要并不是完全生来就有的，有的需要是通过后天的学习产生的。这3种需要之间并没有明显的界限，它们是一个连续体，并不是层次等级。他指出，各种需要获得的满足越少，则满足这种需要的愿望越强烈。例如，缺乏食物的人，渴望获得更多的食物。他还认为，低级需要的满足，会增强对高级需要的追求；高级需要的缺乏，会加强对低级需要的追求。例如，个体在自下而上的需要得到满足后，对关系需要的追求就强烈；个体关系需要得不到满足时，就会更多地追求生存需要。人类的需要不一定按严格顺序由低级向高级发展，或许超级，在遇到挫折时，也可能倒退等。

5. 戴维·麦克利兰的“三种激励需要理论”和需要层次、结构模式

美国哈佛大学教授、心理学家戴维·麦克利兰提出了著名的“三种激励需要理论”，他认为个体在工作情境中有3种重要的需要：①成就需要：争取成功希望做得最好的需要。②权力需要：与影响或控制经济、文化、社会、政府的发展程度有关，社会风气也制约着人们的成就需要。权力需要是指影响和控制别人的一种愿望或驱动力。不同人对权力的渴望程度也有所不同。权力需要较高的人喜欢支配、影响他人，喜欢对别人“发号施令”，注重争取地位和影响力。他们喜欢具有竞争性和能体现较高地位的场合或情境，他们也会追求出色的成绩，但他们这样做并不像高成就需要的人那样是为了个人的成就感，而是为了获得地位和权力或与自己已具有的权力和地位相称。③亲和需要：就是寻求被他人喜爱和接纳的一种愿望。高亲和动机的人更倾向于与他人进行交往，至少是为他人着想，这种交往会给他带来愉快。高亲和需要者渴望友谊，喜欢合作而不是竞争的工作环境，希望彼此之间的沟通与理解，他们对环境中的人际关系更为敏感。有时，亲和需要也表现为对失去某些亲密关系的恐惧和对人际冲突的回避。麦克利兰认为，当人在生理需要得到满足后才有成就需要、权力需要和亲合需要。这三种基本需要的排列层次和重要性是因人而异的。例如，年资高的经理成就需要强烈，对合群的需要相对降低。

6. 马克思主义关于人的需要理论和需要层次、结构模式

马克思主义者从彻底的唯物主义历史观出发，把人的需要作为唯物史观的一个重要范畴，在人的需要特别是物质需要的基础上对人类社会进行科学的考察，进而揭示了社会发展的客观规律，并正确地评价了人的需要在社会发展中的作用。马克思认为，在现实世界中，个人有许多需要，其中最基本的需要是生存需要。他把衣、食、住称为人的第一需要，只有当第一需要得到满足之后，才能产生新的需要。恩格斯在马克思的需要观点基础上，分析了资本主义社会的各种弊端之后，从物质资料的角度，第一次提出了社会主义社会人的需要层次，即生存需要、享受需要和发展需要。根据这种划分，恩格斯在《自然辩证法》中把人需要的对象物分为“生活资料、享受资料和发展资料”。恩格斯说道：“人类的生产在一定阶段上会达到这样的高度：能够不仅生产生活必需品，而且生产奢侈品，即

使最初只是为少数人生产”。这样，生存斗争(假定暂时认为这个范畴在这里仍然有效)就变成为享受而斗争，不再是单纯为生存资料而斗争。

8.2.3 需要与激励的关系

如果说需要是活动的原动力，未满足的需要给行为指出方向的话，那么动机则是在心理强化之下，给需要的方向以定位，并推动有机体朝着预期的目标运动。心理学家认为，行动由动机决定，动机来自于需要。因此激励，就是把需要转化成动机，并使所期望的动机尽可能强烈化，以引发所期望的经营者行为。一种有效的激励手段，必然要符合人的心理和行为活动的规律。因此，了解和把握人的需要特点，满足和引导人们实现自我需要是实施激励管理的前提，如图 8.1 所示。

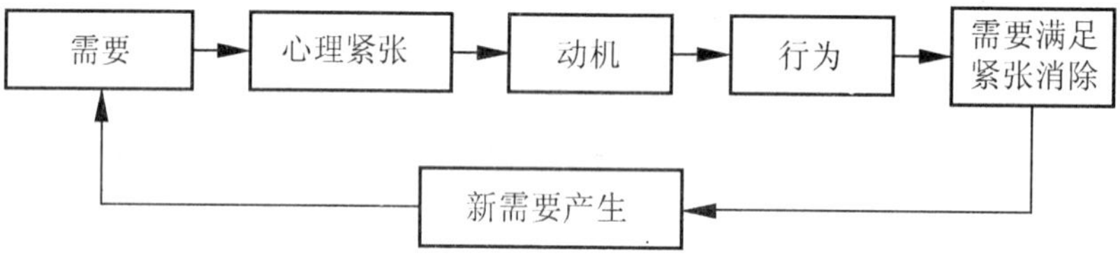

图 8.1 需要与激励的模型

一般来说，当个人产生某种需求而又未得到满足时，会产生一种不安和紧张的心理状态。在遇到能够满足需求的目标时，这种紧张的心理和生理状态就转化为动机。动机直接推动人们去从事某种活动，向目标前进。当个人达到目标时，紧张的心理状态就会消除，需求得到满足，这时又有新的需求产生。如果个人的动机受挫、需求得不到满足，将加剧紧张程度，随之会出现积极的或消极的行为，这是一个持续不断、循环往复的过程，人们在这个过程中不断地向新目标前进。通过以上的分析，可以得到人的行为的一些基本特征：自发的行为、有原因的行为、有目的的行为、可持续的行为、可变的行为。对于管理者来说，外在的权力、命令和惩罚等都无法使一个人产生真正的效忠行为。所以，从某种意义上说，所谓激励就是使员工处于某种状态，在这种状态下，组织对员工所期待的行为能够自动发生。

1. 个体需求——激励的基点

需求特性是人的基本特性，对个体需求的研究与对人性的研究是密切相关的。在人的各种特性之中，个体的需求是最为重要的特性之一，人性研究是建立在对人的需求的认识基础上的，并从人的本性方面得出一般性结论，所以，个体的需求也是各种激励方案立足的基点。分析个体的人的真实需求，往往是激励工作的第一步。激励理论认为，人的一切有目的的行为总离不开需求。当人的某种需求没有得到满足时，将形成寻求满足这种需求的动机。在适当条件下，动机就会转变为行为。简单地说，需求引发动机，动机转变为行为。管理激励的目的，就是要调动人的积极性。而人的需求是驱使人从事工作和进行创造性活动的初始的启动器。因此，激励必须以人的需求为基点。也就是说，只有了解和把握了人的需求，进而满足和发展人们的需求，才能够达到激励的目的。

2. 需要的多层次性决定激励的多样性

客观世界是丰富多彩的，个体心理又是千姿百态的，这就决定了人们的需要具有多样性。人的需要的多层次性，决定了管理者在实施激励时，必须了解管理对象需要的层次特点，并依靠其关注的焦点，选择适当的激励方式，只有有的放矢，才能事半功倍。然而，在有些管理实践中，常常忽视人的需要的层次性，而采取千篇一律的做法。

3. 需要的现实性及差异性要求激励手段因人而异

“人的本质并不是个人所固有的抽象物，在其现实性上，它是一切社会关系的总和。”因而决定人的需要反映社会客观存在，又受社会现实的制约。也就是说，人在采取一定行动满足正常的生理需要时，会受到社会因素的制约。一方面，人在一定社会中所处的地位，所处的社会历史条件，决定了一个人需要的范围和来源，也制约了人们对需要的选择与取舍，决定了需要的基本框架。所以在物质贫乏时期，激励的有效手段，常常与物质有关，而在物质较为丰富的时期，单纯的物质引导，有时也是难以奏效的，物质需要基本满足后，需要高层次的激励，如精神激励等。另一方面，在相同的历史条件下，不同阶层的人同样存在着各种各样的需要，但由于文化水平和道德追求的差异，诱导出人的行为动机的主导需要不同，所以其满足需要的内容和方式有一定的选择差异。

4. 需要的联系补偿性为精神激励提供可能性

人的需要林林总总，就其性质而言，可分为物质需要和精神需要，它们相互联系、相互作用。精神需要的满足以物质需要的基本满足为前提，物质需要的基本满足也为精神需要的满足提供条件和基础，满足物质需要以精神需要为指导。因而在管理中，可依据需要的联系补偿性对不同人的不同需要分门别类，对于迫切的、能予以满足的需要尽可能满足，对于难以满足的需要可以采取适当的补偿和诱导，如利用职位、成就荣誉等方面的导向作用，形成组织的向心力。也可根据物质需要满足的有限性和短效性，引导员工追求长效的精神需要，并以此建立组织文化，从而优化组织的精神氛围。

5. 以人为本，重视需要，激励是提高管理工作效率的有效途径

古典管理理论把人看作是“经济人”，对人的管理强调组织权威和企业分工，以工作为中心，采取金钱刺激和纪律强制等刚性管理。行为科学则把人看成是“社会人”，重视社会心理因素，主张以人为中心，重视人的需要，以满足人的需要、激励群体士气，从而提高工作效率。因此，以人为本是激励管理的核心，这正是激励管理所以能产生巨大效用的内在机制。

8.3 动机与激励

激励作为心理学的一个术语在管理中是指激发员工的工作动机，即用各种有效的方法去调动员工的积极性和创造性。心理学研究表明，人的行为规律是：需要产生动机，动机驱动行为，行为指向目标。需要是激励的起点和基础，动机是驱动行为的直接动力。只有了解和掌握了驱动人行为的动力源，才能实施最大的激励，从而激励员工实现组织目标。

8.3.1 动机的产生与机能

1. 动机的概念

自20世纪30年代以来，有关动机的研究理论不断出现，如本能论、驱力论、需要论、诱因论、认知一致论、成就动机论、自我效能论、自我决定论、预言论、归因论及自我调节论。从理论发展的过程可以看出，有关动机的研究从关注有机体的本能到关注社会因素，从关注外部诱因到关注内在激励、到强调自我的调节，这显示了动机理论对社会因素和个体主动性的日益重视。

对于动机的定义可以分为3类观点：①内因观。这种观点主要从行为主体内部研究，强调动机的内在根源，认为动机是“推动人们行为的内在力量”；“激励人们去完成行为的主观原因”；“动机是个体的内在过程，行为是这种内在过程的成果”。②外因观。这种观点强调行为的外在诱因、外在目标和刺激等的作用，认为动机是“为实现一个特定的目的而行动的原因”；③内外因统一观。即在内外因交互作用和整合中理解和研究动机。认为动机“能引起、维持一个人的活动，并将该活动导向某一目标，以满足个体某种需要的念头、理想和愿望等”；“一种由需要所推动，达到一定目标的行为动力，它起着激起、调节、维持和停止行动的作用”。综合上述观点，所谓动机，是指在自我调节的作用下，个体使自身的内在要求与行为的外在诱因相协调，从而形成激发、维持行为的动力因素。正确认识动机，需要澄清四方面内容：一是动机有内在动机与外在动机之分；二是动机既可以视为一种普遍特质，又可以视为一种具体情况下的状态；三是动机具有情感和认知两种因素；四是动机总是与一定的实践活动联系在一起，参与不同的实践活动。

2. 动机的产生

需要在心理上的对应者是内驱力。内驱力是指需要的唤醒状态或冲动。内驱力概念最早源自坎农的躯体平衡理论：有机体有一种维持其生理需求最佳水平的倾向，是一种自动调节过程。某种生理状态一旦偏离了最佳水平(即平衡状态)，有机体便要力求恢复。任何对平衡状态的偏离都会使人产生一种紧张感，不舒服感，它促使人们采取行动去恢复最佳状态，而一旦恢复，紧张感便解除了。这种由于需要的缺乏而在有机体内部产生的紧张状态就称为内驱力，它推动有机体产生一定的行动去满足缺乏、消除紧张。内驱力实际上就是需要的唤醒状态，它带有明显的生理色彩。因此，当需要被唤醒，即处于缺乏状态时，有机体便产生一种冲动、一种意愿，要寻找一定的事物来克服这种缺乏，但并非必然会产生具体的行为。处于需要被唤醒的缺乏状态之中的有机体是否产生具体的行为还取决于他是否意识到有实现的可能性，即是否有诱因存在。诱因是指激励和指引有机体进行有目标活动的外部刺激，不仅是指外部刺激本身，而且还包括有机体对这一外部刺激的意识或觉知。同时，诱因有正负之分，正诱因能够满足有机体的需要，使其趋近；负诱因使有机体产生痛苦，使其逃避。只有当有机体的需要被唤醒又有诱因存在，有机体主观上认为客观现实中存在可以满足需要的刺激的时候，才形成动机，激发其产生指向诱因(目标)的行为。但诱因并不一定必然成为行为的目标，因为可能同时存在多个诱因可满足一个或多个需要(动机冲突的问题，即多种需要可能被同时唤醒)。只有成为行为对象的那个诱因才成为目标。所以，动机才是有机体行为的直接原因。动机作用的过程是有机体通过有目的的行为获取诱因，克服需要缺乏状态的过程。动机作用通常被定义为一种内部状态或倾向，这种内部状态唤醒或发动、指引和维持行动。这里的需要被看成更为终结性的，更为一般的；动机源自需要，但直接作用于行为，是更为直接的、具体的。可以说需要是通过动机对行为的影响而表现出来的。

因此，动机产生的条件可以概括为：内在条件——需要。需要是指个体因某种东西的缺乏，而引起的内部紧张状态和不舒服感，“需要”使人产生欲望和趋力，从而引起人的动机，需要是动机的基本条件之一。外在条件——环境。环境是指个体以外的各种物质刺激，既有自然性的，又有社会性的，统称“环境”。

3. 动机的机能

1）动机是行为的直接动力

动机是直接引起、推动和维持人的活动以实现一定目标的内部动因。人的一切有意识的行为都是由动机所引起的，并受动机的调节和支配。动机对行为的驱动作用表现为：①行为唤起。当个体具有某种动机时，便能驱使个体产生相应的行为，使个体内部的心理活动最终通过行为外化，体现了个体的能动性。②行为导向。当个体具有某种动机时，不仅会驱动个体产生相应的行为，而且还会使行为指向某一明确的目标，体现了主体的目的性。③行为的调节性。动机还对驱动和导向后的个体行为维持及其强度起着调节作用。在较强的动机作用下个体维持行为的时间比较长，并且具有较强的克服困难、沿既定方向前进的力量，体现了主体的积极性。动机的这三个方面的作用，构成了动机最本质的特征，也就成为了动机概念最本质的内涵。由三种作用所构成的动机，对个体行为具有十分重要的意义：一方面，与个体行为相联系，唤起、导向和调节着一个人的外部活动。另一方面，又受个体兴趣、理想、信念和世界观的制约，表现和反映一个人的内部世界，在个性结构中占据独特的地位。人们不仅可以更深入地了解和认识一个人的行为，而且，还有助于更好地控制和预测一个人的行为，为激励的有效实施提供心理依据。

2）动机结构对行为的动力作用

由于外部刺激具有多样性，同时，刺激对主体的意义也具有多样性，人们被引动的需要也是多样性地不断发展变化。因此，在个体与其周围的相互作用、相互影响中，决定个体动机行为的过程往往是十分复杂的。在现实生活中，决定个体行为的，尤其是较重要的行为，常常不是一个动机，而是一个动机结构。人的行为是由动机结构中的优势动机引起并推动的。一个人的动机系统包含若干个动机，这些动机以其不同的种类、强度而有机地结合，其中最强烈、持久的动机，称为优势动机或主导性动机，它是决定内部结构特点的主要角色，在个体行为的推动上发挥着主导作用。而其余的非主导性动机则相对处于次要地位。动机系统的结构因人因事而异。结构的优势动机与其他动机的组合又是动态的，这就决定了行为的复杂性。在实际工作中，动机会依工作的结构而组合成各种动机结构，在管理激励上影响着工作范围的明确性、工作行为的相互关系及主次程序。

8.3.2 动机的特性与分类

1. 动机的特性

有机体的行为和活动都是由一定的原因引起的，动机是推动有机体进行活动的内部原因或动力。从动机与行为的关系上分析，动机具有下列特征。

1）启动性

动机具有发动行为的功能，它能使有机体由静止状态转向活动状态。例如，因饥饿引起摄食活动，为获得优良成绩而勤奋学习，为受到他人赞扬而尽力做好工作。摄食活动、勤奋学习、尽力做好工作的行动分别由饥饿、获得优良成绩、受到他人赞扬的动机所驱动。

2）方向性

动机不仅引起行动，也使行为朝向特定的目标或对象。例如，人们在饥饿时趋向食物而不是游戏机；具有追求成就和成功结果的人们总是在活动中积极主动地向困难挑战，绝不知难而退。人们在相同的活动中，由于动机不同会产生行为的差异，例如，两个学生都喜欢吃甜食，其中的一人由于要减肥，因而拒绝吃糖果和冰淇淋。

3）强度

动机在发动行为和引导行为方向的同时，也能确定行为的强度。人们在活动中具有不同的动机强度，这是很明显的。例如，两位学生都要参加考试，甲生急忙地走进教室，坐下之后立即打开笔记本，快速地翻阅，直到教师开始发考卷时才合上本子；乙生则不慌不忙地在教室的座位上坐下后，也像大家一样打开笔记本，但视线却来回扫视着周围同学和教师的动静，几乎没有看本子上的内容。由此可见，甲生的考试行为反应明显地比乙生要强烈。

2. 动机的分类

(1) 按照动机的起源可以将动机划分为生理性动机、心理性动机和社会性动机。生理性动机是先天的、生理的因素所引起的，为满足、维持、保持、延续和发展生命等需要而产生的各种动机；心理性动机是由人的认识、情感、意志等心理过程而引起的行为动机；社会性动机是指人们由于所处社会的自然条件、生活条件和各种社会因素如政治法律、风俗习惯、科学教育、经济状况及阶层群体等的影响，而产生的满足社交、归属、成就、尊重、自我实现等社会性需要的动机。

(2) 按照动机的诱因可以将动机划分为内在动机和外在动机。内在动机是指人们对某些活动兴趣，从活动中得到了满足，活动本身成为人们从事该活动的推动力。布鲁纳认为，内在动机主要由3种内驱力引起：一是好奇心，即对于求知和探索的兴趣；二是好胜心，即胜任工作、表现能力的欲望；三是互惠的内驱力，即与他人和睦相处，相互协作的需求。哈克曼与奥尔德认为，有五种工作特性能够引发人们的内在动机：①技能多样性，即从事需要多种技能，有一定挑战性的工作；②任务多样性，即工作内容比较丰富，而不是单调乏味；③任务重要性，即工作有意义，有影响；④自主性，即工作者在工作中能够自己做主，对工作结果负责；⑤回馈性，即人们能够及时知晓工作的结果。这些特性能够让人们感受到工作富有意义，带来内在的满足感，从而提高工作积极性。还有一些研究表明强烈的内在动机会使人们更加关注工作本身，有利于创造力的发挥。

外在动机是相对于内在动机而言的。当个体参加某种活动的动力不是基于对此活动本身的兴趣，而是因为外在的奖赏或压力时，他就是被外在动机所驱使。例如，一些人之所以努力工作，或是为了赚钱，或是为了得到好评，或是为了避免挨批评，这时他们的工作动机就属于外在动机。

(3) 按照需要的层次可以将动机划分为：①生理动机：对食物、水和睡眠等的需要；②安全动机：寻找安全、稳定、熟悉的环境；归属动机：爱情、友谊、亲情和归属感；③尊重动机：地位、优越感、自尊、声望和成就感；④自我实现的动机：全面发展、充分发挥潜能以及实现所能实现的一切。

(4) 按照意识性可以将动机划分为显性动机和隐性动机。消费者意识到的并承认的动机，是显性动机，它是与社会占统治地位的价值观相一致的动机，并更易被人们所意识到和承认。隐性动机是消费者未意识到或是不愿意承认的动机。

(5) 按照动机内容的性质可将动机划分为高尚动机和卑劣动机。高尚动机是符合社会道德规范的，必须是从(社会行为准则)人民的、民族的、国家的利益出发的动机；卑劣动机是损害国家、民族、人民的利益的或损人利己的动机。

(6) 按照动机的维持作用时间和影响范围可将动机划分为长远的、概括的动机和短暂的、具体的动机。长远的、概括的动机是指追求的目标是促使人努力工作和学习，对行为的影响非常广泛；短暂的、具体的动机是指当前的目的，带有应付性行为。

(7) 按作用可以将动机分为优势动机和非优势动机。人由于有多种需要而形成多种动机，其中强烈而稳定的称为优势动机；微弱而不稳定的是非优势动机。在个体动机结构中，优势动机对行为起支配作用。

8.3.3 动机的结构与强度

1. 动机的结构

动机的结构可以分为直接和间接两方面。

(1) 直接性动机与工作本身(工作的对象、过程、成果等)相对应。是从工作本身来追求种种内心感受，从而获得有关需要满足的动机，也就是以工作本身为追求对象的工作动机。“内心感受”是这一动机结构的关键，“内感”可以是理智信念性的，如对社会的贡献感、责任感和义务感等，它们与对社会的贡献需要、责任需要、义务需要等道德性精神需要的满足相关联。这种内在感是以对工作本身社会价值的认识为基础，内在感也可以是情绪兴趣性的，如马克思所说的将工作“作为自己智力与体力的活动来享受”，如成就感、创造感和趣味感等，这些与成就、创造等精神需要的满足相联系。由于上述种种内心感受使有关需要获得满足，所以习惯称它们为“内感报酬”。直接性工作动机对行为的驱动最为有力而持久，是管理过程中动机激励的核心。

(2) 间接性动机所追求的需要满足，不在工作本身而在工作之外的附属事物上。按附属事物的不同又分为：第一，获取外加报酬以满足有关需要的动机。“外加报酬”即通常的奖金、表扬和荣誉称号等。由于社会分工的现实存在，工作的外加报酬总是存在的，其相关需要主要是种种物质文化需要，也有如自尊、荣誉等社会性的需要。这些需要的满足，也是更好工作的必要条件。由于外加报酬及相关需要的满足必须以工作为中介，所以这组动机虽然对工作有间接的性质，但仍然是一种重要的推动力量。无疑，在直接性工作动机具有强大力量的情况下，这一动机结构所追求的对象将只具有必要条件的性质。若在实际管理中，间接性动机具有主导优势，那么它对工作的推动力量将是有局限性的，因为其追求的对象与满足不在工作本身，而在工作之外。第二，从工作环境中求得有关需要满足的动机。与这一动机结构相关的需要相当广泛，主要是属于工作条件性质的。在不少情况下，也是推动工作的重要力量，如以出色的工作来改善人际关系、求得尊重等。一些职工因工作环境问题而要求调动时，这一动机的作用就显示得很清楚。

2. 动机强度与活动效率的关系

如图 8.2 所示，倒 U 形曲线动机引发与维持活动，但其强度与活动效率之间并不是线性关系。一般说来，动机强度与活动效率之间呈倒 U 形曲线，即中等强度的动机水平，活动效率最高，动机水平过低与过高，均导致活动效率下降。根据研究，每种活动都存在动机的最佳水平，这种最佳水平随活动性质的不同而有所不同：在比较简单的工作任务中，工作效率随动机的提高而上升；当任务难度增加时，最佳动机水平有逐渐下降的趋势。

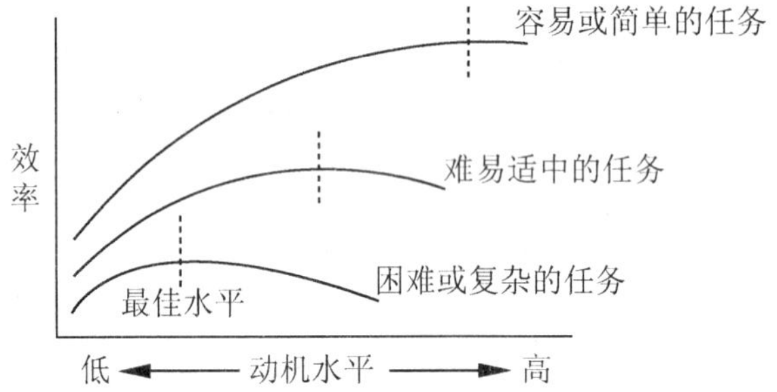

图 8.2 动机强度与活动效率的关系

8.3.4 动机与激励的关系

激励与动机是两个紧密联系而又相互有别的概念，从管理角度看：

（1）激励的行为主体是管理职能的担当者，如领导者和管理者；动机的行为主体则是一般意义上的人，与其是否担任管理职责无关。

（2）激励的功能作用指向于组织目标，它服务于组织目标，致力于组织目标的实现；动机在定义上作为推动个体活动以达到某种目的的内在动因，具有强烈的个性化色彩。这里的意思不是说组织目标排斥个体目标，事实上管理过程中激励职能的有效运作不仅关心员工的个体动机，而且重视对个体动机要求——需要的满足，只是这样做的目的在于期望通过对员工个体动机的关心和重视来实现组织目标，最终的落脚点仍落向组织目标。正如琼斯所说：“激励就是引导有各自需要和个性的一个人和一群人，为实现组织目标而工作，同时也达到他们自己的目标。”激励的组织化特征强烈鲜明。

(3) 激励的作用形式和功能载体表现为通过有效地操作某些方法去激发员工对组织目标的兴趣、热情以及智力和体力上的自觉投入，激励离不开具体方法，必须依赖和借助具体的方法才能真实地进行，因而，激励方法的可操作性及操作的有效性就成为激励的内在要求，而其中有效性更是选择方法和衡量激励是否成功的一个重要指标。而动机研究侧重于寻求对行为的原因和行为运行机制的揭示，即行为是怎样开端、怎样被赋予活力而激发、怎样延续、怎样导向、怎样终止以及在所有这一切的进行过程中，该有机体是呈现出何种主观反应的，这类研究为激励方法的确定提供了理论依据，但不是激励本身。

(4) 激励发生在人与人之间，如上层管理者对基层管理者的激励、管理者对被管理者的激励，是一种人际互动行为，离开了人际互动，激励就是一句空话。动机活动的发生则是个体对于内外部刺激能动整合的结果，当内外环境的要求被主体感知、理解和接受，并进而成为主观需要时，此时的需要就成为直接推动主体认识和行为的动力，这就是动机。动机具有内在反映性特点，是一种心理行为。

可以看出，尽管激励与动机密不可分，某些激励问题的解决也必须依赖于动机提供的理论解说才能完成，但激励却有着只属于自身的独特性，它是管理的、组织的、操作的、人际的，这是激励与动机的区别所在，也是审视激励研究的切入点。激励指向动机，没有动机，激励就失去了作用的对象，甚至失去了自身活动的意义。反过来，任何工作动机的形成与持续又都是在某种需要基础上受到激励的结果，是激励的动力基础。

8.4 激励理论的观点与启示

激励理论的思想观点对于激励工资的设计与分配具有重要启迪和指导作用。

如何以有限的支付更有效地激励员工按照组织期望的方式行事，这是激励工资所要解决的核心问题。对人的激励一般涉及“对某人而言什么是重要的”、“用它与什么交换”、“可能是什么样的交换决定所期望的行为”这样三个核心问题。内容型激励理论主要关心和研究第一类问题——需求的状态和激励内容。期望理论、公平理论和代理理论等过程型激励理论主要关注于第二类问题——激励交易的性质。期望理论、目标设置理论等更多地关注第三类问题——期望的行为及其达成途径。有关的重要激励理论观点及其对激励工资的启示可以简要列举如下。

8.4.1 需要层次理论

1. 思想观点

人们都存在生理、安全、社会、尊重和自我实现这五个层次的内在需要，人的行为是受其内在需要的状况所激励的。大多数人在一定社会组织中的工作和回报是其满足内在需要的主要路径和源泉。人的内在需要周而复始地需要满足，人们未满足的主导需要的满足程度，将决定人们的动机、行为和情绪。

2. 启示

(1) 激励工资如果与员工未满足的主导需要相合拍，就会增强激励效果。

（2）激励工资如果能提供实惠、认可、赞同、成就等效用，就可能对多数人具有激励作用。

（3）激励工资如果削弱了员工满足低层次需要的能力，就难以起到激励作用。

8.4.2 双因素理论

1. 思想观点

人们受到保健因素和激励因素两类因素激励。保健因素带给人们的是一种低层次的激励，主要满足人的生理、安全等需要，缺乏时，会引起人的不满意感，阻碍正常行为。激励因素带来的是一种高层次的激励，主要满足人们的尊重和自我现实需要，具有时才能持久保证人们的工作积极性，提高绩效水平和工作满意度。

2. 启示

（1）激励工资必须与基本工资、福利等统筹考虑，当后者起到保健效用时，前者才能发挥激励作用。

（2）激励工资应当与多种激励因素(如认同、成就、工作挑战等)形式联合起来设计和使用，则更具有激励作用。

（3）工作关系中的其他一些条件因素(如人际关系、工作类型、责任等)会影响激励工资的效果。

8.4.3 期望理论

1. 思想观点

人们选择做或不做一件工作或者受到激励与否，主要基于三个具体因素。

（1）员工对于自己完成该项工作能力的知觉。

（2）员工的期望——做了这件事会带来奖赏的知觉。

（3）员工对奖赏的知觉或报酬的偏好。

2. 启示

（1）激励工资必须与绩效和贡献相关，并且清楚明了。

（2）计发激励工资的绩效目标和标准应适当，让员工可望可即，积极评估自己的能力和达成目标的可能性。

（3）员工会选择导致最大报酬的行为，因此激励工资需具有令人心动、令人向往的分量或价值。

8.4.4 强化理论

1. 思想观点

关注通过运用积极或消极的后果来改变人的行为。人们体验到的需要或驱动力导致其以某种方式行动，这些行动的后果将影响个体是否会重复这种行为。因此，报酬强化绩效，没有报酬的行为将中止，劳酬不对称的行为将弱化。

2. 启示

(1) 激励工资计发应紧跟员工的行为后果和绩效成果，与期望的成就目标相接。

(2) 激励工资的分配应恰当选择强化方式来塑造员工行为。

(3) 激励工资的支付时间、频率和数量需要精心设计。

8.4.5 目标设置理论

1. 思想观点

具有一定难度的具体目标和工作意图结合起来，具有有效的激励力量。明确的目标和向目标奋斗过程中的反馈，会激励人们提高绩效。与个体所珍视价值相联系的目标，才能有效而持久地激励员工。

2. 启示

(1) 激励工资应当满足于明确具体而富有挑战性的绩效目标。

(2) 绩效反馈是工资激励的"拐棍"，绩效目标的完成情况是激励工资支付的基础。

(3) 激励工资的价值应与目标完成的价值相匹配。

8.4.6 代理理论

1. 思想观点

企业的不同利益相关群体之间存在着利益差异和目标分歧，有效的薪酬制度能使不同人们的利益和目标一致起来。企业的管理人员、普通员工与股东在资源的使用价值、对待风险的态度和决策的基准都可能不同，存在着这样三种基准类型的代理成本。薪酬设计的关键问题之一，是使这些代理成本最小化。通过缔结行为导向性契约(如绩效工资制度等)和结果导向型契约(如利润分享计划、佣金制、股票选择权计划等)，可以设法把代理人(企业管理者等)的风险、回报与委托人(股东等)目标和利益结合起来，使委托人和代理者的利益与目标一致化，通过适当的报酬来平衡风险，引导和激励员工的绩效。

2. 启示

(1) 激励工资应当与绩效目标挂钩，绩效目标必须与组织目标挂钩。

(2) 对于大多数难以监控的工作，恰当的薪酬形式是绩效工资。

(3) 对于能够监控的绩效，工资计发应基于工作职责的完成情况；对于难以监控的绩效，工资支付应基于组织目标的完成情况。

(4) 人们不喜欢有风险的报酬，因而激励工资需要更高的奖赏以交换员工的接受。

(5) 激励工资能够指引员工的绩效行为，但可能需要支付更高的工资总额。

思　考　题

1. 激励在管理中的地位和作用是什么？

2. 做好激励工作需要把握哪些要素？

3. 人类的需要(需求)有哪些基本特征?
4. 马斯洛的需要层次如何划分，它们的具体内容是什么?
5. 需要与激励关系是什么?
6. 动机与激励关系是怎样的?

案例思考题8-1

华瑞制药有限公司的有效激励

华瑞制药有限公司是国内制药行业成立较早、发展较为成功的一家合资企业。该公司在激烈的市场竞争中始终占据领先地位，经济效益稳步增长，除了先进的生产设施、正确的营销策略、现代化的经营理念外，公司注重对员工的有效激励，培养和造就成熟稳定、团结进取的员工队伍，这是企业不断发展的坚实基础和有力保障。公司各岗位都设有清晰明确的职责描述，管理层根据岗位的要求选拔和培养人才。人事部门注意收集信息、调查研究，充分掌握员工的性格、能力与气质等，并注意分析其性格特征与所处工作岗位的最佳契合点，将不同特点的员工安置在适合自己的岗位上，用其所长，避其所短，充分提高工作效率，大大调动了员工的积极性。对具有不同能力的员工施以不同的教育与训练，使他们与职能相称。在教育和训练中发现的人才，管理层敢于大胆启用，委以重任，给他们加担子、施压力，积极地为他们创造更为适宜的工作环境和实践机会，使其很快成为企业发展的中流砥柱。华瑞公司是外方控股的合资公司，但在中高层管理人员中绝大多数是公司在多年的生产经营中培养出来的当地人才，他们在各个重要岗位上尽心尽责、游刃有余，深得公司董事会和股东的信任。华瑞公司实施目标管理系统，建立了科学公平的考评体系，每年进行一次员工绩效评估，对有成绩者及时奖勉，对有偏差者及时纠正。公司常年开展合理化建议活动，每年评出优胜者并给予重奖，鼓励大家为企业的发展献计献策；公司设有“总经理信箱”，任何员工都可以直接向最高管理层提出意见和建议；公司定期组织员工座谈会，在领导与员工之间架起一座桥梁，领导者可以将自己要做事的目的、计划和困难原原本本地告诉大家，争取广泛的理解与支持，员工也可以把自己的意见和要求反映给领导，达到彼此沟通情况、交流思想、互相理解的目的。正是拥有了一支富有积极性、主动性和创造性的员工队伍，华瑞公司才得以在竞争中脱颖而出，不断创造辉煌的业绩，人员流失率也一直维持在同行业较低的水平上。

(资料来源：严圻，有效激励在企业人力资源管理中的作用，
科技情报开发与经济，2004年第14卷第5期，P217～218)

问题:

华瑞制药有限公司的有效激励机制的有效性是怎样体现的?

案例思考题8-2

海尔集团系统化的激励机制

海尔集团的人力资源开发与管理工作是建立在对员工“人性”的判断和把握之上的。现代企业的员工既不是所谓的用金钱可以收买和刺激的“经济人”，同时又不是仅仅需要交往和尊重的“社会人”，而是“社会人”和“经济人”的复合体，即员工是复杂的，而且变动很大。海尔集团正是在“复杂人”假设的基础上，构造出系统化的员工激励机制来满足员工的不同需求，借以调动员工的工作积极性。

1. 建立与员工绩效相挂钩的多种形式并存的工资制度

海尔的工资制度有点数工资、岗位工资、计件工资、承包工资、年薪制度等工资形式，不管哪一种工资形式，海尔都采用了将工资与员工的工作绩效相挂钩的形式，实现了“多劳多得，少劳少得，不劳不得”的目标，真正激发了员工的工作积极性。以一线操作工人的“点”数工资为例，海尔的“点”数工资是以“点”数来计量劳动消耗的一种工资形式，所谓“点”是指工人在劳动过程中的体力和脑力消耗的基本计量单位，“点”的价值是由企业人事与技术部门根据企业经营环境的变化以及“工资总额的增长低于企业利税的增长，平均工资的增长低于劳动生产率的增长”的原则确定工人工资的增长总额，从而确定工人的工资总额，然后根据预定的“点”数总和确定“点”值。“点”数是指工作岗位“点”的多少，岗位的“点”数是根据操作的复杂程度、岗位的体力要求以及工作的危险程度等来确定的。在确定了岗位的“点”数与“点”值以后，就可以确定“点”数工资单价值。这种计酬方式使一线工人的收入与劳动的数量与质量直接挂钩，从而激发了员工的工作热情，也降低了管理人员的工作难度，避免了互相扯皮现象的发生。

2. 注意员工的自我实现

海尔集团在人力资源管理中将外在激励与内在激励相结合，并以内在激励为主，收到了良好的效果。

3. 注重员工的充分参与

海尔集团认识到，一个成功企业的管理不是领导的管理，而是发动全员充分参与的管理。一是劳动竞争与班组升级达标。海尔集团设立了各种项目的劳动竞赛，并评选劳动竞赛明星(如质量明星、技改明星、服务明星等)。公司对在质量改进、节约物耗等方面有明显成效的给予“基层老板明星”称号。二是合理化建议与课题攻关。合理化建议与课题攻关的参与程序是影响职工主观能动性发挥的现实激励因素之一。海尔集团规定，对职工在本岗位提出的合理化建议要逐一落实，并给予物质奖励；在课题攻关方面，由职能部门拟定攻关课题，职工自由参加竞榜，根据成果给予50～1 000元不等的奖励。三是岗位轮换与内在激励。海尔集团为员工进行“工作设计”，实行岗位轮换。职工面对全新的工作环境、工作内容及工作要求，必然产生一种新鲜感和应付挑战的亢奋，从而提高工作积极性。通过有计划地进行岗位轮换，使员工全面熟悉业务，取得不同岗位的工作经验，迅速成长为业务技术骨干，这既为企业的发展提供了人才条件，也为集团的进一步扩张奠定了人力资源基础。

4. 解决员工的后顾之忧

海尔集团在这方面做了很多工作，如办理各种国家保险、企业内部建立各种补充保险、上下班有专车接送、提供优质工作餐、举行集体婚礼、各种劳动福利、解决职工住房、赠送生日礼物以及成立专门为员工服务的排忧解难小分队等。另外，为进一步理顺管理人员和员工之间的关系，公司通过开展厂长接待、进行满意度调查以及基层工会走访职工家庭等活动，加强管理人员和工人之间的沟通，让职工体会到领导的关心和企业的温暖，从而形成对企业的归属感和认同感。

（资料来源：吴桂梅，员工激励与人力资源管理，科技情报开发与经济，2004年第14卷第3期，P211～213)

问题：

海尔集团系统化的激励机制是怎样建立在对员工“人性”判断上的？其推广价值体现在哪些方面？

第9章 劳动关系与社会保障管理

教学目标

通过本章的学习，对劳动关系与社会保障管理有基本的了解、认识和掌握。

教学要求

了解劳动关系不同内涵的界定，掌握劳动关系的定义；了解当代国外不同流派对劳动关系管理的界定，掌握劳动关系管理的概念和性质；掌握劳动关系管理的不同类型和劳动关系管理的主体；明确劳动合同的理论学说界定，掌握劳动合同的概念、特征、形式、订立的基本原则和基本内容；掌握劳动争议的概念和分类；了解劳动争议产生的原因、处理方式以及我国处理劳动争议的基本制度；掌握社会保障的含义和特征；了解社会保障制度的发展和沿革；理解社会保障的功能；掌握社会保障体系的基本内容和客观要求；掌握和明确社会保障制度确立的基本原则和社会保障制度改革的基本目标、基本要求。

劳动关系是人类社会最简单也是最复杂的一种社会关系，是在市场经济体制之下企业和个人联系的纽带，也是双方利益得以保障和实现的基础。从经济学的角度来看，经济利益既定时，雇主和雇员的利益分配就会你多我少，此消彼长。这就构成了双方各方面的矛盾，但是劳资双方又是相互依存的利益共同体，缺少一方，另一方的利益都不能实现。在这种制衡中，劳动者就业是与社会相联系、实现自我价值的前提，而劳动关系的管理状况决定了就业的质量和个人发展的空间。所以，从各方面来构建和谐的劳动关系才能促进企业和员工的共同发展。

党的十六届六中全会通过的《中共中央关于构建社会主义和谐社会若干重大问题的决定》明确提出了到 2020 年“覆盖城乡居民的社会保障体系基本建立”的宏伟目标，对丰富我国社会保障体系理论的建设和实践意义十分重大，所提出的宏伟目标既体现出了社会保障的真正内涵，又为社会保障体系建设指出了明确的发展方向。社会保障体系建设关乎国计民生，关乎子孙后代，关乎人与社会的和谐，是构建和谐社会的必要条件之一。在我国社会保障体系建设发展的基础上，构建科学、完整的社会保障体系具有深远的意义。

9.1　劳动关系管理

9.1.1　劳动关系管理的概念与性质

1. 劳动关系的内涵

1）劳动关系的经济学定义

经济学定义的劳动关系是指劳动者与用人单位之间结成的以经济利益关系为核心的各种关系的总和，是现代社会关系的重要组成部分，涉及用人单位和劳动者的基本权益，与广大人民群众的切身利益密切相关。

2）劳动关系的社会学定义

社会学定义的劳动关系是指人们为了从事社会劳动而结成的关系。劳动者与劳动力的使用者双方以及他们各自的组织，前者如工会，后者如企业管理者协会、雇主协会等，共同构成社会劳动关系的主体。劳动关系是围绕着劳动者与用人单位之间的雇佣和被雇佣的关系形成和展开的。它主要包括以下 3 个方面：一是从业关系，具体指劳动者的素质与教育和训练，劳动者的招聘、录用与就业，劳动者的职业、行业和职务等；二是劳动组合关系，包括对劳动力的组织与管理，劳动岗位、职责与监督考核，劳动纪律与奖惩等；三是劳动者的利益分配关系，包括劳动报酬与收入分配、劳动条件与劳动保护、劳动者的社会保障等。其中，劳动者的利益分配关系是全部劳动关系的核心。劳动关系就其性质而言，具有劳动主体双方合作协调和矛盾争议甚至对抗的两个方面：一方面，劳动者与其劳动力的使用者——企事业单位通过劳动就业结成利益共同体，双方利益相互依赖，这是双方合作和劳动关系协调的基础；另一方面，双方的利益又存在着矛盾对立，这集中体现在工资与利润的此消彼长的关系上，这是劳动争议、冲突，甚至是公开冲突的根本原因。这两个方面相互联系又相互对立，在一定条件下会互相转化。

3）劳动法界定的劳动关系定义

劳动法意义上的劳动关系不同于一般经济学、社会学意义上的劳动关系，它应当具有特定的内涵和外延。在对劳动关系进行劳动法界定时，一方面，劳动法意义上的劳动关系是具体的劳动关系，即劳动法只调整能够受人意志支配的、具体的社会劳动关系，而不调整那种不以人们的意志为转移的、高度抽象的作为生产关系一部分的劳动关系，从而与经济学意义上的劳动关系相区别；另一方面，劳动法意义上的劳动关系是狭义的劳动关系，即劳动法只调整特定范围内的劳动关系，是劳动者与劳动力使用者在劳动过程中发生的社会关系，而不调整所有的与劳动有关的关系，从而与社会学意义上的劳动关系相区别。

吸收劳动法学界已有的理论共识，劳动关系一般分为个别劳动关系与集体劳动关系。集体劳动关系是单个劳动者克服个体的势单力薄，联合起来组成劳动者团体与用人单位、用人单位团体进行集体协商与谈判而发生的涉及劳动者整体内容的社会关系。由于集体劳动关系容易识别，同时劳动法基本的调整对象是个别劳动关系，因此劳动关系仅指个别劳动关系。依照学界通说，我国劳动法上的劳动关系是指劳动者个人在运用劳动能力，实现劳动过程时与用人单位之间发生的关系。

4）劳动关系的定义

劳动关系，一般是指劳动者与劳动力使用者在实现劳动过程中结成的社会经济关系。作为劳动法调整对象的劳动关系，是劳动者个人或劳动者组织与雇主和雇主组织以及政府在劳动过程中所发生的权利义务关系。其运作主体有三个：劳动者及其组织、用人单位及其组织以及政府。从所涉及的范围和主体看，劳动关系可以分为三个层次：企业中的个别劳动关系、集体劳动关系和社会劳动经济关系。这三个层次的劳动关系有各自不同的特点。

综上所述，更加科学的劳动关系应当界定为：人们在劳动过程中形成的、直接建立在劳动基础之上的并受劳动法律法规调整的各种权利义务关系的总和，是社会关系的重要组成部分。劳动关系在不同国家存在着不同的具体称谓，如劳资关系、雇佣关系、劳工关系及产业关系等。

2. 劳动关系管理的界定与概念

1）劳动关系管理的概念

劳动关系管理，就是指以促进组织经营活动的正常开展为前提，以缓和和调整组织劳动关系的冲突为基础，以实现组织劳动关系的合作为目的的一系列组织性和综合性的措施和手段。

2）当代国外对劳动关系管理的界定

（1）保守派对劳动关系管理的界定。劳动关系管理是具有经济理性的劳资双方之间的自由、平等的交换关系，双方具有不同的目标和利益。从长期来看，供求双方是趋于均衡的，供给和需求的力量保证了任何一方都不会相对处于劣势。由于劳动力市场机制可以保证劳资双方利益的实现，所以劳资双方的冲突就显得微不足道。所以，工会所起的作用是负面的，工会实际形成的垄断制度，干扰了管理方与雇员个人之间的直接联系，阻碍了本来可以自由流动的劳动力市场关系，破坏了市场力量的平衡，使管理方处于劣势地位。

（2）管理主义学派对劳动关系管理的界定。管理主义学派多由组织行为学者和人力资源管理专家组成，该学派更关注就业关系中员工的动机及员工对企业的高度认同和忠诚度问题，主要研究企业对员工的管理政策、策略和实践。该学派认为，劳动关系就是在员工同企业的利益基本一致的基础上，采用新的、更加弹性化的工作组织形式，更加强调员工和管理方之间的相互信任和合作，把工会作为以一种更为认同的“伙伴角色”来代替传统的“对立角色”，尤其赞赏高绩效模式中的“高度认同”的内涵，包括工作设计改革、雇员参与改革以及积极的雇佣政策。

（3）正统多元论学派对劳动关系管理的界定。正统多元论学派由传统上采用制度主义方法的经济学家和劳动关系学者组成，该学派的观点是第二次世界大战以来发达的市场经济国家一直奉行的传统理念的延续。该学派主要关注经济体系中对效率的需求与雇佣关系中对公平的需求之间的平衡，主要研究劳动法律、工会和集体谈判制度。该学派认为，由于雇员对公平和公正待遇的关心和管理方对经济效率和组织效率的关心是相互冲突的，相对于雇主，雇员个人往往要面对劳动力市场的“机会稀缺”——能够选择的工作种类少，如果辞职，很难再有选择的机会，所以，在劳动力市场上雇员大多处于相对不利的地位。而工会和集体谈判制度有助于弥补这种不平衡，使雇员能够与雇主处于平等地位，并形成“工业民主”的氛围。因此，该学派把劳动关系管理界定为，是在劳动法和集体谈判确保公平与效率的和谐发展的基础上，由雇员、雇主、各级政府三方组成的经济管理体系，三方都有权对与劳动关系有关的公共问题施加影响，平等地制定决策。这是战后许多国家所奉行的劳动关系制度。

（4）自由改革主义学派对劳动关系管理的界定。自由改革主义学派更具有批判精神，积极主张变革。该学派十分关注如何减少或消灭工人受到的不平等和不公正待遇。该学派认为，劳动关系管理是一种不均衡的“结构不公平”关系，管理方凭借其特殊权力处于主导地位。因此，该学派强调支持强有力的劳动法和各种形式的工人代表制度，关注更广泛的经济社会政策，主张强势工会，认为工会应该比以往更加关心更为广泛的社会问题和事务。

（5）激进派对劳动关系管理的界定。激进派主要由西方马克思主义者组成。激进派所关注的问题同自由改革主义学派有许多是相同的，但该派更关注劳动关系中双方的冲突以及对冲突过程的控制。该学派认为，在经济中代表工人的“劳动”的利益，与代表企业所有者和管理者的“资本”的利益，是完全对立的。冲突不仅表现为双方在工作场所的工资收入、工作保障等具体问题的分歧，而且还扩展到“劳动”和“资本”之间在宏观经济中的冲突。其他学派提出的“和谐的劳动关系”只是一种假象。只要资本主义经济体系不发生变化，工会的作用就非常有限。尽管工会可能使工人的待遇得到某些改善，但这些改善是微不足道的。在技术变革和国际竞争不断加剧的今天，工会显得越来越力不从心。因为国际竞争总是更多地依赖人均劳动成本的优势，而非人均劳动生产率的优势，所以，要使工会真正发挥作用，必须提高工人对自身劳动权和报酬索取权的认识，了解劳动关系对立的本质，进而开展广泛地与资本“斗争”的运动，向资本的主导权挑战。

（6）当代劳动关系管理的发展——桑德沃对劳动关系管理的界定。桑德沃理论模型的分析框架认为在劳动关系及其管理运作过程中，外部环境因素、工作场所和个人因素是导致工作紧张冲突的基本因素，而工作紧张冲突的解决依赖于管理、个人撤出以及劳工运动。劳工运动在解决紧张冲突的过程中，集体谈判是基本手段。工会一般就工资、工时和工作条件等同雇主等企业管理者进行集体谈判；在集体谈判的基础上，签订集体合同和有关协议，集体合同和有关协议成为工作场所的行为准则，或对工作场所产生影响，使工作场所得到改善；工作场所的改善和发展变化又会对外部环境产生影响，外部环境也因此得到改善；外部环境的改善和发展变化又反过来影响劳动关系及管理的动作。

3. 劳动关系管理的性质

管理的性质具有二重性，劳动关系管理也同样具有二重性。这种二重性也体现在社会化大生产中，是同生产力直接相联系的，是社会劳动过程的一般要求，是创造新的生产力的必要手段的自然属性。二重性是劳动关系管理的一般性质，这种一般性质存在于多个社会经济形态中。但是，由社会生产力所产生的劳动关系管理的一般性质总是受一定的社会经济关系制约，因而在不同的社会经济关系中，劳动关系管理又具有特殊的社会性质，它体现着一定的社会生产关系，是实现生产目的的重要手段，这是劳动关系管理的社会属性。这种由社会劳动过程的性质所产生的劳动关系管理的一般性质和由社会经济关系性质所产生的劳动关系管理的特殊性质，就是劳动关系管理的二重性。

1）劳动关系管理的自然属性

在一般性质中，劳动关系管理具有平等性、从属性、人身性、财产性、主体的特定性、自愿性、有偿性、直接性、普遍性、具体性和国家干预的特殊性等特点。平等性是指在我国现行的全员劳动合同制下，劳动者与用人单位之间的劳动关系是通过相互选择和平等协商，以合同的形式来确立的，而且可以通过合同来变更、暂停、解除和终止劳动关系。从属性是指双方平等的劳动关系一经建立，劳动者就成为用人单位的职工，在身份上、组织上和经济上都从属于用人单位。从属性表现在劳动者必须依照劳动规则、管理制度的要求从事劳动，而用人单位则成为劳动力的支配者和劳动力的管理者。这种指挥与服从、管理与被管理的劳动关系具有从属性的特征。人身性是指劳动力的存在和支出管理与劳动者人身不可分离，劳动者亲自支付的劳动，必须是劳动者本人履行合同，劳动者履行劳动义务是劳动者的人身自由受到一定程度的限制。财产性是指劳动者让出劳动力的使用权，用人单位要向劳动者支付工资等物质待遇，这就是劳动关系的财产性质。主体的特定性是指劳动关系管理的主体是明确的、特定的，双方根据合同成立劳动关系，合同成立生效，主体特定，劳动关系是不能被转让和继承的，劳动者一般也不得让他人代为履行，在劳动者违约时也不适用继续履行责任的承担方式。自愿性是指劳动关系管理中的劳动是自愿劳动，严禁强迫劳动。劳动关系的成立是基于双方自愿选择，经过平等的协商。有偿性是指劳动关系管理中的劳动应当是有偿劳动，劳动关系管理是基于职业的、有偿的劳动而发生的，工资是劳动力的价格。例如义务植树和志愿者的服务，就不是劳动关系管理意义上的劳动。主要原因就是这些劳动是无偿的。直接性是指劳动关系直接体现生产要素的结构与关系。在劳动关系当中，生产要素的身份、地位和作用都体现得十分直接，劳动者和生产资料的关系，包括如何构成、如何运行和如何处理相互之间的关系，都是通过劳动关系来直接反映和解决的。普遍性是指劳动关系作为一种最基本的社会利益关系，是社会联系和社会发展的主要表现形式。横向社会的人们的利益关系是通过劳动关系实现的，纵向社会的经济发展，也是通过劳动关系来延续的。具体性是指任何社会经济关系都是通过劳动关系具体实现的。劳动关系是实现社会劳动过程的具体形式，在劳动过程中处于不同地位的个人或集团，都是通过劳动关系来具体体现其社会经济地位的。国家干预的特殊性是指国家和政府通过法律、劳动监督、三方协商、劳动仲裁和劳动诉讼的方式参与劳动关系管理。国家对劳动关系的干预程度远远大于对民事法律关系的干预程度，其中一个主要的原因是劳资双方完全不平等的地位。国家对于劳动关系管理的干预主要是事后干预。

2）劳动关系管理的社会属性

劳动关系管理的社会属性也是劳动关系管理的本质属性，它是指社会经济关系的本质和特点，最终要通过劳动关系管理体现。社会经济关系是最基本的社会关系，但这一关系的本质特点是在劳动关系管理中体现的，如资本主义经济关系的本质特点是雇佣劳动，但这种特点在一般的抽象的经济关系中是无法把握的，只有在具体的劳动关系管理中才能得到反映。

（1）决定劳动关系管理性质和特点的基本因素是所有制的性质。在不同的所有制下劳动关系的性质和特点也有所不同。这是因为不同的所有制性质直接表现为生产资料的占有、运用的形式和要求的不同。这种状况必然决定和影响生产资料与劳动者结合的方式——劳动关系的性质和特点。在向市场经济转型过程中的中国，目前就劳动关系的所有制性质而言，主要有三种类型，即公有制经济的劳动关系、混合经济的劳动关系和私有制经济的劳动关系。这些不同类型的劳动关系的性质、特点和矛盾表现也有所不同，其不同之处主要在于劳动关系的双方在劳动过程中各自的地位、作用和权利是不一样的。

（2）社会经济体制是决定劳动关系管理的性质和特点的直接因素。所有制对于劳动关系的影响主要是通过经济体制来实现的。这是因为，社会经济体制作为社会经济的组织结构和运行机制的直接表现形式，必然要对生产关系中人们在生产过程和生产组织中的相互关系，以及生产过程中的分配关系产生重大的影响，而生产关系中的这两个内容是通过劳动关系来具体体现的。经济体制的结构和运行涉及整个的生产过程，并直接关系和影响到企业的资产所有、经营管理和劳动过程，关系和影响到所有者、经营者和劳动者的相互关系。所以，随着经济体制的转换，社会劳动关系管理也必然要发生一系列的变化。当然，决定和影响劳动关系性质和特点的因素还有政治体制。

（3）劳动关系管理的类型体现了一国劳动关系的性质与特点。以我国为例，我国的劳动关系目前正处于一种历史的转换时期，这种历史转换从体制上说是由计划经济的劳动关系管理转换为市场经济的劳动关系管理；从性质上说则是从利益一体型的劳动关系转换为利益协调型的劳动关系。在劳动关系的类型上，利益协调型的劳动关系应该是我国劳动关系管理发展的目标取向，但这种利益协调型的劳动关系，并不完全等同于当代西方型的劳动关系，而是在相当程度上仍然保留我国传统的利益一体型劳动关系的某些特点。主要因为：一是我国是社会主义国家，劳动关系双方特别是国有企业劳动关系双方的总体利益是一致的；二是我国由计划经济向市场经济过渡，利益主体的分化及独立尚需要一个过程；三是我国作为东方国家，“社稷为大”的社会观念与西方的“个人主义”的价值取向相差甚远。因而，中国的劳动关系模式应该是具有中国特色的利益协调型的劳动关系。其特点是在利益分化的同时仍然以利益一致为价值取向；在市场经济的总要求下，政府干预、人际关系和社会传统仍然会有相当的作用；在开始注重个人和群体价值实现的情况下，仍然以追求社会和谐一致为主要的文化价值标准。

9.1.2 劳动关系管理的类型与主体

1. 劳动关系管理的类型

劳动关系管理不仅受生产力水平、生产资料所有制性质以及经济体制和政治体制的影响，而且还受到一个国家或地区的历史传统、经济发展和文化积淀的影响。劳动关系管理的性质，主要是关于劳动关系双方利益关系的性质。由于劳动关系双方利益关系的性质和利益关系的处理原则的不同，劳动关系分成了不同的类型。

劳动关系的最初提出是相对于资本与劳动之间的关系而言的，而且，是针对于劳资双方关系是对立还是协调而提出的。以李嘉图为代表的古典经济学派站在收入分配的角度来分析劳资之间的冲突，认为剩余价值是由劳动创造的，由于资本与劳动之间的收入存在着此消彼长的关系，因而劳资关系是对立的。而现代经济学派则是站在价值创造的角度来分析劳资之间的协作关系。自从萨伊的“资本、劳动、土地三位一体”公式创立以后，现代经济学家普遍认为，各生产要素(包括资本和劳动)之间是相互协作、共同创造财富的关系，因而，资本和劳动之间的关系是协调的。因此，资本与劳动之间的关系既有利益冲突的一面，又有利益协调的一面。具体到一个国家、一个社会甚至一个企业，主要看利益冲突和利益协调的各自大小和优劣。就目前世界各国劳动关系管理的类型而言，大致有以下几种。

1）利益冲突型劳动关系

这种类型的劳动关系，强调和注重劳资关系双方的各自利益和不同立场，阶级分界和劳资阵营的对峙比较分明，劳资矛盾和劳资冲突也比较突出。其特点是，在关于劳资双方利益关系上，还存在明显的矛盾和冲突，各自都在强调自己的利益和要求。在这种情况下，一般都会有强大的工会存在。作为劳动者的代表，工会积极组织工人争取自己的利益，其手段从集体谈判到罢工甚至其他社会运动。阶级斗争理论是指导工人斗争的基本原则。劳资关系在冲突、斗争、妥协中维系和发展。这种类型的劳动关系，在更大程度上是属于一种传统型的劳动关系。在二次世界大战以前的资本主义各国大都属于这一类型。就当代而言，英国由于历史和法律方面的原因，其劳资关系在整体上更接近这一类型。马克思主义理论所谈及和论述的也主要是这种类型的劳动关系。

2）利益一体型劳动关系

这种劳动关系的特点在于强调劳动关系双方利益的一致性，在这种劳动关系中，更多的是以企业或雇主为中心而构成的。劳资合作或利益一体的理论是这种劳动关系的理论依据。这一类的劳动关系，在资本主义国家和社会主义国家都有。这种劳动关系的基本精神是劳资利益一体论，主张企业的组织机构和目的均应维持单一化的要求，管理者的权威应来自单一的最高管理阶层的授权，以避免政出多门，而且，应该有一套激励员工为共同目标而努力的办法。因而要求企业内的管理人员和被管理人员相互合作和相互信任，要避免发生冲突与摩擦，双方的利益完全可以通过企业内部的管理制度和利益调和机制来达到一致。

3）利益协调型劳动关系

它是在利益对抗型的劳动关系的基础上发展而来的。从法律上看，利益协调型的劳动关系是以近代劳动立法中的契约精神为依据构建的。劳资双方在人格上和法律地位上都是平等的，作为法律关系的主体，双方相互享有权利和义务，在双方利益关系的处理上，以双方对等协商为基本原则。这是基于劳资双方权利对等和地位平等的基础而建立的一种劳动关系。从经济发展上来看，利益协调型的劳动关系是以近代产业发展所要求的产业民主为出发点的。在现代产业关系中，劳资双方构成了生产过程的两大主体，双方在相互关系上是互为独立和互为存在前提的。劳动者作为独立的主体，并不是雇主的附属物。因而，在生产过程中特别是在劳动问题的处理上，劳动者也应是主动参与决定的力量。而且劳动者的这一参与，还应该进一步涉及企业经营管理的全过程。所以利益协调型的劳动关系，强调劳资双方在利益差别基础上的合作，主张通过规范双方的权利义务和双方的平等协商谈判来保障双方各自的合法权益并实现共同的利益。当代西方发达的市场经济国家的劳动关系虽然在具体形式上各不相同，但在劳动关系的性质类型上大多属于这一类型。

2. 劳动关系管理的主体

劳动关系管理的主体从狭义上看，主要包括两方：一方是雇员以及以工会为主要形式的员工团体；另一方是以雇主或雇主协会形式的管理方。广义的劳动关系管理的主体还包括政府。政府通过法律和行政权力对劳动关系进行调整、监督和干预。劳动关系管理离不开雇主或雇主协会、工会和政府三者之间的有效合作。

1）雇主或雇主协会

西方发达国家雇主或雇主协会的出现，实际上是工业革命所引起的机器大工业的直接产物，但真正意义上的雇主或雇主协会的形成，却是在资本主义生产方式建立之后，伴随着产业革命的不断递进和工作环境的逐渐改善以及工人运动的兴起与发展而逐步得以确立的。由于工人运动兴起与发展的主要诱因就是劳动关系主体双方(雇主与工会)的矛盾和冲突。雇主一般就是企业或公司，雇主协会就是为了加强雇主的力量，在集体谈判中支持会员组织，维护雇主利益，并积极游说政府和议会的一种组织。具体来讲，雇主协会的作用体现在：代表和维护雇主的合法利益，通过公共宣传和直接游说的方式向工会、政府和社会公众表明某个会员或全体会员的利益要求；参加集体谈判，解决劳资纠纷；为雇主提供帮助和建议；为会员组织提供有关处理劳动关系事宜的一般性帮助和建议。

2）工会

工会是劳动者为了维护自身权益而建立的组织。工会在发达市场经济国家的发展已有700 多年的历史。从工会发展的历史和现状来看，其涉及的领域与范围并不仅仅局限于企业内部，而是有更宽泛的概念。因此，如果将企业工会界定为狭义的工会，那么，涉及更广领域和范围的工会就是广义的工会。另外，工会组织在维权过程中，主要是通过企业集体谈判和集体合同的签订来实现自己的职能，而企业集体谈判和企业集体合同的签订可以在各个级别上进行：有在企业级别上进行的，也有在行业级别上进行的，有在地区范围内进行的，也有在全国范围内进行的。工会在劳动关系管理中的作用体现在缓解和解决劳资冲突，保护工人的经济利益，表达雇员的要求，调节产业关系等。

3）政府

政府在劳动关系管理中充分发挥其在劳动力市场中的作用，减弱和消除劳资双方的对立情绪，缓解劳资矛盾，加强对劳资关系和劳动力再生产的干预，调节工会与雇主之间的关系，并形成了一整套规范化、制度化的法律调整机制。例如，政府可以通过劳动立法，促进集体谈判、缓和劳资矛盾，加强劳动保护和劳动安全管理，行使劳动监察权，提供各种信息和服务等措施发挥政府主体的作用。

4）雇员

雇员也叫作员工，是指在用人单位中，本身不具有基本经营决策权利并从属于决策权利的劳动者。用人单位可以是营利性的组织，也可以是非营利性的组织。自由工作者和个体劳动者不属于劳动关系管理意义的劳动者。

9.1.3 劳动合同

1. 劳动合同的概念

劳动合同又称劳动契约或者劳动协议，英文称为 Labor Contract。关于劳动合同的概念，德国劳动契约法草案规定：“劳动契约谓受雇人以劳动给付为目的，有偿地被雇佣人所使用之契约。”中国台湾地区的劳动契约法草案规定：“劳动契约谓当事人之一方(受雇人)与他方(雇佣人)在从属的关系提供其职业上之劳动而他方给付报酬之契约。”在我国内地，对劳动合同的理解可以说是经历了一个演变过程。在《中华人民共和国劳动法》颁布之前存在各种不同的表达，而在劳动法颁布之后则趋于统一。在劳动法颁布之前，关于劳动合同的理解有两种，概括起来就是“广义说”和“狭义说”。

广义说认为，固定工与用人单位也存在劳动合同关系。我国劳动合同立法规定：“企业、事业、机关单位录用临时工或亦工亦农轮换工的时候，必须订立劳动合同，规定劳动合同的期限、权利与义务、工资福利待遇等。”这样使人们容易产生一种错觉，似乎我国劳动合同法律制度只限于在临时工和亦工亦农轮换工中实施，而广大正式工人职员同企业、事业、机关单位不存在劳动合同，劳动合同法律制度不包括各单位的正式职工。事实上，从法律的角度来看，各单位同正式职工之间是存在劳动合同的。正式职工同各单位之间是有协议的，如录用通知书、报到证明文件和任职文件等，这些有关参加工作的文件，即是属于劳动合同性质的文件，说明双方达成了协议，产生了劳动法律关系，各单位和正式职工双方依法享有有关劳动的权利与承担劳动的义务。因此，从法学的原理看，劳动合同应该是适用于全体职工的一种法律制度。

狭义说认为，固定工与用人单位虽存在劳动关系，但并不存在着劳动合同关系。合同也可以叫作契约。按照最简单的解释，合同是可以依法执行的诺言。这个诺言是两个或两个以上的公民或法人为达到某种目的而共同做出的。一旦这个诺言正式成立，就在许诺者之间产生了一定的权利义务关系，双方必须严格地按照诺言办事。如果一方不信守诺言，另一方有权请求法律保护，以避免或挽回自己的损失。劳动合同是劳动者与企业、事业、机关、团体等单位行政之间发生劳动关系并确立双方的权利和义务的协议。《中华人民共和国劳动法》(以下简称《劳动法》)第十六条对于劳动合同做了如下规定："劳动合同是劳动者与用人单位建立劳动关系，明确双方权利和义务的协议。"劳动合同是确立劳动者与用人单位之间存在劳动关系的法律形式，是组织社会劳动、合理配置劳动力资源、稳定劳动关系、促进社会生产力发展的重要手段。根据这一协议，劳动者成为用人单位的一员，有义务完成用人单位的生产任务、工作任务，并有义务遵守劳动纪律和内部规章制度；而用人单位则有义务支付劳动报酬，提供劳动条件、劳动保护及保险、福利等待遇；该规定明显地支持了"狭义说"。总之，从一般意义来看，劳动合同就是劳动者与用人单位之间确立的劳动关系，明确双方权利和义务的协议。

2. 劳动合同的理论学说界定

(1) 雇佣合同说认为，劳动合同本质上属于平等主体之间的债权债务关系，是民事合同的一种，"依照劳动合同，劳动者有给付劳动的义务，而劳动使用者相应地有给付工资的义务"。在法律适用上，如果劳动法对劳动合同有特别规定的，按照特别法优先于普通法的原则，适用劳动法的规定。此学说的优点是保持现有法律体系的稳定，减少立法成本；缺点是劳动法已经发展为独立的社会法性质的法域之一部分，单独调整劳动关系已经成为立法的趋势，不能准确反映劳动关系的性质，在市场失灵的情况下，应用原有的民商法理论无法对劳动者弱势群体进行有效的保护。

(2) 身份合同说认为，"劳动给付与受领并非单纯的债务合同，尤其是从地位的取得方面来观察，其身份性特征就更明显。"劳动力的使用过程具有特殊性，以劳动者加入用人单位并且成为其中的一员作为前提条件，从而，产生了身份上的依附关系和隶属关系。劳动过程即是劳动者在用人单位的安排、管理和监督之下提供劳动力的过程。劳动者在现代的生产关系过程中，是生产要素的重要组成部分，强调市场在资源配置中的基础性地位。

(3) 独立合同说认为，劳动合同不能简单地理解为合同法中有名合同的一种，属于劳动法的理论范畴，应当单独成为一种专门协调劳动关系的独立的劳动合同，这是理论界的通说。

3. 劳动合同的特征

从劳动合同发展的历史来看，劳动合同是从一般的民事合同发展而来的，在现代的社会劳动生产条件产生之前，劳动合同一般是作为一般的民事合同来加以规范和调整的。现代市场经济强调市场对劳动力的基础性配置作用，所以，劳动合同具备合同的一般特征，又具备符合劳动法律规范调整的法律特征。

1) 劳动合同的一般特征

(1) 承诺性。劳动合同经双方当事人意思表示达成一致，合同即可成立。此意思表示的一致要通过合同的要约和承诺理论进行判断，这种判断不要求考察双方当事人的意思表示是否真实，所以是一种事实上的判断。

(2) 双务性。劳动合同要求劳动者和用人单位双方当事人互相负有对待给付义务，劳动者要按照劳动合同的要求提供劳动力，而用人单位要支付相应的工资。用人单位支付工资的义务以符合国家劳动法定基准规范作为前提，由此可知，此义务是约定义务，同时还是法定义务。

(3) 有偿性。劳动合同要求劳动者或者用人单位必须要向对方支付对价，以换取自己的利益。劳动合同的有偿性决定了劳动者和用人单位基本的权利和义务关系，劳动者和用人单位都可以行使相应的抗辩权，以维护自己的利益。随着劳动法成为独立的法律部门，劳动合同也脱离于一般的民事合同而成为独立的具有自身特点的一类合同，现代劳动合同法一般都属于劳动法的范畴，体现着劳动法的精神。

(4) 要式性。要式性意味着劳动合同必须具备法律规定的形式才可成立，我国《劳动法》第十六条明确规定："建立劳动关系应当订立劳动合同。"第十九条规定："劳动合同应当以书面形式订立，并具备以下条款：劳动合同期限；工作内容；劳动保护和劳动条件；劳动报酬；劳动纪律；劳动合同终止的条件；违反劳动合同的责任。"

2) 劳动合同的法律特征

(1) 劳动合同是以实现劳动过程为目的的合同。劳动合同的目的明确而单一，即以劳动者工作过程的本身为目的，劳务供给不是劳动者的唯一目的，只是一种手段。劳动过程的实现在于价值和使用价值的创造，而不是劳动成果的实现。劳动过程是一个相当复杂的体能与智能发挥的过程，并不是所有的劳动都能直接创造出劳动成果。它既可以是独立的、完整的，又可以是从属的、片段的。劳动成果有即时可以衡量的，有需要以后才能评价的；有的劳动有独立的成果，有的劳动物化在集体劳动成果之中。然而，无论劳动成果如何，劳动者只需依劳动合同之约定，完成一定的劳动过程，就应当取得劳动合同中约定的劳动报酬，他只对劳动过程负责，而不对劳动过程之外的劳动结果负责。合同的目的与劳动合同本身不可分离，即不以劳动过程的实现为目的的合同，不得成立或生效。

(2) 劳动合同的主体双方具有平等性和隶属性。劳动合同的主体，一方是劳动者，且劳动者必须是自然人，包括具有劳动能力的我国公民、外国人和无国籍人，即企业、国家机关、事业组织、社会团体的工勤人员、实行企业化管理的事业组织的非工勤人员以及其他通过劳动合同(包括聘用合同)与国家机关、事业组织、社会团体建立劳动关系的劳动者；另一方是用人单位，包括企业、事业、机关、团体等单位及个体经营单位。在签订劳动合同以前，劳动者与用人单位是平等的主体，双方是否订立劳动合同以及订立劳动合同的条件由其按照平等自愿、协商一致的原则依法确定，故具有平等性。尽管劳动者与用人单位在签订合同时地位平等，双方也可以就合同的内容进行协商，但在劳动合同签订后，劳动者一方必须加入到用人单位中去，成为该单位的职工，对内享受和承担本单位职工的权利和义务，对外以单位的名义从事生产经营和管理活动。从用人单位来讲，有权利也有义务组织和管理本单位的职工，把他们的个人劳动组织到集体劳动中去。双方当事人之间必须建立一种以指挥和服从为特征的管理关系，这种从属性的管理关系可以说是一种隶属关系。就此而言，劳动合同无疑具有财产性。基于劳动力的使用而产生的社会关系是与劳动者的人身紧密相连的。劳动者向用人单位提供劳动力，实际上就是劳动者将其人身在一定限度内交给用人单位，因而，劳动合同就其本来意义说具有人身性。

(3) 劳动合同具有以国家意志为主导、以当事人意志为主体的特征。如上所述，劳动合同双方当事人往往处于不平等的地位，为了稳定社会秩序，保护劳动者的合法权益，各国对劳动合同的主要条款如劳动时间、劳动保护条件、最低工资、休息休假都做出了规定，当事人必须遵照执行，体现了较强的国家干预性。在这样的状况下，当事人双方的意志虽为劳动合同体现的主体意志，但它必须符合国家意志并以国家意志为指导，国家意志居于主导地位，起统帅作用。

(4) 劳动为继续性合同。继续性意味着劳动合同所约定的权利和义务在劳动关系存续期间继续存在，要求劳动者和用人单位在此期间内继续实现其关系，其中劳动者应当日复一日地履行其提供劳动的义务，用人单位履行义务的行为也应如此。

4. 劳动合同的形式

合同的形式有广义和狭义之分，狭义的合同形式，指合同订立的方式；广义的合同形式也可以是法律行为的形式。合同的形式包括口头形式、书面形式等。劳动合同的形式，是劳动合同当事人合意的表现形式，“是劳动合同内容赖以确定和存在的方式，即劳动合同当事人双方意思表示一致的外部表现。”劳动合同采用何种形式，对于判断当事人之间是否存在劳动关系，以及确认双方的权利和义务，具有重要意义。

劳动合同按其表现形式，可以分为书面劳动合同与非书面劳动合同两大类，其中非书面劳动合同又包括口头劳动合同和默示劳动合同。书面劳动合同，是指劳动者与用人单位以文字等有形的表现形式订立的劳动合同。在现实生活中，书面劳动合同常以劳动合同书、劳动聘用合同书、劳动协议书等形式出现。随着科技的发展，网络招聘与求职已被越来越多的人们所熟悉，以数据电文类的书面形式订立的劳动合同也已不少见。口头劳动合同，是劳动者与用人单位仅以口头语言达成建立劳动关系、确定双方劳动权利与义务的共同意思表示。默示劳动合同，是建立劳动关系的双方当事人既无书面形式也无明确的口头意思表示但双方行为表明已建立劳动关系，主要存在于以下情形：原劳动合同期限已到，由于各种原因，双方未就是否续签劳动合同的问题进行任何协商，但劳动者照旧提供劳动，单位仍然接受劳动者的劳动，并依照原订劳动合同的规定继续付酬。

我国《劳动法》第十六、十九条规定：“建立劳动关系应当订立劳动合同”，“劳动合同应当以书面形式订立”。第九十八条规定：“用人单位违反本法规定的条件解除劳动合同或者故意拖延不订立劳动合同的，由劳动行政部门责令改正；对劳动者造成损害的，应当承担赔偿责任。”由此可见，我国《劳动法》并不承认口头劳动合同，劳动合同的唯一形式应为书面形式。2005 年劳动和社会保障部在《关于确立劳动关系有关事项的通知》中进一步明确，如用人单位未与劳动者签订劳动合同，认定双方存在劳动关系时可参照工资支付凭证或记录(职工工资发放花名册)、缴纳各项社会保险费的记录；用人单位向劳动者发放的“工作证”、“服务证”等能够证明身份的证件；劳动者填写的用人单位招工招聘“登记表”、“报名表”等招用记录；考勤记录；其他劳动者的证言等。这些规定，不仅扩大了劳动法的适用范围，同时也在一定程度上扩大了劳动合同的形式，事实上已间接承认了口头劳动合同。

5. 劳动合同订立的基本原则

1) 对意思自由进行限制的原则

劳动合同问题不仅仅是劳动者和用人单位双方的问题，而且也是公共政策领域里的问题。为了整个国家的长远利益，必须要对劳动力供给和需求进行总量控制，实现社会的和谐发展。从这个意义上说，劳动合同必然要反映国家对劳资关系的宏观干预和调整，那么在劳动合同的订立和履行过程以及承担责任的制度设计中，当事人的意思自由原则要受到限制。意思自由的限制一般主要针对用人单位而言，强调的是以国家制定的劳动标准为基础，违反国家确认的劳动标准的双方当事人的约定，将因违反法律和行政法规的强制性而无效。可见，法定的强制性的规范具有优先于当事人合意确定的任意性规范而适用。

2）最大诚信原则

诚实信用原则就是以善意真诚或勿害他人的主观心理，以守信不欺或严守约定的客观行为为共同构成要素所形成的基本法律准则或行为准则。最大诚信原则要求劳动合同的当事人在确立变更劳动关系的过程中，应当以最大善意的真诚或勿害他人的主观心理，诚实守信，以善意的方式履行义务，不得滥用权力及规避法律或者合同规定的义务。最大诚信原则既包括主观上的心理状态，又包括客观的诚信行为，主观和客观两个方面是辩证统一不可分离的。

3）平等自愿原则

平等是指订立劳动合同的双方当事人即用人单位和劳动者具有相同的法律地位，在订立劳动合同时，双方当事人都是以独立主体的资格出现的，是平等主体之间的关系，双方都要以法律为依据，进行充分协商。自愿是指订立劳动合同完全是出于双方当事人的真实意见，是双方当事人意思一致的表示。

4）协商一致原则

协商一致是指劳动合同的全部内容，在法律、法规允许的范围内，由双方当事人共同讨论、协商，取得完全一致的意见后确定。

5）合法原则

合法原则指订立劳动合同必须符合法律的要求，这一原则是指劳动合同有效并受国家法律保护的前提条件。主要包括：目的合法、主体合法、内容合法以及形式合法等。

6. 劳动合同的内容

1）劳动合同期限

劳动合同在法律上分为四种不同的期限，即短期、中期、无固定期和以完成一定工作为期限，但是从目前实际情况来看，大多数企业通常以签订有固定期限的劳动合同为主(一般为 1～5 年不等)。

2）工作内容

合同中应规定工作岗位、工作责任以及工作数量和质量要求。也可以把有关工作责任制度纳入劳动合同中，作为合同的附件形式加以规定。工作内容方面的规定是确定劳动者是否胜任工作的重要依据，因此应尽量细化为好。另外，工作内容条款事后可以变更，但需经双方协商一致，否则即构成单方违约。但当劳动者不胜任工作时企业对其进行调整，则属于企业用人的自主权范围。

3）劳动保护和劳动条件

劳动保护和劳动条件包括劳动者为完成合同规定的工作内容所必需的物质条件以及劳

动安全卫生设备和措施。组织在劳动保护方面的规定不得低于有关劳动法规规定的标准。这虽然是必备条款，但由于法规已经规定得很具体，属于强制执行的规定，合同书没有必要再规定这些内容，但必须严格执行。

4）劳动报酬

劳动合同应明确劳动报酬的具体标准(不得低于当地政府规定的最低工资标准)和具体支付办法，如支付时间以及特殊情形下的工资支付。

5）劳动纪律

用人单位可以把组织内部的劳动规则作为合同附件，这样就可以使组织的劳动纪律具有和合同一样的法律效力。

6）劳动合同终止的条件

劳动合同终止的条件主要适用于无固定期限的合同和以完成一定工作为期限的合同。须注意：《关于贯彻执行(中华人民共和国劳动法)若干问题的意见》中明确规定“无固定期限的劳动合同不得将法定解除条件约定为终止条件，以规避解除劳动合同时用人单位应承担给劳动者经济补偿的义务。”

7）违反劳动合同的责任

包括违约责任事项和责任形式，如劳动者接受培训时有关培训费用的赔偿办法和考察的一定期限，由于试用期间劳动关系很不稳定(可随时立即解除合同)，故不能规定过长，以最长不超过 6 个月为期限。其中，劳动合同期限在 6 个月以内的，试用期不能超过 15 日；劳动合同期限在 6 个月以上、1 年以内的，试用期不得超过 30 日；合同期限在 1 年以上、两年以内的，试用期不得超过 50 日。

8）商业秘密条款

根据有关规定，企业与职工可在合同中约定合同终止或该职工提出解除劳动合同后的一定时间内(不得超过 6 个月)，调整其工作岗位，变更劳动合同中的相关内容；企业也可规定掌握商业秘密的职工在终止或解除劳动合同的一定期限内(不超过 3 年)，不得到生产同类产品或经营同类业务且有竞争关系的其他企业工作，也不得自己生产与原单位有竞争关系的同类产品或经营同类业务。

9.1.4　劳动争议

对劳动争议的处理关系到劳动者的切身利益能否得到保护。劳动争议是劳动关系的产物，劳动关系双方在利益上的差异性是发生劳动争议的根本原因。20 世纪 90 年代以来，我国劳资矛盾逐步显性化，劳动争议已经成为影响社会关系和谐稳定的问题，劳动争议处理也越来越受到关注。不论是西方发达国家，还是发展中国家，都受劳动争议的困扰，总的来看，对劳动争议的处理越来越受到重视，劳动争议处理制度也日趋完善。

1. 劳动争议的概念与分类

劳动争议产生于工业革命，伴随着工业的发展和工会运动的活跃而发展。一般而言，劳动争议涉及劳动关系的当事人和争议事项，劳动关系的当事人包括雇主或他们的组织和雇员及他们的组织，争议事项包括就业条件和劳动条件，有时也包括工会权利和劳动关系本身。因而，关于劳动争议的本质，国际劳工组织在1993年得出研究结论："在资本市场上，工人和雇主各自具有独立的地位。然而，雇主是资本的所有者，工人是他们劳动力的所有者，他们的追求是截然不同的。雇主追求利润的最大化，工人追求工资的最大化，成本与利润的矛盾决定了他们之间的对立性；如果处理得不好，还会由对立转为对抗。"依据劳动争议的本质，世界各国对劳动争议通常都给一个一般性的定义。英国关于劳动争议的定义是，指雇主和工人之间，或工人与工人之间的涉及雇佣或非雇佣条件，该争议与就业或非就业，或与劳动条件的任何个人有关，由于英国这个定义早在20世纪初就已提出，因此在大多数原来的英属殖民地中得以传播。美国关于劳动争议的定义是，指涉及的争端包括有关雇佣期限、保障或条件，或者是有关谈判、决定、保持、更改或谋求安排就业条件和劳动条件的组织或群体代表，不论争议者是否与雇主或雇员保持着最接近的关系。我国对劳动争议的定义是，指劳动关系当事人之间的劳动权力和义务纠纷，通常是基于劳动合同，围绕劳动合同的产生、变更、解除、终止和续订而产生的；或者基于劳动合同与集体合同，因履行劳动权力和义务而展开的。

劳动争议可以依据劳动争议的本质、规模对其进行分类。通常，根据劳动争议的参与人数可以将劳动争议划分为个人劳动争议和集体劳动争议；根据争议的事项可以将劳动争议划分为权利争议和利益争议。权利争议又叫实现既定权利的争议，是指因实现《劳动法》、集体合同和劳动合同所规定的权利和义务所发生的争议。在当事人权利和义务既定的情况下，如果当事人一方不按规定行使权利或履行义务，侵犯另一方的既定权益，或者当事人双方对如何实现既定权利和义务理解上存在分歧，争议就会发生。利益争议又称确定权利的争议，是指因主张有待确定的权利和义务所发生的争议。在当事人的权利和义务尚未确定的情况下，如果双方对权利和义务有不同的主张，就会发生争议。争议的目的是要求在合同中依法确定当事人的某种利益，使之上升为权利。利益争议一般发生在劳动关系运行过程中的集体合同订立或变更环节，较多地表现为订立、变更集体合同的集体谈判陷入僵局或者失败。个人劳动争议主要涉及适用劳动法规和劳动合同所约定的条件而发生的争议，即多为权利争议；集体劳动争议主要涉及因制定或变更劳动条件而产生的争议，即多为利益争议。我国将劳动争议主要分为两类，即个人劳动争议和集体劳动争议。我国规定集体劳动争议是指职工一方当事人在3人以上，并有共同理由的争议；职工一方当事人在3人以下为个人劳动争议。

2. 劳动争议产生的原因

1）社会外部原因

（1）劳动法制建设不能适应劳动关系的变化，劳动法规的制定和颁布滞后于劳动关系多元化的现实。面对日益复杂的劳动关系，国家尚无完善的法律加以调整，劳动关系各方面的具体操作也无统一的规范，使得企业在具体的劳动管理过程中常常无法可依，管理秩序混乱，常常潜伏着劳动争议的隐患。

（2）劳动法律宣传不能适应劳动关系的变化。长期以来这类法律并不被当事人充分了解和理解。一方面，劳动者法律观念和法律意识薄弱，一旦与管理者发生争议，不懂得通过法定程序，利用合法的手段解决问题，反之就会采用非常规的方法促使矛盾激化，导致劳动争议；另一方面，由于劳动者对已有的法律不了解，有时会提出一些过分要求，一旦企业不能给予满足，就会导致劳动争议；此外，管理人员素质低，处理问题常常脱离法制轨道，也会导致劳动关系紧张。

(3) 相应的劳动关系协调机制不能适应劳动关系的变化。劳动争议产生的原因是劳动关系当事人双方的矛盾。如果能有相应的机制消除矛盾，则可以使劳动争议消除在萌芽状态之中，这类机制包括工会和员工团体的工作。员工缺少反映意见和宣泄感情的正当渠道，劳动关系无人协调，劳动过程中产生的矛盾因为得不到及时解决而转化为劳动争议。

(4) 部分劳动关系的性质发生变化。在社会主义市场经济条件下，国家积极鼓励和发展外商投资企业、私营企业和个体工商户，他们经商的目的是为了赚钱，往往会避开政府劳动监察而向工人提供苛刻的劳动条件，侵犯工人的合法权益。

2) 组织内部的原因

(1) 劳动者的观念。劳动关系的企业化使劳动者的身份发生了根本的变化，而劳动者头脑中长期形成的国家员工和工资分配中的平均主义的观念却难以转变，形成了劳动关系间产生矛盾的思想基础。尤其是当企业的经营情况对员工的就业地位发生威胁时，劳动争议就会发生，另外，劳动关系双方对劳动关系的新变化缺乏适应性。

(2) 管理者的素质。我国还没有建立一个比较完善的厂长、经理制度，对厂长、经理管理行为还缺乏有效的监督机制，致使少数企业的管理者忽视民主管理，导致劳动关系紧张。还有一些企业的领导人员管理素质低下，导致企业管理混乱。企业的经营机制、经营行为缺乏标准和规范。这样，在严格企业劳动纪律，处分违纪员工时就缺乏准确、公正的依据，从而引起劳动争议。

(3) 劳动者的素质。①随着劳动法制建设的整体推进，劳动者依法维护自身合法权益的法律意识明显增强，知道运用法律武器维护自己的合法权益。②劳动者失业的承受能力较低，从郑州市劳动争议仲裁机关在1995年初实施《中华人民共和国劳动法》后两个多月受理的87起劳动争议案件看：其中因开除、除名、辞退、辞职、自动离职发生的劳动争议案件占受案总数的12%，用人单位因履行劳动合同发生的劳动争议案占78%。这些争议在一定程度上与劳动者对失业的承受能力较弱有关。③部分劳动者素质低、法律意识淡薄，他们在劳动过程中分不清合法与违法的界限，给日后的劳动关系造成隐患。

(4) 企业的效益。由于市场竞争激烈，一些企业经常处于停产、半停产状态，员工收入低，各种保险福利待遇不能享受，致使劳动关系很不稳定。社会主义市场经济条件下的企业特点就是自主经营、自负盈亏，企业的经济效益会直接影响到有关劳动法律的正常执行，使本应正常解决的问题变得复杂了。例如1999年劳动争议案件中劳动报酬和保险福利待遇等方面的问题比较突出，各级劳动争议仲裁委员会共受理这类争议73522件，占全部受理案件的61.2%，其中劳动报酬案件4469件，占37.2%；保险福利案件2882件，占24%。

3) 劳动合同方面的原因

(1) 订立劳动合同方面存在的原因。在现实中，很多用人单位与劳动者订立劳动合同时，往往将劳动合同的内容制定成格式化、定型化的条款，而作为劳动合同另一方当事人的劳动者很少有或根本没有修改权。劳动者往往只有缔约或不缔约的选择自由，而不像缔结一般经济合同那样，双方当事人均可以做出要约、承诺。仅可以对劳动合同表示不接受，而不能提出反约。

（2）劳动者单方解除劳动合同时存在的主要问题。劳动者在任何时候，只要提前30日以书面形式通知用人单位，就可以解除劳动合同，但仍有一些劳动者在与企业单方面解除劳动合同时，履约意识和法律意识淡薄，有些劳动者由于受过企业的出资培训或住着企业分配的住房，当他们与企业解除劳动合同时，按照协议就要向企业赔偿培训费或退住房，为了达到既能解除劳动合同，又能使自己不承担经济责任的目的，他们常常不辞而别。甚至有些少数掌握着企业商业秘密的劳动者，带着商业秘密投奔到新的企业，这些都会引发劳动争议。

（3）企业单方面解除劳动合同存在的问题。一些企业随意或武断地与劳动者解除劳动合同。例如，1999年各类劳动争议仲裁委员会受理这类争议29 608件，占受案总数的29.6%；其中仅解除劳动合同的案件就达18 101件，占受案总数的15.1%。

3. 劳动争议的处理方式

劳动争议的处理方式一般分为合意方式和裁判方式两类。合意方式指当事人双方通过自行协商或在特定机构干预下协商，互相妥协或单方妥协，从而达成解决劳动争议的协议。具体形式有：①和解。即双方当事人自行协商，达成解决劳动争议的协议。特征是没有第三人参加，不受程序约束，协议的达成和遵守完全由双方自愿。②调解。在第三人主持下，通过说服、疏导，使劳动争议在双方当事人的互谅互让中解决。我国立法中允许的劳动争议调解包括用人单位劳动争议调解机构调解、仲裁程序中的调解和诉讼程序中的调解。③调停。当事人双方在第三人的居中调和下，按照第三人提出的关于解决争议问题的建议，达成解决劳动争议的协议。调停和调解的主要区别是：调解机构指促使当事人和解而不提出建议，调停机构则要提出调停方案并促使当事人接受。裁判方式指由特定机构对劳动争议依法进行审理并作出具有法律效力的处理决定，使争议得到解决。具体形式为：①裁决。由仲裁机构或有关行政机构依法对劳动争议做出裁决。②判决。由审判机构依法对劳动争议做出判决。

4. 我国劳动争议处理的基本制度

1）我国劳动争议处理制度的立法现状

1993年6月11日，国务院发布的《中华人民共和国企业劳动争议处理条例》将劳动争议处理范围扩大到各类企业，进一步完善了办案程序，这是我国劳动争议处理的基本法规。同年，劳动部依据《中华人民共和国企业劳动争议处理条例》制定颁布了一系列配套规章，主要包括《劳动争议仲裁委员会办案规则》、《劳动争议仲裁委员会组织规则》、《劳动仲裁员聘任管理办法》及《企业劳动争议调解委员会组织及工作规则》。1994年，《劳动法》以基本法的形式对劳动争议处理的范围、原则、机构、程序及签订和履行集体合同发生劳动争议的处理进一步做出了原则性的规定。至此，基本形成了我国劳动争议处理的法律体系。

2）我国劳动争议处理制度的组织体制

我国的劳动争议处理形成了将企业调解、地方仲裁与法院判决相结合的“一调、一裁、两审”体制，即企业劳动争议调解委员会和地方劳动争议仲裁委员会与基层人民法院、中级人民法院组成劳动争议处理的组织体制。

(1) 劳动争议调解委员会。根据《中华人民共和国企业劳动争议处理条例》规定，企业可以设立劳动争议调解委员会，负责调解本企业发生的劳动争议。调解委员会由职工代表、企业代表和企业工会代表组成。调解委员会组成人员的具体人数由职工代表大会提出并与厂长(经理)协商确定，企业代表的人数不得超过调解委员会成员总数的三分之一。调解委员会名单应报送地方总工会和地方仲裁委员会备案。调解委员会主任由企业工会代表担任。调解委员会的办事机构设在企业的工会委员会。没有建立工会组织的企业，调解委员会的设立及组成由职工代表和企业代表协商决定。

(2) 劳动争议仲裁委员会。根据《中华人民共和国企业劳动争议处理条例》规定，县、市、市辖区应当设立劳动争议仲裁委员会。劳动争议仲裁委员会的人员组成实行“三方原则”，由劳动行政主管部门代表、工会代表、政府经济综合管理部门代表组成。劳动争议仲裁委员会的组成人员必须是单数，主任由劳动行政主管部门的负责人担任。劳动争议仲裁委员会实行少数服从多数的原则。劳动争议仲裁委员会是依法独立处理劳动争议的专门机构，具体职责是：负责处理本委员会管辖范围内的劳动争议案件；聘任、培训和管理专兼职仲裁员；领导劳动争议仲裁委员会办事机构和委员会开展工作；指导企业劳动争议调解委员会的工作。劳动争议仲裁委员会处理劳动争议，实行仲裁员、仲裁庭制度。劳动争议仲裁委员会可以聘任劳动行政部门或者政府其他有关部门的人员、工会工作者、专家学者和律师为专职的或兼职的仲裁员。仲裁庭一般由 3 名仲裁员组成，对于简单的劳动争议案件，也可指定 1 名仲裁员处理。

3）我国劳动争议处理制度的基本程序

我国劳动者与用人单位发生劳动争议后，当事人应当协商解决；不协商或协商不成的，可以向本单位的劳动争议调解委员会申请调解；调解不成，当事人一方要求仲裁的，可以向劳动争议仲裁委员会申请仲裁。当事人一方也可以直接向劳动争议仲裁委员会申请仲裁。对仲裁裁决不服的，可以向人民法院提请诉讼。仲裁是处理劳动争议的必经程序，只有不服仲裁裁决时，才可以自收到仲裁裁决书之日起 15 日内向人民法院起诉。人民法院审理是劳动争议处理的最终程序。人民法院只受理当事人不服仲裁决定、向人民法院起诉的劳动争议案件。

9.2　社会保障管理

9.2.1　社会保障的含义与特征

1. 社会保障的含义

社会保障制度的创立，始于 19 世纪 80 年代德国通过的疾病、工伤、老年及残废社会保障立法，距今已有一百多年的历史。国际劳工局对社会保障下的定义为：社会通过一系列的公共措施来向其成员提供保护，以便与由于疾病、生育、工伤、失业、伤残、年老和死亡等原因造成停薪或大幅度减少工资而引起的经济和社会贫困进行斗争，并提供医疗和对有子女的家庭实行补贴的方法。我国对社会保障的定义是：国家和社会根据立法，在社会成员养老、患病、丧失劳动能力或因自然灾害、社会风险等原因造成生活困难时，为保障社会成员的基本生活权利，向其提供的基本生活保障和帮助。社会保障从属于社会的经济循环过程，它是人类社会进行正常的社会化生产、交换、分配活动的一个组成部分。从可支付的经济价值的流转过程看，社会保障体系大致处在社会劳动的生产支出与劳动者自身的成长性消费之间。不同的经济发展水平和国情会制约社会保障的发展，因此，不同的国家、不同的地区以及同一国家的不同历史时期，其社会保障体系的覆盖范围有着较大的差异。

2. 社会保障的特征

(1) 社会保障具有明显的政府行为，带有明显的强制性。目前已经建立了各种社会保障制度的国家，有关社会保障法律或者法规，它们都带有明显的强制性。各国均规定，不论社会公众的贫富、地位、职业、年龄、文化素质等，只要符合参加社会保障的法定条件(有的发达国家已经将社会保障的享受范围扩大到整个社会公众，只是在享受待遇的项目和程度上略有差异)，无论个人愿意与否，都必须按时按标准交纳保险费，并从社会保障的专门机构那里定期享受应有的保障待遇。也就是说，社会总产品在进行分配时对社会保障基金的扣除是强制性的，不能取决于被扣除者留与不留、留多留少的主观愿望，必须依靠国家的权力，采取法律的形式，通过强制性的手段来提取。需要说明的是，虽然各国的社会保障制度十分注重社会成员享受法定待遇机会均等的原则，但是，不能简单地理解为社会保障待遇的平均主义。

(2) 社会保障制度的建立是工人长期斗争、资本主义经济面临困境被迫采取整改措施的结果。可以说，工人运动成了社会保障事业产生和社会保障政策出台的催化剂。现代社会保障的发展历史表明，无论是最初建立社会保障制度的德国，还是后来建立社会保障制度的英国、美国、日本、法国，它们的社会保障制度的建立背景都是大体相同的，即都是在本国经济面临困境时希望通过建立社会保障制度来调整产业结构、产品结构，以促进经济的恢复和起飞。事实证明，社会保障制度对西方国家的经济成长的确起到了“安全网”和“减震器”的作用。

(3) 社会保障的水平是适度的。社会保障的分配水平既不能太高，也不能太低。从宏观的角度来讲，社会保障的规模不能超出国家财政的承受能力。在国家财政收入一定时，用于社会保障的支出越多，用于经济发展的资金积累就会越少。在经济发展的基础之上，社会保障支出逐年有所增加，但是社会保障的增加幅度要小于社会积累增长的幅度。从微观的角度分析，社会保障收入不能超过劳动者的工资收入，否则，社会保障成为鼓励人们懒惰的温床。

(4) 社会保障的生产性。这是从社会保障的经济效用上来讲的，社会保障事业不单是一个消费性的事业，而是带有生产性特点的事业。首先，社会保障基金的来源相当部分是由生产领域的劳动所创造的，并且是维持劳动力再生产活动的重要手段；其次，社会保障基金的运用往往是投资于生产过程，在进一步的生产过程中实现保值增值；再次，社会保障的健全有利于整个社会经济的稳定发展，比如，医疗保险的实施有助于提高全民的素质，提高劳动者的熟练程度，提高劳动者的生产积极性，推动劳动者积极参与再生产活动，创造更多的社会财富。

（5）社会保障的广泛性。这是从社会保障实施的对象上来考察的，社会保障的保障对象不是社会的少数人，而是社会的大多数成员。无论城市还是农村，绝大多数的社会公民都能够享受国家的社会保障待遇，这也从一个方面说明了社会保障行为是政府的经济行为和政治行为。建立和健全社会保障制度，帮助公民摆脱贫困，保证他们有充足的物质资料，是一个国家稳定社会的重要措施。

（6）社会保障的返还性。这是从社会保障基金的最终归宿上来说的，社会保障的最终受益者是那些需要进行保障的公民，这笔资金来自于先前所积累的社会保障基金。这里的返还是从整个社会公民的意义上而言的，即社会保障基金来之于民，最后也是用之于民，社会保障基金是一代人传一代人的经济补偿制度。

（7）利益均沾性。这是从受益方面来看，每个社会成员都有享受社会保障利益的权利，都可以从社会保障的分配中获益，而且所获得的利益大体相等，具有利益均沾的特点。

9.2.2 社会保障制度的发展

1. 社会保障制度的含义

社会保障制度，是指国家和社会为了维护社会成员的基本生存权利，保证和促进社会稳定和经济发展，对由于各种原因而失去生活保障的社会成员给予一定物质帮助的社会安全制度。它是国家关于社会保障的法律、法规及其实施办法的总称，是国家社会经济制度的重要组成部分。

2. 社会保障制度产生的历史背景

现代社会保障制度起源于经济起飞较早和发展水平较高的西方工业化国家，1601 年汇集成文的《伊丽莎白济贫法》是现代社会保障制度的直接渊源，英国也由此成为世界上最早实行现代社会保障制度的国家。19 世纪末，德国政府率先在更高的层次上推行社会保障制度，当时的德国，随着工业化的发展，由于种种原因，资本家和工人的矛盾已经激化到一触即发的状态。在这种情况下，铁血宰相俾斯麦被迫转向了软化工人与调和阶级对立的政策。在德皇威廉一世的支持下，帝国议会通过了法令，先后于 1880 年、1884 年和 1889 年颁布了《疾病保险法》、《工伤保险法》和《老年保险法》三项法案。从而使之成为最早实施社会保险的西方国家，其后，各资本主义国家陆续予以仿效，现代社会保障制度随后在世界范围内推广。而社会保障制度真正全面建立和发展是在美国罗斯福总统实行新政时期。这与 20 世纪二十、三十年代经济大萧条，以及凯恩斯福利国家理论的诞生是分不开的。

3. 新中国社会保障制度的发展沿革

新中国的社会保障制度是从 20 世纪 50 年代初建立和发展起来的，1951 年政务院颁布了《中华人民共和国劳动保险条例》，1953年又做了修改，规定企业必须交纳工资总额的30%作为社会保险基金，同时，机关事业单位职工的保险基金由财政支付。1955年国务院颁布了《关于国家机关工作人员退休处理暂行办法》，1958年颁布了《关于工人、职员退休处理的暂行规定》，国家对企业、事业和单位机关、人民团体的工作人员实行统一的养老保险制度。到20世纪60年代中期，中国已经建立了适应社会主义计划经济的一套社会保障制度，在保障职工的基本生活、医疗和社会稳定等方面发挥了积极的作用。

在“文化大革命”期间，社会保障制度受到严重的干扰和破坏。社会保险金的征集管理和调剂使用制度被停止，国营企业一律停止提取劳动保险金，退休金、医疗费和其他劳保开支改在营业外列支，使社会保险变成了“企业保险”。党的十一届三中全会以后，我国进入了以经济建设为中心的新时期，社会保障制度开始恢复和重建。

1978年《国务院关于工人退休、退职的暂行办法》颁布。对从事危险工作的工人退休条件有所放宽，鼓励提前退休。1985年在第七个“五年计划”中明确提出了社会保障的概念。到20世纪80年代中期，形成了以企业为主体的社会保障系统，由企业负责资金的筹集、发放和管理，属典型的受益基准制，保障水平较高，其覆盖面主要是国有企业。1986年《国务院关于发布改革劳动制度四个规定的通知》，把企业职工养老保险范围扩大到劳动合同制工人，其费用来源是企业和个人缴费，企业的缴费率为15%(包括医疗、丧葬、抚恤等)，个人缴纳标准为工资的3%以下，并开始在县、市级实行统筹。1991年全国96%的市县实行了养老保险统筹，标志着社会保障制度改革进入了实质性阶段。1992年党的“十四大”提出建立社会主义市场经济体制若干问题的决定，确立了基本养老保险费实行社会统筹与个人账户相结合的原则。为适应社会主义市场经济发展的需要，加快社会保障制度的改革已成必然。各地进行了大量的试点，获得了许多有益的经验。进入20世纪90年代以后，党和政府把在全国建立统一的养老保险和失业保险制度放在优先位置。1991年国务院发布了《关于企业职工养老保险改革的决定》；1993年国务院发布了《国有企业职工待业保险规定》；1994年国家体改委发布了《关于职工医疗制度改革的试点意见》。在认真总结各地改革试点经验的基础上，1997年国务院颁布了《国务院关于建立统一的企业职工基本养老保险制度的决定》。1998年12月国务院颁发了国务院关于建立城镇职工基本医疗保险制度的决定》，这是中国社会保险的最新规定，它重申了社会保险体制改革的目标和原则，并且统一了方案，确定了基本模式和保障水平。“社会统筹和个人账户相结合”的模式被获得肯定，其缴费和计发办法基本上是对1995年实施办法的完善。1999年，国务院发布《社会保险费征缴暂行条例》和《事业保险条例》，规定城镇各业人员都必须参加社会保险，既包括机关和事业单位职工，也包括外商，中国港、澳、台商投资的企业、集体企业、股份制和股份合作制企业及私营企业的全部职工，要求大力拓展社会保险的覆盖范围，在1999年上半年基本实现了社会保险全覆盖。1999年10月，我国开始实施最低生活保障制度，其保障的对象包括所有城镇居民，其基本原则是保障城市居民的基本生活，坚持国家保障与社会帮扶相结合、鼓励劳动自救的方针。2000年国务院决定开展完善城镇社会保障体系试点工作，并选定辽宁省为试点省。

9.2.3 社会保障的功能

社会保障是一项维护社会稳定，促进经济发展和社会进步，关系到社会全体成员切身利益的经济制度和社会制度。它通过建立分流每一个人在其一生中的所面临的生、老、病、伤、残、失业、死亡等风险的经济保障管道，在配置资源、调节分配、引导消费、促进生产、稳定经济和稳定社会等方面发挥了积极的作用。社会经济发展的历史证明：社会保障是社会的“稳定器”和“安全网”，是经济发展的“推动器”和“稳定器”，社会保障对国民经济发展和社会的稳定起着重要的作用。具体表现在以下几个方面。

1. 调节社会利益关系和社会矛盾，保证社会稳定

社会保障作为稳定社会的一种机制，主要是通过调节社会成员的收入差距，从而调节社会利益关系和社会矛盾来实现社会的稳定。在经济发展的过程中，由于市场介入收入分配，在物质利益上人们互有损益，为缓和利益矛盾，在体制上就需要一种“补偿机制”，使经济发展中的利益受益者去适当地补偿利益受损者，烫平社会经济波动。常用的手段就是征收个人累进所得税以削低高收入，以及通过社会保障救济贫困线以下的人。从我国的实际情况看，改革开放必然要求一部分人或者地区先富起来，而社会主义的按劳分配原则既体现了劳动者的平等权利，又可能因为劳动能力和家庭负担的差异而带来生活水平事实上的不平等。所以，改革开放必然使得一部分人先富起来，而且贫富差距较大。这样一来，极易形成社会的不稳定因素，影响安定团结。这种收入之间的差距需要社会保障机制进行调节，以实现社会的公平分配。比较完善的社会保障是协调社会利益关系、消除社会不稳定因素的主要机制，它可以在一定程度上调节和缓解社会成员由于在收入方面的差距和生活水平方面的不平等而引起的社会矛盾，从而使社会成员之间的相互关系得到协调，为创造安定团结的社会环境提供重要保证。

2. 调节收入，促进社会与经济的发展

从世界范围考察，各国和地区个人收入分配的状况在总量上不是呈现平均主义，就是表现为分配悬殊。收入的平均化和悬殊化是两个相互对立的概念，在横向时点上它们是相互排斥、不可兼容的。但是从我国目前的情况看，个人的收入既不是传统计划经济体制下的平均主义分配，也不单纯是市场经济体制下极易出现的悬殊过大分配，但是有收入差距扩大的趋势。因此，在此时要充分发挥社会保障的作用。社会保障机制所体现的根据公平与效率相统一的原则调节收入分配，以及保证劳动力再生产的正常进行，都能对经济发展起促进作用。社会保障绝不是单纯的支出和负担，社会保障的主要部分是以履行义务作为享受保障权利的前提，因而对经济发展有积极作用。社会保障机制解除了劳动者的后顾之忧，有利于劳动者摆正或处理眼前利益和长远利益、个人利益和集体利益之间的位置和关系，这最终有利于劳动力的再生产。但是，这里需要指出的是，市场经济体制下通过健全社会保障制度来调节收入分配，并不是说社会保障制度具有使社会成员共同富裕的功能。社会保障制度是对失业和养老人口起着“扶贫济困”的作用，不是缩小收入差距以实现社会公平的手段，社会保障不具有致富的功能，更不会实现人民的共同富裕，也就是不能将社会保障制度的建立与实现社会公平和共同富裕上等号。

3. 控制人口增长以及保证劳动力再生产的正常进行

社会再生产是物质产品再生产和劳动力再生产的统一。劳动力再生产又是社会再生产

过程得以顺利进行的保证。一旦劳动力再生产过程发生故障，不能及时得到排除，就会危及社会再生产。通过社会保障，可以保证劳动者的身心健康、家庭经济生活的稳定、保护和恢复劳动力，促进劳动力进一步创造社会价值。另外，人口数量的多少决定了个人所能分配到的社会保障量的大小，因此，社会保障提供的数量、频次和质量都会对人口增长有所控制。

4. 推进企业改革

社会保障可以从以下两个方面推进国有企业改革：一是建立覆盖面广泛、事实范围普及的社会保障制度，可以为企业之间的平等竞争创造条件，可以保证破产企业职工和失业人员的基本生活。那样，可解除国有企业职工因产业结构调整、经济增长方式转变和劳动制度改革而失业、为丧失生活保障而担忧，从而有利于推进国有企业的改革，形成人员能进能出的机制，有利于劳动力在不同的所有制企业之间流动。二是社会保障制度能推进现代企业形成有限责任制度。现代企业制度的一个基本特征是有限责任制度。企业根据拥有的法人财产数量负有限的责任，企业对职工的生活和医疗保障也是负有限责任的。如果仍是企业保障责任的话，那么企业对职工就要负保障到底的责任，现代企业的有限责任制度也就无法建立。

9.2.4 社会保障体系

1. 社会保障体系的基本内容

社会保障作为一项“安全网”、“减震器”的系统工程，一般由社会保险、社会救助、社会福利、优抚安置和社会互助五大子系统组成。

1）社会保险

社会保险是以国家为主体，在劳动者暂时或永久地丧失劳动能力或丧失生活来源的情况下，通过立法手段，运用社会力量，给这类劳动者以一定程度的收入损失补偿，使其能继续维持基本的生活水平，从而保证劳动力再生产的进行，保证经济的健康发展和社会的安全。在现代社会保障制度中，社会保险占据着核心和主体地位。因为它的保障对象是劳动者，是人口中最多、最重要的部分，它所承担的风险也最多，包括劳动者丧失工资收入的生育、养老、疾病、伤残、失业、死亡等所有的风险。

2）社会救助

社会救助是国家通过国民收入的再分配，对因自然灾害或其他经济、社会原因而导致无法维持最低生活水平的社会成员，由国家或社会按法定的标准而给予的物资帮助，以保障其最低生活水平。其内容可以归纳为贫困救助和灾害救助。它通常被视为政府的当然责任与义务，采取无偿救助的方式，目的是帮助弱势群体摆脱生存危机，以维护社会的稳定。

3）社会福利

社会福利是国家和社会在法律和政策范围内，为提高公民的素质及改善公民的生存环境而提供各类服务的一种制度。社会福利主要包括两部分：一是机关、事业或企业用职工福利基金举办的集体福利设施，如饭堂、托儿所、幼儿园、敬老院、居民住宅等。二是社会公益事业，如公共卫生、环境保护、基础义务教育、文化、体育设施等。社会福利的目的在于改善人民的生活，提高生活质量。

4）优抚安置

优抚安置是国家和社会按照规定对特定对象(包括烈军属、现役军人、退伍军人、革命伤残军人及其家属等)实行的一种为保证其一定的生活水平而提供资助和服务的制度。

5）社会互助

社会互助是指国家和社会对有特殊困难或有特别情况的人(包括无依无靠、无直接生活来源、无生存能力的人)给予的一种献爱心的帮助行为。

2. 社会保障体系的客观要求

1）覆盖面要宽广

社会保障体系的覆盖范围越大，其抵御风险的能力才会越强，也就是说，社会保障应该具有全民性。市场经济发达的国家，其社会保障制度不仅涵盖了所有居民，而且涵盖了每个居民“从摇篮到坟墓”的一生。从我国的具体情况看，要均衡企业之间的负担，体现社会互济，社会保障应该逐步覆盖所有城镇中的各类企业的全部职工，以及所有城镇的个体劳动者及帮工。

2）切实保证代际供养，基础性保障要增强

目前，在世界范围内，人口老龄化的现象越来越突出。这要求尽快建立完善的社会保障系统，对这些老人的生活提供保障。人口老龄化给代际供养带来了财政上的困难。因此，社会保障体系中社会和国家只能承担基础性的保障，一方面使劳动者一旦因风险失去收入来源后能享有基本的生活条件，另一方面使国家和社会能够长期地提供保障。

3）积极适应市场机制，提高社会化程度

市场机制的基本功能是通过价格竞争来优化资源配置，从而形成优胜劣汰。而社会保障机制的基本功能是通过互济互助，保持社会稳定，从而有利于经济增长和社会进步。由于市场是竞争的，资源是流动的，因此，社会保障必须适应市场的社会化要求，适应建立开放、竞争、流动的劳动力市场的需要，建立一套具有全民性的、最基本的社会保障体系，强调效率和公平的统一。

9.2.5 社会保障制度确立的基本原则

目前，我国社会保障制度的确立和改革完善要紧紧围绕深化企业改革、转换企业经营机制、建立现代企业制度这个中心环节，充分考虑社会主义市场经济体制下的改革背景和客观要求。社会保障制度改革的重点应该是社会保险，其中心是城镇企业职工的养老、失业和医疗保险。在建立和完善社会保障制度的过程中，要坚持以下基本原则和要求。

1. 覆盖全面的原则

社会保障作为社会的“安全网”，具有保障公民生存，促进社会安全与稳定的功能。在当前实施过程中要适应市场经济条件下非国有企业迅速发展，多种经济成分并存的要求，并充分考虑我国农业人口众多的特点，最大限度地将不同群体的劳动者纳入社会保障网。国有企业、集体企业及其职工，外资企业及其中的中方职工，机关(除国家公务员以外)、事业单位及其职工，个体工商户及其帮工都应纳入政府统一组织的社会保险。当前结合失业、下岗人员再就业工程的实施，特别要很好地研究失业、下岗人员从事个体经营后，社会保险的衔接问题。

2. 城乡差别的原则

农村社会保障要体现与城镇劳动者的差别，不宜照搬城镇的办法。乡村所办企业的从业人员，目前可归为农村初级社会保险，以后再逐步与城镇统一的养老、工伤保险制度并轨。从事农业生产人员的社会保险，一方面，应随着农业经济发展水平和农民承受能力的提高，在自愿的基础上实行乡村互助合作型医疗、养老保险，另一方面，针对这部分人在全国人口中比重最大，且商品经济不发达的特点，应实施社会保险统筹和社会救助的新路子。现行农村养老保险制度的实施范围实际上是主要集中在乡村工业和农村经济较发达地区的劳动群体。所以农村养老保险研究的重点，应该是从事纯农业生产人员的保障方式和方法。另外，还要注重对城市居民中生活在贫困线以下的群体的救助以及军人及其家属的社会优抚工作。国家公务人员可建立单独的社会保险制度。

3. 适应原则

社会保障的待遇水平要与社会生产力水平以及各方面的承受能力相适应。现行的社会保障项目的水平缺乏国家的宏观调控和科学的确定，有的偏高，背离了经济发展的规律；有的偏低，没有起到保障劳动者基本生活的作用。政府对社会保障的责任既要充分发挥，同时又不是无限的，作为刚性的基本保障待遇，国家只能保障人们的基本生活需求。有条件的企业可以补充养老、医疗保险，劳动者个人也可以开展个人储蓄性保险和参加商业保险。国家基本保险、企业补充保险和个人储蓄保险三个层次，构成了我国社会保险的三大支柱。

4. 三方统筹原则

这条原则主要表现在大部分社会保障项目实行国家、企业、个人三方面负担费用，做到既保障职工的基本生活，又要与个人缴费多少挂钩，体现多劳多得的原则，激励职工的劳动积极性。现行的养老、医疗保险等项目实行社会统筹与个人账户相结合的制度，以社会统筹方式满足劳动者最基本的保障需求。以个人账户形式体现劳动贡献，缴费不同的劳动者在保障水平上的适当差别，正是效率与公平的结合。这一机制的引进，有利于扩大社会保险费的来源，鼓励劳动者多做贡献，有助于培养劳动者的社会保险意识。

5. 统一规范和渐进原则

社会保障制度的改革，在局部试点的基础上，要注重适时总结经验，形成规范的制度并及时用法律法规的形式予以确立，否则将会影响改革的进程。在社会保障方面，目前亟待统一的：一是基本制度，如养老保险改革方案的全国统一问题、医疗保险改革模式问题等；二是管理体制的统一，建立全国统一的社会保障管理体制，以避免相互掣肘、相互扯皮的现象；三是业务流程、技术规范的统一。只有这样，才能使社会保障制度运作有序，有法可依。

6. 管理服务的社会化原则

社会主义市场经济体制的机制障碍在于政企不分，企业办社会。建立现代企业制度，就要还企业高度的自主经营权，将企业从繁杂的事务中解脱出来。

7. 政策协调原则

社会保障制度作为稳定系统，具有经济体制改革的配套功能，所以在实施社会保障制度改革的过程中要特别注意与产权转让、价格改革、产品结构调整、优化资本结构、劳动力市场的建立、再就业工程的实施以及企业的破产、兼并、重组等企业改革相适应、相配套。只有在社会保障制度改革与以建立市场体系为目标的各项改革相配套的条件下，效率与公平的关系才能日益协调，才能促进市场的完善，提高政府调节的有效性。同时，社会保障制度改革还要吸取西方资本主义国家的经验教训，充分考虑我国数十年的社会保障制度在人们心中的惯性作用，做到立足我国实际，避免资本主义国家走过的弯路，并尽可能实现与国际惯例接轨。

9.2.6　社会保障制度改革的目标与要求

1. 社会保障制度改革的指导思想和发展目标

1）社会保障制度改革的指导思想

建立社会保障制度，必须从我国的基本国情出发，必须按照社会主义市场经济的要求，根据我国人口多、底子薄、生产力水平不高的实际情况，逐步建立符合社会主义市场经济发展要求、覆盖全社会成员的保障制度，切实保障公民的生活水平，为保持社会稳定的经济发展创造良好的条件。

2）社会保障制度改革的发展目标

社会保障制度改革的发展目标必须与我国市场经济运行相适应：①应建立一个覆盖广泛的社会保险制度。也就是说对国有企业、集体企业、私营企业、三资企业等各类企业应当建立基本统一的养老保险、待业保险、工伤保险、医疗保险和生育保险制度。②实行责任分担。建立起国家、企业和个人合理负担社会保障资金的制度。企业和个人分别缴纳社会保险，政府只承担在特殊情况下提供财政资助的责任。③将社会保障引入激励机制。按谁缴谁受益、多缴多受益的公平制度，适当体现养老、医疗保险上的差别。④建立统一规范，分类管理的体制。社会保障是一项庞大的社会系统工程，政策性强，涉及面广。因此，国家应当通过立法手段，对社会保险进行统一规范，减少机构重叠、政出多门、管理混乱及互相推诿现象。即要明确各部门、各级的责任，使社会保障制度化、规范化。⑤建立多层次的社会保险体系。在我国社会保险领域中，政府责任是有限的，通过法律强制性提供的社会保险只能保障人们的需求。因此，有条件的企业可开办补充性养老、医疗保险，劳动者个人也可通过购买人寿、健康保险，开展个人自愿的储蓄保险等方式。这三大保障体系的建立和完善，将有助于我国社会保障化程度的提高。⑥有计划地实现退休人员养老金的社会化、退休人员的社会化管理及企业医疗机构社会化等。

2. 社会保障制度改革的要求

1）社会保障水平要与我国的经济以及各方面的承受能力相适应

一个国家的社会保障制度是由经济发展来支持的，它要以经济实力作为基础。因此一般来说，各国的社会保障水平是与本国的经济发展水平相适应的。我国作为发展中国家，同时又是一个人口大国，目前经济还不够发达，必须保持较高的积累水平，但人口却先于经济出现了老龄化的趋势，这样的基本国情决定了我国的社会保障水平不可能很高，一般来说只能保证最基本的生活需要。另外，社会保障与所有公民的切身利益密切相关，具有很强的“刚性”，这也决定了不能再走“福利国家”从一开始就大包大揽的老路。因此，通过国家的适度保障，使国家的综合国力、集体或者单位利益、个人承受能力达到协调一致。首先，社会保障的目标、体系和实施办法不能超越国家的综合国力。国家的支出部分必须维持适当的比例，不能够超越国家的经济承受力；否则，不但不能达到“安全网”、“减震器”的作用，反而会诱发新的社会危机。其次，社会保障不应当成为企业的负担，应当成为激发职工干劲，提高企业的工作效率，增强企业市场竞争力的重要手段。这就要求企业应当从自身的发展利益出发，适度地制定企业对于员工的社会保障目标、内容和水平。再次，个人负担的部分要合理，应当在“按劳分配”的原则下，使得个人对于社会保障的投入越多、对于企业或者社会的贡献越大，得到的社会福利越多，即把社会福利、社会保障当作激发劳动者干劲的手段。在我国低工资、低福利的状况下，个人负担部分应当保持一个适当的比例，个人负担部分的增长应当同收入水平的提高相协调。

2）社会保障要坚持公平与效率相统一

社会保障是建立在法律基础上的，是以国家为主体的一种国民收入的再分配形式，因此，从理论上说，它应该是公平的，一视同仁，无歧视地对待所有的公民。社会保障制度是否具有生命力，是否有利于经济发展和社会稳定，关键是处理好公平与效率的关系。社会保障在本质上是一种国民收入的再分配，这种分配在某种意义上带有一些按需分配的性质，但一定要适度，要避免因分配不当造成的鼓励懒惰机制。对生活困难者的救助，要以保障其最低生活水平为目标。社会保险的待遇和给付标准，既要与个人保险金的缴纳水平和缴纳时间长短挂钩，又要体现社会互济的原则；既要切实保障职工的基本生活水平，又要有利于激励广大在职职工的积极性。这种统一性在社会保障中还应体现在公民享受社会保障的权力与缴纳费用的义务对等上。公民享有社会保障的权力，应该与社会贡献及交费水平对等，而不应该受行业、所有制等方面的限制。在社会保障制度中的社会保险是由单位和个人共同负担的，从某种意义上说，它是一种“强制储蓄”，对于这种社会保障，必须坚持义务与权利相结合的原则，多储蓄多收益。

3）社会保障制度要法制化，实行统一领导、分级管理

从我国的现实国情和历史文化背景出发，中国社会保障制度的建立应当走依靠法律强制施行的道路。主要原因在于：①“自给自足”的小农意识，缺乏依靠社会力量来解决自身的生活保障问题。②新中国成立以来传统计划经济体制下的“全面的”社会保障制度，在心理上使人们认为社会保障制度是国家或者企业的问题，与个人的社会保障投资无关。③多数企业，尤其是国有企业在改革开放的进程中，比较普遍地遇到了不同程度的资金困

难，往往通过各种借口拒绝或削减社会保障资金的投入。因此，通过立法强制社会保障制度的实施，采取最有效的法律性筹资方式，建立各种社会保障基金，在我国是非常必要的。这也成为建立中国特色的社会保障制度的一项基本原则。社会保障的法制化，意味着社会保障制度的统一和社会成员享受社会保障权力和机会的平等，同时也为社会保障的具体操作提供法律依据。

我国社会保障制度的改革，也要建立统一领导、分级管理、以社会化管理为主的管理体制。社会保障的立法权应属于全国人民代表大会，社会保障制度的基本政策和制度要统一，并要逐步建立全国统一的社会保障管理机构及各级分支机构，社会保障的具体制度制定和行政管理由各级社会保障部门负责。依靠基层政权组织形成社会化的保障网络体系，将目前各部门、各单位分散管理逐步转变为统一的社会化管理，将目前各单位承担的社会保障事务性工作转变为社会化服务。社会保障基金的使用不能混同于一般的财政资金，必须实行基金管理，坚持专款专用。由于它是一种政府行为，因此所有收支都应列入国家社会保障预算，结余资金投资于风险性最小的国家债券，以使其保值增值，不得直接用于弥补财政赤字或进行风险性投资。一旦基金出现赤字，经人民代表大会批准可以向财政借款解决。

4）适应我国二元经济的现状，采取两条路径的均衡发展方针

改革和健全我国的社会保障体制必须从我国二元经济的实际出发，我国已有的社会保障，一方面是国有单位职工享受着很高的保障和福利水平，另一方面是广大农村人口的养老、医疗等基本保障几乎完全依靠个人和家庭。可以说是一个非均衡的社会保障结构，虽然从长远看，必须建立统一的社会保障制度，但在目前阶段则应从实际出发，坚持两条路径的方针，一方面改革和完善包括全体城镇职工的社会保险体系，另一方面逐步建立农村的社会保障制度。

思　考　题

1. 劳动关系管理的概念什么？如何理解劳动关系管理的社会属性？
2. 劳动关系管理类型有哪些？
3. 劳动合同的一般特征是什么？
4. 如何处理劳动争议？
5. 社会保障制度的功能有哪些？社会保障制度体系包括什么？
6. 如何理解社会保障制度改革？

案例思考题

伊顿(EATON)的蓝领待遇——劳动关系意味着什么

伊顿是一家依靠奉行新的管理思想而迅速发展成庞大产业帝国的跨国公司。目前，已拥有遍及五大洲 25 个国家(地区)的 215 个生产基地和 65000 名雇员。身为全球最大的汽车齿轮变速箱生产企业，伊顿在去年世界五百强排名中稳居第 213 位，伊顿的故事也因此被写进哈佛企业管理案例。

危机——员工的伤心经历

20世纪70年代，位于美国克里夫兰市的伊顿公司总部收到一封员工来信。写信人是美国液压工厂的一名新员工。

信中他抱怨在伊顿的伤心经历。他和表妹同时被伊顿录用，从进入工厂的第一天起，他就感受到白领与蓝领身份在这里的巨大差异：他被要求打卡上班、打铃吃饭、试用期内不准请假，等等；而作为办公室文员的表妹则无须应付这些繁文缛节。两个多月后，一次意外车祸使他不得不在家休养，期间他多次试着用电话与工厂主管联系，始终无人理睬；可表妹因病请假一日，立刻便得到上司的慰问和鲜花。更让他无法接受的是，当他康复后回到工厂上班，主管见面所说的第一句话便是：你能回来真是太好了，但很遗憾你已经违反了试用期间不得请假的规定……

触动——伊顿的转变

这封信给了伊顿高层很大触动，他们终于意识到公司在管理中存在的弊端已到非改不可的地步：一家员工以蓝领为主的制造型企业，如果没有和谐的、令人愉快的劳资关系，一切发展都将无从谈起。

公司迅速开始了转变。

管理层所做的第一个决定就是改变福利待遇政策，将工厂工人与办公室人员的福利体系统一化。同时，废除那些视工厂员工为不可信及低效率的、带有歧视性的人事制度，如取消试用期、考勤钟和上下班打铃等控制手段，将纪律惩罚式的工厂管理模式转变为向员工提供指导和帮助。此外，公司每周还召开部门会议，专门倾听员工心声，尽可能地满足他们的各种需求。

为促进新员工对公司形成归属感和温暖感，伊顿甚至改变了招聘程序，以双向交流取代程式化的面试，应聘者及其配偶被邀请参加公司小型正餐后的“咖啡”会面，双方在轻松愉快的氛围中达成相互了解与沟通。

这些基于建立积极员工关系的措施很快便取得成效，根据调查，公司一年后的病事假缺席率从6%降到0.5%，人员流失中的主动离职率从60%降至4%，单位小时产量增加了35%，报废品和返工成本下降了15%。

优势——伊顿员工的承诺

蔡磊是伊顿(上海)液压分部的雇员，他宁愿每个周末在上海的工厂和苏州的家之间往返奔波，也不愿舍弃眼下在伊顿(上海)的工作。蔡磊肯定地表示，他从未想过离开这儿。

吸引蔡磊的并非优厚薪酬，而是一套他认为非常好的企业培训体系，以及随之而来的个人发展机会。

像伊顿这样的外企，管理完全是开放式的，只要努力，就会得到超乎想象的发展空间。“你不可能离开一个不断给你机会、爱护你、帮助你前进的团队”。蔡磊这样说。

“当工厂的每一位员工都能获得通常只有办公室人员才能获得的尊重和关照时，其结果必将使管理者受益”。这是今天伊顿在全球各地工厂管理者熟知的法则。

在伊顿的工厂里，工人们会主动参与安全、奖励和有关手册等程序的制定，会自行诊断并分析自己的工作流程，按照精益生产的标准积极改进；会认真地提出一些如何改善管理的合理化建议……

蔡磊进入伊顿的三年中已经接受了公司的多项培训。“如果全套内容学下来，接受的信息和训练将不亚于一个MBA.”蔡磊的兴奋溢于言表。

在伊顿，企业培训的受益者决非蔡磊一人。事实上，伊顿的人力资源部门会根据每位一线员工的情况，为其制订相应的个人发展规划。公司每年年初、年中会进行两次细致的培训需求分析，综合考虑同期由员工自行提出的培训申请，确定培训计划，以保证每位员工在职业素质上都有不同程度的提高。

伊顿目前在上海拥有两家独资公司和一家控股公司，这三家工厂用于员工培训的支出基本达到全年总支出的10%，而且这笔钱是作为计划单列的硬性指标。如此高比例的培训费用，在制造型企业中并不多见。

对伊顿而言，培训不但是企业维持竞争力的“必需品”，还是企业保持对员工吸引力的有效途径。

据上海有关部门2002年一项抽查表明，高级技师和技师在企业工人中的比重占0.1%和1.1%，巨大的供需矛盾导致一些企业技术工人流失严重。面对国内制造业技术工人的紧缺局面，美国伊顿流体动力及卡车业务部大中国区的人力资源经理吴有渔却坦言："我们的员工主动离职率为零。"

问题：

1. 伊顿在调整劳动关系中采取了哪些措施？贯彻了什么管理思想？
2. 为什么伊顿(上海)的员工主动离职率为零？
3. 请结合一顿的故事讨论：劳动关系究竟意味着什么？

第10章

职 业 管 理

教学目标

通过本章的学习，对职业管理有基本的了解和认识。

教学要求

掌握职业生涯的基本概念；了解职业选择的因素；理解职业生涯设计的内容以及职业管理的方法等。

招聘选拔、培训以及绩效评价等人事活动在企业中扮演着两种角色。首先，从传统的意义上来讲，它们的作用在于为企业找到合适的工作人选。其次，人事活动越来越多地扮演着另外一个角色，这就是确保企业员工的不断成长，使他们能够争取发挥出自己的全部潜力。人事管理之所以被称为人力资源管理，正是为了反映人事活动的第二种角色。许多企业越来越强调重视职业规划与职业发展，强调为员工提供帮助并提供机会，以使他们不仅能够形成较为现实的职业目标并且能够实现这一目标。

10.1 职业生涯管理概述

10.1.1 职业生涯及其管理的含义

1. 职业的含义及特点

所谓职业，是指人们为了获取物质报酬而从事的连续性的社会活动，是指人们从事的相对稳定的、有收入的、专门类别的工作，是人的社会角色的一个极为重要的方面。职业的产生，同社会分工是不可分的。劳动者相对稳定地从事某类专门的社会工作，并从中获取收入，这种社会工作便成为劳动者的职业。

1）职业具有专业性

职业是某种专门的、具体的社会分工。不同职业对从业人员有不同的要求，越来越多的职业对从业人员提出了进入职业的资格条件。

2）职业具有经济性

劳动者从事某项职业，目的是从中取得经济收入。换句话说，劳动者是为了取得收入，才长期、稳定地承担某项社会分工，从事该项职业。没有经济报酬的工作，不是职业工作。

3）职业具有社会性

职业是劳动者所进行的社会工作。家庭主妇和保姆从事同样的劳动，但保姆是一种职业，而家庭主妇却不是，因为保姆的劳动是社会分工的结果，而家庭主妇的劳动却不是。

4）职业具有稳定性

劳动者连续地、不间断地从事的某种社会工作，才称其为劳动者的职业。今天干这个，明天干那个，后天又改行，职业就难以形成。可以说，离开了工作的稳定性，就无所谓职业。

总之，职业是劳动者所获得的一种劳动角色。职业的根源是社会分工。在整个社会生产过程中，有诸多工种或岗位，形成了社会劳动分工体系的一个个环节。这些不同工种、岗位或特定环节，赋予劳动者以不同的工作内容、不同的责任和义务、不同的声誉和社会地位以及不同规范的劳动行为模式。当劳动者稳定地在社会分工体系中从事某一工作，并依靠这一工作获得生活来源时，就成了职业工作者，便有了特定的社会标记，成了工人、医生、记者、工程师、企业家、科学家、编辑、邮递员、乘务员、营业员等千万种社会职业角色之中的某一角色。

2. 职业生涯的含义

从广义上讲，职业生涯是指一个人从职业学习开始至职业劳动结束的整个过程。狭义的职业生涯限定于直接从事职业工作的这段生命时光，上限始于任职人之前的职业学习和培训。广义的职业生涯是从职业能力的获得、职业兴趣的培养、选择职业、就职、直至最后完全退出职业劳动的过程。尽管考察职业生涯的角度不同，但是，职业生涯有其基本的含义。

（1）职业生涯是个体的行为经历，而非群体或组织的行为经历。

（2）职业生涯是一个人一生之中的工作任职经历或历程。

（3）职业生涯是个时间概念，指职业生涯期。狭义的职业生涯起始于最初工作之前的专门的职业学习和训练，终于完全结束或退出职业工作；就广义而言，职业生涯是指从职业能力的获得、职业兴趣的培养、选择职业、就职、直至最后退出职业劳动的职业发展过程，可以由出生之始到完全结束职业工作为止。

（4）职业生涯是个动态的概念，不仅表示职业工作时间的长短，而且内含着职业发展、变更的经历过程，包括从事何种职业、职业发展阶段、由一种职业向另一种职业的转换等内容。

综上所述，职业生涯就是指一个人一生从事职业的全部历程。这整个历程可以是间断的，也可以是连续的，它包含一个人所有的工作、职业、职位的外在变更和对工作态度、体验的内在变更。

3. 职业生涯管理及其意义

职业生涯管理是指个人和组织对职业历程的规划、对职业发展的促进等一系列活动的总称，包含职业生涯决策、设计、发展和开发等内容。进行职业生涯管理的意义在于：

（1）有助于提高个人人力资本的投资收益。在职业生涯设计的基础上，有的放矢地投资，获取所必需的职业能力，提高人力资本投资的收益。

（2）有助于降低改变职业通道的成本。从事某项职业后再改变职业通道，成本特别是机会成本很高。职业生涯管理能够有效地避免或减少改变职业通道的成本。

（3）有助于组织的发展。组织通过职业生涯管理，了解并整合各种类型的人力资源，最大限度地做到“人尽其才，职得其人”，有利于组织与个人的共同发展。

10.1.2 职业生涯管理的任务

1. 影响职业生涯管理的因素

职业生涯管理是一个涉及内容非常广泛的系统工程。影响职业发展的因素主要包括以下 3 个方面。

1）个人因素

（1）心理特质。每个人都有其独特的心理特质和个性，如兴趣、性向、智商、情商、潜能、价值观、动机、态度及人格倾向等。

（2）生理特质。包括性别、年龄、体能、健康状况、身高、体重及外貌等。

（3）学历资历。包括受教育程度、培训经历、学业成绩、社团活动、工作经验以及生涯目标等。

（4）家庭背景。包括父母的职业、受教育状况、社会地位及家人的期望等。

2）组织因素

（1）组织状况。包括组织的规模、组织的结构、组织的阶层、组织的生命周期、组织的氛围及组织的文化等。

（2）人力资源管理与评估。包括人力资源规划、供给与需求的预测、招聘方式、晋升管理、工资报酬、福利措施、员工关系及发展政策等。

（3）工作分析。诸如职位分析、工作能力分析、工作绩效评估及工作研究等。

（4）人际关系。包括与主管、同事或部属间的关系等。

3）环境因素

（1）社会环境。包括劳动力市场的供需状况，国家有关劳动、人事方面的政策、法规的颁布与实施等。

（2）政治环境。包括政治与政策的变动、体制的变动及国际政治关系的变化等。

（3）经济环境。包括经济增长率、市场竞争状况及经济景气状况等。

（4）科技发展。包括产业结构的调整、高新技术的影响及现代化技术与管理的发展等。

要进行有效的职业生涯管理，就必须在管理过程中对上述各有关要素加以系统的分析和研究。据此构建企业职业发展体系，并帮助员工确定适宜的生涯发展目标，根据各种因素的变化，对职业生涯发展做出适当的调整。

2. 职业生涯管理的任务

在实现企业职业生涯发展目标的同时，又能实现员工个人的发展目标。具体而言，职业生涯管理的任务主要包括以下 6 项。

（1）帮助员工开展职业生涯规划与开发工作。企业为员工提供工作分析资料、工作描述、经营理念、人力资源开发的策略等，员工据此设定自我发展目标与开发计划，使个人的目标与企业的目标相配合。

（2）确定企业发展目标与企业职业需求规划。根据企业的现状、发展趋势与发展规划，明确企业的发展目标，并据此确定不同时期企业的职业发展规划与职位需求。

（3）开展与职业生涯管理相结合的绩效评估工作。该工作包括工作业绩与表现的评估、工作士气的调查、提供相关回馈资料给企业或员工、配合企业的发展目标与方向晋升优秀员工、提供生涯发展路径、及早确认有潜力者、确定甄选升迁标准、使员工公平竞争。

（4）职业生涯发展评估。企业应协助员工发展职业生涯目标，并进行科学的评估，找出员工的优缺点及企业的优劣势，分析员工职业生涯发展的可行性。

（5）工作与职业生涯的调适。根据绩效、生涯发展的评估结果，对员工的工作或职业生涯目标作适当的调整，使员工的工作、生活与目标密切融合。

（6）职业生涯发展。职业生涯发展包括各种教育与训练、工作的扩大与丰富化、责任的加重、激励措施等。

以上 6 项彼此之间有密切的联系，互相影响。在实际操作中，应彼此兼顾，才能获得最佳效果，在促进员工自我发展的同时，确保企业的持续发展。

由此可见，职业生涯管理是涉及内容非常广泛的系统科学。其研究内容主要包括：①职业生涯开发与管理理论的研究，如职业选择理论、职业发展理论、职业锚理论等。②个人职业生涯规划及开发理论与方法研究，如自我分析的方法、目标设定的技巧、自我开发的措施、职业生涯周期的管理等。③企业职业生涯开发与管理的研究，如企业职业生涯规划的方法、职业发展通道的设置、继任规划、顾问计划与工作家庭平衡计划等。④企业的职业发展目标与员工个人的职业发展目标整合方法的研究，如企业发展变化趋势及其对职业生涯管理的影响、企业目标与个人目标的整合技术等。

10.2 职业生涯设计与管理

10.2.1 职业生涯设计

职业生涯设计是指确立职业目标并采取行动实现职业目标的过程。应从以下 5 个方面理解。

（1）职业生涯设计是就个人而非组织而言的。制定和执行职业计划的主体不是某个企业或组织，而是企业或组织中的员工个体。企业或组织可能对员工个人的职业计划产生重要影响，但这是通过影响员工对自身、环境、目标的认知间接产生的。

（2）职业生涯设计包含确定和实施的整个过程。职业计划是个体在职业生涯中有意识地确立目标并追求目标实现的过程。确立目标要基于对内外条件的了解和分析之上。目标确立后要通过职业活动去实现。随着内外条件的不断变化和职业活动成果的不断出现，职业目标可能会更加明晰，或者需要加以完善和修正。职业目标的确定、实现、明晰、完善和修正都离不开组织，甚至需要组织的参与和帮助。

（3）职业生涯设计中的职业目标同工作目标有很大差异，同时又有密切的联系。工作目标是个人在目前的工作岗位上需要完成的任务目标，可以是自设的，也可以是给定的。工作目标一般比较具体，是同本职员工作紧密相关并随时间而变化的短期目标。职业目标相对来说较为抽象，涉及时间较长，而且不一定完全同现在的工作有关。但是，职业目标的达成，尤其是在单一专业或组织内部提升的目标，同工作目标的选择及完成情况密切相关。可以说，选择适当的工作目标并很好地实现这些目标是最终达成职业目标的重要途径。

（4）组织应了解员工的职业计划，并通过相应的人力资源开发与管理政策使之有助于组织目标的达成。组织是员工度过职业生涯的重要场所，在对自身和环境进行分析、确定职业目标的过程中，许多员工需要来自外界的指导和帮助。借助组织的聘用、培训、评估、晋升等有效手段，组织可对员工的职业计划产生巨大的影响。组织既有责任帮助员工发展和实现自己的职业计划，又有必要对他们加以引导，使员工职业计划的发展同组织整体的发展目标相和谐。

（5）组织应帮助员工制定职业计划。现代企业的发展已与员工个人的发展融合在一起。为了留住员工，尤其是留住骨干员工，人力资源管理部门应根据员工的知识与经验背景、兴趣、需要以及组织发展需要等帮助员工制定个人职业计划，并指出实现计划的路径，在实现过程中予以帮助和指导，有利于形成稳定的员工队伍。

10.2.2 影响职业期望的因素

职业期望，也称职业意向，是人们希望从事某项职业的态度倾向。职业期望伴随着人的职业旅程，并决定着职业生涯设计的内容，人力资源管理部门帮助员工制定职业计划时应根据职业期望来确定。影响职业期望的因素主要有：

（1）年龄。年龄综合地反映着人的人生阅历与成熟度，年龄不同，职业意向也不同。

（2）性别。男女不同的生理特点与心理素质、社会文化对男女劳动者角色行为的不同要求等决定了他们对不同种类工作的适应程度不同，这也会影响不同性别的人对职业产生不同的期望。

（3）教育背景。教育对人的知识结构、劳动能力与价值观等都具有重要的影响作用。首先，受到不同教育的人，其不同的知识、能力与素质直接关系到职业生涯的开端与适应是否良好。受教育程度较高的人，在就业后一般都有较大的发展，在职业发展不顺利时，其流动动机和能力也较强。其次，人们所受教育的专业、职业类别对职业生涯有决定性的影响，往往成为生涯前半部以至全部的职业类别。此外，不同教育程度的人具有不同的职业价值观和发展欲望，从而使人们以不同的态度对待自己、对待社会、对待职业的选择与职业生涯的发展。

（4）家庭背景。家庭是人们生活和成长的重要场所，是影响职业的最重要因素之一。人的社会化从出生时就已开始。生理与心理特征的遗传，在一定程度上影响孩子职业能力的发展水平，父母的职业也决定了孩子特殊的生长环境。家庭的经济条件，关系到子女职业能力的锻炼与提高。父母的价值观和行为模式会内化为孩子的价值标准，它们必然从根本上影响一个人职业选择的种类，影响选择中的冒险与妥协程度、理想目标的确立和对职业岗位的工作态度发展倾向等。父母的社会地位与社会联系往往会影响子女的就业途径等。“子承父业”、“音乐世家”等就是家庭影响的典型结果。

（5）个人的需求与心理动机。年龄、性别、教育程度、家庭环境、个性等差异决定了人们需求与动机的不同，工作、职业对不同的人有着不同的价值，同一个人对于不同的职业又会有不同的态度与倾向，这些必将影响人们的职业选择与职业计划。

（6）机会。机会是随机出现的，具有偶然性。机会包括社会各种职业岗位随机地向一个人展示的就业机会（它成为一个人能够就业和流动的因素），也包括能够给一个人提供个人发展、向上流动的职业环境。

（7）社会环境。这里所说的社会环境，主要指社会的政治、经济、科技、文化状况、职业政策、就业制度、社会文化与习俗以及社会风气等。这些环境决定了社会职业岗位的数量、结构、出现的随机性与波动性，决定着社会职业结构的变迁，从而也就决定了人的职业生涯的选择与变动。

(8) 个人的职业体力、职业能力、职业个性与社会的职业岗位。这些因素也是导致职业选择与再选择的重要因素，对职业生涯的确立与变化产生直接影响。

10.2.3 职业生涯设计的内容

1. 设计的内容

职业生涯设计的内容包括自我定位、目标设定、目标实现和目标修正等 4 个方面。

1) 自我定位

自我定位是指客观、全面、深入地了解自己，了解自己为人处世所遵循的价值观念，了解自己追求的价值目标，了解自己掌握的知识与技能以及了解自己的优势和劣势等。完成自我观察之后，对自己形成一个客观的、全面的定位。

2) 目标设定

目标设定基于正确的自我定位的基础上，设立更加具体明确的职业目标。如“大学毕业 10 年内我要自己开办公司”可以称是一个较为明确的目标设定。就整个个人职业生涯来说，目标设定可以是多层次、分阶段的。一方面，因为社会环境的激烈变换给人们带来越来越多新的机会，越来越多的人为了追求挑战，愿意在职业生涯中从事多种行业。多层次的目标设定有利于实现这一愿望。另一方面，由于职业生涯跨越个人的青年期、中年期和老年期，人在各时期的需要、体能精力、技能经验、为人处世的原则和态度等都有明显的差别，所以有必要针对性地制定阶段性目标。

3) 目标实现

目标实现是通过各种积极的具体行动去争取的。如撰写求职简历、面试应聘、工资谈判、进入工作组织；制定和完成工作目标、参加公司的培训和发展计划、构建人际关系网、谋求晋升；参加业余时间的课程学习提高个人素质；跳槽改换工作等，都可以看成是目标实现的具体努力。目标实现的主要内容是个人在工作中的表现及业绩，同时仅有工作表现又是不全面的。目标实现还包括超出现时工作之外的一些预见性的准备，包括参加业余的进修班学习，掌握一些额外的技能或专业知识(如进修第二外语，攻读 MBA 学位等)。此外，目标实现还包括为平衡职业目标与其他目标(如生活目标、家庭目标)而做出的种种努力。长久保持工作中的出色表现，也是职业目标实现的重要条件。

4) 目标修正

目标修正是指在达成职业目标的过程中自觉地总结经验和教训，修正对自我的认知和职业目标。正确的自我认知需要一个过程，并且也需要经过一定时间的实践和探索才能看清自己的喜爱和适合从事的职业。因此，对于职业目标的描述界定，在刚开始时大多数是模糊、抽象的，有的甚至是错误的。在一段时间的工作努力之后，有意识地回顾自身的言行得失，可以检查验证自我定位的结论是否贴切，更可以证明自己对职业目标的设想方向是否正确。有效的人力资源管理制度有助于员工缩短这一认知过程，如日本大公司的员工“自我申报制度”，企业实行的岗位轮换制度都有利于员工对自己有个正确的职业定位，并不断修正自己的职业目标。

2. 个人的职业活动

职业生涯设计的四方面内容主要体现在个人的职业活动之中。职业活动包括：①准备个人简历；②选择工作组织与工作种类；③参加面试；④工资谈判；⑤选择工作岗位；⑥争取最佳业绩；⑦岗位轮换；⑧工作中得到晋升；⑨上级监督与管理。

10.2.4 职业选择理论

1. 帕森斯的职业-人匹配论

这一理论是用于职业选择、职业指导的经典性理论。最早由美国波士顿大学教授帕森斯提出。1909 年，帕森斯在所著的《选择一个职业》一书中，明确阐明了职业选择的三大要素和条件：①应该清楚地了解自己的态度、能力、兴趣、智谋、局限和其他特征。②应清楚地了解职业选择成功的条件、所需的知识、在不同职业工作岗位上所占有的优势、不利和补偿、机会和前途。③上述两个条件的平衡。帕森斯的理论内涵即是在清楚了解个人的客观条件和社会职业岗位需求条件的基础上，将主客观条件与社会职业岗位(对自己有一定可能性的)相对照、相匹配，最后选择一种职业需求与个人特长匹配相当的职业。

职业-人匹配分为两种类型：①条件匹配，即所需专门技术和专业知识的职业与掌握该种特殊技能和专业知识的择业者相匹配；或者脏、累、险等劳动条件很差的职业，需要吃苦耐劳、体格健壮的劳动者与之相匹配。②特长匹配，即某些职业需要具有一定的特长，如具有敏感、易动感情、不守常规、有独创性、个性强、理想主义等人格特征的人宜于从事审美性、自我情感表达的艺术创作类型的职业。

帕森斯的职业—人匹配论作为职业选择的经典性原则，至今仍然有效，并对职业生涯管理、职业心理学的发展具有重要的指导意义。

2. 霍兰德的人业互择理论

美国约翰·霍普金斯大学心理学教授霍兰德是美国著名的职业指导专家，他于 1971 年提出了人业互择理论。这一理论认为，根据心理素质与择业倾向的不同，可以将劳动者分为六种基本类型：实际型(R)、调研型(I)、艺术型(A)、社会型(S)、企业型(E)及常规型(C)。根据职业本身的内容(工作中一般涉及人、物、资料、观念等因素)和它对劳动者素质的要求，也可以将职业分成 6 种类型：主要与物打交道的实际型(R)、既要与物又要与观念打交道的调研型(I)、既要与人又要与观念打交道的艺术型(A)、主要与人打交道的社会型(S)、既要与人又要与资料打交道的企业型(E)、既要与物又要与资料打交道的常规型(C)。

类型相同的劳动者与职业会互相吸引，某一类型的劳动者只有从事类型相同的职业，才能发挥所长，做好工作。每种类型的个性特点及适合的职业见表 10－1。霍兰德认为同一类型的劳动者与职业互相结合，其结果是互相适应。某一类型的劳动者从事与此类型低度相关的职业，结果是互相排斥。霍兰德的这一理论是目前职业指导中比较权威的理论和方法。

表 10-1 霍兰德的人业互择理论

类型	个性特点	环境特点	职业特点	适合的职业
实际型	具备机械操作能力或体力，适合与机器、工具、动植物等具体事物打交道	要求明确的、具体的工作任务和操作技能，人际要求不高	熟练的手工和技术工作，用工具或机器进行工作	工程师、飞机机械师、矿工、电工、木工、牧民、渔民、测绘员、描图员等
调研型	具备观察、评价、推理等方面活动的能力，研究科学性	要求具备思考和创造性，能力、社交要求不高	科学研究和实验工作，研究自然界及人类社会的构成与变化	物理、化学、数学、生物学、经济学等方面的专家或助手，飞机驾驶员、计算机操作人员等
艺术型	具有艺术性、独创性的表达和直觉能力，不喜欢硬性任务，情绪性强	通过语言、动作、色彩和形状来表达审美原则，单独工作	从事艺术创作	作家、演员、记者、诗人、作曲家、舞蹈家、编辑、雕刻家、室内装修专家、文学艺术方面的评论员等
社会型	喜欢从事与人打交道的活动，人道主义，同情心强	说服和转化人的行为，具备高水平的沟通技能，热情助人	通过说服教育、培训等方式，帮助、教育、服务人	社会科学、历史体育等方面的教师、教育行政人员、社会群众团体工作者、咨询者、思想工作者等
企业型	以说服、管理、监督和领导等能力来获得法律、政治、社会与经济利益	需作言行反应、有说服他人和管理的能力、完成监督性角色	说服、指派他人去做事的工作	各级管理者、政治家、推销员、批发商、调度员、广播员等
常规型	注意细节，讲求精确，具备记录和归档能力	要求制度化、常规化的行为，具体体力要求低，人际技能要求不高	各种办公室、事务性工作	会计员、统计员、出纳员、办公室职员、税务员、秘书、保管员、打字员、法庭速记员等

资料来源：焦小谋．企业人力资源管理．北京科技出版社，1999：147.

10.3 职业管理概述

10.3.1 职业管理的含义及其作用

1. 职业管理的含义

职业管理是指组织提供的帮助正从事某类职业的员工的行为过程。职业管理是企业人力资源管理的重要内容之一。需从3个方面理解：

1）职业管理是组织为其员工设计的职业发展、援助计划

职业管理计划有别于员工个人制定的职业计划，它以个体的价值实现和增值为目的，个人价值的实现和增值并不局限在特定组织内部。职业管理则是从组织角度出发，将员工视为可开发增值而非固定不变的资本，通过员工职业目标上的努力，谋求组织的持续发展。当然，职业计划与职业管理并不是截然分开的，一般情况下，人力资源管理部门可指导或帮助员工制定个人职业计划。

职业管理带有一定的引导性和功利性。它帮助员工完成自我定位，克服完成工作目标过程中遇到的困难挫折，鼓励将职业目标同组织的发展目标紧密相连的个人，尽可能多地给予他们机会。对于其他员工，职业管理也同样给予必要的帮助。由于职业管理是由组织发起的，通常由人力资源部门负责，所以具有较强的专业性和系统性。与之相比，职业计划没有那么正规和系统，或者可以说，只有在科学的职业管理之下，才可能形成规范的、系统的职业计划。

2）职业管理必须满足组织与个人的双重需要

与组织内部一般的奖惩制度不同，职业管理着眼于帮助员工实现职业计划，即力求满足员工的职业发展需要。因此，要实行有效的职业管理，必须了解员工在实现职业目标的过程中会在哪些方面碰到问题，如何解决这些问题，员工的漫长职业生涯是否可以分为有明显特征的若干阶段，每个阶段的典型矛盾和困难是什么以及如何加以解决和克服等。人力资源管理部门在掌握了这些信息之后，才可能制定相应的政策和措施来帮助员工找到答案，向他们提供相应的机会，给予一定的指导与帮助。同样，只有满足了员工的职业需求，才可能满足组织内部人力资源增值的需要。一方面，全体员工职业技能的提高带动组织整体人力资源水平的提升；另一方面，在职业管理中的有意引导可使个人目标同组织目标方向一致的员工个人脱颖而出，为培养组织高层经营、管理或技术人员提供人才储备。组织需要是职业管理的动力源泉，而员工个体的职业需要是职业管理活动的基础，两者不可偏废。

3）职业管理形式多样、涉及面广

凡是组织对员工职业活动的帮助均可列入职业管理之中。其中既包括针对员工个人的帮助，如各类培训、咨询、讲座以及为员工自发地扩充技能的学习给予便利等；同时也包括针对组织的诸多人事政策和措施，如规范职业评议制度、建立和执行有效的内部升迁制度等。职业管理自招聘新员工进入组织开始，直至员工流向其他组织或退休而离开组织的全过程中一直存在。职业管理同时涉及职业活动的各个方面。因此，建立一套系统的、有效的职业管理系统是非常必要的。

2. 职业管理的作用

职业问题不仅是员工的个人问题，相反，它应该由社会和企业组织来进行管理，才能保证有效地利用人力资源，实现企业的目标。具体来说，职业管理具有下述重要作用。

（1）通过职业管理，有利于实现劳动力与生产资料的最佳结合，人们在就业后进行职业再选择，有利于进一步优化劳动力与生产资料的配置，尤其是在我国深化企业用工制度

改革，实行优化劳动组合的新形势下，员工们扬长避短，找到与个人个性特点相适应的职业和工作岗位，有利于充分发挥人力资源的作用，挖掘人力资源潜力。

(2) 通过职业管理，有利于员工社会化的顺利进行与实现。在人一生的社会化过程中，显然以成人阶段的社会化为主且持续时间最长。成人社会化又可以分为职业社会化和婚姻社会化两个方面，其中职业社会化更为重要。职业管理有助于员工真正地成为独立的人进入到社会中，适应社会，塑造自我，并改造社会，服务于社会。

(3) 通过职业管理，可以达到多方面的社会效益。在实行充分选择的条件下，人们可以各得其所、各司其职、各尽其责。职业管理为各层次管理者识别、选择、使用和开发人才提供了科学的依据，进而提高了选拔使用人才的效果。职业管理可大大提高职业教育、培训和开发的针对性，取得更好的培训效果。加强职业管理，有利于机会均等，减少社会矛盾和社会问题，从而形成一种良好的风气，达到多方面的社会效益。

(4) 通过职业管理可以促进人的全面发展。职业管理有利于培养员工积极的生活态度和敬业精神，培养员工的自强、自立、自主精神，有利于员工个人根据社会和职业岗位的需要，提高自己的文化水平、职业能力，有利于鼓励人的进取精神，全面提高人的综合素质。

总之，职业管理可以从多方面促进组织与个人的全面发展。

10.3.2 职业管理的内容

1. 职业管理的基本内容

组织职业管理的内容主要包括以下几点。

1) 设定目标任务

设定组织的职业计划目标的总原则是：必须有利于实现组织的基本目标，必须有利于雇员的个人职业计划的实现。组织职业计划的目标主要有以下几点。

(1) 使组织内可用人才得到更快、更有效的发展，充分发挥人才在企业中的关键作用。

(2) 为组织内雇员的职业进步提供可行的职业通道。现今一些优秀雇员并不将传统的纵向升迁视为唯一的职业发展方式；在这种情况下，组织应该通过职业计划，帮助雇员确定适合其个人特点的不同职业道路。

(3) 针对组织的职业需求和个人的职业目标，制定相应的教育培训方案，以使雇员职业发展得以实现。为达到此目标，可采取多种形式和途径，例如，多类型、多形式、多方法、多内容的教育培训；通过横向与纵向职业工作的变换，拓展职业能力，丰富工作经验，创建工作业绩，促成雇员职业目标的实现。

(4) 调动雇员积极性、自觉性、主动性，增强雇员的忠诚感和向心力。组织的职业计划能够为雇员职业计划的实现提供支持和帮助，因而可以产生很强的凝聚力。那些认为组织对自己的职业计划感兴趣的人，很愿意留在组织内发展自己。凡是个人发展需要得到满足的雇员，对于自身的工作和组织会更加满意，产生强烈的归属意识和企业意识，这是企业充满活力和后劲、立于不败之地的关键所在。

2）建立职业通道

组织在了解了雇员个人的职业需求、判明其需求合理性及现实可行性的基础上，根据组织发展的需求，以及组织可能提供的帮助和条件，具体建立帮助雇员实现个人职业目标的途径，制定出相应的职业道路实施计划，如纵向升级或横向转移计划。内容包括：①沿着不同的职业道路转移或流动的人数、具体的工种和工作职务；②发生职业流动或转移的原因及处理办法；③雇员职业转移或流动预计发生的时间和安置去向；④具体实施的方案与政策、措施。

3）制定职业发展的教育培训措施

组织的职业计划与教育培训活动的安排有着极为密切的联系。以促进员工职业发展为目的的企业培训，旨在培养、造就具备合适职业资格和经历的人员，以确保组织的需要。这种面向职业进行的教育培训工作，目的是使员工既能满足组织的现实需要，又能满足组织的未来需要，实际上是从职业角度为组织培养所需人员的一种职业开发活动。因此，教育培训是组织职业计划中一项最重要的内容，也是组织职业计划赖以实现的基本保证。

2. 个人职业计划与组织职业计划的结合

组织职业计划同个人职业计划紧密相关，两者互相呼应、互相作用，两方面的职业计划相吻合，组织的职业管理才可能是卓有成效的。因此，组织对个人职业计划的制定与实施，应当采取适当的方式加以引导和促进，并给予积极的帮助。

1）提供信息

个人制定职业目标和计划之前，首先希望得到有关职业情况和职业机会的信息。而及时、准确地提供信息，是组织搞好职业管理、促进雇员职业发展义不容辞的责任。

(1) 提供组织有关职务工作的分析资料。职务工作分析给出了职务工作的职责、与其他工作的关系、所需要的知识和技能等。信息是职务工作情况的规范性说明，对于雇员制定职业计划必不可少。

(2) 提供组织的绩效考评信息。将雇员考评情况和结果反馈给本人，帮助雇员全面正确地认识自己的优势在哪里，劣势在哪里，对照职务分析资料，寻找个人与职业要求的差距，明确今后的发展方向，这是个人职业计划的中心内容。

(3) 提供有关职务开发与调整的信息。职业开发的调整信息具有下列功能：向每个雇员展示其工作怎样同其他工作相关联，给出职业的选择机会，描述职业改变对教育和经历的要求。

2）进行咨询和指导

对这一工作，组织所采取的主要形式有：

(1) 与信息提供工作相配合，提供咨询，帮助雇员进行实事求是的客观分析，指导其依据自己的实际情况、工作分析资料和组织需要，确定职业目标。

(2) 上级与下级进行讨论沟通，充分交换意见，就职业计划和发展活动达成共识。

(3) 请人力资源管理专家、顾问和心理学家对雇员的职业选择和职业计划给予有针对性的、有效的指导、咨询与帮助。

(4) 举办专题讨论会，向雇员公布组织的职业计划方案及其实施办法，介绍可能的职务机会与发展方式，目的是通过通报情况，传递信息，帮助雇员确定自己的职业目标，并使之与组织的需要相结合。

10.4 职业发展理论

在个人设计构想自己的职业蓝图，尤其是在组织为帮助其员工进行职业管理之前，有必要先了解一些问题，如人的职业生活是怎样度过的、在什么时候会碰到什么样的问题、怎样才能知道自己适合做什么工作等。职业发展理论试图解答上述问题并成为职业管理和职业计划的理论指导。关于职业发展有许多不同角度的理论，这里主要介绍职业发展阶段理论和“职业锚”理论。

10.4.1 职业发展阶段的含义

每个人的职业发展都要经过几个阶段，每一个职业阶段都会影响个人的知识水平和对各种职业的偏好程度。所以进行职业规划的第一步是必须了解职业周期的重要性。一个人可能经历的重要职业阶段大体可总结如下。

1. 成长阶段

成长阶段大致可以界定在从一个人出生到 18 岁，在这一阶段，个人通过对家庭成员、朋友以及老师的认同及他们之间的相互作用，逐渐建立起了自我的概念。在这一阶段的开始，角色的扮演是极为重要的，在这一时期，儿童将尝试各种不同的行为方式，而这使得他们形成了人们如何对不同的行为做出反应的印象，并且帮助他们建立起一个独特的自我概念或个性。到这一阶段结束的时候，进入青春期的青少年已经形成了对他们的兴趣和能力的某些基本看法，开始对各种可选择的职业进行带有某种现实性的思考。

2. 探索阶段

探索阶段大约处在一个人 19～25 岁之间的这一年龄段上。在这一时期，个人将认真地探索各种可能的职业选择，他们试图将自己的职业选择与他们对职业的了解以及在学校教育、家人朋友沟通、媒体影响等途径中所获得的个人兴趣与能力匹配起来。在这一阶段的开始时期，他们往往做出一些带有试验性质的、较为广泛的职业选择，然而，随着个人对所选职业以及对自我的进一步了解，他们的最初选择往往会被重新界定，到这一阶段结束的时候，一个看上去比较合适的职业就已经选定，他们也已做好了开始这一工作的准备。人们在这一阶段上以及以后的职业阶段上需要完成的重要任务也许就是寻求对自己的能力和天资形成的一种现实性的评价。类似地，处于这一阶段的人还必须根据来自各种职业选择的可靠信息来做出相应的教育决策。

3. 确立阶段

确立阶段大约发生在一个人的 26～44 岁之间，这一年龄段是大多数人工作生命周期的核心部分。这时候多数人能够找到合适的职业并为之全力以赴地投入到有助于自己在此职业中取得长期发展的各种流动中，然而在实际生活中，在这一阶段的人们仍然在不断地尝试与自己最初的职业选择所不同的各种能力和理想。

这一阶段又由3个子阶段构成。首先，大约在26～30岁之间时，人们进入试探子阶段，个人确定当前所选择的职业是否适合自己，如果不适合，他们就会准备进行一些变化。比如说，小李可能已下决心将自己的职业选定在零售行业，但是在以某商店新雇佣的助理采购员的身份进行了几个月的连续试用工作后，发现该职业不适合自己，因此他准备重新选择。其次，在30～40岁之间这一年龄段的时候，人们通常进入稳定子阶段，这一阶段，人们往往已经定下了较为坚定的职业目标并制定为明确的职业计划来确定自己晋升的潜力、工作调换的必要性以及为实现这些目标需要开展哪些教育活动等。最后，在30多岁到40多岁之间的某个时段上，人们可能会进入一个职业中期危机阶段。在这一子阶段，人们往往会根据自己最初的理想和目标对自己的职业进步情况作一次重要评价。他们可能会发现，自己并没有朝着自己所梦想的目标(比如说成为公司总裁)靠近，或者已经完成了他们自己所定的任务之后才发现，自己过去的梦想并不是自己所想要的全部东西。这一时期，人们还可能会思考，工作和职业在自己的全部生活中到底占有多大的重要性。通常情况，处在这一阶段的人第一次不得不面对一个艰难的抉择，即判定自己到底需要什么，什么目标是可以达到的，以及达到这一目标自己需要做出多大的牺牲。

4. 维持阶段

到45～65岁这一年龄段上，许多人就很简单地进入了维持阶段。在这一职业的后期，人们一般都已经在自己的工作领域中为自己创立了一席之地，因而他们的大多数精力主要就放在保有这一位置上了。

5. 下降阶段

当退休临近的时候，人们就不得不面临职业生涯中的下降阶段。在这一阶段，许多人都不得不面临这样一种前景：接受权利和责任减少的现实，学会接受一种新角色，学会成为年轻人的良师益友。再接下去，就是几乎每个人都不可避免地要面对的退休，这时，人们所面临的选择就是如何去打发原来用在工作上的时间。

10.4.2 职业发展阶段理论

对于职业生涯的发展阶段，不少研究者根据自己的研究提出了各自的观点，在此介绍较常见的四种理论。

1. 萨帕的职业生涯阶段理论

为了描述人的职业生涯的复杂性、曲折性，以美国心理学家萨帕为代表，提出了职业生涯发展的阶段性理论。

萨帕的生涯发展阶段主要依据发展心理学和社会学对各种职业行为的分析，以年龄为阶段分析发展的过程。具体地说，他将职业生涯分成5个主要阶段，每个阶段有其独特的发展任务。

(1) 成长阶段：属认知阶段，从出生到14岁左右。此阶段属于儿童期，在这个阶段内的儿童经过对父母以及周围家人、小伙伴等的观察和模仿，开始了解自我、探索自我。然而，由于处于这个年龄阶段的儿童认识发展水平较低，抽象思维能力较差，还不能全面地分析问题和解决问题，思维有片面性和局限性，往往会抓住事物的一个方面来解决问题。因此，当电视上宣传某个科学家时，可能就立志当科学家；当发现侦探能抓住坏蛋时，就想将来当个警察；当老师表扬自己的画画得好时，就准备当一个画家。在这个阶段，需要、幻想与喜好成为这阶段最重要的特征。成长阶段可再细分为下列三个时期。

① 幻想期：0～10 岁，以需求为主，情景性较强，主要是通过幻想中的角色扮演与经验尝试来选择职业。

② 兴趣期：11～12 岁，喜好是参与各种活动的主要考虑因素，相对忽视自己的能力等因素。

③ 能力期：13～14 岁，能力逐渐提升到重要位置，并能考虑到各种工作的条件，了解工作的意义，发展对工作世界的正确态度。

(2) 试探阶段：此阶段包括青少年时期和成年期，年龄范围约在 15～24 岁。该阶段主要涉及学校和工作前期。个人通过学校、娱乐活动及各种工作经验，经过自我认识、反省，检验所形成的自我观念、职业角色的合理性，并在此基础上对选定的职业进行修正。在这个时期，个人还可以尝试性地从事一些短期的工作，如周末或寒暑假期的打工。此阶段划分为三个时期。

① 试探期：约 15～17 岁，考虑到个人的兴趣、需求、能力及社会就业机会等因素，作暂时性的试探，并在学业科目、工作经验中进行试探，使职业喜好逐渐具体。

② 转变期：约在 18～21 岁之间，正式进入就业市场或进一步接受专业训练，由一般性的选择转变为特定目标的选择，以实现职业自我观念。

③ 尝试并初步承诺期：约在 22～24 岁，正式选择职业并努力工作，考验该职业成为长期职业发展目标的可能性，若职业适应不良，则可能需要从试探期再重新出发，若工作满意度高，则可以确定个人的职业发展方向，实现个人的职业喜好。

(3) 立业阶段：属于选择、安置、立业阶段，年龄介于 25～44 岁之间。经过早期的试探后，个人会逐渐显现一种安定于某类职业的趋向，从开始认同所选定的职业，经过经验的累积，逐渐建立起稳固、专业、能独当一面的地位，以提高晋升的能力。工作职位或工作项目可能有所变动，但职业不会轻易地改变。此阶段又可细分为：

① 承诺稳定期：约在 25～30 岁之间，重点在寻找职业及生活上的稳定。

② 立业期：在 31～44 岁之间，致力于职业的安定及工作的满意，并且力求上进，突破成长。

(4) 维持阶段：属于专精、升迁阶段，此阶段为保持并持续建立阶段性工作成果，迈入中老年阶段，年龄在 45～65 岁之间，心态渐趋保守，重点维持家庭及工作间的和谐关系，大部分人是享受努力后成功的喜悦及成果，少部分人则要面对失败或是不如意的困境。成功者还需逐渐传承经验，寻觅接替人选。

(5) 衰退阶段：属于退休阶段，此时期年龄在 65 岁以上。此阶段人的身心状况逐渐衰弱退化，达到退休的年龄，原来的工作停止，而发展新的角色，寻求不同的工作方式以满足身心的需要，适应退休生活，如参加老年大学进修，从事义务活动等，以减缓身心上的衰退，持续生命力。

尽管人的职业生涯发展呈现出一定的阶段性，但也应该注意到，生涯发展阶段是持续性的过程。因此，各阶段之间并没有明显的区分。各个阶段经历的时间长短，常因个人的个别差异及外在环境的影响而有所不同。有的人发展顺利，探索期时间很短，选定职业后直到退休，没有转换职业的历程；有的人则在不停地转换工作或变动职业，到最后仍然一事无成，含恨而终。职业生涯发展过程中难免会遭遇到各种各样的困难和抉择，如果个人能掌握早期的阶段任务，对于下一阶段的发展就有较多成功的把握。每一个人需透过上述的生涯发展阶段以完成自我的观念，并配合自己的兴趣、能力以试探最适合自己的职业发展目标，进一步建立起稳固的专业地位，获得成就。

萨帕早期认为上述阶段的划分过程是典型的，不会倒置，但是后来发现每个人在各个阶段的发展速度不一致，而且有可能重新回到前面的阶段且不违反常态。例如，不少女性因结婚生儿育女而暂停工作，在家当家庭主妇，等到儿女陆续长大成人，又回去工作，或是已到中年仍然在改变职业，重新开始新职业的也大有人在，其阶段与过程并非一成不变。为了使自己的理论更加具有说服力和解释力，萨帕后来又进一步发展和完善了自己的理论。萨帕通过对职业发展、职业适应、职业自我观念等的纵向研究，总结提出了关于职业发展的基本主张，这是对其理论核心观点的全面阐述。这些基本主张有如下几点。

(1) 每个人在能力、兴趣及人格特质上均有差异，这以心理学中的个别差异理论为基础。

(2) 每个人在个性特质上分别适应不同的职业，而每个人均适合从事多种职业。因为个人在进行职业选择时的弹性，所以职业选择虽然没有经过指导，但成功者也不少。

(3) 每种职业虽然需要一些特别的能力、兴趣和人格特质，但仍有很大的弹性，这样，每个人可从事多种职业，而同样的职业也可让不同的人来从事。

(4) 个人的职业兴趣、能力、工作与生活环境以及自我观念会因环境、时间与个人经验的改变而发生变化，故职业选择与适应是一种持续不断的过程。

(5) 职业的选择和适应过程经历了一系列不同的阶段，即成长、探索、立业、维持和衰退。试探阶段又可分为幻想期、尝试期和现实期。建立阶段也可划分为尝试期和稳定期。而且由一个阶段到另一个阶段的转变时期，又构成一些小循环，即再成长—再试探—再建立。

(6) 个人的职业或生涯发展模式的性质受父母的社会经济地位、个人的心理能力、人格物质和机遇的影响极大。

(7) 每个人的生活阶段的发展，可借助于个人能力与兴趣的成熟、实际尝试与自我概念的发展而实现。

(8) 职业生涯发展的过程基本上是自我概念的发展和实践，是一种调和的过程。自我概念是核心力量，这种发展还受中枢神经和内分泌状况、担任各种角色的机会、他人的影响等制约。职业生涯发展过程是个人与社会环境之间、自我概念与现实之间的一种调和过程。

(9) 工作满意和生活满意受两方面的制约：第一，个人的工作与能力、兴趣、人格物质及价值观等的匹配程度。第二，个人在成长与探索经验上，是否觉得所从事的工作或担任的职务都很称职。

(10) 工作满意度与自我概念实现的程度成正比。从总体上看，萨帕的理论是伸张性很大的一个发展理论。它既考虑到了发展的年龄阶段，也考虑到了发展的子阶段，将一般规律与特殊规律很好地整合起来，对于不同的人的职业生涯发展有很强的解释力。此外，该理论重视心理属性，并以自我概念为核心，突出职业价值观、能力、兴趣等的作用，抓住了本质的职业心理属性。在职业选择方面，将心理、生理、社会经济、文化等方面的作用结合起来考虑，是一种比较综合的决策模型。由于社会变迁的速度加快，该理论对中年期、老年期的发展与适应，提出了一些关键性的概念，如“中年危机”、“更新期”等，有助于对该领域的深入研究。

该理论的主要问题是过于全面、宏观，如果作为职业辅导或职业生涯管理工作的参考，缺乏操作性。比如在决策时，应该考虑生理、心理、社会、经济等因素，那么，如果心理与社会、经济因素相冲突时，如何决策？如果价值观与兴趣、能力相冲突，如何决策？该理论没有交待。另外，什么样的心理属性与什么样的职业或专业选择匹配比较理想，该理论也不明确，相比而言，霍兰德的理论虽然缺乏动态性，但对职业选择过程表述得非常清晰。虽然阶段理论对现象的描述较多，而对具体的过程、属性等的解释较少，但它的确为职业发展、职业选择及职业规划等提出了很好的思路。

2. 格林豪斯的职业生涯发展理论

格林豪斯研究人生不同年龄段职业发展的主要任务，并以此将职业生涯划分为 5 个阶段。

(1) 职业准备。处于此期的典型年龄段为 0～18 岁，主要任务：发展职业想象力，对职业进行评估和选择，接受必需的职业教育。

(2) 查看组织。18～25 岁为查看组织阶段，主要任务：在一个理想的组织中获得一份工作，在获取足量信息的基础上，尽量选择一种合适的、较为满意的职业。

(3) 职业生涯初期。处于此期的典型年龄段为 25～40 岁，主要任务：学习职业技术，提高工作能力；了解和学习组织纪律和规范，逐步适应职业工作，适应和融入组织；为未来的职业成功做好准备。

(4) 职业生涯中期。40～55 岁是职业生涯中期阶段。主要任务：需要对早期职业生涯重新评估，强化或改变自己的职业理想；选定职业，努力工作，有所成就。

(5) 职业生涯后期。从 55 岁直至退休为职业生涯的后期。继续保持已有的职业成就，维护尊严，准备引退，是这一阶段的主要任务。

3. 金斯伯格的职业生涯发展理论

美国著名职业指导专家金斯伯格，对职业生涯的发展进行过长期的研究，对于实践产生过广泛的影响。金斯伯格的职业发展理论分为幻想期、尝试期和现实期。

(1) 幻想期。处于 11 岁之前的儿童时期。儿童们对大千世界特别是对于他们所看到或接触到的各类职业工作者，充满了好奇、好玩的感觉。此时期职业需求的特点是：单纯凭自己的兴趣爱好，不考虑自身的条件、能力水平和社会需要与机遇，完全处于幻想之中。

(2) 尝试期。11～17岁，这是由少年儿童向青年过渡的时期。此时期，人的心理和生理在迅速成长发育和变化，有独立的意识，价值观念开始形成，知识和能力显著增长和增强，初步懂得社会生产和生活的经验。在职业需求上呈现出的特点是：有职业兴趣，但不仅限于此，更多从客观的角度审视自身各方面的条件和能力，开始注意职业角色的社会地位、社会意义以及社会对该职业的需要。

(3) 现实期。17岁以后的青年年龄段，即将步入社会劳动，能够客观地把自己的职业愿望或要求同自己的主观条件、能力，以及社会现实的职业需要紧密联系和协调起来，寻找合适于自己的职业角色。此时期所需求的职业不再模糊不清，已有了具体的、现实的职业目标，表现出的最大特点是客观性、现实性、追求实际。

金斯伯格的职业发展论，事实上是前期职业生涯发展的不同阶段，也就是说，是就业前人们职业意识或职业追求的变化发展过程。

4. 施恩的职业生涯发展理论

美国的施恩教授立足于不同年龄段面临的问题和职业工作的主要任务，将职业生涯分为8个阶段。

(1) 成长、幻想、探索阶段。一般0～21岁处于这一职业发展阶段。主要任务是：发展和发现自己的需要和兴趣，发展和发现自己的能力和才干，为进行实际的职业选择打好基础；学习职业方面的知识，寻找现实的角色模式，获取丰富的信息，发展和发现自己的价值观、动机和抱负，做出合理的受教育决策，将幼年的职业幻想变为可操作的现实；接受教育和培训，开发工作世界中所需的基本习惯和技能。在这一阶段所充当的角色是学生、职业工作的候选人、申请者。

(2) 查看工作世界。16～25岁的人步入该阶段。首先，查看劳动力市场，谋取可能成为一种职业基础的第一项工作；其次，个人和雇主之间达成正式可行的契约，个人成为一个组织或一种职业的成员。充当的角色是：应聘者、新学员。

(3) 基础培训。处于该阶段的年龄段为16～25岁。与上一阶段查看职业工作或组织阶段不同，要担当实习生、新手的角色，也就是说，已经迈进职业或组织的大门。此时主要任务一是了解、熟悉组织，接受组织文化，融入工作群体，尽快取得组织成员资格，成为一名有效的成员；二是适应日常的操作程序，应付工作。

(4) 早期职业的正式成员资格。此阶段的年龄为17～30岁，取得组织新的正式成员资格。面临的主要任务：承担责任，成功地履行与第一次工作分配有关的任务；发展和展示自己的技能和专长，为提升或查看其他领域的横向职业成长打基础；根据自身的才干和价值观，根据组织中的机会和约束，重估当初追求的职业，决定是否留在这个组织或职业中，或者在自己的需要、组织约束和机会之间寻找一种更好的配合。

(5) 职业中期。处于职业中期的正式成员，年龄一般在25岁以上。主要任务：选定一项专业或管理部门；保持技术竞争力，在自己选择的专业或管理领域内继续学习，力争成为一名专家或职业能手；承担较大的责任，确定自己的地位；开发个人的长期职业计划。职业中期危险阶段：35～45 岁的人步入该阶段，此阶段的主要任务为：现实地估价自己的进步、职业抱负及个人前途；就接受现状或者争取看得见的前途做出具体选择；建立与他人的良好关系。

（6）职业后期。从 40 岁以后直到退休，可说是处于职业后期阶段。此时的职业状况或任务是：成为一名良师，学会发挥影响，指导、指挥别人，对他人承担责任；扩大、发展、深化技能，或者提高才干，以担负更大范围、更重大的责任；如果求安稳，就此停滞，则要接受和正视自己影响力和挑战能力的下降。

（7）衰退和离职阶段。一般在 40 岁之后到退休期间，不同的人在不同的年龄会衰退或离职。此间主要的职业任务：一是学会接受权力、责任、地位的下降；二是基于竞争力和进取心的下降，要学会接受和发展新的角色；三是评估自己的职业生涯，着手退休。

（8）离开组织或职业——退休。在失去工作或组织角色之后，面临两大问题或任务，一是保持一种认同感，适应角色、生活方式和生活标准的急剧变化；二是保持一种自我价值观，运用自己积累的经验和智慧，以各种资源角色，对他人进行传帮带。

需要指出的是，施恩虽然基本依照年龄的增长顺序划分职业的发展阶段，但并未囿于此，其阶段划分更多地根据职业的状态、任务和职业行为的重要性。由于施恩教授划分职业周期阶段是依据职业状态和职业行为和发展过程的重要性，又因为每人经历某一职业阶段的年龄有别，所以，他只给出了大致的年龄跨度，并在为职业阶段所示的年龄上有所交叉。

10.4.3 “职业锚” 理论

埃德加·施恩从斯隆管理研究院毕业生的纵向研究中首先提出了“职业锚”(Career Anchor)的概念。简而言之，“职业锚”指的是“自省的才干、动机和价值观的模式”。具体说，职业锚就是指当一个人不得不做出选择的时候，他或她无论如何都不会放弃的职业中的至关重要的东西或价值观。职业锚实际上就是人们选择和发展自己的职业时所围绕的中心。一个人对自己的天资和能力、动机和需求以及态度和价值观有了清楚地了解之后，就会意识到自己的职业锚到底是什么。对职业锚提前进行预测是很困难的，因为一个人的职业锚是不断变化的，它实际上是在不断探索的过程中产生的动态结果。

1. 自我观的内容

自我观主要包含 3 部分内容，共同组成“职业锚”：一是自省的才干和能力——以多种作业环境中的实际成功为基础；二是自省的动机和需要——以实际情境中自我测试和自我诊断的机会以及他人的反馈为基础；自省的态度和价值观——以自我与雇佣组织和工作环境的准则和价值观之间的实际遭遇为基础。

2. “职业锚”的特点

“职业锚”有以下五个特点：一是“职业锚”的定义比工作价值观、工作动机的概念更具体、更明确。“职业锚”产生于最初的工作价值观和工作动机之上，但又受到了实践工作经验和自我认识的具体强化。二是由于实践工作成果的偶然性，“职业锚”不可能凭各种测试来预测。“职业锚”是个人同工作环境互动作用的产物，在学校中表现出的潜在才干和能力，在经过实际工作的多次确认和强化之前，并不能成为“职业锚”的一部分。个体的一系列职业选择的偶然性，体现出从不适应、无法满足需要的工作环境向更和谐环境移动的必然性。在实践中选择、认知和强化，这就是“锚”的比喻。三是“职业锚”强调了能力、动机和价值观的互动作用。人们可能喜欢某类职业，不断提高能力，对此职业的擅长又使人们更喜欢它。或者人们可能先发现自己擅长于某职业，渐渐培养起兴趣和感情，后来就越发精通了。职业取向中单独的动机、能力、价值观概念是意义不大的，重要的是突出三者相互作用的整合。四是“职业锚”要在正式工作若干年后才可能被发现。换言之，“职业锚”的确定需要各种情境下实践工作的反复验证。职业取向的必然性需要一定时期内变化偶然性的累积方可突现。五是“职业锚”概念倾向于寻求个人稳定的成长区域，它并不意味着个人停止变化或成长。“职业锚”本身会发生变化。

3. “职业锚”的类型

施恩根据自己的研究总结出 5 种类型的“职业锚”。

(1) 技术/职能能力型“职业锚”。这一类型的人在做出职业选择和决策时的主要精力放在自己正在干的实际技术内容或职业内容上。他们认为自己的职业成长只有在特定的技术或职能领域才意味着持续的进步。这些领域包括工程技术、财务分析、营销、系统分析等各种领域。比如说，一个技术/职能型“职业锚”的财务分析员希望成为公司的会计或审计员，最高理想是某公司的财务副总裁。他们只对同自己的区域有关的管理任务加以接受，对全面管理则抱有强烈的抵触。在传统的由职能型向全面管理型职业的发展通道上，这一锚型的个体常经历严重的冲突。为了不损害职业，他们常常无法拒绝一些全面的管理工作，可是这使他们感到害怕或是心烦，无法胜任。

(2) 管理能力型“职业锚”。这一类型的人在职业实践中被培养出来，也相信自己具备胜任责任管理所必不可少的技能和价值观。他们根据需要在一个或多个职能区展现能力，但他们的最终目标是管理本身。他们具有 3 种能力的强强组合：分析能力——在信息不全或不确定的情况下识别、分析和解决问题；人际能力——能影响、监督、领导和操纵组织各级人员，更有效地完成组织的目标；感情能力——能够被感情危机和人际危机所激励，而不是被打倒，能承担高水平的责任，而不是变得软弱无力，能使用权力而不感觉内疚或羞怯。其他类型的人可能拥有一两项更强的单项能力，但是管理锚型的人拥有最完善的三项能力的组合。

(3) 安全/稳定型“职业锚”。这一类型的人追求稳定安全的前途，比如工作的安全、体面的收入、有效的退休方案和津贴等。安全锚的人依赖组织或社区对他们能力和需要的识别和安排。为此他们会冒险，也愿意以高度服从组织的价值观和准则作为交换。安全锚的人也可以区分出两种类型的取向。有些人的安全感和稳定感来自于给定组织中稳定的成员资格；而另一些人的安全、稳定源则是以地区为基础，包括一种定居、使家庭稳定和使自己同化某一社团的感情。

(4) 创造型“职业锚”。这一类型的人时时追求建立或创造完全属于自己的成就。他们要求有自主权和管理能力，能施展自己的特殊才华，但是创造是他们自我扩充的核心。他们为创建新的组织、团结最初的人员、克服初创期难以应付的困难，废寝忘食而又乐此不疲。而一旦建成，他们会因为厌倦或不适应正规的工作而退出领导层，自愿或不自愿地让位于总经理。成功的企业家大多出自这种锚型，而他们大多无法成为出色的总经理。

（5）自主/独立型“职业锚”。这一类型的个体追求的主要目标是随心所欲地制定自己的步调、时间表、生活方式和工作习惯，尽可能少地受组织的限制和制约。他们可能是自主性较强的教授、自由职业者或是小资产所有者、小型组织的成员。技术/职能锚的个体也可以从事这些职业，但是他们很少为了自由的需要而放弃晋升的机会，为了更高的地位和收入，他们可以以自由的个人生活方式作交换。创造型“职业锚”的个体同样会拥有很多的自主权，但他们关心的不是自由本身，而是全力以赴地建立自主的职业目标。

“职业锚”的5种类型不一定能涵盖所有的职业类型，在测试职业早期以外的人员中也没有显示出完全的可分性。在职业实践的客观因素之外，是否还有影响职业取向的其他重要因素呢？“职业锚”理论距离成熟和完善还有一定的差距，但它提供了一个独特的视角，在职业计划和职业管理实践方面提供了新的理论基础。

思　考　题

1. 为什么企业应重视职业管理？
2. 职业生涯设计包括哪些内容？如何实现职业目标？
3. 职业管理的内容包括哪些方面？

案例思考题

美国惠普公司员工职业发展的自我管理

美国惠普是世界知名的高科技大型企业，被称为“惠普之道”的独特而有效的管理模式为人所称道。该公司聚集了大量的素质优秀而训练良好的技术人才，他们是惠普最宝贵的财富，是其发展与竞争力的主要源泉。惠普能够吸引来、保留住和激励起这些高级人才，不仅靠丰富的物质待遇，更重要的是靠向这些员工提供良好的提高、成长和发展的机会，帮每位员工制定令他们满足的、有针对性的职业发展计划是其中一个重要因素。

例如，该公司的科罗拉罗泉城分部就开发出一种历时三个月的职业发展自我管理课程。这门课程主要包含两个环节：先是让参加者用各种信度业经考验的测试工具及其他手段进行个人特点的自我评估，然后将评估中的发现结合其工作环境，每人编制出自己的一份发展路径图来。

把自我评估作为职业发展规划的第一步，当然不是什么新主意。自我帮助的书籍泛滥成灾已经多年了。不过这些书本身却缺乏一种成功的要素，那就是在一种群体(小组或班组)环境中所具有的感情支持，在这种环境里大家可以共享激情与干劲，并使之维持长久不衰。

这家公司从哈佛MBA版第二学年的职业发展课程里选择了6种工具用在这门课程的学习里，来取得每人的个人特点资料。这些工具是：

(1) 一份书面的自我访谈记录。给每位参加者发一份提纲，其中有11个问及他们自己情况的问题，要他们提供有关自己生活(有关的人、地、事件)、经历过的转折以及对未来的设想，并让他们在小组中讨论。这篇自传摘要体裁的文件将成为随后的自我分析所依据的主要材料。

(2) 一套“斯特朗—坎贝尔个人兴趣调查问卷”。对这份问卷的325项问题填答后，就能据此确定他们对职业、专业领域、交往的任务类型等的喜恶倾向，为每人跟各种不同职业中成功人物的兴趣比较提供依据。

(3) 一份“奥尔波特—弗农—林赛价值观问卷”。此问卷中列有相互矛盾的多种价值观，每个人必须对之做出45种选择，从而测定这些参加者对多种不同的关于理论、经济、美学、社会、政治及宗教价值观接受和统一的相对强度。

(4) 一篇24小时活动日记。参加者要把一个工作日内及一个非工作日内全天的活动如实而无遗漏地记下来，用来对照其他来源所获的同类信息是否一致或相反。

(5) 对另两位“重要人物”(对自己有重大意义的人)的访谈记录。每位参加者要对自己的配偶、朋友、亲戚、同事或其他重要人物中的两个人，就自己的情况提出一些问题，看看这些旁观者对自己的看法，这两次访谈过程需要录音。

(6) 生活方式描述。每位参加者都要用文字、照片、图或他们自己选择的任何其他手段，把自己的生活方式描绘一番。

这项活动的关键之处就在于所用的方法是归纳式的而非演绎式的。一开始就让每位参加者拿出有关自己的新资料来，而不是先从某些一般规律去推导出每人的具体情况。这个过程是从具体到一般，而不是从一般到具体。参加者观察和分析自己的资料，在从中认识到一些一般性规律。他们先把6种活动中所获取的资料分别进行研究，分别得出结论，在把6种活动中所得的资料合为一体，进行分析研究。

每个人都做好了自我评估后，部门经理逐一采访参加过此活动的下级，听他们汇报自己选定的职业发展目标，并记录下来，还要写出目前在他们部门供职的这些人的情况和职位。这些信息便可供高层领导用来制定总体人力资源规划，确定所要求的技能，并拟定一个时间进度表。当公司未来需要的预测结果与每位学习参加者锁定的职业发展目标相符时，部门经理就可据此帮助他的部下绘制出其在本公司内发展升迁的路径图，标明每一升迁前应接受的培训或应增加的经历。每位员工的职业发展目标还得和绩效目标与要求结合起来，供将来考评使用。部门经理要监测他的部下在职业发展方面的进展，作为业绩考核活动的一部分，并须给他们提供尽可能的帮助与支持。

问题:

1. 在惠普公司的职业管理中，个人与组织是如何配合协调的?
2. 惠普职业管理方法对员工个人以及组织有什么作用?
3. 惠普公司的职业管理在其整个人力资源管理工作中发挥什么作用?

第11章 人力资源流动管理

教学目标

通过本章的学习，对人力资源流动管理有一定的了解和认识，能针对不同的流动形式提出相应的调控方法。

教学要求

了解人力资源流动和核心员工的含义，明确人力资源流动的影响因素，理解人力资源流动的调控方法以及企业留住核心员工的各种管理措施。

随着组织的发展，组织中人员的数量、质量和结构在不断发生着变化。当组织因各种原因而需要新的员工或调整其内部结构时，可以通过招聘、开发和提升有能力的人才来不断扩大自身的人力资源库存。但是，对于一些成熟的经济组织，越来越激烈的竞争反而可能要求减少雇员的数量，其不得不面对的另一个事实就是组织的人力资源需求减少的局面，因此要通过解雇、提前退休、裁员等多种管理手段使员工流出组织。同时还要千方百计地留住那些对组织有价值的员工，减少可能发生的人员流失。因此，对人力资源流动的管理不仅变得越来越重要，而且越来越复杂。

11.1　人力资源流动的含义与客观必然性

11.1.1　人力资源流动的含义

人力资源流动有广义和狭义之分。

广义的人力资源流动是指员工从一种工作状态向另一种工作状态的转变，这里的工作状态可以根据工作的岗位、工作的地点、职业的性质、服务的对象及其性质等因素来确定。因此，根据工作状态确定因素的不同，人力资源流动可以划分为不同的类型，如职业间的流动、产业间的流动或地区间的流动等。狭义的人力资源流动是指人力资源围绕某个具体组织发生的流动，即人力资源流入组织、流出组织和在组织内部流动。本书所指的人力资源流动是狭义的人力资源流动。

一个组织为了对环境的变化作出反应，就应该对人力资源的流动进行正确的管理，以使员工的流动能够与企业的战略决策相匹配。当企业需要人力资源的时候，企业应该能够通过人力资源的流入或人力资源的内部流动来满足需要。对企业而言，没有恰当的经理人员和熟练工人，都会造成战略性的失败。而当企业发展不需要过多的人力资源时，也应当能够通过人力资源的流出来消除富余。对企业来说，富余的人力资源的成本是高昂的，并且能潜在地损害员工的福利。

对人力资源流动的管理能够保证企业需要的才能的可获得性，对于吸引、保留和开发自己所需的人员的能力有重要意义。

11.1.2　人力资源流动的客观必然性

企业的发展离不开员工，员工自身价值的实现要在组织内完成。无论是从企业的长远发展来看，还是从员工个体来看，有序正常的流动都是必不可少的。

1. 人力资源流动是人才成长发展的客观要求

美国著名的心理学家勒温(K. Lewin)有感于电磁场理论，创造性地提出了一个个人绩效与个人的能力和工作环境的关系表达式，即

$$B=f(P, e)$$

式中，B 表示组织中个人的绩效；P 表示个人的能力与条件；e 表示他所处的环境。由勒温的场论可以看出：组织中个人的绩效是个人能力和他所处的环境的函数，即在组织当

中，一个人所能创造的绩效不仅与他的个人知识和能力有关，而且与其所处的组织大环境有关。因此，如果一个人处在不利于其发展的环境中，其聪明才智受到了严重的限制，他就很难发挥其原有的能力水平。一般来说，个人对于环境往往是无能为力的，只能被动接受。改变的方法是将其流动到适宜的工作环境中去。

2. 人力资源流动是组织适应不断变化的发展战略的客观要求

在组织发展的不同战略阶段，对于人才的需求是有所差别的。当企业处于变革或发生重大战略调整时，必然会对原有的人力资源构成进行调整。这一方面是适应组织发展的新的需求，另一方面也是消除原有成员对变革所产生的消极影响。

11.2 影响人力资源流动的因素

影响人力资源流动的原因有很多，我们可以从内部和外部两个角度来分析。

11.2.1 内部因素

影响组织人力资源流动的内部因素主要包括组织管理、工作特性和员工个人 3 个方面。

1. 组织管理

组织管理对人力资源流动的影响主要体现在以下 3 个方面。

首先，组织变更通常会对人力资源流动产生影响。如组织的改组会产生很多连锁反应，其中就包含员工离职，企业之间的合并会增加员工离职的可能性，而分立会降低员工的离职率。

其次，组织的行业归属也会对人员流动产生影响。不同行业的离职率存在较大的差异。即使在同一个行业里，由于组织所处的行业地位不同，离职率也会有所差异。通常，组织所处的行业地位越高，员工的安全感就越强，员工个人也越有发展前途，越能赢得更高的社会地位，离职越不容易发生。同时，行业特性也是影响人员流动的因素之一。调查表明，知识密集型行业、资本密集型行业、新兴的高新技术行业的离职率明显高于传统行业和劳动密集型行业。

再者，进入衰退期的行业由于赢利能力的有限，不能吸纳足够的劳动力就业，也迫使相当一部分员工另谋出路。

最后，组织规模对人员流动也具有影响。一般来说，组织的规模越大，给员工带来的安全感就越强，员工为能够进入大规模的组织而感到满足和自豪，一般不愿轻易离开组织。组织内的每一个员工都有充当组织内符合其身份的某一特定角色的愿望，组织规模越大，内部的机会就越多，而较好的内部流动性可以提高员工的工作满意度，减少离职行为，因此，离职率与组织的规模程度相关。与此同时，也不能忽视组织规模增大后的负面影响：内部沟通容易堵塞；信息流通容易失真；工作小组的团结容易受到影响；非人性化和制度化的约束增多；一旦组织受到挫折会产生联动和放大效应，使得一大批员工被迫离职或主动另谋生路。这些都会极大地影响到员工的工作满意度和对组织的忠诚度。

2. 工作特性

工作本身的特性会带给成员不同的工作压力和工作紧张度。比如直销工作本身的特点造成经济收入的不稳定性，对直销人员离职有显著的影响。而工作种类不同，其相应的工作环境、报酬等很多方面自然会有差别。这就造成不同行业工种员工的离职率、离职原因不尽相同。

工作对人员流动的影响还表现在工作中的人际关系。一般来说，员工对领导者的满意与否直接影响其对整个工作的满意率，也影响了员工的离职倾向和实际离职行为。对工作中上级、同级、下级间人际关系的满意度，会影响员工对工作的满意度和对组织的承诺，影响离职率。

3. 员工个人因素

个人因素主要指员工的年龄因素和个性因素。

一般来讲，年龄和任期与离职呈负相关，即在同一企业中年龄越大、任期越长的员工，因流动所带来的损失较多，因而其离职率越低。而组织中的新员工由于年龄相对较小，任期较短，因流动所带来的损失也就较少，相反还有可能带来更多的机遇和挑战，因而离职率往往比较高。

从个性因素看，一个人的能力、气质、性格、兴趣爱好、理想抱负、信念、态度等的影响会更直接、更内在、更强烈。如胆汁质、多血质类型的人反应迅速，接受新事物快，流动性会更强；而黏液质、抑郁质类型的人善于自我克制、持重、耐心，流动性相对弱一些。

此外，员工的个人教育背景、早期的生活经历、榜样作用等都会对员工的离职产生影响，员工个人需要的特殊性也会与离职倾向有关。某些员工为了出国留学或进修，会采取自动离职的方式，以保证有充足的时间来学习提高自己。

11.2.2　外部因素

影响人员流动的外部因素主要是指社会经济发展程度。

人员流动从根本原因来讲，大多与经济因素有关。企业和员工都存在于社会中，社会环境大背景的影响渗透到每一个地方。就人员流动的客观条件而论，由于经济发展水平较高的地区能够提供优厚的物质生活条件和良好的工作条件，拥有容纳较多数量人力资源的客观条件，所以它们对员工具有较大的吸引力。人力资源总是从生产力发展水平较低、同时也是经济发展水平较低的地区流向经济发展水平较高的地区。

11.3　人力资源流动的调控方法

11.3.1　人力资源流动的规章管理

1. 对人力资源流动的立法管理

目前，我国企业人力资源的流动基本处于自然流动状态，具有很大的盲目性，这打乱了企业的人才结构，使企业急需的人才更加不足。特别是国有企业的人才向外资企业或私营企业的流动，造成了人才的损失和浪费，由此引起的商业失密现象和人才流动争议也日益增多。对于企业来说，最严重的问题是骨干力量的流失而带来的商业失密和丧失市场的问题。许多企业的骨干力量到了新的单位以后，带去了原单位的技术经验和资料，成了原企业的竞争对手。商业秘密受到侵害的形式主要有两种：一种是因工作关系，了解和掌握原企业内部商业秘密的员工，为了在人才市场上提高自己的竞争力，进入其他较理想的工作单位而泄露原来企业的商业机密；另一种是其他企业为了获取竞争对手的商业机密，以增强自己的实力，击败对手，而以各种方式挖走对手的重要技术员工和管理员工。

要改变这种状况，保证企业员工的合理流动，政府必须制定相关的法律法规对员工的流动进行调控。政府的调控是指政府运用行政、经济、法律等手段对企业员工的流动进行调节和管理。市场经济是法制经济，没有完善的立法就不能建立公平的竞争机制。人才立法就是要使人才流动中的交换关系和市场运行法制化，建立一套符合市场规律的法律体系，对人才流动行为用法律加以约束和保护。依靠法律的强制手段，使合理的人才流动得到有力的保障，使不合理的人才流动受到强制性的约束。这样以法律的形式把人力资源流动中的问题，如用人单位与职工的契约关系、人力资源流动的程序、企业商业利益的保障、人力资源流动的正当利益保护等以法律条文的形式确定下来。这样才能依靠法律的力量来促进人力资源流动约束机制的建立与完善，保证人力资源的合理配置，并维护整个社会的生产和秩序。在国家人才法规未出台前，地方政府和企业应制定必要的行政法规，实现人才流动的合法化、有序化和健康化。

2. 企业内部对人力资源流动的规章管理

为加强对人力资源流动的管理与控制，企业除了要为员工的发展创造良好的环境，不断增加自身的吸引力外，还必须从多方面制定相关的章程对其进行调控，具体可以从以下几个方面入手。

第一，企业与员工签订缜密的劳动用工合同。在合同期内，企业不能无故辞退员工，员工也不能擅自离开企业，一方违约必须向另一方交纳违约赔偿金。如一些国有企业规定：新录用的大学毕业生必须与企业签订一定年限的工作合同，如果合同期内员工离开企业，必须交纳一定数额的违约金(在厂工作一年减免若干)。

第二，企业应对员工的教育培训进行投入—产出分析。每一个企业都会对新入职的员工进行相应的职业技能或企业文化培训，通过对教育培训的投入—产出分析，计算出员工离职给企业造成的损失，并确定员工应向企业交纳的教育培训成本。

第三，企业与员工签订核心技术保密协议。由于部分员工所处岗位有很多机会接触企业的核心技术，因而这部分员工的离职会严重影响企业的核心竞争力。通过与员工签订核心技术保密协议，并在员工离职后一定时期内进行跟踪调查，可以在一定程度上有效地降低员工离职所造成的风险和损失。

11.3.2 具体调控方法

人力资源流动的类型可以分为人力资源的流出、内部流动和流入 3 种形式，对于不同形式的员工流动，企业采取的调控方法也有所区别。由于人力资源流入管理所涉及的是招募录用问题，因而不在本章阐述。

1. 人力资源流出管理

企业人力资源流出管理主要包括两种方式。

1）开除或解雇

对表现最不好或绩效很差的员工进行开除或解雇，可以有效地起到对大多数员工的激励作用，这要求企业必须建立完善的绩效考核指标体系，并对员工的表现持续注意和进行连续的考评。开除或解雇要严格按组织的规章制度进行。

2）退休或提前退休

一是员工达到退休年龄时自动退休；二是组织采取的提前退休计划，一般通过提供金钱上或其他福利方面的吸引，如员工能在 50 岁的时候提前退休，可照拿其本来应该在退休年龄才能拿到的养老金。提前退休计划会增加组织中年轻人的比例，管理层普遍认为年轻人在对变化的未来经营作调整上，比那些年老的、看法不容易改变的员工更灵活一些。同时，人员的削减使工资成本的迅速下降成为可能，这在短期内会使盈利增加。由于解雇在许多国家受到立法的极大限制，所以提前退休计划是许多公司面临激烈竞争、重视自身活力而可以用于管理流出的最流行的选择。

2. 人力资源内部流动管理

员工在组织内部的流动，既要适应组织的发展需要，又要满足员工自己的职业抱负。内部流动可分为水平流动(平级调动和岗位轮换)和垂直流动(提升和降级)。

1）平级调动

平级调动是指员工在组织中横向流动，在不改变薪资和职位等级的情况下变换工作。一般来说，这样的流动并不意味着员工的晋升和降职，但却与员工的职业生涯发展密切相关。如平调可能是为了使员工获得进一步晋升所需的经验而作的特别安排，也可能是对员工的一种变相的降职处理。值得注意的是，组织应对调动有明确的管理规定，如在组织要求调动时，应该给员工多长的时间准备；在员工提出调动的情况下，员工应提前多长时间通知组织；组织应该在什么时间范围内批复员工的调动。这样组织和员工就可以将调动造成的损失降低到最小，并且可以使组织避免由于调动可能带来的法律诉讼问题。

2）岗位轮换

岗位轮换是指组织的员工在组织各个部门之间进行流动。岗位轮换是德国克虏伯工厂的一名工人首先提出来的。他认为，如果让在流水线上工作的工人定期轮换岗位，可以使他们对工作保持新鲜感，这样就会使生产效率提高。岗位轮换后来成为一个可以在组织各个部门之间、在不同类型员工之间实施的员工流动方法。在一般情况下，企业培养了一个员工，无论是操作工人、管理者还是研发人员，为了保持相对的稳定，提高工作的熟练程度，提高劳动生产率，总是竭力使他们留在这些岗位上，不作大的变动，希望雇员终身从事这项工作，从而使企业节约大量的培训费用。然而这种想法是错误的，企业中的许多员工正是由于岗位本身的问题而变得生产率低下，或者因此而离开企业。岗位轮换就是一种有效的依靠员工的内部流动来创造价值的方法。国内外许多企业都采用了这种方法。

3）提升

提升是指员工由于工作业绩出色和组织工作的需要，沿着组织等级，由较低职位等级上升到较高等级。对于员工来说，晋升是一种积极的成就，可以使他们具有更高的职业工作地位并承担更重要的责任，同时也可以为他们带来更高的薪资福利和更强的成就感。所以，一般来说，合理的晋升管理可以对员工起到良好的激励作用，有利于员工队伍的稳定，避免人才外流。另外，晋升制度的制定和执行，可以激励员工为达到明确可靠的晋升目标而不断进取，致力于提高自身的能力和素质，提高工作绩效，从而促进组织效益的提高。可见，晋升管理工作进行得好坏直接关系到队伍的积极性和士气，其重要意义不可忽视。

有效的晋升管理应遵循三项原则：晋升过程正规、平等和透明；晋升选拔重视能力；对能力的评价要注重对员工技能、绩效、经验、适应性以及素质等因素的综合考察。

4）降职

降职是一个员工在组织中向更低职位的移动。相应地，员工的工作责任降低了，收入也降低了。管理者常常利用降职来代替解雇，作为一种比处罚更重、而比解雇又轻的措施。

组织在执行降职政策时往往会十分谨慎，因为一个人在降职时往往会情绪激动，感觉愤怒、尴尬、自卑和失望，其工作效率也可能进一步降低，给同事带来消极的影响。用来预防由降职引起的精神创伤的方法是建立试用期。在试用期期间，允许被提升的员工尝试新的工作，如果他不能胜任，就将其退回原职的岗位，这时该员工不会被看成降级。有的时候，由于组织裁员或组织结构扁平化的要求，会造成一些职位被撤销，一些有价值的人员就会面临不能在原来职位继续留任的情况。如果组织不希望损失这一有价值的人员，就可能将其安排到一个较低的职位，并保留其原来的薪资待遇。

11.4 留住核心员工

11.4.1 企业核心员工的概念及其心理特征

1. 核心员工的概念

核心员工是指那些拥有专门技术、掌握核心业务、控制关键资源、对企业的经营产生深远影响的员工。核心员工是组织核心能力的载体，是企业利润的源泉，他们大多具有核心专长，拥有为企业抓住并利用机会或者减低威胁而创造价值的能力，这种能力往往是稀缺的，且模仿和学习成本很高，在一定程度上具有不可替代性。企业的核心员工包括：对企业经营管理有全局影响的岗位任职者，如公司总经理层、重要经营管理岗位的专业人士等；控制直接创造利润的岗位任职者，如营销部、工程部和生产制造中心、研发中心等直接创造利润的部门主任、项目负责人等；对企业组织有全局影响的岗位任职者，如管理职能部门的负责人、人力资源部经理、财务部经理等；智力资本拥有者、专业技术人才，如公司专业技术骨干、专利拥有者、课题组组长、核心职能部门的专业管理人员等。核心员工一般具有以下特征：创造、发展企业的核心技术；建立和推动企业的技术和管理升级；扩大企业的市场占有率和提高企业的经济效益；务实、积极和有牺牲精神。

从管理学的“80/20”原理来看，企业核心员工会占到企业总人数的 20%～30%，他们集中了企业 80%～90%的技术和管理，创造了企业 80%以上的财富和利润，是企业的灵魂和骨干。但同时，核心员工也是人才市场上主要的争夺对象，他们“跳槽”的机会最多、可能性最大，他们一旦跳槽，对企业造成的损失往往难以估量。

2. 核心员工的心理特征

由于自身价值的不可替代性，核心员工拥有不同于普通员工的心理特征及其行为模式，充分了解其独特的心理特征及其行为模式，是吸引、留住核心员工的前提。

1）实现自我价值的强烈愿望

核心员工重视自身价值的实现，重视自身知识的获取与提高。根据马斯洛需求层次理论，核心员工追求终身就业能力而非终身就业饭碗，为了更新知识，他们渴望获得教育和培训机会，因此他们希望到更多更优秀的企业去学习新的知识，通过流动实现自我价值的增值。这种个性特征使知识型员工本身就有较高的流动意愿，不希望终生在一个组织工作。据哈佛企业管理顾问公司的离职原因调查显示，“想尝试新工作以培养其他方面的特长”被列于众多原因之首。

相对一般员工，核心员工很难满足于一般的事务性工作，而更热衷于具有挑战性、创造性的任务，并尽力追求完美的结果，渴望充分展现个人才智，实现自我价值。核心员工的价值来源于其区别于其他员工的独特能力，这种能力具有不可复制、难以模仿性，并能为企业带来超额价值。

2）更高的心理期望

核心员工一般都希望自己的能力能够得到充分的发挥，自己的工作能够得到企业的及时认可，在事业上有成就感和满足感。核心员工的个人价值在一定程度上从企业给予员工的待遇和职位上体现出来，核心员工期望能够在其他公司得到高于市场水平或现有水平的物质回报和精神回报，通过与同行业同类职位的对比，正确认识和看待自身价值。由于对自我价值的高度重视，核心员工同样格外注重他人、组织及社会的评价，并强烈希望得到社会的认可和尊重。

3）职业忠诚代替企业忠诚

核心员工更多地忠诚于他们的专业而非他们所在的组织，他们不断追求对知识的探索，追求事业的发展。核心员工对事业有着较强的偏执，仅仅依赖情感、缺乏强制性与自动反馈机制的留人方式，很难培养核心员工对企业的忠诚度。

4）强烈的个性

企业的核心员工一般都为知识型员工，与普通员工相比，他们具有极其鲜明的个性特点，往往把事业看得很重，追求成就感，自主意识强，拥有相对独立的价值观。核心员工不仅富于才智，精通专业，而且大多数个性突出，具有极富个人风格的思维与行为方式。

11.4.2 核心员工流失对企业发展的危害

1. 增加企业的经营成本

1）人才成本

人才成本是指人才在成长期内公司为其付出的人工成本、培训费用等各项成本之和。一般来说，人才的成长期因企业的情况不同而有所不同。但值得注意的是，在人才成长期内，企业主要是成本投入，回报率几乎为零。如果离职员工工作年限小于人才成长期，企业基本上只是成本投入，而得不到回报。

2）人才重置成本

人才流失后，企业为了生产需要招聘新人，重新投入成本培养人才，该成本即为人才重置成本。人才重置成本一般高于原来损失的人才成本。

3）无形资产损失

核心员工本身具有的核心技术和专利发明会使企业丧失巨大的无形资产。由于竞争对手掌握并运用了该项专利技术，开发出的新产品很快抢占了市场，使得本企业市场份额缩水。

4）间接损失

人才流失会给现有员工造成极大的心理冲击，使得该公司现有员工人心浮动，工作热情相对下降，工作效率大幅度降低。

2. 造成商业机密的泄露

掌握核心技术或商业机密的核心员工的离职可能导致企业赖以生存的核心技术或商业机密的泄露。一旦发生这种情况，带给企业的将是极大的损失，尤其是当这些核心员工跳槽到竞争对手的企业或另起炉灶时，企业将面临严峻的竞争压力。世界著名的Intel公司曾经历过类似的一个教训。公司创业初期，天才设计师费根设计的第一代微处理器8080一炮打响，该产品给公司开创了巨大的市场。意想不到的是，费根在关键时刻离开了公司，并带走了另两名重要的技术人才，在外面重组了一个新公司，推出了比8080还要先进的新产品，很快将Intel的市场抢去。这个沉重的打击，使Intel几乎一败涂地。若干年后，Intel才重新崛起。

3. 导致企业声望的降低

就流失员工自身来讲，一个员工主动离开一个企业，或多或少都存在着对企业一定程度的不满，又少了在企业内部的约束，也不可能像在企业里一样，尽心尽力地维护公司的声望了。因此，他们在对外的交往中，可能自觉或不自觉地损害企业的声望。再者，企业声望的降低，也必然提高企业招聘与维护人才的成本。

4. 企业正常工作的中断

知识型员工的离职可能导致企业关键岗位的空缺。由于知识型员工掌握某种专门的技能，所以一旦他们离职，企业可能无法立刻找到可替代的人选，那么这一关键岗位在一定时期内会空缺出来，这势必影响企业的整体运作，甚至可能对企业形成严重的损害。更糟糕的是，如果出现了知识型员工的集体跳槽，那么企业面临的风险将是成为一个没有血肉的空壳，假如不及时补充，面对的必然是死亡。

11.4.3　企业留住核心员工的措施

1. 支付有竞争力的薪酬

西门子全球总部人事副总裁高斯说："我们西门子这么大的公司能凝聚在一起，它的凝聚力主要有两个原因，一是金钱，一是人力管理。"西门子如此重视薪酬管理，充分说明了薪酬管理的重要性。对于每一个职位，社会都有一个平均薪酬，这是人才接受工作的下限，也是一般的薪酬水平。然而，对于核心员工而言，他们所创造的效益，远远高于企业员工的平均效益，他们的价值，也应远远高于社会的平均薪酬。因此，核心员工的薪酬应随行就市，确保其薪酬水平与其创造的价值相应，甚至不能低于意欲挖角的竞争对手的出价。只有支付了具有绝对竞争力的薪酬，核心员工才可能不被竞争对手挖走。当然，在为核心员工提供具有绝对竞争力薪酬的时候，还需要对薪酬结构做好设计，实行年薪制、项目制、股票期权制等，使薪酬结构满足核心员工的个性化要求。

2. 安排富有挑战性的工作

核心员工的能力超群，如果他们能挑 100 斤的担子，却只安排了 50 斤，一来会造成人力资源的浪费，二来核心员工也不满意，认为自己的价值未能充分发挥。因此，企业要帮助核心员工实现自身的价值，在能挑 100 斤的情况下，让其挑满，并在其愿意的情况下，适当加压，使其工作更具挑战性，并激发核心员工的潜力。使工作富有挑战性的方法很多，比如可以通过工作轮换和工作丰富化来实现。当核心员工觉得现有工作已不再具有挑战性时，管理者可以把他轮换到同一水平、技术相近的另一个更具挑战性的岗位上去，可以减少核心员工的枯燥感，提高他们的积极性和忠诚度。

3. 建立职业管理机制

在核心员工当中，一部分人希望通过努力晋升为管理者；另一部分人却更希望在专业上获得提升。因此，组织应该建立迎合需要的职业管理机制，来满足不同价值观员工的需求。在这方面，美国微软公司便采用了双重职业途径，并获得了成功。为了留住技术人才，微软公司曾采取将技术过硬的技术人员推到管理者岗位上的方法，但该方法对于那些只想待在本专业而不愿担负管理责任的技术人才来说并没有什么吸引力，由此产生了核心员工的职业管理问题。微软公司不愿因职业管理问题而失去这部分核心员工，于是，他们改进工作，在技术部门建立了正规的技术升迁途径，承认他们并支付相当于一般管理者的报酬。同时，为了使不同的职业部门之间形成可比性，微软还在各个专业设立了"技术级别"。这些级别既反映了技术人才在公司的表现和基本技能，也反映了经验阅历。这一职业管理方案的推行迎合了核心技术人才的需要，提高了他们的忠诚度。

4. 关心健康和日常生活

人是感情动物，感情因素往往影响到人才对公司的印象，影响到人才的忠诚度。因此，企业应对核心员工实施无微不至的亲情化管理，就像长辈对待自己的小孩一样，悉心照料、精心培育，而受惠的核心员工也会知恩图报的。一方面，企业要关心核心员工的健康状况。由于核心员工的工作压力较大，缺乏应有的锻炼和娱乐，长期如此，健康状况会受到威胁。在这方面，IBM、宝洁公司不仅每年都安排员工体检，而且每年要组织1～2次的度假，对核心员工的健康状况十分关照；另一方面，企业要关心核心员工的家庭生活状况，要尽力帮助核心员工达到工作和家庭相互平衡。3M公司在这方面就做得非常成功，为了方便员工处理一些生活事务，公司将一部分场所租给了银行、洗衣店、汽修公司、旅游公司等服务性企业。这样，公司员工就可以很方便地干完“私事”，从而有更多的时间、更集中的精力从事工作。

5. 提供和谐的人文环境

要提高核心员工的忠诚度，建立和谐宽松的人文环境很重要。一是组织要提高管理手段的亲和力，将管理的触角延伸到员工的私人领域，通过人际交往增强凝聚力。比如人力资源部要真心与核心员工交朋友，在布置任务时，不是生硬地下达命令，而是在谈心中完成；二是避免核心员工之间的过激竞争。适度竞争很有必要，但要控制好竞争度，防止核心人才之间形成内耗，造成“一山不容二虎”的局面，给企业造成损失；三是交流与沟通，对于核心员工来讲，工作群体是表达自己的挫折感和满足感的主要社交场所，因此，沟通提供了一种释放情感的情绪表达机制，满足了员工的社交需要，还可以共享知识、交流信息，有利于核心员工互相学习、共同提高，同时，交流与沟通可以促进企业的改革与发展。通过亲密无间的交流与沟通，可以向员工传递企业的战略和目标，有利于增强核心员工的主人翁观念，不断创造新的业绩，促进企业的发展。

思　考　题

1. 怎样理解人力资源流动的概念？
2. 影响人力资源流动的因素有哪些？企业应如何看待这些因素？
3. 对于人力资源流动的具体调控方法有哪些？
4. 什么是核心员工？核心员工流失会对企业产生什么样的影响？
5. 企业应如何对待核心员工的流失问题？

案例思考题

正泰的人力资源管理

岁末年初，作为中国民营企业的标兵，正泰的快速发展再次引人关注，25%以上的经济增长率、80%以上的员工满意度和不到3%的员工流失率，正泰的迅速发展坚持怎样的管理理念？正泰集团股份有限公司人力资源部汤彪经理有如下精彩的说法。

正泰集团始创于1984年，主要经营高低压电器、输配电设备、工业自动化、仪器仪表、建筑电器和汽车电器6大产业，年产值超百亿元，占近30%的市场份额。现辖6大专业公司、50余家持股企业、800多家专业协作厂、2 000多家销售公司和特约经销处，在国外设有5家分公司及30多家销售总代理，产品畅销世界70多个国家和地区。

1. 选人求专不求全，复合人才最青睐

"面对同样一片森林，木匠师傅会选择高大挺拔的树木，因为那是建造房屋的栋梁，而工艺美术大师会对那些奇形怪状的'歪脖子树'情有独钟，因为那是做木雕和根雕艺术的理想素材，正泰人才选聘工作也是同样的道理"，正泰集团股份有限公司人力资源部汤彪经理如是说。

为确保"人适其岗，职能相符"，我们对所有岗位都规定有明确的胜任能力要求，并针对不同的岗位设置不同的任职资格条件，根据周期性的绩效考核，对不同表现的员工进行升职、调岗和岗位轮换，以确保合适的人在最合适的岗位上。正泰2006年有近千人的招聘计划，从应届大学毕业生到具备国际化背景的中高端人才，涉及电气产品研发、战略规划、资本运营、国内外营销、企业管理等多种岗位，其中，能够适应"科技化、产业化、国际化"战略要求的复合型人才是正泰的热门需求。

2. 现在做最快的羚羊，以后做最快的狮子

非洲草原上，每天迎着朝阳升起而努力奔跑的是羚羊，因为它知道只有自己奔跑的速度超过了狮子，才能躲过狮子的追杀而活命。正泰前面有狮子——同样强大和凶猛的跨国企业，后面有羚羊——同样迅速和灵活的国内企业，"为了获得超过竞争对手的优势，我们必须比竞争对手学习的更快"。

早在1995年，正泰就提出创建学习型组织的口号，1997年与大学联合建立企业学院，同年引入MBA课程体系，如今正泰已按照ISO10015国际培训管理体系的要求建立了三级培训体系。正泰更加鼓励员工的自我学习和内部知识共享，以"师傅带徒"的形式保证知识的传承和发展，同时建立了网络化的学习和培训系统，不定期地举办管理沙龙和正泰讲坛，促进内部的知识共享和交流。

3. 有能耐就有舞台，有作为就有地位

正泰在人才的使用上"重学历，不唯学历，更重能力；重文凭，不唯文凭，更重水平"，通过严格的绩效考评对员工进行科学合理的评价，通过竞聘上岗和岗位技能竞赛，在公司内部塑造出了一个公开、公正、公平的"赛马"机制，给以人才充分发展的空间，真正做到"人尽其才，才尽其用"。

汤经理说，"青年人在正泰拥有无限的发展空间和舞台"。正泰经理级干部的平均年龄在三十岁左右，总裁班子的平均年龄也才四十岁出头。二十世纪九十年代初毕业于浙江大学的高总，最初只是一名普通技术员，几经历练，已成长为统领着数千名精英的技术总经理和最年轻的副总裁。生产采购部的总经理寿总，原来只有高中文化，推过板车，干过仓库保管和电工，在担任某产品公司总经理期间，带领着几百名员工创造了数亿元的产值，现在已经成为公司的核心骨干和行业内的知名专家。在正泰，不怕你想当官，就怕你当不了好官；不怕你有野心，就怕你没能力；不怕你锋芒毕露，就怕你藏愚守拙！几年来，从普通员工走上经理、总经理甚至副总裁岗位的正泰人有数百位。

4. 奖就奖个心花怒放，罚就罚个心惊肉跳

正泰深谙"财散才聚，财聚才散"的辩证思维，因此薪酬制度以岗位年薪为基准，通过技能薪酬制度平衡专业技术队伍的岗位差异，同时以绩效薪酬平衡经营管理队伍的贡献差异，在薪酬分配中重实绩、重贡献，分配向关键岗位和技能突出的人才倾斜，构建以经营业绩为核心的多元分配体系。

正泰的奖罚可谓严明，奖就奖个心花怒放。"让更多的员工成为百万富翁乃至千万富翁"的口号落实在具体的行动上，正泰每年拿出超额利润的10%奖励管理人员，拿出新产品一次性直接经济效益的5%～10%奖励技术人员。2001年，一位派驻控股公司的总经理，因其出色的工作业绩，领走一百多万元的绩效奖金。2002年，正泰的增长远远超过了目标，又一批百万富翁诞生了，2003年，2004年，2005年……不断有新的百万富翁在正泰诞生。

罚就罚个心惊肉跳。正泰规定：完不成当年经营绩效指标的，按照与目标差距的百分比扣减相关人员的绩效奖金，直至为零，同样对于未能按要求完成的技术项目，按照差距大小扣减相应的项目奖金，直至为零。这里面有一个细节问题，就是惩罚仅仅是针对绩效奖金部分而言的，不会对基于岗位和技能的年薪造成影响，尊重人才的基本价值，这种人格上的尊重和制度上的保证也充分体现了"以人为本，

关爱员工”的精神。

正泰经历了从“家族企业”到“企业家族”的革命性转变，先后进行了四次股权稀释，董事长南存辉身先士卒，将个人的股份比例稀释到20%多，一大批优秀的管理和技术人员成为“老板”，正泰虽然“革了自己的命”，却大大增强了凝聚力，多年来实现了超常规的跳跃式发展。

5. 留人千万招 招招在留心

正泰有两个上帝，一个是顾客，一个是员工，首先有满意的员工，之后才有满意的顾客。正泰强调“沟通是最有力的武器”，对于员工，正泰设有合理化建议奖，积极鼓励基层员工参与公司管理；每年都进行员工满意度调查，建立一个与员工沟通和对话的平台；在员工的每一发展阶段，上级总能及时地给予下级必要的指导和帮助，主动进行工作交流和沟通。

“我们围绕公司发展战略和员工需求，着力培育温情的企业文化”，切实帮助员工解决实际问题。正泰是第一家成立党委的民营企业，在党委领导下的工会、团委、妇联、精神文明委等群团组织，积极开展多项活动：定期的党群系统“员工接待日”、团委的“青年热线”、文工团、图书馆和工会的“正泰运动会”、周末影院、舞会等，使员工切实感受到生活的舒适与企业的关爱，从而主动融入企业中，使个人与企业共同发展。

问题：

结合正泰公司的做法，谈谈企业应该如何控制员工的流动。

第12章 跨国公司的人力资源管理

教学目标

通过本章的学习，对跨国公司的人力资源管理有一定的了解和认识，能针对不同的案例进行分析并提出自己的解决方案。

教学要求

掌握跨国公司人力资源管理的定义及特点；理解跨国公司的战略性人力资源管理的界定与内容；了解跨国公司对人力资源管理职能方面的具体做法。

有人把21世纪称为“跨国公司时代”，其实在20世纪的下半叶，在日益全球化的世界经济中，跨国公司已经成为当代国际经济活动的核心组织者。根据对36家中国跨国公司的调查显示：当前中国企业跨国经营的最大困难和障碍是缺乏跨国经营业务的人才。国外跨国公司的实践也表明，占全球贸易50%～60%的4.4万家跨国公司的成功经营，有10%靠资金，30%靠技术，60%靠管理，而在管理中更为突出的是人力资源管理。一般而言，在企业开展国际化业务的早期阶段，产品的出口、授权生产和连锁经营是其主导性的方式。但是当国际化业务发展到一定阶段时，企业为了更加充分地利用国外的资源优势，就必须对其他国家进行直接投资，建立独资企业或合资企业，这使得跨国公司的人力资源管理面临着国外员工招聘、培训、薪酬和工作生活质量等方面的特殊问题。本章将对跨国公司人力资源管理的相关理论和实践进行较为详细的介绍。

12.1 跨国公司人力资源管理的特点与内容

12.1.1 跨国公司人力资源管理的特点

跨国公司也称为国际公司或全球公司，联合国跨国公司中心在1981年用了“Transnational Corporation”一词定义跨国公司，根据该机构的定义，跨国公司是指这样一种企业：

（1）一个在两个以上国家中从事经营的实体，不论这个实体的法律形式如何，如合资、有限或无限责任、合伙或公私合营等，也不论在哪一经济部门经营。

（2）具有一个中央决策体系，实行全球战略和在共同统一的政策下，从事经营活动。

（3）实体内通过股权或其他所有权形式相互联系，并在各实体之间分享资源、信息和分担责任。

跨国公司的人力资源管理是指在一个跨国公司内获得、分配和有效使用人力资源的过程。由于企业国际经营所面临的特殊环境不同于国内经营企业的环境，因此，跨国公司人力资源管理与国内经营企业的一般人力资源管理相比，具有以下特点。

1. 更为丰富的人力资源活动

在国际经营中，人力资源部门必须考虑许多在国内环境中不必要的因素，例如，国际税收、外派人员的国际迁移和培训、与所在国政府的关系、语言的翻译服务、外派人员的家属安置以及回国后的工作安排和待遇等。

2. 具备国际观念和全球眼光

由于跨国公司人力资源管理的对象是由多种国籍的雇员所构成的群体，涉及众多的国家、民族、文化等，所以从事国际人力资源管理就需要具备国际观念和全球眼光。无论在外派人员的培训与开发方面，还是在确定国际雇员薪酬政策上，都必须基于更为广泛的全球观念，否则，就难以建立和管理一支由来自于不同国家雇员所组成的和谐高效的国际员工队伍。

3. 更多地涉及员工的个人生活

跨国公司的人力资源管理在很大程度上涉及员工的个人生活以及配偶与家庭。例如，要确保驻外人员了解住房安排、医疗保险以及为出国任职所提供的待遇的各个方面(生活费用津贴、奖金、纳税等)。许多跨国公司建立了“国际人力资源服务”机构，负责协调上述项目的管理，为任职中的母国员工和其他国员工提供诸如办理银行卡、投资、租房之类的服务，协调回国访问及任职期满回国的相关事宜。

4. 工作重点不断变化

随着跨国公司国际经营的发展，其雇员组合也会随之变化。例如，随着对外派人员需求的下降和训练有素的东道国人员的供给增加，跨国公司将以往用于诸如外派人员税收、调动及导向等领域的资源更多地用于东道国人员的选择、培训以及开发等活动中。随着跨国公司经营国际化水平的提高，公司尽管在战略层次仍大量使用外派人员，但从经营角度出发，将越来越多地依靠东道国人员。因此，跨国公司人力资源管理的重点也转向东道国人员。

5. 更大的风险

与国内企业的人力资源管理相比，跨国公司人力资源管理要面临更多的风险。例如，外派人员的失败会给企业带来很大的损失。考虑汇率和任职地的因素，每一项外派失败给母公司造成的直接成本，可能要比国内的薪水与重新安置费用的总和还高出许多，而市场份额缩减、国际客户关系的损害等间接成本则更为可观。此外，不平等雇佣员工可能导致公司因触犯平等就业机会的法律而被控告，甚至受到罚款的制裁。所在国的政治、法律制度的变化可能直接影响到跨国公司的人力资源管理战略。国际政治局势的动荡、地区冲突和治安恶化等更是跨国公司在进行国际经营时所必须考虑的问题。

6. 更多外部因素的影响

跨国公司人力资源管理的主要外部影响因素包括：所在国政府的类型、经济状况以及各东道国可接受的商业惯例等。例如，在发达国家，人力资源成本较高，但是人力资源的素质也较高，有利于进行组织与管理；而发展中国家虽然人力资源成本低廉，却要花费较大的精力进行培训。再如，我国在住房制度改革之前，企业通常会向员工提供住房，20世纪80年代有一些外国企业如松下公司也采取了同样的福利制度。

7. 文化的差异性

由跨国公司总部的国别差异而引起的文化差异对跨国企业的人力资源管理方式也有重要的影响。首先，有些文化更加支持本土化的人力资源管理策略，例如，与欧美跨国企业相比，日本的跨国公司更倾向于用本国的员工来填充海外子公司的管理职位空缺。其次，跨国公司的各个子公司文化的混合以及这些子公司之间文化差异的制度，也会对人力资源管理方式的选择起到限制性作用。随着一个跨国企业子公司数量的增加，以及由此引起的文化差异的增加，跨国企业越来越难以在所有的业务单位中采取整齐划一的人力资源管理政策。

12.1.2 跨国公司人力资源管理的内容

跨国公司人力资源管理与国内人力资源管理相比，在内容上面临很多新的课题，具体表现在以下几个方面。

1. 员工多元化管理

员工多元化是指跨国公司成员的构成在性别、种族、国籍方面正变得越来越多样化。在跨国公司中，管理者面临的一个挑战就是认识到以公正、平等的方式对待多元化员工的重要性。由于跨国公司中员工的年龄、性别、种族、宗教信仰以及社会经济背景较以往已经发生了很大的变化，管理者必须建立公正、无歧视的员工招聘步骤和计划，并在实践中贯彻落实。越来越多的跨国公司认识到，要想有效地激励并充分开发利用员工的才能，就必须为所有员工提供平等的提升机会。

管理者必须认识到所领导的多元化员工群体所蕴涵的提高绩效的可能性，需要充分开发利用不同员工的不同技能和经验。认识到多元化员工价值的管理者，会对这些员工技能的开发进行投资，并对其优异的绩效给予奖励。从长远来看，他们对于提升企业绩效是最为宝贵的资源。

有效的多元化管理有助于跨国公司获得更多的竞争优势，因此，管理者必须培养管理多元化员工的能力。通过工作实践活动，管理者需要为组织成员提供有关多元化的准确信息，帮助多元化的员工评估个人的信念、态度和价值观，了解他人的观点，消除对不同文化群体不恰当的成见和看法，培养一种轻松表达自己不同观点和看法的氛围。还可以通过灵活的工作安排、多元化的培训活动来有效地管理多元化的员工。

2. 国际人才的柔性管理

柔性管理是一种以人为本的管理思想和管理方式，即对员工进行人格化管理。柔性管理的最大特点在于它不是依靠外力而是依靠尊重人性、权利平等、民主管理，从内心深处来激发每个员工的内在潜力、主动性和创造精神，使他们真正做到心情舒畅、不遗余力地为企业创造优良业绩，成为企业在全球激烈的市场竞争中取得竞争优势的力量源泉。

在国际环境复杂多变的情形下，各地消费者的消费观念、消费习惯等也各不相同并呈现不断变化的趋势。满足“个性消费者”的需要，这是跨国公司生产经营的必然趋势，而原有的仅仅依靠规章制度的“刚性管理”已经很难适应这种变化要求。这种生产组织上的巨大变化必然反映到管理模式上来，这就导致管理模式向柔性化转化。它要求跨国公司的战略决策者必须整合各类专业人员的智慧，使员工的隐性知识自觉自愿地与企业实现“知识共享”，同时打破严格的部门分工界限，实行职能的重新组合，让每个员工团队获得独立处理问题的能力、独立履行职责的权利，而不必层层命令和指示，以提高战略决策的效率。

3. 跨文化管理

跨文化和多元文化是跨国公司有别于一般企业的最基本特征，是跨国公司进行跨国经营、对外直接投资的环境与条件。正是这一特征，决定了跨国公司的管理必须充分考虑文化差异和多元文化对跨国公司的作用和影响，并对跨国公司进行跨文化管理。管理学家威廉·大内认为："每种文化都赋予其人民以互不相同的特殊环境。因此，虽然同样的行为原理对不同的文化是适用的，但由于当地情况的差别而形成的社会结构和行为模式可能使其具有很大的差距。"现在全世界总计约有 1 500 种民族和地区的文化，由于经济基础和上层建筑的不同，满足人们基本需求的形式和方法也不同，因而也造成了文化的千差万别。目前，世界经济区域化、一体化趋势日益加强，各国之间经济交往、经济关系越来越密切，特别是跨国公司在许多国家和地区建立了分支机构，把母国的资金、技术、管理方式带给东道国的同时，也把母国的文化带给了东道国。因此，跨国公司必须面对与本民族文化完全不同的民族文化，其人力资源管理在协调母公司总部的政策与各国的特定环境需要之间的关系时也将面临许多困难。

跨国公司的管理者需要思考和理解的一个重要问题是文化差异及可能导致的文化冲突。企业在从事跨国经营的过程中，本企业原有的文化会受到东道国文化的冲击，这是由于不同国家和地区的文化及企业文化的多样性所导致的差异性造成的。企业的文化差异固然潜藏文化冲突的因素，但它并不必然引起文化冲突，而且文化差异即使引起了文化冲突，也并不总是破坏性的。因此，跨国公司的管理者必须认真识别其文化冲突的积极性和消极性，进而采取有效的管理措施。

跨国公司面对多元文化的国际环境和人力资源，能否成功取决于对跨文化差异的理解与融合程度。因此，跨国公司必须改变传统的、单元文化的管理观念，把管理的重心转向企业所具有的多元文化的把握和文化差异的认识上来，克服多元文化和文化差异带来的困难，充分发挥多元文化和文化差异所具有的潜能和优势，使跨国公司富有勃勃生机和无限活力。

12.2 跨国公司的战略性人力资源管理

12.2.1 战略性人力资源管理的界定

随着国家、地区和全球竞争的日益激烈，以及由此产生的劳动力特征、法律、法规以及科学技术的变化，要求组织在结构、形态、特征和技术上必须与此相适应，要求组织在反应速度、产品或服务质量、革新和全球化等方面适应日益加剧的国际竞争的需要，以此来维持组织的生存。所以，在这种环境的变化中，人力资源管理也就逐渐升级为组织的一项战略性活动。

战略性人力资源管理(Strategic Human Resource Management，SHRM)和人力资源战略是两个不同的概念。人力资源战略是关于人力资源管理的基本战略问题，即人力资源管理的理念、目标、计划和程序；战略性人力资源管理是将人力资源管理提高到战略的高度来对待，或者说将人力资源管理纳入到企业战略的制定过程中，强调人力资源管理的战略性地位和作用。战略性人力资源管理是统一性和适应性相结合的人力资源管理。它要求组织的人力资源管理一定要和组织的战略和战略需求完全统一；人力资源政策在组织中的各个层面要完全一致；直线经理和员工要把人力资源政策的调整、接受和应用作为他们每天工作的一部分。

战略性人力资源管理的概念最早是由戴瓦纳(Devanna)提出的，而实现人力资源管理向战略性人力资源管理跨越的是比尔(Beer)等人的《管理人力资本》一书(1984)。目前，战略性人力资源管理一般采用Wight和Mcmanhan(1992)的定义，即企业为达成目标所进行的一系列有计划的人力资源部署和管理行为。这个定义突出了4个主要含义：

(1) 人力资源的重要性。企业的人力资源是企业获得竞争优势的主要资源。

(2) 人力资源的系统性。为了获得竞争优势而部署的人力资源管理的政策、实践以及手段等管理行为是系统的。

(3) 人力资源的战略性，即契合性。包括纵向的契合，即人力资源管理要与企业的战略相契合，以及水平的契合，即整个人力资源管理系统之间的契合。

(4) 人力资源的目标性。人、行为等是目标指向的，最终都是为了使企业的绩效最大化。

12.2.2 战略性人力资源管理的内容

战略性人力资源管理的体系由组织环境分析、组织宗旨和组织目标分析、组织优势和组织文化分析、组织战略分析、人力资源战略的制定与实施以及人力资源战略管理的评价6项活动组成，各项管理活动相辅相成，构成战略性的管理体系。

1. 组织环境分析

人力资源部门应经常审视企业的发展环境，如经济、社会、劳动力市场的变化趋势、市场竞争的结构、国家方针、法律法规和公共政策等，以识别环境的发展机会与威胁，并制定相应的行动指南。

2. 组织宗旨和组织目标分析

人力资源发展战略应与组织的宗旨及总体发展目标相契合。企业的宗旨主要体现在企业的价值观，阐述企业的长期战略意向，其具体内容主要说明企业目前和未来所要从事的经营业务范围，以及所要采用的竞争手段和方法等。不同的企业还制定了不同的发展目标，如盈利能力、组织发展、员工满意、高效率、适应环境变化等。

例如，两个经营业务相似的电子产品制造商制定了不同的企业宗旨，分别表述为“成为娱乐行业的成功企业”，以及“占据电子产品行业的技术领先地位”。在不同经营哲学的指导下，两个企业的发展战略也将有所差别。一家企业除了生产家庭娱乐的电子产品外，还可能与音像制品、电影生产商合作，并进入音乐行业；另一家企业很可能通过加强研发能力，生产具有创新性的电子产品。因此，这两家企业的人力资源配置与人力资源管理系统必将有所差异。

3. 组织优势和组织文化分析

组织的优势、劣势和组织的文化决定了组织的特征，而组织特征反映了企业的特征。通过对组织优势和组织文化的分析，可以使组织对其自身有更为全面和深入的认识，从而为其战略的制定提供依据。

4. 组织战略分析

根据组织的总体发展目标所制定的组织发展战略有多种类型，主要包括成本领先战略、产品差别战略和目标集中战略 3 种基本竞争战略。企业所采用的竞争战略对其人力资源管理战略有直接的影响。如当企业采用成本领先战略时，其理想的员工行为是可预见的，同时企业对员工培训的重视程度较低；而在企业采用产品差别战略时，往往希望员工具有较强的创新性，且高度重视员工培训。

5. 人力资源战略的制定与实施

人力资源战略应在审视组织外部发展环境与内部条件的基础上，体现组织的总体目标和发展战略。人力资源战略主要由人力资源规划、人力资源吸收、人力资源开发与评价、人力资源激励和保持高的绩效水平等 5 项战略活动组成。

6. 人力资源战略的评价

由于企业环境因素的不稳定性，人力资源战略必须定期进行评估与调整。

12.3　跨国公司职能性人力资源管理

12.3.1　人才招募

1. 跨国公司人力资源的来源

跨国公司人力资源的类型按照员工所在国家可以分为 3 种：①经过本国母公司的教育和培训并取得经验的本国公民，这类员工被称为母国员工；②经过所在国公司分公司培训的所在国人员，这类员工被称为所在国员工或东道国员工；③从第三国选拔的人才，这类员工被称为第三国员工。

通常，跨国公司的高层管理人员由母公司派遣，中层管理人员主要来自所在国或第三国，而一般员工则在所在国招聘。值得一提的是，跨国公司人力资源的来源正在呈现日益复杂化的趋势，已经不能单纯地以国籍或录用地作为划分的标准。一方面，驻外人员中拥有所在国国籍的人员越来越多，而且“回国者”，即在外国学习或工作过又回到母国工作的员工也成为跨国公司人力资源的一个重要组成部分。另一方面，留学生的增多也使得跨国公司直接在所在国录用具有母国国籍的员工成为可能。

根据跨国公司对职员国籍问题的态度，可将其相关政策分为 4 种：民族中心政策、多中心政策、地区中心政策、全球中心政策。每一种政策都反映出总部高层管理者国际经营的管理理念。

1）民族中心政策

民族中心政策是指跨国公司所有的关键岗位都由母国人员担任。这种政策对国际化早期阶段的公司来说很普遍。采取这种政策的原因主要有两个：一是认为当地缺乏能够胜任的人员；二是需要与公司总部保持良好的沟通、协调和控制等方面的联系。例如，当一家跨国公司在另一国收购一家公司时，它可能会希望在开始时使用母国人员来代替当地的管理者，以保证新的子公司服从公司的整体目标和政策。对有经验的跨国公司来说，民族中心政策对某种特定的国外市场可能是相当有效的。但是，民族中心政策也会带来一些明显的问题：

（1）限制了所在国人员的晋升机会，引起士气的降低和人员的流动。

（2）派驻外地的母公司经理人员可能会需要很长的时间才能适应，在这期间可能会做出错误的决策。

（3）母公司人员与所在国人员在待遇差距较大时，会使所在国员工产生不公平的感觉。

（4）驻外人员的维持费用往往较为昂贵。

2）多中心政策

在多中心政策下，跨国公司雇佣母国人作为管理人员，而把国外子公司交给当地人管理。利用东道国国民担任管理职务主要有以下几方面优点：

（1）他们精通当地语言，熟悉当地的文化和习惯，不需要进行相应的适应性培训。

（2）由于当地人熟悉东道国的政治、经济体制和有关的政策法规，有利于发现和利用东道国潜在的商业机会。

（3）雇佣东道国当地人，有助于同顾客、雇员、政府机构及工会等公共组织建立良好的关系。

（4）当地人的任职期限一般较长，避免了管理人员的频繁调换，有助于保持企业经营政策的连续性。

（5）可以以较少的薪酬招聘高质量的管理人员。

不过，多中心政策也有自己的弊端，首先是子公司与母公司距离上的障碍，会使总部难以控制子公司。其次是当地人不熟悉母公司的政策和经营方式，不利于与总部保持良好的沟通与交流。最后是所在国和母国经理人员的职业生涯问题。子公司的经理很少有机会到国外获得国际经验，也无法晋升至子公司以外的更高层。母国经理也只是很有限地获得国际经验，高级经理人员很少从事国际经营，长期下去将制约战略决策和资源分配。

3）全球中心政策

全球中心政策是指跨国公司选择最佳人员来担任关键职位而不考虑其国籍。采用这一政策的优点是：跨国公司能组建一支国际高层管理人员队伍，并克服多中心政策“联邦式”的缺点。相对于其他的人员选聘政策，全球中心政策的缺陷主要表现在以下几个方面：

（1）东道国希望更多的本国居民被聘用，因而会使用移民限制政策以促进本国人员的聘用。

（2）由于培训和重新安置成本的增加，全球中心政策实施起来非常昂贵。

（3）贯彻全球中心政策要求有更长的时间和对人事配备过程更集中的控制，这必然会减少子公司管理的独立性，可能引起子公司的抵制。

4）地区中心政策

地区中心政策是按照地理区域划分的，人员在地区间流动。例如，一家美国公司可以把它的子公司按照地理区域划分成欧洲地区、美洲地区和亚太地区。欧洲人员在整个欧洲范围内流动，美洲人员在美洲范围内流动，跨区流动或子公司向母公司流动的情形很少。这种政策反映出跨国公司对于人员配备的灵活性，也是跨国公司从纯粹的民族中心政策或多中心政策逐步向全球中心政策过渡的途径。

2. 跨国公司员工的筛选

1）母公司外派人员的筛选

由于外派工作的多面性以及外派失败影响因素的多重性，制定适宜的筛选标准成为跨国公司甄选管理者的一个重要问题。归纳起来，外派人员筛选标准主要有以下几个方面：

(1) 专业技术能力和管理能力。毫无疑问，员工个人完成特定任务的能力是非常重要的因素，因此，跨国公司在甄选外派人员过程中把相关的专业水平和管理能力作为重要指标。而员工的专业水平和管理能力又可以从其过去的工作绩效中表现出来，因此，评估员工这方面的能力相对比较容易。

(2) 跨文化的适应能力。外派人员工作的文化环境是决定他们成功的重要因素。因此，除了专业技能和管理能力外，外派人员还需要具备一定的跨文化适应能力，以确保他在新的环境中正常地开展工作。这些适应能力包括文化理解力、适应能力、外交能力、积极的人生态度以及稳定的情绪。

(3) 外语能力。熟练地使用东道国的语言，是筛选外派人员的一个重要标准。因为语言方面的差异往往是进行跨文化沟通的最大障碍。

2）东道国员工的筛选

对于东道国员工的筛选，首先要区分不同的招聘目的。不同的目的，往往决定着不同的筛选标准。跨国公司招聘东道国员工，一是为当地的子公司配备人员；二是为母公司挑选合适的员工。如果跨国公司招聘东道国员工是出于第一个目的，那么筛选标准的重点应放在候选人的受教育程度、专业技能和相关工作经验等方面。与国内人力资源招聘不同的是，跨国公司在招聘东道国员工时，必须要仔细研究东道国相关的法律法规和社会习俗，避免招聘过程中出现不必要的麻烦。如果缺乏在东道国的雇佣经验，很多跨国公司的做法是利用当地的招聘机构，同时为子公司配备一名东道国的人力资源经理，从而将子公司的招聘职能本土化。

招聘东道国员工的第二个目的是将其调至跨国公司总部任职。这样做的动机有的是为了培养和发展东道国的员工，把他们调到总部去学习专业技能、接受专门培训；有的则是为了使东道国员工获得归属感，这是跨国公司建立全球企业文化的一个组成部分；另外，多吸收海外子公司员工到总部工作，可以打破母公司文化一统天下的局面，使公司增强对其他文化的适应能力，从而使跨国公司成为真正的国际化企业。由此可见，跨国公司挑选东道国员工到总部任职的原因是多种多样的，具体的筛选标准也会因动机不同而有所差异。此时，能否运用总公司的语言与他人顺利沟通，就成为挑选候选人的一个重要标准。

3）第三国员工的筛选

西方发达国家的跨国企业自从第二次世界大战以来，纷纷设法从第三国选择合格的人才。从第三国招聘员工的优点在于这些人才一般都是职业的跨国经营者，他们精通外语，了解其他国家的文化，因此他们比母公司外派人员更熟悉东道国的情况，可以更快地进入工作角色。另外，招聘第三国员工在薪酬和福利方面的成本要低于母公司的外派人员。

跨国公司招聘第三国员工的目的，通常是将其作为派往海外子公司的驻外管理人员。因此，上文中所讨论的挑选母公司外派人员的标准，同样也适用于对第三国员工的筛选。

除了专业技术能力和管理能力、跨文化适应能力和外语能力这三个标准以外，情境因素在对第三国员工的筛选过程中也起着重要的作用。其中，工作许可证就是决定跨国公司在其海外子公司能否使用第三国员工的重要因素。因为东道国政府往往出于各种原因，比如希望跨国公司雇佣本国员工，或者由于国家间的争端等，拒绝第三国员工入境或工作。

此外，不同国家的跨国公司在招募第三国员工时，所采用的技术也有很大的不同。例如，在1997年10月，芬兰跨国电信集团诺基亚(Nokia)在丹麦和荷兰地方报纸上刊登招聘广告，聘请年轻的毕业生前往日益壮大的诺基亚亚洲分公司工作。这类招聘注重员工的专业能力和英语(工作语言)的流利程度。而对于在国内招聘其他国家员工的各公司如IBM等，则使用国内媒体，如电子布告栏、机构内部的刊物以及刊登招聘广告等。

当前的趋势是招聘国外的本国人员，即出生在外国但和子公司的人员是同一国籍的人。例如，一家英国跨国公司聘用了一个在加拿大出生的中国人管理其在中国的子公司。

12.3.2 人才的培训与开发

保持和影响自己所拥有的人力资源，使成员受到适当的培训，成为国际性的人才，从而随时可以支持企业战略的实施，并能为其核心竞争力做出贡献，这一点对跨国公司来讲至关重要。

1. 外派人员的培训

大多数的外派员工，无论是母国员工，还是第三国员工，大部分是从跨国企业内部挑选的，但是也有一部分外派人员是从外部雇佣的。为了确保这些外派人员能尽快适应新的工作环境，必须实施有效的培训计划。对外派人员进行的培训有别于国内企业对员工的培训，其主要目的是帮助他们增强跨文化的适应能力。对外派人员的培训可以分为出发前的培训、抵达后的培训和归国培训3个阶段。

1）出发前的培训

研究表明，有效的出发前的培训对于外派人员在海外分公司的顺利过渡非常重要。出发前的培训一般包括以下几个组成部分。

(1) 文化意识培训。确保外派人员在海外分公司工作顺利的一个前提就是他们必须适应新的工作环境，并且在新环境下不感到孤单。因此，在外派人员出发前，对他们进行一个有针对性的文化意识培训是大有益处的。

文化意识培训的内容是由一些因素决定的：一是与东道国文化的接触程度，二是两国文化的差异程度。如果外派人员与东道国同事之间交往频率较低，而且东道国与母国的文化差异也不大，那么文化意识培训的重点应该放在与外派人员的工作任务有关的事务上。具体来说，文化意识培训主要包括东道国的情况介绍，如政治制度、政府机构、经济体制、历史背景、文化传统等；跨文化的技能训练、工作任务和职责等。这些培训能教会外派人员如何按照东道国的风俗习惯处事、工作和解决问题。

(2) 初步访问。指定外派人员的一个有效方法就是将他们派往东道国作初步的访问。计划周全的海外旅行可以给外派人员及其配偶一个亲身体验的机会，使他们可以判断自己对驻外任职的适应性和兴趣。这样的旅行还有助于向外派人员介绍东道国的企业环境，并帮助他们在出发前做好充分的准备。当访问用来作为出发前培训的一部分时，对东道国的访问可以帮助外派人员实现初期的适应。1997—1998 年普华公司的调查提到了一些早期的报告，有 53%的公司总是提供初步访问，还有 38%的公司只是在某些情况下提供初步访问的机会。但是这种培训方法也存在一些缺点：一是初步访问耗费的成本较高；二是那些精心筛选出来的候选人可能因为不满意东道国的实际状况而不愿意接受新的任命。

(3) 语言培训。语言培训是出发前培训的一个重要组成部分，它通常包括两方面的内容：一是英语培训。英语是国际性的通用语言，对于一些母语非英语国家的跨国公司来说，外派人员出发前的英语培训占很大比重。二是东道国语言培训。熟悉东道国的语言，可以帮助外派人员及时获得更多、更确切的有关东道国经济、政府和市场的信息。每个外派人员对东道国语言的熟练和流利程度的要求，则应根据其外派职位的性质和特点，及其与东道国同事、政府官员、顾客打交道的频繁程度而定。实践证明，熟练掌握东道国的当地语言，对于外派人员尽快适应新的环境，并在新的工作岗位上取得良好的绩效有很重要的影响。

2) 抵达后的培训

外派人员到达东道国以后，真正的调整和适应阶段开始了。在这一阶段，跨国公司还应安排以下培训内容，以便让外派人员尽快地适应新的工作角色和工作环境。

(1) 对周围环境的介绍。包括分公司所在地的基本情况，如语言特点、民风民俗、交通状况、商店银行的分布情况等。这些介绍能帮助外派人员及其家庭尽快熟悉周围的生活环境，有利于他们缩短适应期。

(2) 对工作单位和东道国同事的介绍。这是分公司向外派人员介绍公司的基本情况，包括今后工作的部门、具体的工作要求和绩效标准，尤其重要的是介绍今后将共事的同事。最好的培训方法是请已经有海外工作经验的人给外派人员讲述在分公司工作的亲身体会，这样能减轻外派员工的陌生感和紧张情绪。

(3) 实际工作情况的介绍。这部分培训的重点是再次强调在不同文化背景下的不同工作方式，尤其是因文化背景不同而导致的与母公司截然不同的管理方式和工作方法。许多研究表明，外派人员工作失败的主要原因在于，他们不能适应不同的工作环境和工作习惯。因此，加强对外派人员实际工作情况的介绍是至关重要的。

3) 归国培训

当外派人员回到本国的时候，培训的最后一个阶段开始了。这部分培训包括消除文化休克的培训、接纳和安置等一系列的内容。出国前的培训主要从工作、人际关系和综合性几方面培训外派人员的调整能力，通过培训可以有助于外派人员顺利完成任务。归国培训则是使外派人员尽快地从长期的国外生活经历中摆脱出来，消除他们在接受本国生活时可能产生的障碍，并给予外派人员对新的人际关系网络所需要的适应期。

2. 东道国员工的培训

由于文化的差异，很多跨国公司将对东道国员工的培训委托给当地的分公司，培训项目基本上是本土化的。这主要是出于成本方面的考虑。举例来说，有一家跨国公司，从降低成本的角度考虑，决定在东道国设立一个工厂，该国劳动力资源丰富，且成本较低。但是一旦分厂建立以后，公司马上面临着劳动力素质低下的困境，解决这一问题的唯一途径是培训东道国的员工，而这无疑使原来廉价的劳动力成本直线上升。如果这些经过培训的员工被当地的竞争对手以更高的报酬吸引过去，公司遭受的损失将更大。因此，对东道国员工的培训直接关系到跨国公司的劳动力成本。

此外，对东道国员工的培训内容、培训方法的选择以及培训的投入将直接影响到分公司的经营绩效。尽管处于成本的考虑，跨国公司一般将东道国员工的培训授权给当地的分公司进行，但仍有许多跨国公司还是通过制定富有激励作用的培训方案，在海外分公司成功地执行统一的培训计划，从而提高了培训的效率。这种做法在针对操作人员进行技能培训时尤其重要，因为对东道国员工的培训通常是一些操作技能和工作方法的培训。

在员工培训与开发方面，一个重要的发展趋势是，跨国公司开始建立自己的“大学”或“学校”，而且数量在不断增加。摩托罗拉大学、麦当劳大学和迪斯尼大学就是这种内部培训中心极好的例子。又如日本丰田公司于 1989 年 9 月在中国成立了中国汽车工业丰田金杯技工培训中心，先后为在华丰田独资及合资企业输送了技术工人 6000 人，培训了上万人次在职员工。

12.3.3 薪酬管理的多元化结构

跨国公司按照国际标准并结合本国的实际，提供给跨国企业员工适当的薪酬待遇，这对充分发挥国际人力资源的作用，调动驻外人员的积极性起着至关重要的作用，并且也是跨国公司在国际市场中增强竞争力的关键性问题。韦恩·卡肖指出：在国际人力资源管理方面，没有哪一个问题能像薪酬问题那样引起高层管理人员的注意。

1. 跨国公司薪酬政策的特点

跨国公司的薪酬管理既要考虑人工成本与绩效挂钩以及外派人员与母公司人员、子公司各类人员之间的平衡问题，又要根据东道国的经济发展和物价水平等因素进行调整，还要与汇率、税收等因素相联系。因此，跨国公司的薪酬体系比较复杂。一般情况下，有效的薪酬政策应具有如下特点：

(1) 增强海外工作对员工的吸引力，并能保留住合格的员工。

(2) 使跨国公司员工能顺利地在母公司与子公司之间或子公司与子公司之间调动。

(3) 保持各子公司薪酬制度之间的稳定关系。

(4) 使跨国公司的薪酬制度与其主要竞争对手的薪酬制度相比有较强的竞争力。

2. 跨国公司薪酬制定的方法

跨国公司内存在着不同类型的员工，而针对不同员工所采用的薪酬策略也有所不同。在设计和制定薪酬制度时，跨国公司除了应该考虑为从母国派往境外的分支机构人员提供津贴或补助外，更多地应将重心放在如何通过适当的薪酬制度安排来激励东道国的员工上，因为只有通过人才的本土化才能实现企业长期发展的目标。其中，薪酬制度的本土化是实现人才本土化的核心环节。

不同的跨国公司在制定其海外分支机构员工的薪酬政策时会涉及不同的计算方法，本书主要介绍以下两种方法。

1）现行费率法

现行费率法又称“市场费率法”，是一种将外派人员的基本工资与所在国的工资结构挂钩的做法。跨国公司通过当地的咨询机构获取信息，然后决定参照标准。比如，一家美国企业在决定外派人员薪酬时，就需要考虑参照标准——是中国当地的工资标准，还是美国同行在华的标准，或是其他国家同行在中国的标准。

现行费率法简单明了，能够使来自不同国家的员工与分支机构当地的员工待遇保持平衡。但对于母国员工与第三国员工，这种方法也存在明显的缺点：同样的员工因工作地的不同导致收入差距很大，特别是当被派往发展中国家的分支机构时，这种差距就更为明显，这会导致员工争先要求被派往待遇优厚的地方工作。另外，倘若分支机构所在地的薪酬水平高于母国，那么员工在外派结束后回国时，收入会有所下降，给归国安排造成麻烦。

2）资金平衡法

资金平衡法亦称“积累法”，其目的在于使外派人员与母公司职位相当的人员具有平等的购买力，并且提供奖励来补偿不同派遣地之间的生活质量差别。资金平衡法是跨国公司通常采用的一种方法，通常是在原有的薪酬结构上考虑在国外生活中的各种费用，使外派人员不致因任职地的不同而引起收入的变化，并通过经济激励使薪酬计划更具吸引力。

部分跨国公司为了降低费用，通常会对外派人员的规格(职位)和人数进行限制。

3. 外派人员的薪酬激励项目

要想使外派人员接受到海外任职的任务，仅使雇员维持原有的购买力是不够的，还要考虑伴随着文化不适应产生的孤独感、冗长的工作时间、子女就学困难，以及与家庭成员分离、配偶事业及生活质量下降等问题。为了激发员工的积极性，许多公司对外派人员给予激励，以使他们获得经济上的补偿，从而愉快地到海外任职。一般来说，激励项目主要以津贴的形式发放。

1）海外任职津贴

海外任职津贴是最普遍的一项激励项目，用于奖励员工到国外任职。海外任职津贴的标准一般取决于外派人员职位的高低、派往国家的类别、派往时间的长短、家属是否陪同、回国度假机会的多少、愿意去该国的人数等多种因素，其数额一般为基本薪酬的15%～25%。

2）意外事件津贴

一般指对外派人员在国外工作期间因气候、医疗卫生、政局动荡、交通通信不便、文化设施匮乏或不可抗力等所发生的意外事件的补贴。

3）子女教育津贴

为外派人员的子女提供教育津贴也是外派人员薪酬政策的一个组成部分。这些津贴主要用来支付其子女的学费、语言学校费用、书本文具费、交通费、膳宿费，以及子女在其父母工作所在地以外的国家上学、度假的旅行费用。

4）探亲与旅游津贴

大部分公司每年至少为外派人员及其家属回家探亲提供一次往返机票，但探亲期间食宿费用往往由外派人员自理。如果外派人员不回母国探亲而在东道国度假，那么公司往往给予一定的旅游津贴。

5）工作期满津贴

此项津贴在员工按合同工作期满时发放，以鼓励他们在整个合同期间都在国外工作。

此外，在考虑外派人员的货币报酬时，还必须考虑支付报酬时货币种类的选择与组合问题。为了减少由于汇率波动而导致的问题，并使外派人员归国后能以母国货币进行储蓄，许多跨国公司都把外派人员的货币报酬分为两部分：一部分以东道国货币支付，其余的以母国货币支付(借记在指定的账户上）。以东道国货币支付的部分大致等于员工原来在母国用于消费的收入，再加上生活费用津贴、住房津贴、子女教育津贴和员工在东道国交纳的税款，而奖金等通常用母国货币支付。

思　考　题

1. 什么是跨国公司人力资源管理？它不同于一般人力资源管理的特点有哪些？
2. 什么是战略性人力资源管理？它与人力资源战略有何区别？
3. 跨国公司人员选聘的政策有哪几个？各有什么优缺点？
4. 跨国公司外派人员的筛选标准有哪些？
5. 跨国公司对外派人员的培训主要包括哪些内容？
6. 为什么要对外派人员进行激励？外派人员薪酬激励的内容有哪些？

案例思考题

“多国部队”，当地官兵

ABB(Asea Brown Boveri)是一家国际性大型工程集团公司。目前，公司业务遍布全球100多个国家，拥有107000名员工，业务范围涉及发电、输电、配电、工业自动化、石油自动化和金融服务等领域。1997年ABB的全球销售收入为312.65亿美元，居“财富世界500强”第83位。ABB能在世界上取得如此巨大的成就，人才本土化是其成功的决定因素之一。

提到IBM或是HP，你会立即说这是美国公司；提起西门子或奔驰，你马上会想到这是德国公司。而如果被问及ABB是哪国公司时，你可能会犹豫不决：它到底是哪个国家的呢？不必责备自己的孤陋寡闻，其实这正是ABB所追求的结果。ABB本是瑞典阿西亚公司(ASEA)与瑞士的布郎·勃法瑞公司(BBC Brown Boveri)于1987年年底合并而成的一家有限公司，正式创立于1988年1月。两家母公司分别控制50%的股份，因此可以说，ABB是一家国家背景淡化的“真正的”跨国公司。它自诞生之日起就被称为欧洲乃至世界经济版图“变化”的代名词。从1987年上述两家百年老厂的合并，到1998年10月新任总裁林道(Lindahl)收购ElsayBailey公司的全部股票，同时出售Adtranz的全部股份，ABB一直致力于建立以下经营模式：没有地域中心，没有国界限制，一个具有全球性的协调中心，同时在经营与服务上，具有深厚地方根基的全球规模的组织。用ABB中国公司人力资源副总裁、挪威人博思达先生的话说，ABB“是一个地域轴心和国家属地的企业王国，是一家‘处处无家处处家’的无国界公司。”也可以说，ABB是一个立足本地市场，融合全球规模和世界一流技术为一体的“多国部队”。

所以，人才本土化对于ABB来说比任何公司都有意义，ABB也因此更重视它的业务发展到的每一个地方，不遗余力地推行人才本土化战略。也就是说，这支“多国部队”的军官和士兵都尽可能地由当地人担任。

ABB在中国的人才本土化战略已经取得了积极的进展。ABB有一个十分重要的战略计划，即MLP(Manager Localization Plan)——经理人员本地化计划。ABB的业务发展到哪里，这一计划就会扩展到哪里，中国也不例外。ABB于1979年在北京设立第一个办事处，1992年在中国建立第一个合资企业，1994年ABB将中国总部从中国香港移至北京，1995年在北京注册成立ABB(中国)投资有限公司，负责其在华投资的管理业务。截止1998年年底，ABB在中国拥有6000名员工，17家销售代表处，20家合资、独资企业，累计投资额达到6亿美元。预计在未来三四年内，ABB在中国的累计投资将达到10亿美元。

博思达先生说：“短短20年的时间，ABB能在中国取得如此巨大的发展，我们必须承认这样一个事实，即优秀的中国本土人才在其中作出了巨大贡献。”中国本土人才担任ABB中国有限公司(包括合资企业)部门经理以上高级职务的人数，已经从1995年的27人，增加到1998年年底的81人，占这一层次高级管理人员总数的一半以上。3年前，ABB的中国员工为3000多人，外籍员工有90多人；而如今，本土员工已经增加到了6000多人，而外籍员工并未增加，依然是90多人。“如果没有优秀的本土人才源源不断地加入，我们在中国的业务将会一事无成”，博思达先生说，“ABB在中国推行人才本土化的成就和它在中国的业务发展一样，令我们自豪不已。”

ABB公司称，随着公司在中国业务的扩大，ABB计划将本土员工的人数增加到1万人，而外籍员工的人数则会在现有基础上减少。作为在中国实施MLP计划的一部分，ABB公司还专门准备了一份高潜能员工的名单，这个名单包含100多人，由人力资源部和各部门经理共同商定。公司给这些高潜能的员工规定了明确的发展方向，以便在公司的协助下使他们的能力和职务得到更快的提升。当然，公司认为这也需要这些员工的配合，需要耐心，因为一个人的晋升不可能是很快的，尤其是在一个比较成熟的大公司中。

博思达先生称，中国人才本土化在职位晋升上没有极限，需要的只是时间和努力。他举了两个例子来证明。一个是他自己的例子，他是8年前投身ABB挪威公司的，3年前来到中国，现年61岁(挪威是67岁退休)，他的责任是来中国制定和实施ABB的人力资源计划，并把他30多年来从事人力资源管理的经验传授给中国的同事，如果他们干得好，就有机会接替他的位置。另一个例子是ABB泰国公司的，ABB在泰国实施MLP计划已经9年了，现任ABB泰国有限公司的总经理就是一个泰国人，ABB在中国实施MLP计划仅4年时间，随着这一计划的推行，ABB中国公司将由中国人来经营和管理。

问题：

1. 如何理解跨国公司的人才本土化战略？
2. ABB公司的人才本土化战略给我们带来哪些启示？

参 考 文 献

[1] 葛玉辉．人力资源管理[M]. 北京：清华大学出版社，2006.

[2] 吴国存，李新建．人力资源开发与管理概论[M]. 天津：南开大学出版社，2003.

[3] 张一弛．人力资源管理教程[M]. 北京：北京大学出版社，2000.

[4] 吴春华，温志强．人力资源开发与管理[M]. 北京：北京理工大学出版社，2005.

[5] 林忠，金延平．人力资源管理[M]. 大连：东北财经大学出版社，2006.

[6] 戴昌钧．人力资源管理[M]. 天津：南开大学出版社，2002.

[7] 赵曙明．国际企业人力资源管理[M]. 南京：南京大学出版社，1998.

[8] 刘崇明．人力资源管理基础[M]. 北京：电子工业出版社，2006.

[9] [美]韦恩·F. 卡肖．人力资源管理[M]. 王重鸣，译．北京：机械工业出版社，2007.

[10] [美]迈克尔·比尔等．管理人力资本[M]. 程化，潘洁夫，译．北京：华夏出版社，1998.

[11] 徐二明．人力资源开发与管理卷[M]. 北京：中国人民大学出版社，1999.

[12] 拓维文化．中小企业人力资源组织与管理[M]. 北京：中国纺织出版社，2001.

[13] [美]R·韦恩．蒙迪，罗伯特·M. 诺埃．人力资源管理[M]. 葛新权，郑兆红，王斌等，译．6 版．北京：经济科学出版社，1998.

[14] [英]E. 麦克纳，N. 比奇．人力资源管理[M]. 北京：中信出版社，1999.

[15] 史若铃等．工商企业人力资源管理[M]. 大连：东北财经大学出版社，2000.

[16] 张忠元等．人才资本[M]. 北京：中国时代经济出版社，2002.

[17] 秦志华．人力资源管理[M]. 北京：中国人民大学出版社，2003.

[18] 王益明．人力资源管理[M]. 济南：山东人民出版社，2006.

[19] [加]霍思安．人力资源管理案例[M]. 邵冲等，译．北京：机械工业出版社，2001.

[20] 梁镇，刘恩峰．人力资源管理案例[M]. 北京：光明日报出版社，2001.

[21] 方振邦．人力资源管理[M]. 北京：中国人民大学出版社，2003.

[22] 窦胜功，卢纪华，戴春凤．人力资源管理与开发[M]. 北京：清华大学出版社，2005.

[23] 孙健敏．人力资源管理[M]. 北京：高等教育出版社，2004.

[24] 陈天祥，王国颖．人力资源管理[M]. 广州：中山大学出版社，2004.

[25] 廖三余，曹会勇，刘兴倍．人力资源管理[M]. 北京：清华大学出版社，2006.

[26] 李剑峰．人力资源管理[M]. 北京：电子工业出版社，2002.

[27] 付亚和，许玉林．绩效管理[M]. 上海：复旦大学出版社，2003.

[28] 陈维政，余凯成，程文文．人力资源管理与开发高级教程[M]. 北京：高等教育出版社，2004.

[29] 林峰．中国跨国公司人力资源开发与管理研究[J]. 企业经济，2005(5).

北京大学出版社本科财经管理类实用规划教材（已出版）

财务会计类

序号	书　名	标准书号	主　编	定价	序号	书　名	标准书号	主　编	定价
1	基础会计（第2版）	7-301-17478-4	李秀莲	38.00	26	财务管理理论与实务（第2版）	7-301-20407-8	张思强	42.00
2	基础会计学	7-301-19403-4	窦亚芹	33.00	27	公司理财原理与实务	7-81117-800-5	廖东声	36.00
3	会计学	7-81117-533-2	马丽莹	44.00	28	审计学	7-81117-828-9	王翠琳	46.00
4	会计学原理（第2版）	7-301-18515-5	刘爱香	30.00	29	审计学	7-301-20906-6	赵晓波	38.00
5	会计学原理习题与实验（第2版）	7-301-19449-2	王保忠	30.00	30	审计理论与实务	7-81117-955-2	宋传联	36.00
6	会计学原理与实务（第2版）	7-301-18653-4	周慧滨	33.00	31	会计综合实训模拟教程	7-301-20730-7	章洁倩	33.00
7	会计学原理与实务模拟实验教程	7-5038-5013-4	周慧滨	20.00	32	财务分析学	7-301-20275-3	张献英	30.00
8	会计实务	7-81117-677-3	王远利	40.00	33	银行会计	7-301-21155-7	宗国恩	40.00
9	高级财务会计	7-81117-545-5	程明娥	46.00	34	税收筹划	7-301-21238-7	都新英	38.00
10	高级财务会计	7-5655-0061-9	王奇杰	44.00	35	基础会计学	7-301-16308-5	晋晓琴	39.00
11	成本会计学	7-301-19400-3	杨尚军	38.00	36	公司财务管理	7-301-21423-7	胡振兴	48.00
12	成本会计学	7-5655-0482-2	张红漫	30.00	37	财务管理学实用教程（第2版）	7-301-21060-4	骆永菊	42.00
13	成本会计学	7-301-20473-3	刘建中	38.00	38	政府与非营利组织会计	7-301-21504-3	张　丹	40.00
14	管理会计	7-81117-943-9	齐殿伟	27.00	39	预算会计	7-301-22203-4	王筱萍	32.00
15	管理会计	7-301-21057-4	彤芳珍	36.00	40	统计学实验教程	7-301-22450-2	裘雨明	24.00
16	会计规范专题	7-81117-887-6	谢万健	35.00	41	基础会计实验与习题	7-301-22387-1	左　旭	30.00
17	企业财务会计模拟实习教程	7-5655-0404-4	董晓平	25.00	42	基础会计	7-301-23109-8	田凤彩	39.00
18	税法与税务会计	7-81117-497-7	吕孝侠	45.00	43	财务会计学	7-301-23190-6	李柏生	39.00
19	初级财务管理	7-301-20019-3	胡淑姣	42.00	44	会计电算化	7-301-23565-2	童　伟	49.00
20	财务管理学原理与实务	7-81117-544-8	严复海	40.00	45	中级财务会计	7-301-23772-4	吴海燕	49.00
21	财务管理学	7-5038-4897-1	盛均全	34.00	46	会计规范专题(第2版)	7-301-23797-7	谢万健	42.00
22	财务管理学	7-301-21887-7	陈　玮	44.00	47	基础会计	7-301-24366-4	孟　铁	35.00
23	基础会计学学习指导与习题集	7-301-16309-2	裴　玉	28.00	48	信息化会计实务	7-301-24730-3	杜天宇	35.00
24	财务管理理论与实务	7-301-20042-1	成　兵	40.00	49	会计学原理	7-301-24872-0	郭松克	38.00
25	税法与税务会计实用教程（第2版）	7-301-21422-0	张巧良	45.00	50	现代审计学	7-301-25365-6	杨　茁	39.00

工商管理、市场营销、人力资源管理、服务营销类

序号	书　名	标准书号	主　编	定价	序号	书　名	标准书号	主　编	定价
1	管理学基础	7-5038-4872-8	于干千	35.00	29	市场营销学：理论、案例与实训	7-301-21165-6	袁连升	42.00
2	管理学基础学习指南与习题集	7-5038-4891-9	王　珍	26.00	30	市场营销学	7-5655-0064-0	王槐林	33.00
3	管理学	7-81117-494-6	曾　旗	44.00	31	国际市场营销学	7-301-21888-4	董　飞	45.00
4	管理学	7-301-21167-0	陈文汉	35.00	32	市场营销学（第2版）	7-301-19855-1	陈　阳	45.00
5	管理学	7-301-17452-4	王慧娟	42.00	33	市场营销学	7-301-21166-3	杨　楠	40.00
6	管理学原理	7-5655-0078-7	尹少华	42.00	34	国际市场营销学	7-5038-5021-9	范应仁	38.00
7	管理学原理与实务（第2版）	7-301-18536-0	陈嘉莉	42.00	35	现代市场营销学	7-81117-599-8	邓德胜	40.00
8	管理学实用教程	7-5655-0063-3	邵喜武	37.00	36	市场营销学新论	7-5038-4879-7	郑玉香	40.00
9	管理学实用教程	7-301-21059-8	高爱霞	42.00	37	市场营销理论与实务（第2版）	7-301-20628-7	那　薇	40.00
10	管理学实用教程	7-301-22218-8	张润兴	43.00	38	市场营销学实用教程	7-5655-0081-7	李晨耘	40.00
11	通用管理知识概论	7-5038-4997-8	王丽平	36.00	39	市场营销学	7-81117-676-6	戴秀英	32.00
12	管理学原理	7-301-21178-6	雷金荣	39.00	40	消费者行为学	7-81117-824-1	甘瑁琴	35.00
13	管理运筹学（第2版）	7-301-19351-8	关文忠	39.00	41	商务谈判（第2版）	7-301-20048-3	郭秀君	49.00
14	统计学原理	7-301-21061-1	韩　宇	38.00	42	商务谈判实用教程	7-81117-597-4	陈建明	24.00
15	统计学原理	7-5038-4888-9	刘晓利	28.00	43	消费者行为学	7-5655-0057-2	肖　立	37.00
16	统计学	7-5038-4898-8	曲　岩	42.00	44	客户关系管理实务	7-301-09956-8	周贺来	44.00
17	应用统计学（第2版）	7-301-19295-5	王淑芬	48.00	45	公共关系学	7-5038-5022-6	于朝晖	40.00
18	统计学原理与实务	7-5655-0505-8	徐静霞	40.00	46	非营利组织	7-301-20726-0	王智慧	33.00
19	管理定量分析方法	7-301-13552-5	赵光华	28.00	47	公共关系理论与实务	7-5038-4889-6	王　玫	32.00
20	新编市场营销学	7-81117-972-9	刘丽霞	30.00	48	公共关系学实用教程	7-81117-660-5	周　华	35.00
21	公共关系理论与实务	7-5655-0155-5	李泓欣	45.00	49	跨文化管理	7-301-20027-8	晏　雄	35.00
22	质量管理（第2版）	7-301-24632-0	陈国华	39.00	50	企业战略管理	7-5655-0370-2	代海涛	36.00
23	企业文化理论与实务	7-81117-663-6	王水嫩	30.00	51	员工招聘	7-301-20089-6	王　挺	30.00
24	企业战略管理	7-81117-801-2	陈英梅	34.00	52	服务营销理论与实务	7-81117-826-5	杨丽华	39.00
25	企业战略管理实用教程	7-81117-853-1	刘松先	35.00	53	服务企业经营管理学	7-5038-4890-2	于干千	36.00
26	产品与品牌管理	7-81117-492-2	胡　梅	35.00	54	服务营销	7-301-15834-0	周　明	40.00
27	东方哲学与企业文化	7-5655-0433-4	刘峰涛	34.00	55	运营管理	7-5038-4878-0	冯根尧	35.00
28	市场营销学	7-301-21056-7	马慧敏	42.00	56	生产运作管理（第2版）	7-301-18934-4	李全喜	48.00

序号	书　名	标 准 书 号	主　编	定价	序号	书　名	标 准 书 号	主　编	定价
57	运作管理	7-5655-0472-3	周建亨	25.00	79	企业经营 ERP 沙盘应用教程	7-301-20728-4	董红杰	32.00
58	组织行为学	7-5038-5014-1	安世民	33.00	80	项目管理	7-301-21448-0	程　敏	39.00
59	组织设计与发展	7-301-23385-6	李春波	36.00	81	公司治理学	7-301-22568-4	蔡　锐	35.00
60	组织行为学实用教程	7-301-20466-5	冀　鸿	32.00	82	管理学原理	7-301-22980-4	陈　阳	48.00
61	现代组织理论	7-5655-0077-0	岳　澎	32.00	83	管理学	7-301-23023-7	申文青	40.00
62	人力资源管理（第 2 版）	7-301-19098-2	颜爱民	60.00	84	人力资源管理实验教程	7-301-23078-7	畅铁民	40.00
63	人力资源管理经济分析	7-301-16084-8	颜爱民	38.00	85	社交礼仪	7-301-23418-1	李　霞	29.00
64	人力资源管理原理与实务	7-81117-496-0	邹　华	32.00	86	营销策划	7-301-23204-0	杨　楠	42.00
65	人力资源管理实用教程（第 2 版）	7-301-20281-4	吴宝华	45.00	87	企业战略管理	7-301-23419-8	顾　桥	46.00
66	人力资源管理：理论、实务与艺术	7-5655-0193-7	李长江	48.00	88	兼并与收购	7-301-22567-7	陶启智	32.00
67	人力资源管理教程	7-301-24615-3	夏兆敢	36.00	89	统计学（第 2 版）	7-301-23854-7	阮红伟	35.00
68	政府与非营利组织会计	7-301-21504-3	张　丹	40.00	90	广告策划与管理：原理、案例与项目实训	7-301-23827-1	杨佐飞	48.00
69	会展服务管理	7-301-16661-1	许传宏	36.00	91	客户关系管理理论与实务	7-301-23911-7	徐　伟	40.00
70	现代服务业管理原理、方法与案例	7-301-17817-1	马　勇	49.00	92	市场营销学（第 2 版）	7-301-24328-2	王槐林	39.00
71	服务性企业战略管理	7-301-20043-8	黄其新	28.00	93	创业基础：理论应用与实训实练	7-301-24465-4	郭占元	38.00
72	服务型政府管理概论	7-301-20099-5	于干千	32.00	94	生产运作管理（第 3 版）	7-301-24502-6	李全喜	54.00
73	新编现代企业管理	7-301-21121-2	姚丽娜	48.00	95	统计学	7-301-24750-1	李付梅	39.00
74	创业学	7-301-15915-6	刘沁玲	38.00	96	企业文化理论与实务(第2版)	7-301-24445-6	王水嫩	35.00
75	公共关系学实用教程	7-301-17472-2	任焕琴	42.00	97	项目管理	7-301-24823-2	康　乐	39.00
76	现场管理	7-301-21528-9	陈国华	38.00	98	统计学	7-301-25180-5	邓正林	42.00
77	现代企业管理理论与应用（第 2 版）	7-301-21603-3	邸彦彪	38.00	99	统计学原理（第 2 版）	7-301-25114-0	刘晓利	36.00
78	服务营销	7-301-21889-1	熊　凯	45.00	100	人力资源管理原理与实务（第 2 版）	7-301-25511-7	邹　华	39.00

经济、国贸、金融类

序号	书　名	标 准 书 号	主　编	定价	序号	书　名	标 准 书 号	主　编	定价
1	宏观经济学原理与实务（第 2 版）	7-301-18787-6	崔东红	57.00	25	东南亚南亚商务环境概论	7-81117-956-9	韩　越	38.00
2	宏观经济学（第 2 版）	7-301-19038-8	蹇令香	39.00	26	证券投资学	7-301-19967-1	陈汉平	45.00
3	微观经济学原理与实务	7-81117-818-0	崔东红	48.00	27	证券投资学	7-301-21236-3	王　毅	45.00
4	微观经济学	7-81117-568-4	梁瑞华	35.00	28	货币银行学	7-301-15062-7	杜小伟	38.00
5	西方经济学实用教程	7-5038-4886-5	陈孝胜	40.00	29	货币银行学	7-301-21345-2	李　冰	42.00
6	西方经济学实用教程	7-5655-0302-3	杨仁发	49.00	30	国际结算（第 2 版）	7-301-17420-3	张晓芬	35.00
7	西方经济学	7-81117-851-7	于丽敏	40.00	31	国际结算	7-301-21092-5	张　慧	42.00
8	现代经济学基础	7-81117-549-3	张士军	25.00	32	金融风险管理	7-301-20090-2	朱淑珍	38.00
9	国际经济学	7-81117-594-3	吴红梅	39.00	33	金融工程学	7-301-18273-4	李淑锦	30.00
10	发展经济学	7-81117-674-2	赵邦宏	48.00	34	国际贸易理论、政策与案例分析	7-301-20978-3	冯　跃	42.00
11	管理经济学	7-81117-536-3	姜保雨	34.00	35	金融工程学理论与实务（第 2 版）	7-301-21280-6	谭春枝	42.00
12	计量经济学	7-5038-3915-3	刘艳春	28.00	36	金融学理论与实务	7-5655-0405-1	战玉峰	42.00
13	外贸函电（第 2 版）	7-301-18786-9	王　妍	30.00	37	国际金融实用教程	7-81117-593-6	周　影	32.00
14	国际贸易理论与实务（第 2 版）	7-301-18798-2	缪东玲	54.00	38	跨国公司经营与管理（第 2 版）	7-301-21333-9	冯雷鸣	35.00
15	国际贸易（第 2 版）	7-301-19404-1	朱廷珺	45.00	39	国际金融	7-5038-4893-3	韩博印	30.00
16	国际贸易实务（第 2 版）	7-301-20486-3	夏合群	45.00	40	国际商务函电	7-301-22388-8	金泽虎	35.00
17	国际贸易结算及其单证实务	7-5655-0268-2	卓乃坚	35.00	41	国际金融	7-301-23351-6	宋树民	48.00
18	政治经济学原理与实务（第 2 版）	7-301-22204-1	沈爱华	31.00	42	国际贸易实训教程	7-301-23730-4	王　茜	28.00
19	国际商务（第 2 版）	7-301-25366-3	安占然	39.00	43	财政学	7-301-23814-1	何育静	45.00
20	国际贸易实务	7-301-20919-6	张　肃	28.00	44	保险学	7-301-23819-6	李春蓉	41.00
21	国际贸易规则与进出口业务操作实务（第 2 版）	7-301-19384-6	李　平	54.00	45	中国对外贸易概论	7-301-23884-4	翟士军	42.00
22	金融市场学	7-81117-595-0	黄解宇	24.00	46	国际经贸英语阅读教程	7-301-23876-9	李晓娣	25.00
23	财政学	7-5038-4965-7	盖　锐	34.00	47	管理经济学（第 2 版）	7-301-24786-0	姜保雨	42.00
24	保险学原理与实务	7-5038-4871-1	曹时军	37.00	48	矿业经济学	7-301-24988-8	李　创	38.00

法律类

序号	书　名	标 准 书 号	主　编	定价	序号	书　名	标 准 书 号	主　编	定价
1	经济法原理与实务(第2版)	7-301-21527-2	杨士富	39.00	6	金融法学理论与实务	7-81117-958-3	战玉锋	34.00
2	经济法实用教程	7-81117-547-9	陈亚平	44.00	7	国际商法	7-301-20071-1	丁孟春	37.00
3	国际商法理论与实务	7-81117-852-4	杨士富	38.00	8	商法学	7-301-21478-7	周龙杰	43.00
4	商法总论	7-5038-4887-2	任先行	40.00	9	经济法	7-301-24697-9	王成林	35.00
5	劳动法和社会保障法（第 2 版）	7-301-21206-6	李　瑞	38.00	10	政治经济学	7-301-24891-1	巨荣良	38.00

电子商务与信息管理类

序号	书　名	标 准 书 号	主　编	定价	序号	书　名	标 准 书 号	主　编	定价
1	网络营销	7-301-12349-2	谷宝华	30.00	4	电子商务案例分析	7-301-16596-6	曹彩杰	28.00
2	数据库技术及应用教程（SQL Server 版）	7-301-12351-5	郭建校	34.00	5	管理信息系统	7-301-12348-5	张彩虹	36.00
3	网络信息采集与编辑	7-301-16557-7	范生万	24.00	6	电子商务概论	7-301-13633-1	李洪心	30.00

序号	书　名	标准书号	主　编	定价	序号	书　名	标准书号	主　编	定价
7	管理信息系统实用教程	7-301-12323-2	李　松	35.00	25	网络营销	7-301-22125-9	程　虹	38.00
8	电子商务概论（第2版）	7-301-17475-3	庞大莲	42.00	26	电子证券与投资分析	7-301-22122-8	张德存	38.00
9	网络营销（第2版）	7-301-23803-5	王宏伟	36.00	27	数字图书馆	7-301-22118-1	奉国和	30.00
10	电子商务概论	7-301-16717-5	杨雪雁	32.00	28	电子化国际贸易	7-301-17246-9	李辉作	28.00
11	电子商务英语	7-301-05364-5	覃　正	30.00	29	商务智能与数据挖掘	7-301-17671-9	张公让	38.00
12	网络支付与结算	7-301-16911-7	徐　勇	34.00	30	管理信息系统教程	7-301-19472-0	赵天唯	42.00
13	网上支付与安全	7-301-17044-1	帅青红	32.00	31	电子政务	7-301-15163-1	原忠虎	38.00
14	企业信息化实务	7-301-16621-5	张志荣	42.00	32	商务智能	7-301-19899-5	汪　楠	40.00
15	电子商务法	7-301-14306-3	李　瑞	26.00	33	电子商务与现代企业管理	7-301-19978-7	吴菊华	40.00
16	数据仓库与数据挖掘	7-301-14313-1	廖开际	28.00	34	电子商务物流管理	7-301-20098-8	王小宁	42.00
17	电子商务模拟与实验	7-301-12350-8	喻光继	22.00	35	管理信息系统实用教程	7-301-20485-6	周贺来	42.00
18	ERP 原理与应用教程	7-301-14455-8	温雅丽	34.00	36	电子商务概论	7-301-21044-4	苗　森	28.00
19	电子商务原理及应用	7-301-14080-2	孙　睿	36.00	37	管理信息系统实务教程	7-301-21245-5	魏厚清	34.00
20	管理信息系统理论与应用	7-301-15212-6	吴　忠	30.00	38	电子商务安全	7-301-22350-5	蔡志文	49.00
21	网络营销实务	7-301-15284-3	李蔚田	42.00	39	电子商务法	7-301-22121-1	郭　鹏	38.00
22	电子商务实务	7-301-15474-8	仲　岩	28.00	40	ERP 沙盘模拟教程	7-301-22393-2	周　菁	26.00
23	电子商务网站建设	7-301-15480-9	臧良运	32.00	41	移动商务理论与实践	7-301-22779-4	柯　林	43.00
24	网络金融与电子支付	7-301-15694-0	李蔚田	30.00	42	电子商务项目教程	7-301-23071-8	芦　阳	45.00

物流类

序号	书　名	书号	编著者	定价	序号	书　名	书号	编著者	定价
1	物流工程	7-301-15045-0	林丽华	30.00	34	逆向物流	7-301-19809-4	甘卫华	33.00
2	现代物流决策技术	7-301-15868-5	王道平	30.00	35	供应链设计理论与方法	7-301-20018-6	王道平	32.00
3	物流管理信息系统	7-301-16564-5	杜彦华	33.00	36	物流管理概论	7-301-20095-7	李传荣	44.00
4	物流信息管理	7-301-16699-4	王汉新	38.00	37	供应链管理	7-301-20094-0	高举红	38.00
5	现代物流学	7-301-16662-8	吴　健	42.00	38	企业物流管理	7-301-20818-2	孔继利	45.00
6	物流英语	7-301-16807-3	阚功俭	28.00	39	物流项目管理	7-301-20851-9	王道平	30.00
7	第三方物流	7-301-16663-5	张旭辉	35.00	40	供应链管理	7-301-20901-1	王道平	35.00
8	物流运作管理	7-301-16913-1	董千里	28.00	41	现代仓储管理与实务	7-301-21043-7	周兴建	45.00
9	采购管理与库存控制	7-301-16921-6	张　浩	30.00	42	物流学概论	7-301-21098-7	李　创	44.00
10	物流管理基础	7-301-16906-3	李蔚田	36.00	43	航空物流管理	7-301-21118-2	刘元洪	32.00
11	供应链管理	7-301-16714-4	曹翠珍	40.00	44	物流管理实验教程	7-301-21094-9	李晓龙	25.00
12	物流技术装备	7-301-16808-0	于　英	38.00	45	物流系统仿真案例	7-301-21072-7	赵　宁	25.00
13	现代物流信息技术(第2版)	7-301-23848-6	王道平	35.00	46	物流与供应链金融	7-301-21135-9	李向文	30.00
14	现代物流仿真技术	7-301-17571-2	王道平	34.00	47	物流信息系统	7-301-20989-9	王道平	28.00
15	物流信息系统应用实例教程	7-301-17581-1	徐　琪	32.00	48	物料学	7-301-17476-0	肖生苓	44.00
16	物流项目招投标管理	7-301-17615-3	孟祥茹	30.00	49	智能物流	7-301-22036-8	李蔚田	45.00
17	物流运筹学实用教程	7-301-17610-8	赵丽君	33.00	50	物流项目管理	7-301-21676-7	张旭辉	38.00
18	现代物流基础	7-301-17611-5	王　侃	37.00	51	新物流概论	7-301-22114-3	李向文	34.00
19	现代企业物流管理实用教程	7-301-17612-2	乔志强	40.00	52	物流决策技术	7-301-21965-2	王道平	38.00
20	现代物流管理学	7-301-17672-6	丁小龙	42.00	53	物流系统优化建模与求解	7-301-22115-0	李向文	32.00
21	物流运筹学	7-301-17674-0	郝　海	36.00	54	集装箱运输实务	7-301-16644-4	孙家庆	34.00
22	供应链库存管理与控制	7-301-17929-1	王道平	28.00	55	库存管理	7-301-22389-5	张旭凤	25.00
23	物流信息系统	7-301-18500-1	修桂华	32.00	56	运输组织学	7-301-22744-2	王小霞	30.00
24	城市物流	7-301-18523-0	张　潜	24.00	57	物流金融	7-301-22699-5	李蔚田	39.00
25	营销物流管理	7-301-18658-9	李学工	45.00	58	物流系统集成技术	7-301-22800-5	杜彦华	40.00
26	物流信息技术概论	7-301-18670-1	张　磊	28.00	59	商品学	7-301-23067-1	王海刚	30.00
27	物流配送中心运作管理	7-301-18671-8	陈　虎	40.00	60	项目采购管理	7-301-23100-5	杨　丽	38.00
28	物流项目管理	7-301-18801-9	周晓晔	35.00	61	电子商务与现代物流	7-301-23356-6	吴　健	48.00
29	物流工程与管理	7-301-18960-3	高举红	39.00	62	国际海上运输	7-301-23486-0	张良卫	45.00
30	交通运输工程学	7-301-19405-8	于　英	43.00	63	物流配送中心规划与设计	7-301-23847-9	孔继利	49.00
31	国际物流管理	7-301-19431-7	柴庆春	40.00	64	运输组织学	7-301-23885-1	孟祥茹	48.00
32	商品检验与质量认证	7-301-10563-4	陈红丽	32.00	65	物流管理	7-301-22161-7	张佺举	49.00
33	供应链管理	7-301-19734-9	刘永胜	49.00					

相关教学资源如电子课件、电子教材、习题答案等可以登录 www.pup6.cn 下载或在线阅读。

扑六知识网(www.pup6.com)有海量的相关教学资源和电子教材供阅读及下载(包括北京大学出版社第六事业部的相关资源)，同时欢迎您将教学课件、视频、教案、素材、习题、试卷、辅导材料、课改成果、设计作品、论文等教学资源上传到 pup6.cn，与全国高校师生分享您的教学成就与经验，并可自由设定价格，知识也能创造财富。具体情况请登录网站查询。

如您需要免费纸质样书用于教学，欢迎登录第六事业部门户网(www.pup6.com.cn)填表申请，并欢迎在线登记选题以到北京大学出版社来出版您的大作，也可下载相关表格填写后发到我们的邮箱，我们将及时与您取得联系并做好全方位的服务。

扑六知识网将打造成全国最大的教育资源共享平台，欢迎您的加入——让知识有价值，让教学无界限，让学习更轻松。联系方式：010-62750667，wangxc02@163.com，lihu80@163.com，欢迎来电来信。